白令海峽的輓歌

漂浮在自然與文明之間的海岸，現代人類殖民萬物的野心與潰敗

Floating Coast

An Environmental History of the Bering Strait

Bathsheba Demuth
芭絲榭芭·德穆思——著　鼎玉鉉——譯

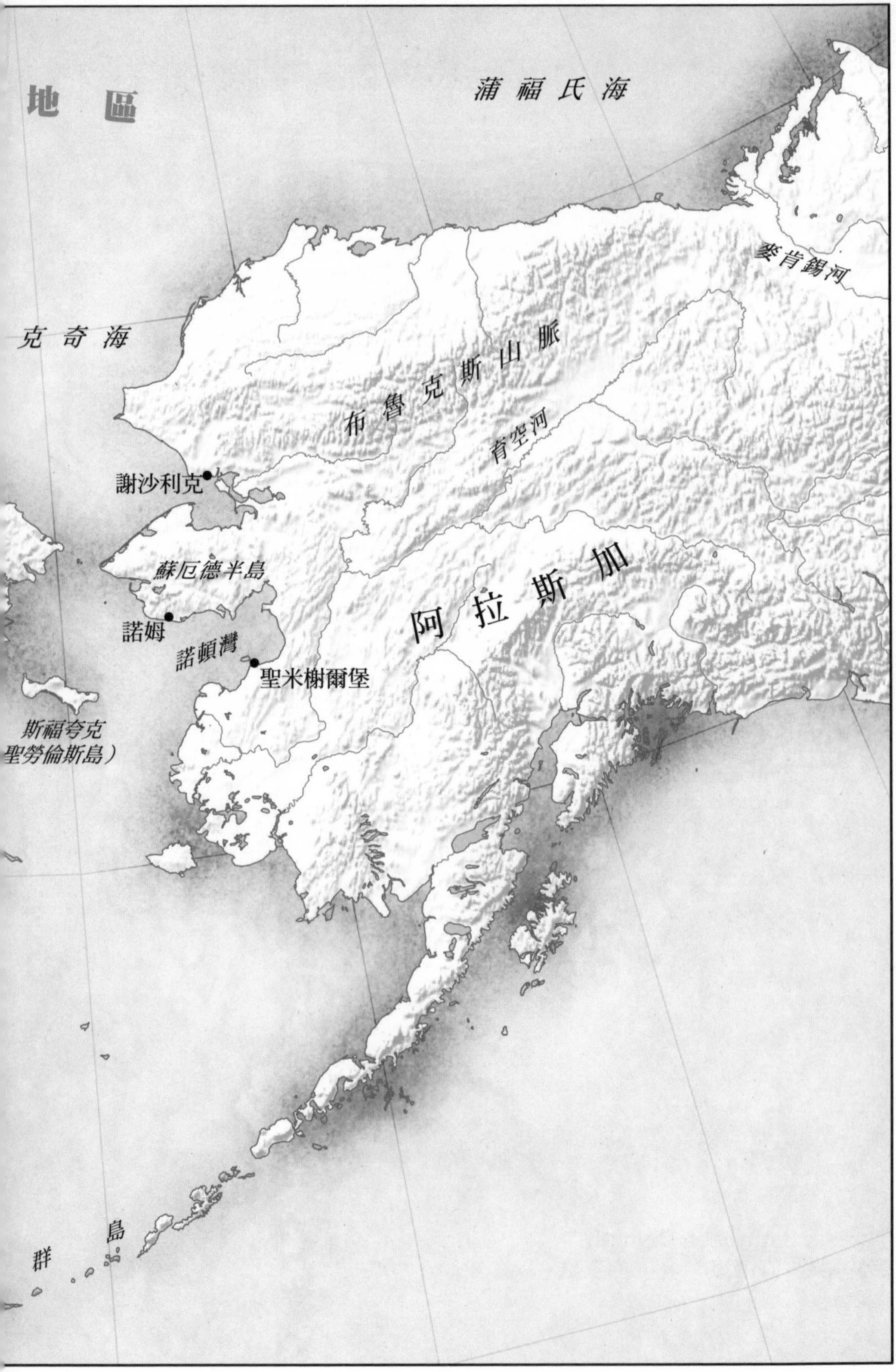
地 區
蒲福氏海
麥肯錫河
克奇海
布魯克斯山脈
育空河
謝沙利克
蘇厄德半島
阿拉斯加
諾姆
諾頓灣
聖米榭爾堡
斯福夸克
聖勞倫斯島）
島
群

白令
弗蘭格爾島
佩韋克
科力馬河
奧斯特羅夫諾
楚克奇半島
阿納迪爾河
俄羅斯
阿納迪爾
阿納迪爾灣
鄂霍次克海
白令海
阿留申

為世界，獻給S及L
為親眼所見，獻給S
為成功返家，獻給A

目錄

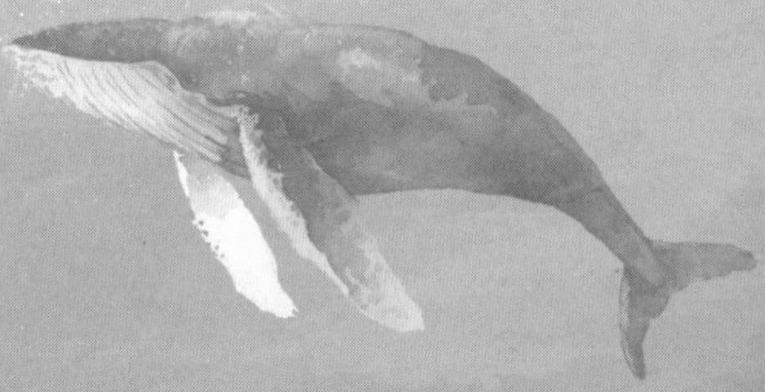

導讀
鯨魚的吟唱、海象的歌聲：「牠者」口中的歷史是什麼？

施昱丞／美國布朗大學歷史學系博士候選人

極地動物、以及牠們所棲息的酷寒地帶，向來被視為人文活動的邊陲，彷彿與人類歷史不甚相關。事實上，許多極圈動物，比人類長壽得多，生活在與人類的感知頗有不同的時間向度之中。以弓頭鯨為例，牠們的平均壽命是一百五十到兩百歲。也就是說，一隻於一九八〇年代在北極海被捕獵的老年弓頭鯨，很可能經歷了冷戰的始末、沙俄與蘇聯接連的起落、美國對阿拉斯加的殖民；甚至是早於這一切發生之前、十八世紀末葉的極圈地貌。那時，立基於工業革命的現代歐美資本尚未席捲北境，奔馳在凍土上的是馴鹿與原住民族，而白令海也還是萬千弓頭鯨、海象們恣意遨遊的一方天地。

從這點來看，極圈的動物們集體見證了整部人類文明的現代史。在作者細膩的筆觸下，白令海的往事不只是美蘇強權的註記，更是極地生態圈的歷史。換言之，白令海的故事，其實也就是弓頭鯨、極地狐等「牠者」的故事。立足於此，如果我們倒轉主從的關係，將視角從作為主詞的人類，轉移到一向作為受詞的動物、冰層等對象身上，會看到如何不同的歷史？這便是本書在知識上希望帶給讀者的核心體驗。讀者將發現，在每一章節的正文論述之前，作者都用淺顯且生動的文字，耐心引領讀者透過鯨群、海象、海豹、馴鹿、野狐、旅鼠、狼獾等的作息，觀察冰層生態的脈動，以及工業化生產與商品經濟對其造成的衝擊。

在北極的世界，所謂季節交替，不過是在冰封與半解凍的狀態之間往復循環。仰賴冰洋維生的物種，長年生活於固態與液態的水體之間。生與死，對極圈的生命體而言，無非是熱量的維持或流失。天地不仁，鯨魚的死亡意味著將卡路里傳遞給其他活體，是生態的本然。牠們是自然的一環，卻必須發展出適應極端自然環境的生存策略；而在十九世紀之後，牠們還得面對來勢洶洶、一心要將牠們剝皮去骨做成商品的獵人。伴隨著大量物種的滅絕，海豹的肉成為傳教士桌上的晚餐，海象的長牙被供在異國富商的收藏室，而鯨魚帶血的脂肪則潤滑著遙遠國度中機械設備的齒輪。就此而言，從動物——或者說，從這些非人類（nonhuman）的歷史參與者——的角度出發，看到的將是一幅截然不同的「自然」圖景。在這幅景象中，自然不斷地發生改變，從而撬動文明與自然之間的邊界——如果這條邊界真的存在。

跳脫以「人」類活動為主導的視野，將歷史書寫的主體轉移至非人的「物」類，是這二十年來環境史、以及廣義的環境人文學科（environmental humanities）致力開展的嶄新思路。這條軸線上承法國年鑑學派對於長時段（longue durée）地理時間的重視，不僅連結上近年來知識界對「動物倫理」的倡導，也與馬克思主義學派「歷史唯物論」的探討相互共振，提供了一道反思人類社會的窗口。對於非人類的著墨，也促使學界關注過去容易忽略的諸多歷史層面。除了動物之外，像是本書提到的苔原、礦脈、凍土等，也是極圈不可或缺的非人要素，共構起人類所認知的「自然」。細心的讀者很快會注意到，從物類的視野來看，並不只有人類在改造自然，所謂的自然也在適應人類。海象學會閃避、攻擊捕鯨船；弓頭鯨不再歌唱，因為歌聲將引來索命的獵人；當鯨群遭到大量捕獵，墜落在海床成為養分的鯨魚屍身迅速減少時，仰賴這套生態鏈進食的鯊魚、盲鰻等則必須另謀生路。就這點來看，本書在描述「物」類的世界時，同時也捕捉到牠們對於環境變化與人類的適應，從而賦予了這些「牠者」在歷史上的「能動性」（agency）。

對臺灣的讀者來說，本書或許有兩重特殊的意義。首先，我們對鄰邦日本並不陌生，而日本社會長年以來，始終糾結於頗具爭議的捕鯨文化。其次，則是本書對於原住民社會文化的探討，相信也能引起讀者們的興趣。以下，我將嘗試整理作者對這兩方面的觀點，希望有助於讀者理解，並從中反思我們習以為常的臺灣與東亞經驗。

在白令海峽的廣袤大地，當然不只有物類，還有許多其他的人群。在十九世紀以降，不只是鯨魚與海象們被市場的需求拽入全球化的海洋，北境的原住民亦然。資本的挹注加之現代生產方式的變革，不僅毀滅式地改造了生態鏈，更發明了所謂文明與野蠻的界線，而原住民族顯然不被劃在文明的這一邊。一反同類作品所關注以白人為主體的探險與征服，作者更強調伊努皮亞特人（Iñupiat）、尤皮克人（Yupik）、楚克奇人（Chukchi）等在地原住民的角色。作者在十八歲那年首次登上當地住民的捕鯨船；多年深耕之下，作者通曉這些族群的語言，並力圖深掘這些在地（indigenous）社群在白人殖民史觀下遭到掩埋、甚至竄改的過去，還原他們應有的歷史位置。正因如此，作者能夠從原住民尚未完全被現代文明改變的眼界，捕捉極圈動物與人類的互動；也因而得以反思帝國的擴張與侵略，在多大程度上改變了在地人的生活、卻同時又受阻於極地的嚴寒氣候。可以說，透過作者的鋪陳，那些遭受歐美強權壓迫、宰制的原住民族，與其他非人的物類參與者們，都得到重新發聲的契機，不再只是歷史書寫之下沉默的大多數。

以原住民為主體的書寫，未必就與既有的歷史論述相互對立。事實上，兩道脈絡的並存與對話，反而讓環境的問題進一步複雜化。舉例來說，如果我們批判十九世紀以降白人對冰洋動物的大規模捕獵，那我們該如何看待，北境原住民族千百年來的狩獵，即便兩者可能都是為了生存？考慮到鯨豚數量如今普遍瀕臨滅絕邊緣，我們是否應該繼續維持、或者反對少數民族視之為自身認同的捕獵文化？本書並沒有給出明確的答案。如果讀者感興趣，近年來英文學界對此議題頗有熱議，可另參讀約書亞・里德（Joshua Reid）和雅克比娜・奧奇（Jacobina Arch）的兩本專著。*這兩本書分別針對美加西部邊境溫哥華附近、以捕鯨為尚的馬考族（Makah），以及明治時期以降日本社會逐步建構而成的捕鯨傳統，將捕鯨業歷史化，給出了不同的思考方向。相較於此，本書作者則是從環境與動物的角度，以原住民的舊瓶盛裝當代思維的新酒，提供我們一個機會，再次審視人與自然曾經的可能：在那個世界，鯨魚可以安心長大，海象悠然吟唱；人類既非動物的天敵，也不自矜於食物鏈的頂端，而是戒慎恐懼地，與動物們共同在風雪中凍餒掙扎，尋求生命的延續。

對於「牠者」的重視，並不妨礙作者統攝政治、社會、經濟等傳統的面向。作者的別開生面之處，是在梳理動物的時間之外，同時也透過物類的視角，觀照我們原先熟知的人類歷史軸線：亦即，十九世紀以降美國與沙俄之間在阿拉斯加上演的外交擺盪，以及隨後美帝與蘇聯對北冰洋地區或隱或顯的競爭。然而，即便是最為強大的現代科技與管理技術，無論資本主義式的剝削、抑或社會主義式的計畫經濟，這些人類透過現代性投射出來的意識形態，在北境的酷寒之前，終究只能選擇妥協。反過來說，正是極地難以掌握的極端條件，引發我們省思：現代歷史上這兩大宗由無數學人背書的生產模式，到底有多大的差異？更進一步，我們也可以追問：那些由亞當・斯密、馬克思、熊彼得等宗師所擘劃的社會經濟遠景，在多大程度上裹挾、受限於來自溫帶的預設？如此一來，作者在本書完成了從政治經濟到自然環境、從帝國史到生態史的過渡。環境並非市場擴張與人口拓殖的註腳：動物們不是待宰的商品，原住民也不該被視為資本與體制下的奴隸。相對地，在白令海這樣嚴酷的極地生態圈，無論是傳統帝國或現代資本，都只是冰天雪地下的驚鴻一瞥，終究踏雪無痕。

值得一提的是，本書英文原版 *Floating Coast* 的出版商 W. W. Norton & Co. 是與臺灣商務印書館類似，同時面向知識社群與普羅大眾的商業出版社。付梓問世之後，一如學者們所預期，本書屢獲殊榮。在獲得多座獎項的提名之後，於二〇二一年摘下美國歷史學會（AHA）的年度大獎約翰・

---

* Joshua Reid, *The Sea is My Country: The Maritime World of the Makahs* (New Haven: Yale University Press, 2015); Jakobina K. Arch, *Bringing Whales Ashore: Oceans and Environment of Early Modern Japan* (Seattle: University of Washington Press, 2018).

鄧寧獎（The John H. Dunning Prize）。如此精彩又不失可讀性的大作，即使投向第一流的大學學術出版社也大有可為，作者卻早早決定與商業出版社洽談。我曾私下請問過作者，從而得知，美國環境史學界早年有許多學者，期許能以一己之研究推動社會公眾對於環境與公領域議題的重視，因而往往力求走出知識的象牙塔、鍾情於商業出版社。其中，像是作者的師輩——以《自然的大都會》（*Nature's Metropolis*）一書享譽美國學界的威廉・克羅農（William Cronon），重要的作品也幾乎都是由商業導向的出版社出版。*當讀者們馳騁於本書勾勒的廣闊天地之時，一代又一代環境史學人在這些著作背後，對於當代社會熱切的關懷，也值得身處臺灣的我們多所留心。

我結識作者是在二〇一七年赴美留學、就讀布朗大學博士班的第一個學期，也就是德穆思教授（我和同學們都直稱其名芭絲樹芭，這是布朗的文化）正式入職布朗歷史系的第二年。芭絲樹芭年少有為，原先在加州大學柏克萊分校（UC Berkeley）還沒畢業時，書商便已簽約出版其博士論文；也因此，甫一拿到學位，就找到了布朗的教職。聰慧的學養，親切的態度，加上講課時的個人風采，使芭絲樹芭的教室向來座無虛席，名列系上幾位最受歡迎的年輕教授。我當時修了芭絲樹芭的課，並毅然決定在我自己的領域深造環境史的主題，並請其擔任我的學位論文委員。時光荏苒，五年後的今天，芭絲樹芭已經順利升等為副教授；而這本改寫自其博論，在學界屢獲大獎的鉅作，也在美國再版，並於今年推出了繁體中文版。值此之際，承蒙商務編輯的盛情邀請，我提筆寫下這篇導讀。掛一漏萬之餘，若能略盡書介之誼，推廣更多讀者一睹本書的魅力所在，將是我莫大的榮幸。

* 事實上，克羅農該書當年也正是由 W. W. Norton & Co. 出版。作者傾二十年學力寫就這本大部頭的專書，以芝加哥為切入點，探討在十九世紀鐵路所帶動橫跨美境東西兩岸的內陸運輸體系之下，作為中間轉運樞紐的美國中西部，如何發生不可逆轉的巨幅環境變遷。該書廣受好評，是美國環境史研究的不刊之作，僅此推薦給感興趣的讀者：William Cronon, *Nature's Metropolis: Chicago and the Great West* (New York: W. W. Norton & Co., 1991).

導讀
能量之流

洪廣冀／臺灣大學地理環境資源學系副教授

在臺灣眾多的特有種中，有種極為亮眼的蝴蝶。俗名為寬尾鳳蝶，學名為 *Papilio maraho*，種小名 maraho 為泰雅語「頭目」之意。一九三二年，宜蘭農林學校教師鈴木利一，在泰雅族的生活領域中，首次採得此物種。其華麗的外型與碩大的體型，再加上極端局限的分布範圍，隨即引起學界的興趣。如其種小名所示，學界認為，臺灣寬尾鳳蝶可說是臺灣蝴蝶的「頭目」。一九三五年，在臺北帝國大學素木得一的建議下，總督府指定臺灣寬尾鳳蝶為「天然紀念物」。在當時的想法中，「天然紀念物」為渾然天成的紀念品，得以「國寶」的規格，以國家的力量保護之。時至今日，臺灣寬尾鳳蝶仍是《野生動物保育法》的第一級瀕臨絕種的野生動物，其位於觀霧的棲地也被公告為「野生動物重要棲息環境」。

臺灣寬尾鳳蝶的身世一直是學界爭辯不休的主題。二〇一五年，臺大實驗林吳立偉、師大生科系徐堉峰與中山大學生科系顏聖紘教授的研究團隊，運用分子生物學的技術，發現臺灣寬尾鳳蝶實源自於北美，而非鄰近的東亞大陸。他們的研究顯示，在一千八百萬年前的第三紀中新世，由於北半球普遍溫暖，今日臺灣寬尾鳳蝶的祖先，得以越過白令海峽，一路南下至臺灣。不過，隨著冰河期降臨，白令海峽變成北半球極圈的一部分；蝴蝶們再也無法離開這個島嶼，遂定居下來，逐步演化為新的物種，成為今日臺灣的頭目之蝶。

前述研究豐富了我們對「東亞與北美間斷分布」的理解。事實上，早在十八世紀，法國傳教士已注意到，如人蔘這樣的物種，竟然只分布在北美與東亞，這似乎意味著這兩個被太平洋隔開的陸塊間存在著某種連結。在隨後的一世紀間，隨著博物學者對於東亞與北美生物相的理解逐步增加，如此「間斷分布」的例子愈來愈多。該如何解釋此間斷分布的地理現象，成為十九世紀博物學的熱門議題。學者一度認為，除非訴諸造物者的意志與規劃，否則間斷分布是無法被解釋的。一直要到十九世紀中葉，由於地質學、氣候學、海洋學等學科的進展，再加上捕鯨船、政府之科學探險計畫帶回來的資訊，博物學者終於在不訴諸造物者之神秘意志的前提下，為「東亞與北美間斷分布」提出科學的因果解釋。前述把白令海峽當成陸橋的見解便是此時期最重要的科學突破。包括達爾文在內的博物學家們終於認識到，即便當下的白令海峽可說是地球上最不宜於生命居住的地區之一；但若把時間尺度拉長至千萬年，認為白令海峽形塑了北半球生命存在與分布的樣態，並不為過。

*

白令海峽為《白令海峽的輓歌》（英文原名為：*Floating Coast: An Environmental History of the Bering Strait*）一書的舞臺與主角。作者德穆思為布朗大學的環境史家。德穆思出身愛荷華，在美國中西部典型的農業地景中長大。為何一位農村子弟竟會寫出一部關於白令海峽的作品？原來，在十八歲那年，對於未來感到迷惘的德穆思，不想把時間與金錢花在大學學業上。她找了人力仲介公司，發現加拿大育空（Yukon）有個庫欽族（Gwitchin）家庭正在招募雪橇犬訓練員。德穆思認為這是個充滿挑戰的工作。看慣了中西部的大農園與整齊劃一的農業地景，她想在這個北部邊疆大顯身手。就如傑克・倫敦（Jack London）一般，她期待能親炙這美洲的極北邊疆，在一望無垠的巨大雪白中，追求性靈的滿足與提升。

不過，當她真的踏入極圈時，發現實情完全不是如此。她的住宿家庭是個在極圈求生的老手。面對這位來自南方的年輕人，他們要她拋棄關於荒野的浪漫想像；在提升性靈之前，她得設法活下去才行。這就意味著德穆思得悉心觀察周遭，察覺天氣、動植物與土地的各種細微變動，因為這是身體能否撐過極圈之嚴峻考驗的關鍵。德穆思自承，她原本以為，這趟極地之旅了不起一年，算是入大學前的 gap year，但事實證明，此 gap 比她想像的還要寬廣許多，她彷彿受了以雪地為教室、以動植物與當地原住民為師、長達數年的大地教育。在勉強自此「學校」中畢業後，德穆思表示她學到兩件事：第一，「世界並非是我們所創造出來的；相反的，是部分的世界創造了我們」；再者，「人類欲改變地球的意志力」不容小覷，但本身即變動不居的地球，也會反過來形塑人類追求改變的意志。從育空歸來後，德穆思進了大學；她為俄羅斯史所迷，並決定至柏克萊大學攻讀歷史學博士。什麼樣的主題可以銜接她的大地與學院教育？對德穆思而言，答案呼之欲出：白令海峽及其兩側的楚克奇半島與蘇厄德半島。

*

就環境史研究而言，以白令海峽這樣的「邊疆」為主題的研究並不特別。特別在美國環境史的傳統中，早在十九世紀末期，美國歷史學者腓特烈・透納（Frederick Jackson Turner）便提出「邊疆說」（frontier thesis），認為十九世紀美國人征服荒野（wilderness）的經驗，讓美國人鍛鍊出有別於歐洲人的體格與品格。一九八〇年代起蓬勃發展的美國環境史繼承邊疆說對荒野的關懷，但致力與當中瀰漫的美國例外論、環境決定論保持距離。更重要的是，如唐納・沃斯特（Donald Worster）等第一代的美國環境史家，汲取生態學的視野，把環境理解為動態的生態系統，而非只是等著被人征服、占領、持有、分割與治理的客體或對象，又或者被貶低為供人類活動的歷史舞台。環境史家主張，環境應被理解為環環相扣、牽一髮動全身的生態系統。啟蒙以降之人與自然的二元對立、且人為主動方而自然為被動方的主客體觀，應被徹底揚棄。

時至今日，認為環境本身以及與社會的關係一直處在變化中已不是件新鮮事。問題是，變化畢竟是個相對的概念；變化的範圍、方向與尺度究竟是誰說了算？對此，德穆思強調，她關心的是能量（energy）的流動與轉換，並非特定社會與其周遭環境間的互動關係。為何如此？她認為，若環境史家還執著於傳統，即先匡出某個社會再探討其與周遭環境的關係時，總不免顧此失彼，甚至把某種基於政治、階級、族群為人所設定之邊界視為理所當然。與之對照，德穆思指出，若環境史家把視角放在能量，以白令海峽為例的話，他們關注的就不會只是當地原住民與自然的和諧關係如何遭受侵擾與破壞、最終瓦解；他們會看到微生物仰賴陽光獲取能量；弓頭鯨吞食微生物以維持其龐大的身軀；原住民族獵捕鯨魚，從中汲取能量；新英格蘭的捕鯨人則屠殺鯨魚，榨出脂肪，以供應新英格蘭人日常生活必要的照明等。換言之，德穆思認為，以能量為研究對象有助於環境史家建構跨物種、族群、國界與區域的歷史敘事。從環境史晚近的發展來看，德穆思的主張饒富深意。確實，在一本接著一本打著「某某人或某某區域之社會與環境變遷」的著作後，當代環境史家致力揭露人本身與環境本身的異質。受到人文社會科學關係轉向（relational turn）的啟發，當代環境史家認為，與其先匡定特定的一組行動者，再探討行動者間如何發生關係，倒不如從關係著手，將彷彿邊界清楚的行動者理解為關係的聚合體。關係先於行動者而存在，「能動性」——或說促成改變的能力——為關係的作用，而非行動者內建、可不證自明的能力。

即便德穆思關心的是跨越各類別的關係，以及把各類別連結在一起的能量，她並不打算建構一個可一以貫之的白令海峽環境史。《白令海峽的輓歌》共分五部分：外海、沿岸、陸地、地下與海洋。如此的區分頗具深意。首先，前述部分共同昭示著白令海峽不同於溫熱帶地區的能量流動方向。德穆思告訴我們，過去百萬年來，即便在夏季，白令海峽的周遭陸地常為冰雪覆蓋，足以把三分之二的陽光折射回太空，這讓此些遭到冰封的陸地成為地球上生產力最為貧弱之區。相較之下，德穆思指出，白令海峽之海域則為地球上最為豐饒的生態系之一，不僅可支撐起如弓頭鯨這樣龐大的生物，其積蓄的能量還會往陸地流去，滋養陸域生物，以及世居的原住民族。再者，正因為白令海峽的能量流是由海洋往陸地，十九世紀以降開始以工業實力在世界各地圈地的帝國主義，也循著同樣方向開展。德穆思指出，十九世紀下半葉，「當外來者把鯨魚殺到幾乎滅絕時，他們就把目光轉向沿海地區的海象與狐狸；接著，美國和蘇聯礦工開始在當地尋找黃金和錫礦，大家的胃口就轉移到內陸的北美馴鹿與歐亞馴鹿身上」。藉由前述五大部分，德穆思試著驗證如下命題：能量的每次轉換必然伴隨著部分能量的損失；活著就是在此能量流中取得一席之地，同時也意味著剝奪其他生命所需的能量。

當然，閱讀《白令海峽的輓歌》的滋味絕非只是觀察作者如何以史料來「印證」某種命題而已。大量運用口述史、日記、航海紀錄、田野調查等多元史料，輔以自歷史學、動物行為學、生態學、氣候學、地質學、人類學等學科淬煉出的洞見，德穆思極富感情地描寫各物種在前述能量循環中的遭遇。她細膩地描寫弓頭鯨的生死愛欲，以及與其他物種發展出的複雜關係與調適；她悉心刻劃原住民族於極地生存之艱難，以及對於那些讓他們得以生存之能量的崇敬與謝意。至於那些獵捕弓頭鯨、海象、馴鹿的外來者，她也沒有逕自視之為沒血沒淚的掠奪者，反倒試著勾勒他們面對「荒野」時的豪情壯志，發現自然如此不受控時的落寞與沮喪，乃至於在開槍射殺獵物、目睹獵物流血致死時，參雜著自得與憐憫的複雜情緒。在德穆思筆下，最為冷酷無情、最終讓白令海峽之能量循環產生翻天覆地的變化者為資本主義與共產主義的意識形態。她告訴我們，即便在政治的光譜上，這兩種主義彷彿位於光譜的兩端，但從能量的觀點，兩者高度近似，同樣是奠基在能量的巧取豪奪之上，只是前者仰賴市場看不見的手，後者則以國家看得見的手為依歸。但問題是，不管是資本還是共產主義，在時空尺度均超越人類所能理解，更不用說控制的能量循環前，可說手無縛雞之力。確實的狀況是，德穆思告訴我們，這就像是你想掌握一顆冰塊，握得愈緊，它就融得愈快；在市場與國家之指縫中流淌而出的能量，往往是純粹的浪費，並未轉化為任何生命的血肉之軀，更不用說是生態系之存續所必須的能量之流。

*

閱讀《白令海峽的輓歌》時，我不時地想到臺灣。除了不少臺灣特有種係源自北美的生物跨越白令海峽而來，最直接的理由是，臺灣的西側便是道海峽，且隔著海峽同樣為共產主義政權。我也警覺，以臺灣海峽為中心的環境史仍待寫就。環境史在臺灣已為蓬勃發展的次領域；已有愈來愈多的研究者，援引生態學的視野，思考在這個島嶼上活動的人群與動植物彼此間，以及與環境間的關聯。然而，德穆思的著作提醒我們，臺灣環境史研究者是否不自覺地把臺灣視為不證自明的分析單位？如果以臺灣海峽為環境史的主體，而非臺灣環境史的邊界，我們將可得到什麼不同的理解？從能量的角度來看，治理臺灣海峽兩側的政權，是否真如我們以為的南轅北轍？作為臺灣教育體系的一環，我也不禁想著，要回答諸如此類的問題，是否得有愈來愈多的臺灣年輕人，在攀上升學階梯的空檔，願意給自己——或者說臺灣社會願意給年輕一代——足夠的 gap years，可以跟土地、原住民與萬物學習，方能有所突破？無論如何，翻開這本以白令海峽為主角的環境史著作，體會此遙遠但實際上非常接近的地理空間與臺灣間的關聯，可能是可行的第一步。

前言　名詞定義

白令海峽——白令地區（Beringia）——人民本身便具有很多名字。在翻譯方面，多半都表示他們確實是人民。在十九世紀初，所有實際稱為人民（peoples）者，皆生活於許多小型民族（nation）之中。民族這個名詞並不完美，但能捕捉到構成人民生活秩序之政治自主、領土主權及社會特色。這些民族主要來自三種語言族群：伊努皮亞特人（Iñupiat，形容詞和單數則皆為Iñupiaq）、尤皮克人（Yupik）和楚克奇人（Chukchi）。本書大致上會用這些名詞來指稱每種人，並以白令人來統稱這三個族群。

至於其他人，則為外來者。這是個刻意區分的名詞，但並非所有外來者都是白種人或歐洲民族，也有很多人從來就不是定居移民。在阿拉斯加，並非所有外來者在公民身分方面都是美國人，正如在歐亞大陸，也並非所有外來者在種族或語言方面都是俄國人。在漫長的二十世紀中，來到白令地區的有挪威人、波蘭人、前非裔美國奴隸、德國人、烏茲別克人、夏威夷原住民，以及其他許多人等等。他們的共同之處是在白令地區的經歷，期間頂多橫跨了幾個世代。多數人的經歷更是少得多。而我同樣是個外來者，並以這個身分進行書寫。

白令地區有很多地名也不盡相同。本書首先會介紹原住民所命名的地名。它們會在這些章節過程中被取代，就如同它們在印刷地圖上，逐漸被外來者的地名所取代一樣。大型區域方面的名詞——楚克奇（Chukotka）、阿拉斯加、蘇厄德半島（Seward Peninsula）、海域名稱、白令地區本身——則是例外，它們跨越了多種語言的界限。雖然對許多人來說，原有名稱看起來很是陌生，不過「前所未見」也算是一種常見於新大陸上的異域體驗。

以下是每個原有名稱及其殖民時期的替代名稱。

伊恩利克（Iŋanliq，伊努皮亞特語）	小迪奧米德島（Little Diomede Island）
伊馬克利克（Imaqłiq，伊努皮亞特語）	大迪奧米德島（Big Diomede Island）或拉特曼諾夫島（Ratmanov Island，俄語）
克根（Kiŋigin，伊努皮亞特語）	威爾斯王子角（Cape Prince of Wales）
洛倫（L'uren，楚克奇語）	洛利諾（Lorino）
齊齊克塔格魯克（Qiqiktaġruk，伊努皮亞特語）	柯策布（Kotzebue）
歐姆凡河（Omvaam River，楚克奇語）	安古馬河（Amguema River）
斯福夸克（Sivuqaq，尤皮克語）	甘伯爾（Gambell），或是稱作聖勞倫斯島（St. Lawrence Island）的整體區域
烏吉伐克（Ugiuvaq，伊努皮亞特語）	帝王島（King Island）
烏嘎茲克（Ungaziq，尤皮克語）	查普利諾岬（Mys Chaplino，之後稱老查普利諾〔Old Chaplino〕），印地安角（Indian Point）

烏特恰維克（Utqiaġvik，伊努皮亞特語）	巴羅（Barrow，現在更名改回烏特恰維克）
尤夫倫（Uvelen，楚克奇語）	烏倫（Uelen），東海角（East Cape）
希尼克（Sinjik，伊努皮亞特語）	葛洛文（Golovin）
提奇嘎克（Tikiġaq，伊努皮亞特語）	希望岬（Point Hope）

序幕　移居北方

每個春天清晨，沙丘鶴從田野及沼澤棲息地中，一對接一對地揚身往北方而去。牠們振翅鳴叫，叫聲便充斥了整條通往北美的飛行航道。到了四月下旬或五月左右，牠們就會抵達在太平洋的終點站，也就是相互延伸、橫跨白令海峽的蘇厄德半島及楚克奇半島。在兩萬年前最後一個冰河時期，牠們腳下所經過的海域仍是陸地。而人類曾在這條地球走廊上獵捕猛獁象和北美馴鹿。*現今，這片具有地質及生態一致性的地理範圍，被僅有五十英里大的海洋所切割，並受北美麥肯錫河（Mackenzie River）和育空河（Yukon River）、俄羅斯阿納迪爾河（Anadyr River）和科力馬河（Kolyma River），以及聖勞倫斯島以北、弗蘭格爾島（Wrangel Island）以南的海域所包圍。從河到河，再從海到海，地理學家稱這個國度為白令地區。

我第一次聽到鶴聲是十八歲，當時我站在狗拉的雪橇車上，位於北極圈以北八十英里，白令地區東部邊緣之處。我記得我停在湖邊，看一對鶴起舞。光線一度回歸，彷彿走出冬季，只見橘紅影子奔走在凋零雪地上，鶴鳥弓頸展翅，從喉部發出協調樂音，輕笑歌唱著。鶴和我，我們都是來自

* 編按：英語中的馴鹿 reindeer 和 caribou 為同一個物種，學名為 *Rangifer tarandus*。前者原生於歐亞大陸，後者則是產於北美洲。本書會將 reindeer 翻譯為「歐亞馴鹿」；caribou 則譯為「北美馴鹿」，以示區隔。

北美大平原的移民。牠們來到北方，利用北極夏季的短暫生機來長出新羽毛及繁衍雛鳥。而我帶著不多的物欲到來，只因為我是個在傑克・倫敦（Jack London）小說薰陶下長大的美國中西部孩子，並把北極想像成探索人煙罕至大自然的絕美沉靜之地。我的期望受教育所制約，這種教育將大自然的過去——地質學、生物學和生態學——與人類歷史、文化、經濟和政治，各自區分解釋。這種劃分賦予了人類逕自進行改變的權力；而大自然正是被改變的事物。

生活在白令地區卻打破了這種劃分。我曾當過庫欽族（Gwitchin）雪橇駕駛的學徒，這項工作的具體內容與雪橇犬相關，不過，一般來說還是要先學會如何活下去。我剛到時，不知道駝鹿受到驚嚇會變得很危險，不知道要到哪裡找藍莓，也不知道鮭魚聚集會形成漩渦，更不知道在熊離開洞穴的季節，那種風暴將至的雲朵色彩。沙丘季節。這並不代表人類沒有造成事物變化。北美馴鹿會死是因為我們宰殺牠們。狗會生育是因為我們想要牠們來勞動。我們所生活的村莊都是人類所建造，從小木屋到供電柴油發電機，以及飛機上裝載而來的麵包、汽水、DVD和工具皆是。這座村莊本身便是人類如何相互改變的證明；移居，在此實為殖民主義的造物，也是一個世紀之前外來者所帶來，有關法律、價值和適當生活方式的想法。不過，即使這些想法十分革新，卻也還是沒辦法改變這個我帶著雪橇犬隊經過、充滿著生機及變動的世界，只有部分屬於人類的事實。

供我寄宿的男主人及其國度，教會了我此後幾年始終記得的兩件事。第一，若我們多加注意就會發現，世界並非是我們所創造出來的；相反地，是部分的世界創造了我們：我們的骨與肉，還有志趣與希望。在北極地區，這種用心觀察並非是選項，而是種必要，也讓人開始體會簡單事物的無常本質。第二件事，其實是個問題。在北方，我看到了人類欲改變地球的意志力——建立村莊、針對地方與動物間的關係進行立法——但同時生活又不只有遵循著人類所建立的規則。這讓我對理想與物質之間的關係、人類與非人類之間的關係感到好奇。到底人類的想法有什麼力量來改變周圍環境，人類又是如何受到其與世界的慣性關係所制約？換句話說，當大自然是創造歷史的一部分時，歷史的本質又是什麼？這個問題在我之後多次北遷，仍縈繞不去。接下來，便是著眼於白令地區的過去，試著找出答案。

＊

在北極地區，最好是在旅程開始前，就知道要走哪條路：要走哪條路線、歷時多久，以及最終目的。乘船兩天，沿河八十英里，而相較於搭雪橇一周來檢查陷阱，要尋找北美馴鹿則需要不同的工具和知識。

本書的路線橫跨楚克奇半島和蘇厄德半島，並越過三個人群的領土：阿拉斯加的伊努皮亞特人和尤皮克人，以及俄羅斯的尤皮克人和楚克奇人。[1] 在這個幅員寬廣的國度，會選擇特定路徑都是有賴於太陽所形成的生活模式。在過去三百萬年裡，處於北極及副北極區域的白令地區總是非常寒冷，以至於冰雪不斷持續到夏天，甚至有些地方長年冰封。雪白表面會把將近三分之二的日光折射回太空，[2] 這便削弱了土地的生產力。而光合細菌（photosynthetic bacteria）、藻類和植物所行的光合作用，正是要從日照中擷取太陽光能，並連同水、空氣和土壤一起，將其能量轉換至生物組織之中。該組織中的能量再接著透過其他生物的新陳代謝，從草地到野兔，再進入狼或人類體內。某個生物的死亡，變成了另一個生物的生命。生態系統便是許多物種依其習慣進行能量轉換的聚集體（aggregate），牠們轉移能量的方式起源自遍布空間的光照，並隨時間的經過進行能量壓縮。活著本身就在能量轉換鏈中占有一席之地。

因為陸地缺乏日照，所以要在白令地區將光能轉換成實體，其產出能量也就比其他地區要來得少；相較之下，溫帶草原會涵蓋多達三倍以上的碳元素，而森林則有八倍以上。[3] 不過，提到海洋就是另外一回事了。到了融冰季節，白令海、蒲福氏海（Beaufort Sea）和楚克奇海，就是地球上最富饒的生態系統之一，這裡有小至數十億微型浮游生物，大至數百噸重的弓頭鯨。但是，這其中部分的豐富生態只有一半屬於海洋，因為海象、海豹、鳥類和某些魚類的軀體會在海中生成，接著便在海岸棲息。白令地區有種很特殊的轉換地理生態，在此要注意，海洋比陸地更豐富並非是種隱喻：弓頭鯨的熱量很高，牠的身體按體積計算，比例上就有百分之四十的脂肪，海象有百分之三十，而北美馴鹿則可能有百分之十五。

白令地區的人類生活，部分來說，是基於能量在陸地上和海洋中的移動方式所決定。像提奇嘎穆特（Tikigagmiut）這樣的伊努皮亞特民族，所捕殺的鯨魚便足以支持一座定居村莊，而努塔阿穆特（Nuataagmiut），就如同位於東部、我所寄宿的庫欽族家庭一樣，在苔原上謀生，那裡並沒有任何能取得足以維持定居所需能量的地方。因此，他們跟內陸的楚克奇人一樣是游牧民。各個民族之間的邊界會以貿易及戰爭來決定，將沿海物資運往內陸，或把山區燧石及北美馴鹿皮運到海上。

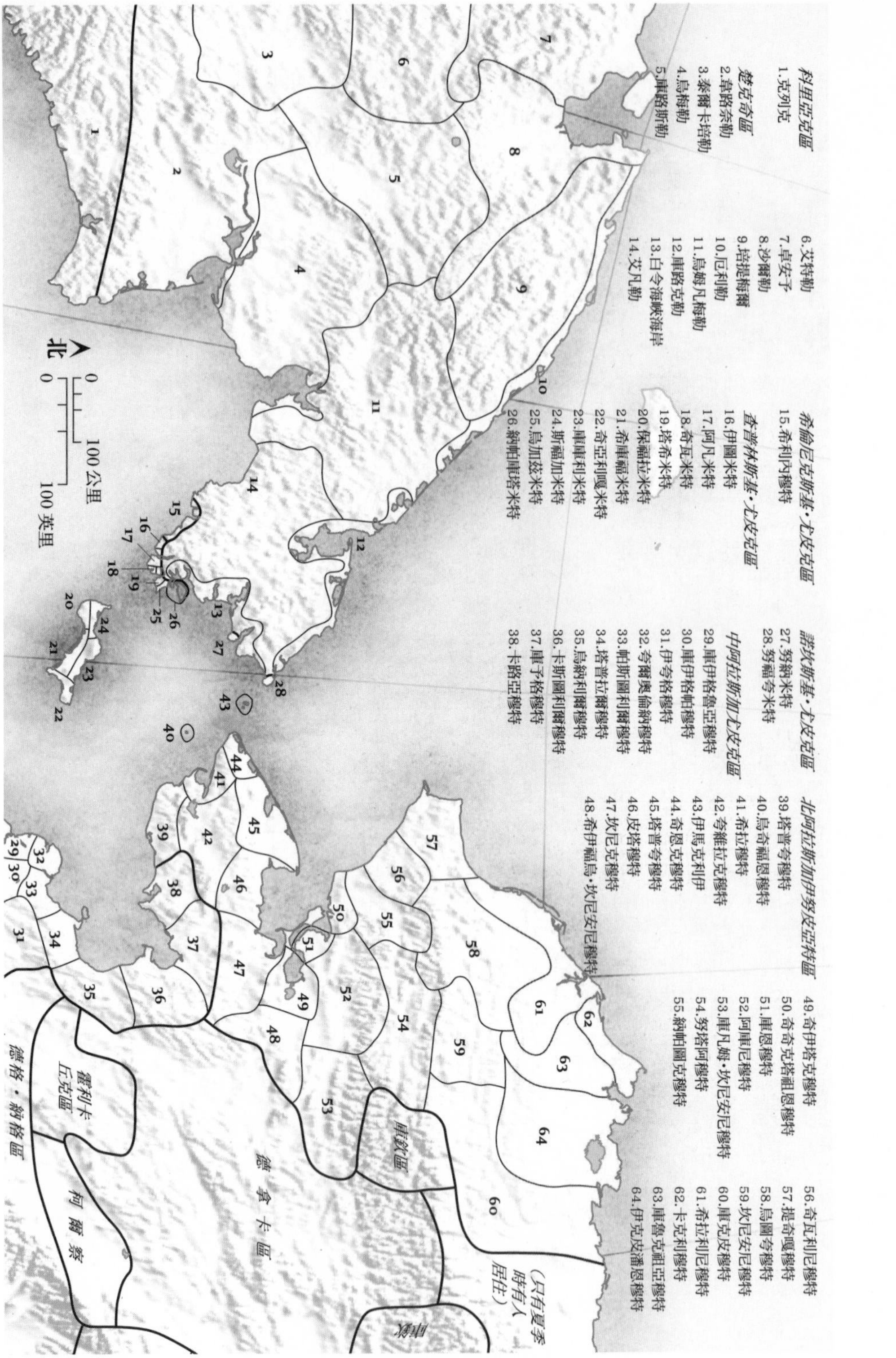

十九世紀初白令地區民族大致分布領土範圍

資料來源：小厄尼斯特·柏奇（Ernest Burch Jr.）；地圖繪製：茉莉·羅伊（Molly Roy）。

在一八四八年的海上，來自新英格蘭的商業捕鯨人越過白令海峽，為了取得弓頭鯨脂肪中的能量而捕殺牠們。他們所開啟的過程，就是本書的重點：針對一個生態空間，簡化其複雜性，直至商品來源處。當外來者將鯨魚殺得幾乎滅絕時，他們就把目光轉向沿海地區的海象和狐狸。接著，美國和蘇聯礦工開始在當地尋找黃金和錫礦，大家的胃口就轉移到內陸的北美馴鹿和歐亞馴鹿身上，這些動物也就變成了他們的食物。外來者都恰好跟隨著白令地區空間中能量和物種的分布情形。本書便探討了他們對這種能量的追逐，並分為五個部分，從外海到沿岸，沿岸到陸地，陸地到地下，最後再回到海洋。

這些旅程的時間軸大約涵蓋了一個半世紀，從一八四〇年代開始，直到接近現今作結。這段時間之於白令地區的歷史，就如同飛鳥振翅瞬間一般短暫：這裡的海洋和山脈都要經過數百萬年才會形成；所有物種——猛瑪象，以及跟野牛一樣大的海狸，也在活了數千個世代之後，才永遠消失了。而人類在幾千年之間創造了一連串不同的社會，現在多以其工藝品來區分：小型工具、具有陰森恐怖臉孔的雕像、以弓頭鯨肋骨製成的紀念碑等等。在十三世紀，一個稱為圖勒（Thule）的文明從白令海峽傳播到格陵蘭。幾百年後，伊努皮亞特人、尤皮克人和楚克奇人則繼承了他們的白令海峽領土，並填寫上新的歷史。

到了十九世紀，每個民族都以不同的方式來講述這段歷史，都有自己的起源和重大事件敘事。一般來說，有兩種過去：伊努皮亞特人稱之為「烏尼皮卡克」（unipkaaq），一個深沉、不明、具週期性時間的神話傳說，以及「烏夸路卡圖克」（uqaluktuaq），戰爭、薩滿教事蹟及線性時間中已知事件的歷史。這兩種歷史都充滿了靈魂，即是與人類有著積極關係的大地、天空和水的生靈。有些靈魂是動物，或曾經是人的動物；有些是巨人，或不具形體的神靈，或是會說話的岩石。這些全都讓世界充滿了生機氣息，模糊了活動主體及受主宰客體之間的分界線。僅是講述故事，就能將這些生命的過去帶到現在，讓講者和聽眾都成為靈魂的通道。[4] 一條不全然與人類相關，卻又大大造就人類過去的通道。

白令地區之所以會在一八四〇年代顯得與眾不同，並非是其本身有所變化，而是出現了新的轉變因素，即那些帶著大量思想到來的外來者。從因應市場而獵殺的捕鯨人、企圖在各州之間劃定邊界的官僚，再到承諾要實現烏托邦理想的年輕布爾什維克（Bolshevik）傳道者，這些外來者來到白令地區，也帶著其遠方的思維習慣到來。他們遠道而來，就如同我一般，深諳溫帶農業的優勢及工業能力，將諸如樹木、煤炭、石油等萬物中的能量，轉換成動能及動力。透過這些轉換關係，十九世紀的學者們，從卡爾・馬克思（Karl Marx）到安德魯・卡內基（Andrew Carnegie）都寫出了關於時間的新理論，即客觀法則推動人類歷史，從胼手胝足的狩獵採集生活，走向生產過剩的定居農業，再到得以釋出產品、自由及富足的工業社會之理論。這就是文明化的過程，即運用更多靜態物質、更多能量，以達成最終創造具有文化價值事物的目的（telos）。我曾是這些理論的承襲者，並處於一個所有邁向進步過程都是為了成就人類，以及只有人類能創造歷史的世界。

關於人類特有的文明變遷這點，馬克思、卡內基及兩人形形色色的詮釋者，大致上都認同。他們只是在其他方面看法分歧。這些不同看法，也在經過一段時間的市場追逐之後，讓白令地區在美

二〇一八年八月楚克奇伊格威基諾特（Egvekinot）外圍之苔原景色。
圖片出處：作者拍攝。

蘇意識形態選擇之間產生分歧。楚克奇半島和蘇厄德半島，更因為在對農業的敵意及對工業的挑戰方面十分相似，而發展出一項在白令人、資本主義者、社會主義者的不同願景下，如何相遇、融合及分裂的試驗。

經濟是一系列的物質關係，也是何者為可能、理想及珍貴事物的種種想像。它們是涉及時間如何運作和什麼驅使了改變的觀點。將市場帶入白令地區的外來者，將進步過程想像成一條向上移動的歷史軌跡，並以效率及創新的脈動來提升其成長步伐。利潤，即衡量成長的單位，則以短期時間作為計算，例如：一季、一年或幾年。而蘇聯社會主義者到了白令地區，既覺得自己落後於資本主義，又覺得必須超越資本主義，來提升到一個更加自由富足的世界。他們加速進步的方式便是引進集體生產概念，在計畫中列出未來一年或五年內的曳引機製造數量或海象獵殺數量，而且每年都要比前一年更多。在同一時期產出得更多，就能顯示出速度，並表示烏托邦社會即將到來。

在白令地區，這些人類看待時間的方式會與這個地方本身的時間、動物生態及季節周期混合在一起。而展望未來的外來思想，則使得外來者產生改造白令地區的企圖，像是在這裡建立集體歐亞馴鹿牧場，在那裡開採金礦等等。在這個過程中，人類重新規劃土地、築起河壩，並改變了鯨魚、海象、魚類、北美馴鹿及其他幾十種生物的生活。從海洋到苔原，漫長的二十世紀便充斥著符合人類企圖的應變手段，以賺取利潤或實現社會主義計畫。但是，要付諸行動，要改變世界，人類的意向就不得不暫離平淡，並往其他生活方向前進。捕鯨人會去獵殺弓頭鯨，只是幾年下來，弓頭鯨也學會要避開船隻。貿易商想得到狐狸毛皮，但每隔五年左右，狐狸的數量就會急遽衰退，減少了皮毛的利潤。還有長達十年以來，野狼吃掉了人類計畫要出售的歐亞馴鹿。這些活動模式並非全都相同；有些本身具有其意圖或意識，像是弓頭鯨，而其他像是氣候變動，則沒有。整體來說，這些都讓人類成為在白令地區進行活動的眾多主體之一。[5]人類改變的規模經常是異於尋常的，而且比其他試著從陸地和海洋中轉換能量的生物，所引起的轉變還要快。但即使是最偉大的人為發展，也是種人民的思想與其周圍環境相互創造的產物。鑑此，行為（act）的能力已然確定。

以下各章將檢視白令地區形成資本主義及社會主義之處，以及現代性如何在沒有農業及工業能量之便的情況下運作。重大事件多半不會是戰爭或法律，而是氣候的變動，或是海象及狐狸的生命週期。把目光從那些通常算是歷史的事物移開，將人類嵌入於所有生命的基礎能量轉換鏈之中。從這個角度來看，資本主義及社會主義便不算是種從非人類範疇（nonhuman）劃分出人類相關事物的歷史規則；而是關於時間和價值的思想，形塑了與存在的基本物質之間的特殊關係，而物質亦自有其影響人類野心之處。

*

到了秋天，鶴群展翅高飛，每隻紅頂的沙丘鶴都向南飛去。牠們腳下山丘有遍地殷紅荊棘，在柳樹溯溪處交織點綴著秋黃。這片土地正處於乍暖還寒交際。白令地區正迎來轉變，因為美國買下了一塊叫作阿拉斯加的領土，佛拉迪米爾・列寧（Vladimir Lenin）搭上了掀起紅色革命的火車，以及世界大戰與全球市場。不過，這裡也總是變動不斷，例如：造成環太平洋地區混亂的地震，物種世代的遺傳漂變（genetic drift），再到季節變化等等，這些改變在世代交替中有其節奏，但在生活經驗中卻感覺來得很突然，如同某天早晨醒來，見到新雪已經覆蓋了整個秋天。不管有沒有人類，這片土地和海洋都不會以維持某種純粹、不變的平衡方式存在。[6]

然而，依照我們所認知的過去，這片土地和海洋也正逐漸消失中。從捕鯨人的日記、冰層中心樣本，以及尤皮克人獵人在一月就能看到白令海沿岸出現的開闊水域，大家很清楚知道，白令地區正不斷暖化。就像以往外來者所帶來的變化一樣，氣候變遷是能量攫取過度的意外結果，儘管是因為石油和煤炭，而非鯨魚和馴鹿。其結果還是回到目的方面的問題：人類所從事的活動，目的是為了開車，或是供給更多家庭電力。這些活動的總和正改變著地球的根本。但即使人類已經集體在地理上形成某種影響力，我們也沒有辦法主導冰層及永凍土減少所帶來的前景和危險。正如一九一二年出生於斯福夸克的勒格拉哈克（Legraaghaq）所觀察道：「地球現在更快了。」[7]如此之快，以至於二十年前我看見沙丘鶴的那片土地，已不再是原來的樣子；鶴鳥當時起舞的湖面下方，永凍土已經乾涸，而湖底會在不斷延長的夏季時光裡長滿茂盛灌木。在撰寫這本書的幾年裡，那些敘述各個地方的親身體驗，已經自成其歷史文獻，是新世代孩子無法再經歷的長年嚴寒回憶。

接下來十個章節，是將這個快速步調的現在，設定在一個不那麼意外頻仍的過去之中。每一章都會問到，若不只視為是種人類志業，而是種生態志業時，資本主義及欲擺脫前者的社會主義將會如何運作：鯨魚的活動或山峰的命運，能告訴我們的現代經濟前景會是什麼？在其他生物之外，我們對時間和進步的看法是什麼？答案就如同任何歷史一樣，並非是個單一絕對的故事：事實上，是許多個故事，因為鯨魚對於現代性事物的說法，往往與山峰的不同。我是以一個外來者的身分來寫這些故事，我現在並不住在白令地區，也無法代表其諸多民族。但是，如果這段歷史有得以傳承的精神，那便是身處北方季節中所能學到的思惟習慣。其中，要先將其他物種的生命及棲息地，看作是值得我們進行道德想像的事，而且是我們社會不可分割的組成部分。同時該注意的是，觀察小事——例如：熊撞倒柳樹之前總會有片刻沉靜——就跟野火季節或政策轉變等大事一樣，需要多加留意。這正是人類在白令地區土地與海域間上演的活動，以及土地與海域相對而生的反動現象，讓過去展現出在人類與非人類範疇之間更為全面的關係。這是個具有許多結果和可能性的詞彙。

第一部

外海

一八四八年至一九〇〇年

我鮮少只聽一種聲音。

伊努特女詩人迪格，南努克，歐克皮克，《獻給尚未失去理智的靈魂》

（dg nanouk okpik, *For the Spirits-Who-Have-Not-Yet-Rounded-the-Bend*）

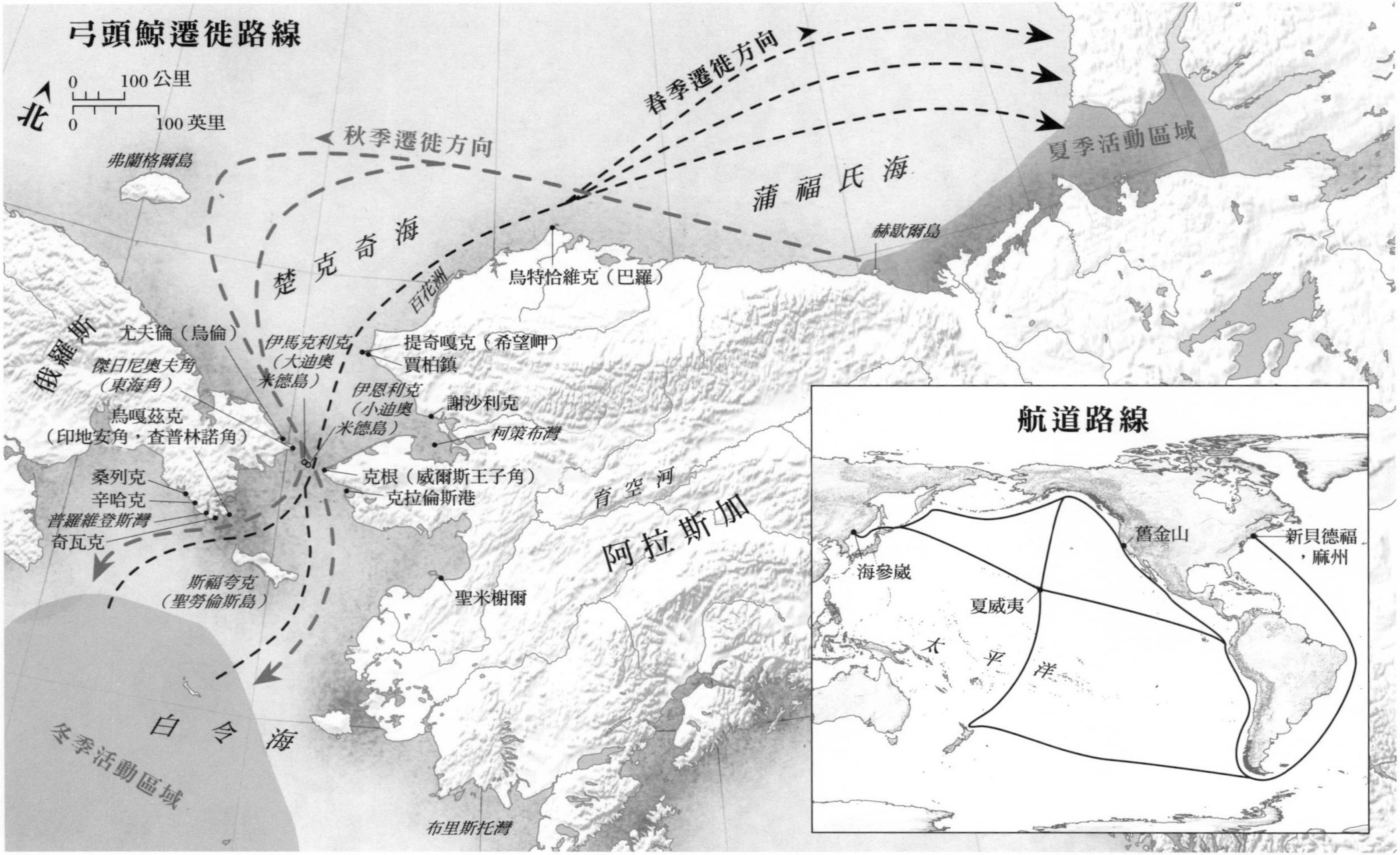
弓頭鯨遷徙路線
北
0 100 公里
0 100 英里
弗蘭格爾島
秋季遷徙方向
春季遷徙方向
夏季活動區域
蒲福氏海
楚克奇海
赫歇爾島
烏特恰維克（巴羅）
百花洲
俄羅斯
尤夫倫（烏倫）
傑日尼奧夫角
（東海角）
烏嘎茲克
（印地安角，查普林諾角）
伊馬克利克
（大迪奧
米德島）
伊恩利克
（小迪奧
米德島）
提奇嘎克（希望岬）
賈柏鎮
謝沙利克
柯策布灣
克根（威爾斯王子角）
克拉倫斯港
桑列克
辛哈克
普羅維登斯灣
奇瓦克
斯福夸克
（聖勞倫斯島）
聖米榭爾
育空河
阿拉斯加
白令海
冬季活動區域
布里斯托灣
航道路線
海參崴
夏威夷
舊金山
新貝德福，麻州
太平洋

第一章　鯨魚國度

在十八世紀末的某個時刻，一隻弓頭鯨誕生了。那是個冬末，白令海冰層在受到幾個月以來低日照及低溫的影響，其結冰範圍更往南方遠去。母鯨在浮冰層中找了個空曠處來分娩。在一片倒置藍色晶瑩冰層的空氣避難處，母鯨頂起略顯蒼白的幼鯨，讓牠能在水面上吸入第一口氣。沿著鬆散的冰層邊緣，還有其他弓頭鯨正在分娩。分娩很安靜，隨著一股鮮血湧出，一隻新生鯨魚就溜進了有兩萬多隻弓頭鯨（*Balaena mysticetus*）的海域。

春日暖陽照得白令海的冰層範圍向北移動。鯨魚便隨著融冰範圍穿越白令海峽，幼鯨會自行游動，偶爾在母鯨背上休息。只見牠們在海下浮冰迷宮穿梭來去，之後與其他弓頭鯨群會合，帶頭鯨魚會呼出一串氣泡，引領著後方追隨的鯨群。到了六月，母鯨和幼鯨就會跟鯨群一同轉往阿拉斯加及加拿大以北的蒲福氏海，並在浮冰下方留下游動痕跡。在漫長慵懶的永晝日子裡，母鯨餵食，幼鯨玩耍：先在冰川缺口移動，接著擴大游動範圍。夏天走入尾聲，一進入九月及十月，鯨魚就會再次遷徙，往西進入楚克奇海，而幼鯨在移動過程中會緊抓著母鯨的尾鰭。當嚴寒與黑暗的初冬來臨，冰層便開始變厚，增加哺乳動物缺氧的危險，鯨群就會往南方移動。幼鯨出生半年後，就能大膽地用深潛，以及在水面上換氣的方式游動。

從地表上看來，白令地區的海域似乎是不毛之地——夏天有風暴吹得漫天蒼茫，冬天則暗無天日、遍地冰封。不過，白令海峽可說是世界深海環流的終點。起始於北大西洋的洋流會在幾世紀後到達白令海，並夾帶著大量源自河流的營養物質。大陸在海峽交際處聚合，風和海底地形產生湍流。暖流與寒流交會，讓鐵、氮和磷向上翻騰。浮上水面，這些元素與夏天豐富的太陽日照、大氣層中的碳，以及利用這種混合物質製造細胞的有機體相遇。在空氣與水接觸的地方，有兩百多種行光合作用的浮游生物，將日照轉換成有形實體。這些海藻和矽藻是白令海多產生物的主要類型之一。牠們有數以億計的數量，支撐著世界上其中一個最豐富的海洋生態系統。

浮游生物就跟所有生物基本上會做的一樣：為自己繁衍更多生命。牠們將陽光轉換為含澱粉組織的累積過程，會讓海洋充滿了能量，其卡路里能支撐三百多種各式各樣富含脂肪、成群結隊的浮游動物，諸如小蝦、魚苗，到微小的神話般生物，例如：水螅、觸手冠（tentacled crowns），或是由棘刺、液囊和膠質所組成的海洋生物。而鯨魚的功能就是把這種分散能量，集中轉換成自己重達上百噸的軀體。[1]牠們進食所用工具，便是下顎貌似長艇的嘴巴，裡面掛著成片鯨鬚，數量更多過於牙齒，用來過濾水中的磷蝦。某些地方更因為盛產著浮游生物，所以鯨魚能在六個星期內就吃下整年所需的四分之一食物量。[2]母弓頭鯨正是在這些潮汐中繁衍出幼鯨，在十四個月內孕育體內重達一噸的新生命。幼鯨出生後，母鯨會把海水化作奶水，繼續養育幼鯨一年或更長的時間。換言之，母鯨不是單憑一己之力。而兩百年前白令海域的初級生產量（primary production），鯨魚的消耗比例便高達一半。[3]

從這些能量中，鯨類也獲得屬於自己的生產力：弓頭鯨在其海洋世界中創造了許多事物，其中包括與其他鯨魚的共同生活。即使是獨處，牠們的歌聲也是哼鳴、吟叫及顫音所組成，宛如轉動鉸鏈一樣嘎嘎作響，從低沉的隆隆聲響，上升到類似鳥類的尖聲鳴叫。當牠們發現磷蝦，很可能就會向其他鯨魚歌唱通報，接著鯨群排列成V字形，如同鵝群，張開大嘴前行，迎面捕捉群聚的橈足類（copepods）甲殼生物。鯨魚吟唱的內容多半都沒有翻譯，跨物種間也無法互通。

*

在演化所形成的區分之間傳遞互通的是能量。弓頭鯨用其軀體創造了其他生物的生命。有些幼鯨餵養了虎鯨，[4]而有些則餵養了人。每磅弓頭鯨肉所具有的卡路里，比陸地或海洋的任何其他北極物種都要多。即使是一歲大的弓頭鯨也能讓一座村子的人吃上六個月。尋找這種食物的尤皮克人、伊努皮亞特人和沿海的楚克奇人是第一批獵殺弓頭鯨幼鯨的民族。

他們也不是唯一會獵鯨的民族。一隻弓頭鯨能活超過兩個世紀，而這隻幼鯨出生時，美國還沒有買下路易斯安那州，俄羅斯帝國仍擁有阿拉斯加這塊土地，亞當・斯密（Adam Smith）的《國富論》（*Wealth of Nations*）也才剛問世幾十年，而馬克思的《資本論》（*Capital*）還要再等五十幾年之後才會出版。[5]牠將在夢想烏托邦和招致核災難的人類，以及試圖重塑世界的資本主義和社會主義現代性之意識形態和技術能力中倖存下來。

幼鯨能活下來是件很了不起的事，這不僅是因為兩百年對於哺乳動物來說是段很長的時間，弓頭鯨是吸引工業革命及其意識形態進入白令地區的誘因。得以控制能量，才是這場革命的本質。商業捕鯨船是這場革命的先鋒，裝載著最不像革命軍的船員，這些人將鯨魚的軀體轉變成商品來賺取工資。他們進行屠宰和賺取利潤的方式，都是對於一個持續成長市場的預期考察。捕鯨船所到之處，原本是個不會將鯨魚拿來販售的地方，伊努皮亞特人、尤皮克人和楚克奇人認為鯨魚具有靈魂，即便他們也獵殺鯨魚，卻信仰著一個不斷重生且不易生存的世界。至於鯨魚本身，在這場重大變遷最初幾年，牠們意識到美國船隻所帶來的危險，並選擇以行動來打擊商業的欲望。

I

一八五二年九月下旬，兩群不同的捕鯨人在楚克奇東北部海岸相遇。一對白令人獵人在秋季營地附近海岸線進行偵察時，看到苔原上有三十三個衣衫襤褸的人往東南方向蹣跚舉步。起初，這對獵人保持著距離，畢竟對方人多勢眾，語言也不通。不過，顯然北極艱困的環境更勝於語言藩籬。船員們所搶救出來的物資——餅乾、萊姆酒、糖蜜、麵粉、寵物豬的烹煮殘骸、一座臨時的帳篷——都快抵擋不住已從山峰降下的寒冬。獵人先是考慮、觀察了一下，接著選擇了憐憫。

獵人這才開始了解這些外來者，並讓他們分住在自己冬季村莊所搭的海象皮帳篷裡。俄羅斯探險家西蒙・傑日尼奧夫（Semen Dezhnev）曾在一六四八年航行經過這裡。在八十年後，維圖斯・

白令（Vitus Bering）帶隊登陸於辛哈克（Singhaq）的海岸。詹姆斯・庫克（James Cook）和喬瑟夫・比靈斯（Joseph Billings）則在十七世紀末為了大英帝國探索海峽，還有十九世紀初有兩支由奧圖・柯策布（Otto von Kotzebue）和米哈伊爾・瓦斯列夫（Mikhail Vasilev）所帶領的俄羅斯隊伍來到這裡。哥薩克商人在遠在西方的奧斯特羅夫諾（Ostrovnoe）會合點進行貿易。而且，在過去幾個夏天裡，有更多的船隻漂浮停靠在岸邊，船帆就像水上的海市蜃樓。但這些蒼白、沒效率、遇難的水手既不想打仗，也不想進行貿易。相反，他們蹲在冬季帳篷裡，行為表現都很奇怪。每天早上，他們都試著刮掉日益增多的鬍子；會用瘋狂的手勢來避開普通的儀式；歌聲聽來滑稽可笑。村莊裡的女人不得不為他們縫製毛皮衣服，並教他們如何穿。他們儲備的糖蜜和餅乾很好吃，但吃不飽。因此，村莊提供了他們住所、衣服及食物：鯨魚。

這些人是失事「公民」號（Citizen）的倖存者，這艘船來自麻塞諸塞州新貝德福（New Bedford），主要目的是參與第五季的商業捕鯨活動。他們相當感謝這些主人家的收留照顧。湯瑪士・諾頓（Thomas Norton）船長後來敘述，這些人表現出「對於我們身陷困頓和脆弱處境的同情，這是我們完全想不到，也是完全出乎意料的事」。[6]不過，感激之情並沒有讓鯨魚脂肪變得可口。美國船員發現這種滑溜、有嚼勁的東西幾乎難以下嚥，尤其是生吃的時候，「無論新鮮或腐敗，都一樣帶著汙穢噁心的口感」。[7]味覺——就像對於洗澡、性規範、所有權、服裝和宗教的態度一樣——是諾頓無法與接待他的主人家同享的許多事物之一。在暗無天日的幾個月裡，諾頓及其援助者緊密生活，透過海豹油燈升起的煙霧相互對視，在最初幾年裡，他們不斷爭論著哪些價值觀主導了白令地區的生活。

＊

新英格蘭捕鯨人和白令地區捕鯨人之間的理念，之所以會不一致，並不是因為彼此的勞動工作不能共存。雙方都以鯨魚的死亡維生。差別在於他們如何回答更為基本的問題：人是什麼？鯨魚是什麼？鯨魚的價值是什麼？未來會如何？諾頓知道鯨魚是當地主人家的「生命之杖」，但卻不知道該如何再問其他問題。他甚至不知道這些人說的是什麼語言。

躲在帳篷裡的諾頓也不清楚，在白令地區生活會經歷怎樣的不斷變化。某年，只有寥寥幾隻鵝停留在其經常棲息的湖邊。某個冬天，一場突如其來的暴風浪讓來海冰活躍起來，沖向內陸數百英尺，將沿途的一切全都摧毀粉碎。某時，獵人蹲在海冰上的海豹呼吸孔洞旁，被一隻北極熊給嚇傻了。基於這個喜怒無常的物質世界經驗，尤皮克人、伊努皮亞特人和楚克奇人試著詮釋一個無形的社會領域，裡面的萬物生靈大多不具有永久形式，但多半都有著靈魂。就像某天海冰突然出現，改變了未來的面貌一樣，靈魂也能改變其所在。薩滿變成了鯨魚，然後又變成了人；一個人能以海象形體開始其生命，接著長成一個男孩；某個強大的咒語能讓某人變成北極熊五天；北美馴鹿也可以有張人類的臉。人類與他人之間並沒有清楚的界線，陸地與海洋都有其生命、判斷力，以及危險的奇思妙想。萬物生靈在充滿意志的宇宙中相互契合，以決定是否存在。

弓頭鯨會透過一種特殊的轉變方式與人類契合：獻出自己的生命。出生於一八九〇年代的伊努皮亞特人阿薩查克（Asatchaq）在八十歲時解釋道，鯨魚會觀察那些來自牠們的國度，或稱「努那」（nunat）之地的人類。「『我們會去找那些餵養窮人和老人的人，』鯨魚說，『我們會將自己獻給他們。』」[8]牠們會以人類的道德價值和儀式信仰作為依據，來決定是否要為此人獻身。[9]女性會透過個人儀式與鯨魚對話，而某位能力特別強大的薩滿，他的舌頭就變成了鯨魚尾巴。[10]在斯福夸克，尤皮克人會帶肉到海邊，餵養未來將會餵養自己的鯨魚，同時低聲吟唱著。[11]若是沒有這些準備，鯨魚會彼此告知，人類在道德上或實際上都還沒有準備好。牠們不願意為不值得的人而死，所以會留在自己的國度裡。[12]

如果鯨魚要離開自己的國度，春天就會到阿拉斯加附近游動，而春秋兩季則會到楚克奇的海灘或岬角游走，在那裡的有些楚克奇村莊也會在夏天獵殺灰鯨。在這些季節裡，船員們準備好「烏米亞克」（umiak），即海象獸皮艇，在寒冷的海面上為六到八個獵人提供庇護。每艘小艇都有一位船長，通常是一個如同他妻子一般，能夠讓自己的靈魂拋向鯨魚國度的人，並且相當熟悉獵捕方面的實務作業：確保魚叉、繩索、浮標和長矛都是乾淨潔白的，因為這是鯨魚最愛的顏色。然後，「烏米亞克」船員就會在冰緣仔細觀察，其中總有人盯著隨時都有可能出現一抹黑影的開闊水面。出動一艘船便能觀察好幾個星期。他們不點火，也不多說話。每個人都穿上淺色的新衣服，這樣從水面下的眼睛看來，他們就像是天空和冰的一部分。在斯福夸克，女人送丈夫出海，並祈禱「出海的獵人彷彿是透明人，不留下任何影子」。[13]

當鯨魚到來的時候，獵人只有幾分鐘、幾秒鐘的時間採取行動。他們知道弓頭鯨具有敏銳聽

二十世紀初，伊努皮亞克捕鯨人在烏特恰維克附近屠宰弓頭鯨。圖片出處：Alask State Archives, Reverend Samuel Spriggs Point Barrow Alaska 1899-1908 Collection, ASL-P320-06。

覺，因此在行動時放輕腳步、少言寡語。富有經驗的船長很可能會等鯨魚噴出蒸氣的呼氣瞬間，來掩蓋艇身摩擦冰面的聲響。就在小艇悄聲駛向鯨魚之際，尤皮克獵人透過其動作看出牠們想說的話，藉由牠轉身及沉潛的方式來表示船長會活多久，以及牠是否會選擇死亡。[14]一旦鯨魚再次沉潛，捕鯨人就會立刻進行獵捕行動。於一九三〇年代斯福夸克成長、捕鯨的保羅・希魯克（Paul Silook），則描述了船長呼喊著，「以儀式為名，要求他們到鯨魚的前面，讓鯨魚停下來」。[15]接著，伊努皮亞克人就會在鯨魚進入魚叉射程時唱起歌。

一旦他們接近了一隻大鯨魚，船長就會在牠的側邊等待其呼吸的脆弱時刻。然後出擊：每根魚叉上都有向後彎曲的倒鉤，會在弓頭鯨皮下的脂肪和肌肉中絞出一道傷口。魚叉以繩索捆綁在海豹獸皮艇上，幾十個魚叉將正在掙扎的鯨軀固定在水面上，鯨魚的奮力掙脫，讓魚叉尖端更深深刺向心臟或脊柱。在冰冷海水和熱血泉湧交織的泡沫中，要殺死這隻受困的動物可能需要一天的時間。這工作相當危險。鯨魚龐大的背部很可能會在獸皮艇下方突然升起，將艇上的貨物拋向冰冷的浪花。灰鯨是楚克奇獵人的死穴，體型較小但更危險。因此，獵人經常殺死這兩種鯨魚剛滿一歲的小鯨魚，甚至幼鯨；一矛刺穿心臟，讓牠快速死亡。其中以小母弓頭鯨最為搶手，在伊努皮亞克語裡又稱伊努圖克（iŋutuk）。[16]有時候，這場追逐要到鯨魚生命終結才會畫下句點。因此，十八世紀末出生的弓頭鯨，會在成長最初幾十年間遇上不止一支魚叉，所以牠終其一生，身上都帶著一座舊武器博物館。

至於已死去的鯨魚，獵人會把鯨魚胸鰭釘牢，並將其軀體拉上冰面或陸地進行屠宰。只要有力氣的人都會來幫忙把牠從海中拖出來。一旦進入陸地，屍體就會堆成一座藍黑色小山，血液滲入冰層，在空氣中留下鐵的味道，整個村莊就開始動起來，將皮從脂肪、肉和骨頭上分離。光是鯨魚舌頭就有一噸重。在屠宰場周圍，孩子們咀嚼著鯨脂碎片，脂肪在他們的臉上發出油亮光澤。從心臟、腸子，到得以預防壞血病的生皮，除了骨頭之外，弓頭鯨幾乎整隻都被吃掉了。[17]女人將鯨肉裝進永凍土坑洞裡，以度過整個夏天。鯨魚脂肪被儲存起來，作為食物或是半穴居房屋中取暖燈具的燃料，甚至有些房屋的屋椽會用弓頭鯨下顎來搭建。

在分割鯨魚龐大身軀時，亦是種社會秩序的建立。鯨魚鮮肉會按照階級進行分配：優質鯨魚尾鰭肉屬於首先射出魚叉的小艇，胸鰭屬於第一和第二艘小艇，下顎則屬於第四和第五艘小艇。[18]那些沒有份的人，例如：老人、倒楣的人及鰥寡者，則都是其他成功家庭的責任，後者會像鯨魚一樣，奉獻出自己所得的鯨肉——這種行為既實際又崇高，因為這讓獵人及其妻子有資格在群體中擔任領袖，也同樣在未來的鯨魚死亡中扮演一定角色。狩獵之後連續幾天的盛宴與慶典也是如此，每個民族都有自己的歌曲、舞蹈，以及特殊的祭品。斯福夸克的尤皮克獵人將鯨魚眼睛刺穿所流出的液體，與木炭混合在一起，作為他們捕鯨小艇上神聖圖案的顏料。[19]在提奇嘎克的提奇嘎穆特一族，還會在將弓頭鯨頭骨滾落大海之前獻上淡水，如此一來牠的靈魂就能回家，並再次變成鯨魚。

*

大約在小弓頭鯨出生的同一年，也就是十九世紀初某個時刻，提奇嘎穆特族也曾差點滅絕。某年夏天，一艘滿載該族的船被來自奇因（Kiŋigin）某支隊伍襲擊。接著，提奇嘎穆特族再次受到攻擊，這次是來自諾亞塔克河（Noatak River）沿岸的內陸居民。第二場戰役情況更為慘烈，在後來稱為伊努卡塔（Iñuktat）——意即「好多人被殺害」的地方，將近一半的提奇嘎穆特族，有一百多人死於矛和箭之下。[20]倖存者不得不放棄他們過去大部分的領土。

提奇嘎穆特族大屠殺並非是個別事件。不久之後，斯福夸克島便遭到來自烏嘎茲克的人突襲，而烏嘎茲克位在跨海不到四十英里的楚克奇半島上。一個名為恩格帕奇（Ngepaqyi）的人召集了一千名男子乘坐獸皮艇，「殺死了所有人，甚至連孩子都不放過」，賽門・伊納（Semen Iena）如是說道。[21]白令地區的生活充斥著領土、貿易、奴隸、復仇及宗教上不法行為的政治競爭。如果鄰族的強大女薩滿用戴著手套的手伸入特殊火焰中，就能從戰士的胸口掏出心臟來殺人，或是楚克奇的牧鹿人為了俘虜奴隸而襲擊尤皮克村莊，那麼除了開戰之外，還有其他辦法嗎？有些暴力事件是發生在同語言族群之間；同為伊努皮亞特人的奇伊塔克穆特族（Kiitaaġmiut）老嫗曾被卡尼克穆特族（Kaŋiġmiut）切成條狀，放在魚架上曬乾。也有發生在不同語言族群之間，即楚克奇人和尤皮克人，尤皮克人和伊努皮亞特人，或是伊努皮亞特人和楚克奇人之間。在阿拉斯加沿岸，大家還是會說起楚克奇人為了偷女人，而橫跨大陸五十英里之遠。在十九世紀，藉由白令人世世代代及外來者口傳故事所流傳下來的歷史，並不是什麼原始和諧的歷史，而是不斷激烈變化的歷史。

在伊努卡塔的戰役發生八十年後，提奇嘎克居民曾告訴某個外來捕鯨人，大戰後的生活是多麼艱難，因為「所有的首領、偉大的捕鯨人及老練的獵人」都被殺死了。[22]座落在弓頭鯨活動路線旁的村莊，村子裡的權力是由弓頭鯨的死亡及重新分配所組成。政治影響力、俘虜奴隸與占領領土的能力，都開始於人類說服鯨魚甘願死亡的作為，這種作為會增加道德權威，以及熱量豐厚的實際利益。在提奇嘎克的倖存者必須要重建這兩種力量。

他們在接下來幾十年內，確實每年春天都有年輕獵人出海捕獵鯨魚。去獵捕是種「每次帶著鯨肉安全返回時累積下來的經驗：每次航行路線都會成為親屬間上下傳承的知識」。[23]在獵捕過程中，時間逐漸分解，因為每個參與者，從在岸上呼喚鯨魚的女薩滿，到她拿著魚叉的丈夫，都是幾代人的積累。他們這些種種舉動是以造福未來為目的，來呈現整個民族的過去。而這也算是白令人對於「鯨魚是什麼？」所回答諸多內容其中的一部分，如果諾頓船長能在一八五二年就提出這個問題的話。這種智慧就會讓極地的暗黑夜晚清晰可見，寒冷得以忍受，飢餓得以滿足。這是生活中的靈魂，是保證人類在死亡中生存的禮物，是權力的手段，是村落勞動所在，是一系列的期望與儀式，是種歷史的理論。

II

弓頭鯨要不是獨處，就是會經常與大小相近的鯨魚聚集在一起。在十八世紀末出生的幼鯨在脫離母鯨的陪伴之後，很可能就會花上數年時間與其他年輕鯨魚一起提前遷徙到冰原，成年公鯨及母鯨則追隨在後。[24]在那幾十年間，人類造成的危害有限。人們曾經在楚克奇半島每年獵殺十到十五隻弓頭鯨，在阿拉斯加西北部獵殺四十到六十隻左右。[25]無論任何心智和人類，都不能想像到更多的鯨魚。如果弓頭鯨知道人類的危險——如果這種警告傳遞於同類發起的抵制之間，或是在牠對魚叉捕獵的記憶中——那必然是在岸邊。在開闊的海洋中，並沒有什麼威脅禍害。這一切都是直到像諾頓這樣的人來到北方之前為止。

對「公民」號上的人來說，鯨魚並沒有靈魂或國家。但鯨魚具有價值。如果能把牠分解成油脂和鯨鬚，並運到新英格蘭，弓頭鯨就是商品，是只需出售就能賺取貨幣的自然事物。然後，這種貨幣能變成許多東西：個人財富、地區權力、鐵路投資或奴隸種植園，或是某種有關國家榮譽的概念。

弓頭鯨的商品價值主要來自其脂肪所聚集的能量，以及鯨鬚的特性。在這點上，新英格蘭的鯨魚消費者和白令地區的消費者很相似。但在十九世紀，美國新英格蘭（Yankee）捕鯨船所殺死的鯨魚並未被當作食物。相反，鯨魚脂肪可以說是潤滑了整個機械化國家：首先是給縫紉機和鐘錶上油，接著是軋棉機和動力紡織機。鯨鬚因其「纖維及彈性結構」而有用處，用來製造「鞭子、陽傘、雨傘……帽子、吊帶、頸托、手杖、花環、撞球桌墊子、魚竿、探測杖……刮舌器、筆架、文件夾、裁紙器、木紋畫梳、靴柄、鞋拔、刷子、床墊」等，一系列塑膠或彈簧鋼還未達到相同效用的消費物品。[26]精煉過的鯨魚油脂會成為高級肥皂、香水的基底和優質皮鞋的填充物。果園和葡萄園則會將鯨魚脂肪當作殺蟲劑、「防止羊啃咬樹木」的清潔劑，或是用作肥料。[27]鯨魚脂肪中所儲存的能量，並不會直接為工業提供動力——這是水車或是儲存在木材、煤炭和石油中的碳元素來負責，但鯨魚產品對於紡織品生產來說還是相當重要。一家工廠一年可以使用將近七千加侖——相當於三頭抹香鯨的油脂。在剪羊毛之前，鯨魚油脂會被塗抹在羊身上，並為了機器紡織而塗抹在纖維上，以便強化其韌性。

最重要的是，儲存在鯨魚體內的能量變成了火光。在新英格蘭，自一六三〇年代以來，鯨魚油一直是用於照明。到十九世紀初，室內照明的需求隨著美國人口成長而增加，美國當時也還沒有將石化燃料提煉成適合用於燈具的煤油。燈光大多來自於動物脂肪或種子。鯨魚油脂，特別是來自抹香鯨，能產生最亮的光。鯨魚油脂沒有使用豬油會有肉味的問題，也沒有使用莰烯（camphene）會有容易爆炸的問題。在日落早、冬季漫長的波士頓、紐約、普羅維登斯（Providence）和其他東部城市，鯨魚油燈曾照亮家家戶戶、工廠、路燈及火車車頭燈。鯨魚更曾在燈塔引導船隻回家。為了那些從未見過、接觸過或品嚐過鯨魚的人，這種能量從遙遠海洋收集而來，成為家庭和公民生活密不可分的一部分。

將購買照明者與遠方鯨魚軀體連結起來的是成千上萬的勞動力。到了十九世紀，這些勞動力大多來自於大西洋沿岸地區：南塔克特島（Nantucket）、瑪莎葡萄園島（Martha's Vineyard）、密斯提克（Mystic）。特別是麻州新貝德福，這裡建有鵝卵石街道、磚砌保險大樓和分層式寄宿屋，每年都有幾百艘船下水。諾頓船長於楚克奇半島失事之前，就是駕駛「公民」號從新貝德福啟航。就如同所有離開深水港的船隻一樣，這艘船也是由周圍環境所組成。森林變成了木板和桅杆，麻田變成了船帆，鐵礦變成了魚叉和刀子，羊毛變成了毛氈，用焦油鋪在船身上，下面是一層銅，以保護木材不被海蟲及海水侵蝕。要將材料轉化為正常運作的三桅帆船、雙桅帆船或縱帆船——即依照風帆數量及安裝位置而區分的船隻——都需要木匠、船縫填塞工匠、桶匠、鐵匠、繩匠和織帆工匠；組織並支付他們工資則需要代理商、配備商和金融家；航行需要船員和船長；而進行加工製造則是煉油廠、買家和經銷商的事。在一八四〇年代和五〇年代，新貝德福大約有兩萬人投入到肢解和焚燒鯨魚的勞動工作中。

整塊鯨魚脂肪都是錢。新貝德福曾每年運送價值一千萬美元的原料產品。鯨魚資本從來就不是美國生產的重大項目——儘管倡導者是如此告訴國會——所占比例在一八五〇年代約為百分之一，而到了一八六〇年代就更少了。不過，這還是算麻州第三大產業，僅次於鞋子及紡織製造業。[28]有些捕鯨家族藉由鯨魚脂肪賺取財富，並將鯨脂收入借貸給工業投資，例如：航運、鐵路和紡織業。[29]集中能量便成為了集中財富。赫曼・梅爾維爾（Herman Melville）在提及新貝德福時寫道，「放眼整個美國，都找不到比這裡更豪華高貴的房屋、公園和花園」，這些財富都是「用魚叉從海底拖上來的」。[30]

*

正當新英格蘭捕鯨人用魚叉捕捉到其獵物時，十九世紀的需求便將他們拖進了全球海洋之中。到了十八世紀中期，新英格蘭的船員已經無法在陸地附近就找到得以捕殺的鯨魚，而鯨脂通常都要在岸上提煉。造船工人因應調整，打造出在海上就能將固態鯨脂轉化成液態鯨油的船隻。獵捕活動隨後擴展到大西洋，先是向北，接著向南移動。十九世紀初，這個產業已繞過合恩角（Cape Horn），進到了太平洋。捕鯨人歷經三十個月的航行時間，在一八一九年到達夏威夷。接下來的二十年裡，他們開始向北移動。在港口，船員們傳遞著有關日本周圍海域，以及進入布里斯托爾灣（Bristol Bay），接著是堪察加（Kamchatka）附近好去處的資訊。

捕鯨人的背後是國家。正如一位海軍軍官表示，美國捕鯨船隊為了「我們的商業，當然，還有國家利益，提供了龐大的財富來源」，國家因此必須保護這些船隊，因為利益「要是沒有政府的保護協助，就無法實現。」[31]隨著美國船隊在異國海域航行——有時則是遇到船難——美國海軍亦跟著進入太平洋。美國總統約翰・亞當斯（John Quincy Adams）在一八二五年告訴國會，這種擴張是美國鼓勵「發展繁榮商業和漁業」的部分作為，並藉此「在全球文明國家中占有一席之地」。[32]亞當斯希望美國軍事力量也能施展到太平洋，就如同曾派出庫克及白令的歐洲列強一樣，成為一個能持續掌握全球知識的帝國。而在太平洋地區，這些知識來自於捕鯨人。一八二八年，海軍部長匯集許多捕鯨船長累積的資訊，後者正是一群「比其他人都更熟悉這些海域」的人。[33]一八三八年，美國政府開始在南太平洋進行正式調查，目的是為了促進「科學、知識和文明」，但之所以如此還是受到新貝德船長們的敦促，因為這些船長希望能就這片他們曾進行獵捕的海域範圍，得到更好的地圖。[34]十五年後，海軍准將馬修・培里（Mathew Perry）便跟隨著捕鯨船隊的腳步，來到了日本。

作為一個捕鯨國家，也讓美國在太平洋地區成為一方大國，是個認為文明具有商業潛力，而商業亦具有文明化潛力的帝國。捕鯨即是這兩者的範例，將傳教士引進「未知海域」裡面「有用途的新場所」，並帶來了「文明世界的貿易」。[35]如何讓世界物盡其用，正是美國的神聖志業。就這樣，鯨魚及捕鯨人便形成了美國走向海洋的昭昭天命。正如海軍部長在一八三六年向國會所報告：「這個國家的商業中，最重要的部分莫過於在太平洋上所從事的活動……在很大程度上，這並非是單純的商品交換，而是用勞動從海洋中創造財富。」[36]就當時的理論而言，勞動會透過耕種土地來提升土地，因此，將鯨魚變成鯨油也是透過促使海洋產生貨幣來提升海洋。美國的海洋，就像美國的土地一樣，都是發達之地。對於麻州的金融家和年輕的共和國政治家來說，鯨魚的金錢價值是種抽象的東西，支持著其他更偉大的抽象概念，例如：商業、國家擴張、工業投資，以及某種歷史理論，而在這種理論之中，過去早已讓位給進步。這些抽象概念也掩蓋了一個基本事實，即每塊美元皆始於鯨魚之死。

*

對於諾頓這樣的人來說，鯨魚及其死亡卻不抽象，他們的勞動讓鯨魚軀體變成了瓶裝照明及蒸餾精華。對捕鯨人而言，一次航行就代表著要在惡臭和風險中度過數年。捕鯨船會遇難。有時，它們還會起火。停靠的港口充斥著陌生語言、爭吵及難忍的疾病。風一停，船就停了好幾個星期。船員會碰到骨頭斷裂、傷口潰爛、壞血病、腸胃不適，卻很少碰到醫生。甚至連他們所獵捕的鯨魚到底是什麼存在——魚類？哺乳動物？聖經中的恐怖動物？——都還是爭議不休。[37]

毋庸置疑的是鯨魚的價值，正如愛德華・達沃爾（Edward Davoll）船長在新貝德福港對船員所說，是他們拿出「一船油」來交換的價值。[38]對於這批貨物的責任亦從他開始；作為船長，他要對放進他所指揮，但並不擁有的船艙中的每一桶鯨油負責。在十九世紀中期，大多數航行都是由投資陸地為主要範圍的投資人所資助，他們透過分享船舶所有權和航行裝備費用，來降低財政風險。船長在簽訂契約方面，則是就其尋找鯨魚及管理船員的歷史紀錄為依據。到了這個年代，這便代表要了解兩大海洋，以及任何熬得出鯨油的鯨魚，牠們的行為——例如：露脊鯨、灰鯨、抹香鯨和部分座頭鯨。船長所做的每個決定，都會在他回到新貝德福時受到仔細檢視，根據是否讓這趟航程滿載而歸的貢獻。正如威利斯・豪斯（Willis Howes），這位滿臉鬍鬚、全身海味的「寧洛德」號（Nimord）船長寫道：「出海結果……關係到我作為捕鯨船船長的職業聲譽」，這壓力會因為「船長要對船上所有人的不當行為或卑劣態度負責」，而變得更加沉重。[39]

船上可能有各式各樣的人。三十多名船員有著各種階級、等級、種族、宗教和動機。有來自亞速爾群島（Azores）、維德角島（Cape Verde）、新英格蘭本地的人，以及解放或逃亡的奴隸。這些奴隸遇到了新英格蘭水手，以及船隊在太平洋航線所停靠港口和島嶼的本地船員。[40]瑪麗・布魯斯特（Mary Brewster）寫道：「船員組成似乎有些複雜，五個白人、五個卡那卡人（kanakas）、兩個葡萄牙人、三個有色人種，其中可稱為黑人的廚師是膚色最黑的一個。」她在一八四九年與擔任船長的丈夫一起航向北太平洋。[41]她是唯一一位女性，當時很多船上都不會有女性。船員的經驗也大不相同，因為水手往往是招募來的新手。華特・伯恩斯（Walter Burns）簽了名，成為前甲板上的一名船員，因為他得到了「陌生國度和氣候、浪漫新鮮的經歷」，以及「一堆錢」的承諾。[42]或者，像是《白鯨記》中的以實瑪利（Ishmael）一樣，口袋裡沒有半毛硬幣，岸上也沒有特別感興趣的事物。這些新水手在離開時一無所有，所以油布雨衣、器皿用具、鞋子和被褥都要記在船舶出資人的帳上，而他們對於即將迎來的航線、時間或航行目標，也都一無所知。

他們通常會發現，日子往往是單調乏味；每天都是如此相似，大家透過自己吃的食物來記錄日子，就是豆子日、鱈魚日、布丁蛋糕日、豆子日的重複循環。[43]船副指派船員用煙燻驅逐老鼠，用鹼性溶液擦洗甲板，檢查索具上數百碼長的繩子，以及修補船帆等工作。只要有人偷懶不做事，像罵髒話或喝酒，都會被「抓到後桅杆上鞭打」。[44]水手們的小調哀嘆著「悲傷和沉悶」的海洋，裝載著「野生和醜陋」的鯨魚，以及船員失敗之際，總會大聲辱罵「就讓這些傢伙都淹死」的船長[45]而暴風雨會讓人生病，正如某本航海日誌所描述，那感覺「就像在夜壺裡的小鳥一樣」。[46]很多想家的人會在複雜的鯨魚牙雕上刻畫出他們的願望。[47]「我是想要（一點）錢，」「莉蒂亞」號（Lydia）的日誌管理員感嘆，「但我想要的程度，卻又不到讓我願意來此經歷眼前處境的地步。」[48]

幾個月後，「莉蒂亞」號才回到港口。除非遇到災難，否則沒有船長會在船艙裝滿油之前掉頭回新貝德福。捕鯨勞動通常是沒有工資或薪水。從船長，到大副、鐵匠和管家，再到最菜的甲板工，在船隻返航時，每個人都能得到一定比例貨物價值的報酬，或稱「分紅」。船長最多能得到淨利的八分之一，而工匠和掌舵手則能得到八分之一到百分之一。廚師、有經驗的水手和其他具專業技術的船員能拿到最多到百分之一的分紅，而沒有經驗的海員只能在船隻的漁獲出售時，拿到兩百分之一的分紅。因此，正如一八六〇年代某份報告，每個人都有「迫切的個人考量，為自己和僱主爭取最大量的鯨油。」[49]對於船員來說，鯨魚的價值只在於那頭鯨魚死亡時，自己所能得到的分紅。沒有鯨魚的一天，等於是報酬落空的一天。一天沒有報酬，便是直呼「希望，啊，是啊，希望」的原因，豪斯船長寫道，找到更多的鯨魚，「這希望反映了我們所有的願望。」[50]

一八四八年，世界上五分之一的捕鯨船隊到了夏威夷以北，希望能在範圍已經縮小的海域裡捕鯨，補充遠方的燈火燃料。[51]「卓越」號（Superior）的船長湯瑪士・羅伊斯（Thomas Roys）就是其中一員。三年前，羅伊斯曾到過堪察加半島，當時正等待他被鯨魚尾鰭打斷的肋骨康復，並聽到某位俄國海軍軍官描述北方有大量鯨魚。羅伊斯牢記著這件事情向北方航行。[52]在伊馬克利克附近，他的船員捕殺到新種類的鯨魚：黑色、動作慢、脂肪特別多，並且鯨鬚很長。「卓越」號只捕殺十一隻就榨取了一千六百桶油。六個星期後，羅伊斯向檀香山的報社回報了「希望」：巡航在「大陸到大陸之間，北到北緯七十的地方，（我）到哪裡都能看到鯨魚。」[53]

III

弓頭鯨每年都會唱起新的歌曲，因此在白令海峽周圍的海域——南部的白令海、北部的楚克奇海和東北部的蒲福氏海——會充滿兩到三種不同的音樂模式。弓頭鯨大多在冬天唱歌，當幾十英里外的鯨魚拾起音符時，大海便會逐漸充滿了同樣的合唱。這種透過親屬關係傳承下來的知識，是種文化的標誌。[54]

人類也可以在海上迅速傳遞資訊。羅伊斯在一八四八年所回報的消息，就在第二年為白令海峽帶來了五十艘船。布魯斯特寫道，當「老虎」號（Tiger）向北航行時，「北極看起來很遙遠，但根據傳聞，確實有很多鯨魚」。[55]她發現羅伊斯並沒有誇大其詞。七月八日，她的紀錄寫著「有很多的鯨魚」，接著七月九日是「有大量的鯨魚」，七月十日是「有非常多的鯨魚」，七月十一日是「有很大量的鯨魚」，七月十三日是「有一些鯨魚」，以及七月十四日是「剛剛有超多鯨魚經過海峽往北游去」。[56]七月下旬，「歐克馬吉」號（Ocmulgee）「鯨脂滿載，而且到處都有鯨魚」。[57]新的「極地鯨」十分巨大。獵殺一隻就能榨取一百五十、兩百或甚至三百桶的鯨油，平均是抹香鯨的三倍之多，而且有時還有重達三千磅的鯨鬚。[58]弓頭鯨是「緩慢又遲鈍的動物」，經常能看到牠們「悠哉地游動」，一位船長的兒子寫道，「規律地噴水，展現著相當平靜的心態」。[59]

然而，即使是面對沉靜的鯨魚，在海上所進行的殺戮作業也是十分激烈、血腥的，而且不一定會成功。其開始於在桅杆高處瞭望台的水手，等待著「將所見一切動靜唱出來」的時刻。「一切動靜」是指鯨魚的每個動作：「她吐氣了」是看到鯨魚呼吸，「她揚起尾鰭了」、「她皮膚黑」，或者「她跳出海面了」。[60]在白令海，水手們學會了去尋找「由大量成年蝦群所產生的暗紅色……水面」，因為鯨魚會聚集在這些「油脂豐厚」的地方。[61]有些水手甚至聲稱自己能在風中聞到鯨魚的味道。[62]

一看到鯨魚，船員就會把甲板上的木造小艇降下到海裡。每艘小艇都配有「鐐銬」，也就是魚叉，有時還有像大型步槍一樣的炸彈矛。就跟骨製或石製的魚叉一樣，金屬魚叉很可能會「刺到」或滑脫，讓鯨魚「噴出血來」。[63]鯨魚會躲開，或是拖著船逃走。「小心！不要把你的繩索抓得太緊」，法蘭克・霍爾曼（Frank Horman）船長命令道，「因為這樣就會把鐐銬拉出來」，但要是「鯨魚想搶走你的繩索，那就用力抓緊！」[64]某次由「法蘭西斯」號（Francis）所進行的獵捕，從早上七點就開始了；然後鯨魚「跟著（右舷艇）游得很快，快到其他小艇都沒辦法跟上，一直到下午六點才抓到牠，將牠殺死，這時小艇與鯨魚已經在捕鯨船視線所及之外，距離十四至十五英里逆風處。」[65]如果鯨魚沒有出血，就必須靠得夠近才能殺死牠，「向心臟部位發射炸彈矛」。[66]

火藥並沒有讓這項工作的危險性減少。詹姆士・蒙格（James Munger）寫道：「我的槳被鯨魚尾鰭拍掉，艇身破裂，四周開始漏水，但是我順利逃走了。」[67]歐森・沙塔克（Orson Shattuck）認為他的生命「處在危險之中，每當我們接近鯨魚，都需要很好的技巧和判斷力來殺死這些無情的動物」，而且「即使是最有技巧的人，有時也會被殺死」。[68]「羅馬二」號（Roman II）的航海日誌管理員希法斯・湯瑪士（Cephas Thomas）便碰上這樣的不幸，「鯨魚的尾鰭擊中（他的）小艇的邊緣，使他當場死亡，而在水中的鯨魚再次擊中他，讓他沉入大海」。[69]

＊

儘管危機重重，但通常死掉的還是鯨魚。當船員們將鯨魚屍體拖到船上，從水中拉出一半的時候，他們就能評估這副鯨體能換來多少工資：一隻大型「一等」棕色弓頭鯨或許能取得兩百桶鯨油，而一隻「三等」黑色弓頭鯨就只能得到七十五桶鯨油。[70]為了取得鯨油，必須要先剝去鯨魚皮。船員用長柄鐵鏟「切進去」，將鯨脂從肌肉中剝離出來。「絞盤發出刺耳的聲音，機具拉起鉤子，船傾斜了好幾度……鯨脂就像樺樹皮一樣從鯨體上被剝下來」，艾斯沃斯・韋斯特（Ellsworth West）回憶道，「直到所有鯨脂都從鯨體上剝落下來。」[71]鯨脂很可能有一英尺或更厚，像床單一樣藏在深色皮膚之下。捕鯨人稱這些鯨脂為「毛毯片」。鯨脂被懸掛在沾滿油脂的旗幟旁，閃爍著油光，船員會剝皮但不切塊，除非有小鯨魚看起來「像上等牛肉」，就能當晚餐吃。[72] 一回到新貝德福或波士頓，美國人就沒食用鯨肉的胃口了。除了鯨脂，就只有「怪物的頭」具有價值，因為牠有「壯麗的骨頭」——鯨鬚掛在「嘴裡，就像個超大的房間」。[73] 鯨魚一被切下頭並剝去脂肪，剩下幾噸的肌肉、器官和骨頭，就「拋到海上漂流走了，成為海燕、信天翁和鯊魚的大餐」。[74]

在捕鯨船駛離這些已沉沒的鯨魚殘骸之後，還有好幾天的工作等著船員去忙，他們要將堆在鯨脂室裡齊腰高的鯨魚脂肪，以及甲板上滿載的鯨鬚變成可銷售的商品。他們將鯨骨切成塊塊條狀，用沙子磨掉粘稠的肉末——因為不會有女人想要一件散發著腐爛海怪味的胸衣。在鯨油提煉爐旁邊，也就是設置在船甲板上用於提煉鯨油的磚爐，大家拿著刀切開毛毯狀的脂肪，切得很薄，他們稱呼這些鯨脂碎片為「聖經紙」，然後把它們送進冒著氣泡的鐵鍋裡。捕鯨人還會對鯨脂好壞進行分類：「乾皮」產生的油品質不佳；帶紅色或黃色的油，價格會比透明的白色油差。[75] 年紀「尚青」的鯨魚在煮沸前，必須「在鯨脂室裡放置一兩天來熟成」。[76] 沒有立即被剝皮或被發現時早已死亡的鯨魚，則會是「骯髒和臭味熏天的工作」，而且提煉出來的還是劣質的黑油。[77]

把水燒乾並從油中過濾出皮膚碎片的工作，可能還需要花上兩三天的時間。捕鯨人會一邊工作一邊唱歌，例如：當時美國邦聯國歌〈迪克西〉（Dixie）和「約翰・布朗之軀」（John Brown's Body）進行曲，以及關於威士忌和夏威夷女人的歌曲。他們吃著炸過的鯨魚皮，「味道相當不錯，雖然很像在吃醃製的橡膠」。[78] 從早到晚，都有人往爐火裡丟入鯨脂碎片，用鯨魚自己血肉熔解其身。船員都希望今天風平浪靜，因為鍋裡正燒得熱騰滾滾，就快將煮沸的東西都灑在甲板上了，韋斯特寫道：「那滿是鮮血與殘液的甲板。」[79]殘液（gurry）是水手進行取脂作業時，鯨體所流出的內臟、油脂和殘骸粘液。當大家忙著在北極夜晚的昏暗陽光下工作，或是在秋天燃燒脂肪作為照明時，殘液也會讓船上木板變得滑溜。在整趟航程期間，會升起一股燒煮鯨脂和腐肉的厭惡：「相當令人討厭的氣味，」某個水手寫道，「但我可以忍受這一切，因為我會想到這是在裝填我們的船艙，直到一切裝好裝滿的時候，我們就能回家了」。[80]

回家，並且帶著錢，是這群不尋常船員的普遍願望。當「法蘭西斯」號的航海日誌寫著，「我們已經出海九個月，載有將近八百桶的鯨油」，還在煮的有「一百桶」，這代表距離安全靠港和工資更近了。[81]捕鯨人在書寫航海日誌的日常中記錄了這些願望：每天，列出離家的經緯度距離；某日，鯨魚被殺，鯨油和鯨鬚的數量，並經常在旁邊蓋上該鯨種的印章。到最後，合併起來約有數千桶的鯨油數字，就會報導在產業報紙和聯邦漁業報告上。投資者看到這樣的帳目，就會評估捕鯨業是否還有前景，是否值得再多投資一年。

因此，從金融家和民族主義倡議者到船艙男孩，紀念弓頭鯨的儀式便是統計牠們的減少數量。這個儀式同樣也簡化了捕鯨人的經驗和知識。船員們所接觸的不僅僅是他們自己的恐懼和痛苦。追捕或許亢奮又刺激，但捕鯨人也寫到，他們殺死的「受傷生物」，有著「野性的眼睛」，而且牠們的死亡令人「不忍卒睹」。[82]有些水手曾描述，鯨魚被擊中時「深刻、沉重的痛苦呻吟，就像個處於苦痛之中的人一樣」。[83]部分捕鯨人亦注意到，他們愈是理解鯨魚間的情感，就愈會加重這種折磨：船員們描述幼鯨在玩耍時，母鯨會散發養育的慈愛光輝，而且鯨魚之間也常表現出「高度的同理心」，會在同伴被魚叉擊中後，選擇「留在那裡，並且通常會停留一段時間來陪伴即將死去的同伴」。[84]不過，有關鯨魚情感的知識，就跟捕鯨人個人情感一樣，只有同在船上才能夠體會。新貝德福碼頭的鯨油買家不可能為情感這套說詞買單，就如同要他們相信人類會造成傷害一樣。他們將燈光賣給那些會把火點燃，而不懂箇中痛苦的人。因此，某位捕鯨人寫道：「商品的價值，並不會因為同情心而被犧牲。」[85]也只有在視為是商品時，鯨魚才對水手有用處，因為這是創造個人未來的一種方式，能夠買到一整年的食物和住所。這就是弓頭鯨對諾頓船長的價值，是他對於「鯨魚是什麼？」這個問題的答案，也是刻在許多骨雕作品上的座右銘：「以死維生、殺手長存，水手妻如願有成，捕鯨人油好運氣。」[86]「油好運氣」才有油膩膩的手掌，也是捕鯨人提到金錢的俚語。

*

在新貝德福捕鯨船尋油到來之前，來自阿拉斯加提奇嘎克的村莊，一位名叫米格力克（Migalliq）的人被楚克奇人抓住，並帶到海峽對岸。俘虜他的人並沒有殺了他，但關了他很久，久到能看到他們用來製做魚叉尖的銅。當時阿拉斯加還沒有這種金屬，米格力克對此印象深刻。接著，故事開始了，據說他告訴楚克奇人，從提奇嘎克附近的懸崖上所採來的石板，在製造工具方面是多麼卓越不凡。在米格力克從冰面走回家之前的那年冬天，他還邀請楚克奇人親自來看。第二年夏天，他們來了，並用稀有的銅來交換石板。這句在價值上的欺騙之言，在提奇嘎克卻享有持續傳頌下去的讚譽，至於確切的細節——何時？真假？——都不復存在了。[87]

而留下來的是，米格力克故事背後的廣泛意義：交換的重要性，即白令地區的民族在自己的領土之外也有不同需求。弓頭鯨的皮很好吃，但不能製作大衣、靴子、繩子、帳篷或船。海象多的地方，樹木少。北美馴鹿的毛皮很好，但脂肪很少。貿易將捕鯨民族的鯨脂變成了雕刻用的皂石、製成魚叉手柄的木材，和製作衣服的馴鹿毛皮。若說儀式是一種祈求所獵殺動物能夠重生回歸的方式，那麼貿易便是在牠們沒有回歸的情況下進行的一種補償，將沿海地區一個季節的豐收交出來，養活苔原上一整個貧瘠的秋天。當戰事籠罩著白令地區，提醒著人們有關暴力及眼前的危險之際，貿易讓各民族相連，組成聯盟及停戰協議。這種交換隨時和處處可見。在阿拉斯加的謝沙利克（Sheshalik），有數以百計的人乘著狗拉雪橇和搭著小艇前來赴宴、講故事、結婚，並用多餘物資來滿足需求。在楚克奇和伊馬克利克島也有類似的聚會。在聚會期間，戰事都會中止，所以去攻擊雪橇和艇上滿載的旅人便是種冒犯之舉。

米格力克的銅就是透過這些貿易路線和集市來到提奇嘎克：這是俄羅斯的金屬，很可能來自楚克奇領土西部邊界的奧斯特羅夫諾貿易驛站，距離海洋有數百英里之遠。十八世紀末，來自奧斯特羅夫諾的貨物則於白令地區流通四散；楚克奇人或許會用毛皮交換莫斯科郊外生產的刀子，然後將刀子帶到東邊，換取在阿拉斯加內陸地區的伊馬克利克島上獵取的狐狸，再皮毛賣回去給俄羅斯人，以換取更多的金屬。這把刀子或許能在伊努皮亞克人手中物盡其用，與此同時俄羅斯人再將狐狸賣到中國。到了十九世紀，還有其他能交易外來貨物的地方。居住在諾頓灣（Norton Sound）南部沿岸的尤皮克人會在俄羅斯的聖米榭爾碉堡（St. Michael Redoubt）進行交易，還有一些步槍會從內陸麥肯錫河（Mackenzie River）沿岸的英國驛站，進入伊努皮亞克人居住國度的東部邊境。[88]

美國新英格蘭船隊在一八四八年之後所駛進的正是這個世界，迎向種種暴力。捕鯨人的報紙充斥著南太平洋的大屠殺故事，所以他們期待北方也有著相同事情發生。有些人讀過夏威夷報紙轉載費德里克・畢奇（Frederick Beechey）在一八二〇年代的描述，關於那些「威脅我們隊伍」的伊努皮亞克人。[89]因此，當布魯斯特在一八四九年因為水手大喊「該死的原住民來了」而驚醒時，她爬上甲板，發現有艘海象獸皮艇正從楚克奇海岸划向「老虎」號，而船員們正忙在集結他們的武器，即「幾把鐵鏟」和「四把舊火槍」。[90]

其實根本沒必要這麼緊張。布魯斯特寫道：「他們想要吐瓦克（towack）」，意思就是「煙草」，因為「他們都是吸菸及嚼菸的癮君子，甚至連孩子們都很著迷於煙草。」[91]穿著海豹皮褲和北美馴鹿皮夾克的男人與女人都想要貿易，而非戰爭。在商業捕鯨業發展的最初幾年，「老虎」號所碰到的這種經歷並不特別。白令人抱持著謹慎的好奇靠近，而捕鯨人則是透過免費提供針、珠子，以及其他小東西來培養和平氣氛。《捕鯨人海運清單》（*Whalemen's Shipping List*）則稱之為保險，這樣船隻就能得到「（當地人的）善意及幫助，以防有人不幸在其海岸遭遇海難」。[92]在早期，貿易是用白令人認為有價值的東西與外來者認為有用的東西進行交換，即使雙方的需求都沒有被對方看見：就如同在「老虎」號甲板上指著一匹花布的楚克奇人，並不會知道這是來自一個對鯨脂有無盡欲望的紡織廠，以及織布機踏板是如何仰賴同樣維持楚克奇人生命的血肉來順暢運作。正如布魯斯特沒有看到在「吐瓦克」的需求背後，楚克奇人正評估著這些新船是否能成為他們超過一個世紀、行之有年取得物品的可靠來源，也就是一種透過貿易獲得更多利益的方式。一八四九年六月那天，在「老虎」號甲板上，衝進外來者和白令人之間的是「一大塊迎面而來的冰」。而「老虎」號則是「起錨」來避免撞擊。[93]

IV

弓頭鯨是屬於冰冷國度的動物。在世界上有兩個主要棲息地，一個在北大西洋，另一個在白令地區，牠們都是徜徉於冰中湖和冰間航路的專家，在那冰層張裂、向天空展露墨藍海水的空間。弓頭鯨在這些通往空氣的水道中游動和呼吸。牠們大聲歌唱，仔細傾聽自己的回音如何反射並描繪出上方的冰層厚度，也算是不至於深陷冰困的警報。當結冰的步伐就快跟上牠們時，弓頭鯨會開始繞圈、用力游動拍打，努力保持某條航道的暢通。如果牠們的去路被太過堅硬的冰層阻礙無法突破，牠們就會撤退。這就是弓頭鯨能生存於固態及液態水之間令人窒息邊界的工具。

楚克奇人、伊努皮亞特人和尤皮克人的獵人知道如何穿越白令地區的冰原：如何在其中看到相反於鯨魚所需的另一面，即得以承載人類重量的堅固冰層，而不是讓鯨魚得以呼吸空氣的薄冰。但是對於一艘船身鍍銅的木質帆船來說，冰層卻很危險。一夜之間，海上就會出現霧淞，將船舵堵得動彈不得。在一天之內，堅硬的海冰在風和海流的交互作用下向船隻隆起。布魯斯特寫道：「今天清晨，我們聽到了來自陸地的碰撞聲，很快就證明那是冰。」幾週後，她更描述了一個「令人焦慮的日子，因為今天凌晨一點鐘，冰開始向我們襲來」。[94]水手們望著隱藏在四月霧中的冰，或是晚夏大風帶來的冰山，這些都能刺穿乘載著他們的家、工作及財富的薄殼。捕鯨季節是由冰來決定的，從四月、五月和六月冰層退縮的邊界開始，直到九月的大風在海峽以北颳著冰層的夏季邊緣。伊麗莎・布洛克（Eliza Brock）在她的船緩緩穿過鬆散冰層時寫道：「在陽光照射之下，這些冰山看來十分美好，就像雪花石膏跟雪一樣潔白，形狀各異，但是當我們穿越這一切時，我才會感到開心。」[95]

在一八四九年的海冰中，共有五十艘船獵殺了五百隻的鯨魚。第二年，則有接近三倍的船將超過兩千隻弓頭鯨提煉成油。對於船長和船員來說，這些數字便代表著希望：《捕鯨人海運清單》表示，這實在啟人疑竇，「因為在同一時期，同樣數量的船居然能捕獲、煉製如此多的鯨油，而傷亡人數又如此之少。」[96]對於像是美國國務卿威廉・蘇厄德（William Seward）這樣的推動者和官員來說，北極地區則證實了捕鯨業為「國家財富的來源，是國家影響力和實力的組成要素。」[97]而每年不斷增加的油桶數量，正是這種未來的證據。

一八五一年，有更多的新英格蘭船隊駛向白令海峽。他們發現了不同的海域，冰層更厚，在寒冷夏天消融的速度更慢。某位船長如此寫道：「有更多的冰。」不過，引人注意的還是弓頭鯨的變化。「希伯尼亞」號（Hibernia）的日誌便描述了六月十日和十一日，當他們多次放下小艇時，「鯨魚游進了冰裡」。然後，在二十二日，有三隻鯨魚游進冰裡來閃避捕鯨人的獵捕。還有一隻在二十九日逃走了。[98]弓頭鯨現在能透過視覺來識別捕鯨船；正如某位記錄員在一次追捕失敗後表示：「鯨魚一看到船就閃開了。」[99]《捕鯨人海運清單》也將這個季節總結成鯨魚突然「變少又變野了」。[100]

第二年也是如此。要是說有什麼不同的話，就是弓頭鯨變得更野了。光是船槳的聲音，便「足以讓鯨魚陷入恐慌」。一旦被逼入絕境，這些動物就會迅速閃開，或向後游到魚叉手的小艇下。若是被擊中，「弓頭鯨就會將魚叉叉中身體的那一部分往冰上靠去」。[101]尤其是躲過一擊的鯨魚特別狡猾；大家認出有隻噴水聲宛如蒸汽船哨聲的鯨魚，多年來一直躲著捕鯨人，因為牠「似乎都能知道有船要靠近牠」，然而就會潛到獵捕範圍之外。[102]還有一次，如同「薩拉托加」號（Saratoga）航海日誌所描述，鯨魚似乎在嘲諷著捕鯨人：「有十六艘小艇一起圍攻一條可憐的弓頭鯨，牠卻讓大家大吃一驚，接著搖著尾巴走了，就好像在說『哦，你們休想得逞。』」[103]新英格蘭船隊開始唱起了新的歌謠，說弓頭鯨「彷彿精靈一樣，儘管牠們曾慢得像蝸牛／但我真心相信弓頭鯨已惡魔上身。」[104]

弓頭鯨已經學會面對新英格蘭船隊，閃避和冰都是種有效的保護。在一八五一年，只捕殺到九百隻鯨魚，比前一季少了一半。一年後，諾頓船長不理會害羞的鯨魚和結實冰層的報告。他的船員發現弓頭鯨「迅速向北移動」，從魚叉射程範圍游向「鬆散的浮冰，而且牠們進去後不久就消失了。」[105]為了追捕弓頭鯨，「公民」號成了不得不在冰山之間航行的兩百多艘船之一。那一季，船隊成功地捕殺了兩千多隻鯨魚，但有四艘船在冰上沉沒了。諾頓的船就是其中之一；他們九月時停留在楚克奇以北，在暴風雨的凌晨殺死了他們所捕殺的最後一隻鯨魚，最後導致自身的船遇難失事。

九個月後，「尼日」號（Niger）和「約瑟夫・海登」號（Joseph Hayden）救出了在楚克奇小屋過冬的諾頓及「公民」號其他船員。有位水手更是難忍激動地跪在地上祈禱。這兩艘船是種解脫：返航回家，從錯誤期望弓頭鯨能量的人們那裡得到救贖。漫長的冬天並沒有緩解諾頓生活在這群救助者之中所感到的不協調。他認為文明人不會吃鯨魚；他們為了賺錢而捕殺鯨魚，並燃燒鯨脂來照亮自己的家。看著楚克奇人和尤皮克人開心地吞食下一英寸厚的黑色鯨魚皮，但諾頓相信他們沒有賺錢的心思，沒有「工業習慣」敦促他們「在目前的需求之外進行勞動」。他們被限制在「毫無生氣及無利可圖」的一成不變中，單純「忍受著生活」。[106]諾頓所看到的是在鯨脂與汙穢中亙古不變的舉步維艱。一群處在時間之外的民族。鯨魚及獵捕是有其歷史——戰爭、儀式和貿易聯盟的歷史——還未跨進文化的界線。

*

正當諾頓於一八五三年返航回家時，又有幾艘船因為靠冰太近而沉沒。一年後，就只剩四十五艘船駛向白令海峽。其中有三分之一的船，直到捕鯨季結束都沒捕到鯨魚。新英格蘭船隊便撤回南方了。或許還有超過一萬隻弓頭鯨在白令海、楚克奇海和蒲福氏海，並且仍然為伊努皮亞克人、尤皮克人和楚克奇人的獵人而死；至少，在口述紀錄中並沒有關於鯨魚逃離獸皮艇的現象，而這種紀錄正好對這種變化很敏感。[107]但接下來的兩年，沒有任何一隻弓頭鯨被提煉成商品的油。在觀察了三個夏天的大規模死亡之後，對弓頭鯨來說，冰的重要性也變得不同：鯨魚開始利用浮冰作為對抗屠殺的工具。牠們的文化，就商業獵人觀察到的表面上，變成了選擇不為市場而死。這也許是種無意中的政治主張。在人們之間，儘管外國煙草很輕易就能轉化成白令人的善意，但是關於「鯨魚是什麼？」這個問題卻仍然沒有共同的答案。價值問題是政治性的，包括了地球現今該如何受到評價及分配，以及未來又會如何的爭論。這是屬於人類的問題。但在十九世紀中葉的幾年裡，是弓頭鯨的行動回答了這個問題，拒絕了只看到其脂肪價值的市場計算。

第二章　鯨魚殞落

沒有生態系統能達到完全平衡，所有的物種都在發展生存戰術，以便在變化中存活下來、避免滅絕。矽藻或小蝦會透過自我複製和快速繁殖，製造出數十億隻只能活上幾週或幾個月的同類生物。弓頭鯨則是採取謹慎、緩慢的行事方針，牠們生下的幼鯨很少，而且還要照顧好幾年。牠們的脂肪是種應變衝擊的投資；當食物產量旺盛時，牠們便大吃大喝；遇到微薄的年分，牠們就吃得少些，並調整遷徙路線。透過改變自己在空間和時間上的消耗，鯨魚就能讓海洋中能量的隨機循環變得平穩，因此，有鯨魚的地方可能比沒有鯨魚的地方更穩定。[1]

到一八五三年，那隻十八世紀末出生的弓頭鯨正忙著為自己增加更多的噸位。到那時，他的生命很可能就跨越了每屆美國總統任期，以及六位沙皇統治期間，海洋也因商業捕鯨人而變得危險。在為市場而死的前六年裡，有七千隻弓頭鯨變成了鯨油。[2]在那些充滿冰雪的夏天，弓頭鯨及形形色色獵捕他的人所不知道的是，這些只是之後更加深刻變化的前奏，一場將從海底迴響到冰屋屋頂的革命。在接下來的六十年裡，工業化的胃口讓弓頭鯨的數量減少到僅剩三千多隻。在少了鯨魚的情況下就留下一個空白：即是人們所攝取的卡路里、供虎鯨覓食的幼鯨，以及弓頭鯨在海洋中的工作。而填補這塊空白的，至少在人類的疆域，是國家。外來主權肇始於鯨類生物穩定性的消失，因為第一批政府巡邏船跟隨捕鯨人北上，以便監督看守這片變革中的人類世界。人類國家著手取代了自然國度。

I

一八五四年，美國捕鯨人從白令海峽的「霧、冰和破碎的希望」中撤退，正如一位捕鯨人所寫，放過一些弓頭鯨，讓牠們偶爾也能為尤皮克人、楚克奇人和伊努皮亞特人而死。[3] 商業船隊轉往鄂霍次克海捕殺露脊鯨，同時還有幾艘由俄羅斯帝國新近資助的船隻。在風平浪靜的日子裡，船長們航行到「甘」（gam）附近——用捕鯨人的話來說，就是人或鯨魚的社交聚會地點。根據他們的航海日誌，捕鯨人會在聚會中談到很多事情，從美國的政治到週日殺鯨魚的道德問題。到一八五〇年代，他們還討論了鯨魚的未來，或者是說，鯨魚是否還有未來的問題。

從自己的近距離觀察來看，商業捕鯨人相信鯨魚是有感情的社會性生物，並且具有努力讓同類存活下來的智力。當捕鯨人在大西洋和太平洋地區進行獵捕時，他們看到自己的獵物學習成長了。要捕殺露脊鯨是「完全不可能的事」，因為「牠們幾乎在小艇觸及水面的瞬間就聽到了動靜。」[4] 一八二一年，一頭抹香鯨狠狠撞凹「艾塞克斯」號（Essex）並讓船沉沒後，這物種便以奸詐聰明出名。然後是弓頭鯨，先是「愈來愈害羞」，接著是「野蠻、不安和多疑」，最後便是在「極地海盆中尋求庇護」。[5]正是這一點讓豪斯覺得「非常確定會（在冰中）找到鯨魚，眾所周知牠們就在我們的北方」，而不是相信牠們的數量真的減少了。[6]在如此寬廣的海洋中面對這般狡猾的獵物，很多商業獵人都不會想像鯨魚是被消滅，而是被追趕到得以拯救牠們的意識中。畢竟，大白鯨都能逃過亞哈（Ahab）船長的追捕而活下來了。

然而，到了一八五〇年代，捕鯨人透過瞭望台和捕鯨小艇，得到了另一個令人不太舒服的觀察結果。他們知道鯨魚的後代很少，而且成長緩慢。他們了解到當許多「僅僅是幼鯨」的鯨魚被殺死時，該地區也將「失去作為巡航漁場的作用了」。[7]在羅伊斯船長駛過白令海峽前不久，一位同行的船長警告說，「可憐的鯨魚」注定要被商業「徹底滅絕，或者至少是接近滅絕，剩下數量很少的鯨魚卻又誘惑著人類的貪欲。」[8]查爾斯・斯卡蒙（Charles Scammon），一位原為捕鯨人的博物學家便曾寫道，巡航漁場「早已……廢棄，因為追捕的動物已經被魚叉和長矛消滅了」。[9]一八五〇年某篇社論用弓頭鯨向捕鯨人乞求的口吻：「我們極地鯨是一種沉靜、無攻擊性的種族，渴望著生命與和平……我為那些遭到屠殺和垂死的同類發聲，呼籲整個鯨魚界的朋友們。難道我們都要被冷血地殺害嗎？我們這個種族就必須滅絕嗎？」[10]博物學家和水手們以前就曾目睹人類終結某些物種，從十七世紀的渡渡鳥（dodo bird）到十八世紀的史特拉海牛（Steller's sea cow）皆然。[11]「鯨魚的體型會縮小嗎？」小說《白鯨記》某個章節曾如此問道。「牠是否會滅亡？」在一八五〇年代，某些參與聚會的捕鯨人可能會回答「是的」。

然而，卻沒有人在討論停止獵捕。正如捕鯨人對於鯨魚苦痛和社會煎熬的觀察，並不會轉化成財政數目一樣，十九世紀的法律和商業理念也不適合鯨魚緩慢的原始本性。鯨魚的叫法——公牛、母牛和小牛——對於講英語的水手來說，是熟悉牲畜的代名詞。但鯨魚不是家畜，所以沒辦法豢養一隻活著的鯨魚，投入資金來照顧和收成牠的後代子孫。那些所有得以主張鯨魚為其財產，並且能出售牠們以獲取利潤的權利，都只有在塊塊鯨體變成商品時才會產生。這使得殺死小鯨魚，甚至是幼鯨成為了「船員的慣例」，是一項明智的投資。[12] 因此，即使他們在對話中使用了「絕種」和「滅絕」的字眼，鯨魚的價值卻在於當下的死亡。在會計帳簿裡並不會記上鯨魚的未來。

但是，在那本帳簿上或是它帶給捕鯨人的願景裡，還能騰出空間來解釋鯨魚的智力。船長將鯨魚失蹤的現象解釋成牠們躲了起來，這也讓失蹤成為鯨魚存在的證明：是某處的少數幾隻鯨魚通知了其他鯨魚。在這個理論中，鯨魚還有未來，因此同理可證，捕鯨人的利潤也是如此。鯨魚的聚會愈多，捕鯨人的聚會也就愈多。只是要學習如何找到牠們，這個問題很是尖銳冷冽，就如同梅爾維爾所說，是「永恆十二月的迷人北極圈」中，那道「最終的透明屏障與牆壁」。[13]

*

因此，那些為了賺錢而殺死弓頭鯨的人，便在一八五八年回到了白令海峽。某位前桅手提到那一年是個特別「寒冷、悲慘、多霧的地方」，白令海峽以北的冰層從未退去。[14] 但有更多的船長開著容易操縱的三桅帆船，裝備著輕巧的風帆和更好的絞盤。有了這些船隊，他們開始學著向浮冰移動。

接著在一八六〇年代，暖風讓船隊得以向前航行：幾十艘船努力進入蒲福氏海，然後向西靠近楚克奇北部的弗蘭格爾島。同樣地，他們幾乎都掛著美國國旗；俄羅斯捕鯨人從不離開鄂霍次克海，因為缺少合適的船，他們在一八六三年因為看不到露脊鯨而停止捕鯨。[15]當一艘船緩緩領航駛入，正是新英格蘭船隊學會「盡可能地避開大冰塊」的時候，赫伯特・奧爾德里奇（Herbert Aldrich）如此寫道。人們吊在掛索上，「隨時準備領船轉向或搶風航行。一路蜿蜒前行時，則不斷傳來口令聲：『右舷！』『穩住！』『左舷！』『穩住！』『讓船迎風一點！』『穩住！』穿梭來去於冰群之中。」[16]冰層太厚之處，捕鯨船會張著小帆，或划槳鑽入「冰層中正好可以容下船身」的縫隙間，或是通過「鬆軟綿密的冰」。[17]

在一八六〇年代初期，這樣的船隊又將四千多隻弓頭鯨變成了鯨油桶。但是，在冰雪中學習也是有代價的。一八七一年九月，秋天提前降臨，在阿拉斯加北岸凍住了大部分的新英格蘭船隊。「艾蜜莉・摩根」號（Emily Morgan）的大副描述道：「冰往陸地上逼近襲來。就我們所在位置看來，無論是往南還是往北，所有的出路都被切斷了，因為冰層結到水面九英尺以上。」其他三十二艘船都卡在「厚重的冰層和陸地之中」。[18]其中一艘「羅馬」號（Roman）被兩塊碎裂的浮冰挑起、壓碎，最後沉到海裡，水手們都逃到只看得見留下的靴子。三十三位船長，「由於沒有足夠補給能供養我們的船員超過三個月，而且身處一個既沒有食物，也沒有燃料的不毛之地」，也跟著棄船了。一千兩百個人拖著他們的捕鯨小艇沿著結凍的海岸往南走，走向開闊的海域。[19]所有倖存者都搭乘其他船隻返回家鄉。沉沒在他們身後的是價值一百六十萬美元的鯨魚屍體和索具。直到這十年結束為止，還有二十多艘船沉入冰中。

能在每年秋天倖存下來的船隊，都會帶著甲板下的利潤向南航行。這似乎證明了技術、絕佳才智，以及男子氣慨才能產出更多的鯨油。或者，正如哈斯頓・博德費雪（Harston Bodfish）船長所言：「捕鯨的成功完全取決於人。」[20]弓頭鯨用人類充滿危險和冰雪提供庇護的知識來充實自己；新英格蘭船隊則是用需求來迎戰。一八七一年，《捕鯨人海運清單》曾報導北極地區「有很多鯨魚在活動。輕而易舉就能讓幾百艘船滿載而歸，鯨魚數量也不會因此明顯減少」。[21]那時候，白令地區的弓頭鯨已經有一半淪為利潤、工資，以及海底成堆的骨頭了。

*

有了弓頭鯨，就會有買鯨脂的人嗎？一八六〇年，豪斯船長在大霧瀰漫、鯨魚稀少的季節，與「辛西亞」號（Cynthia）上的洛（Low）船長聚會共度一夜。兩位船長談到「以每天九十桶的速度抽取煤油，事實上，煤及之後的石油都是當時最令人興奮的話題」。[22]捕鯨人多年來一直嘲笑著莰烯和豬油的缺點。不過，從大西洋中部的石油礦藏中提煉出來的煤油，卻能提供了明亮、穩定的火焰，不但沒有氣味，也能在鯨脂照明的燈具裡燃燒。而且，它的價格遠遠低於鯨油，隨著開採愈多，價格也逐年下降。[23]到了一八七一年，紐約市一加侖煤油的價格為二十五美分，是鯨脂價格的四分之一到三分之一。

對於生活在近來使用煤氣照明的新貝德福，以及整個東部沿海工業化地區的人們來說，有了現成的鯨油替代品，證明他們對於市場的發展能力具有信心：因為每種自然界產生的資源，其缺乏或高昂費用——例如：稀少的鯨魚、昂貴的燈光——都能以技術和商業智慧提供解決方案。正如新貝德福的推動者傑凡尼亞・皮斯（Zephaniah Pease）和喬治・霍克（George Hough）所描述，隨著「捕鯨業不可避免的衰退……人們開始尋找新的投資領域，提供給磨坊、工廠和鑄造廠的資金隨時準備到位」，這顯然是「……進取與進步的表現」。[24]石油支持著成長，應付著「人口成長」所造成「超出了（捕鯨）漁業供應能力的消費成長」，並「成為一種既豐富、又好、又便宜的照明來源」。[25]鯨魚一旦成為一桶鯨油商品，最終就能與貨幣互換。如今，牠們還能與其他形式的能量互換。到了一八七〇年代，石油已經導致鯨油的價格比起羅伊斯船長向北航行時，再下跌了一半。[26]《浮華世界》（*Vanity Fair*）雜誌便刊登了一幅鯨魚穿著晚禮服的漫畫，為「賓州發現石油」乾杯。[27]《捕鯨人海運清單》則哀嘆，石油對新貝德福的主要產業產生了「最嚴重的破壞性影響」，但是「鯨魚無疑會感激石油的發現，因為後者正在迅速取代迄今為止的鯨油供應」。[28]

對於十八世紀出生的弓頭鯨及其倖存同類來說，要表示感激還算是太早了點。在十九世紀最後幾十年間，石化燃料照明確實取代了大部分的鯨脂需求，但並不完全如此。有些市場仍然存在，足以讓《捕鯨人海運清單》在一八七九年的報導裡談道：「鯨油消費量並沒有太大變化。」[29]最重要的是，還有對鯨鬚的需求。

某篇報導曾寫道：「很多發明家都試著找尋能替代鯨骨的東西，卻徒勞無功，因為沒有任何材料可以滿足這項需求。」[30]鯨鬚的主要用途是製作緊身束腹。隨著工業革命將服裝從手搖紡錘和織

一九〇六年，加百利（A. Gabali）繪製的素描，畫中呈現了弓頭鯨、捕鯨船隊、海冰及正被拖上船的毯狀鯨脂。圖片出處：新貝德福捕鯨博物館（New Bedford Whaling Museum）提供。

布機中解放出來，時尚的穿著便成為一種大眾現象。要想在南北戰爭後的美國及歐洲跟上時尚潮流，女性需要有束腹。金屬或繩索適用於廉價的緊身束腹。但是，正如廣告商所說，鯨鬚條才能提供最為「優雅合身、有型及塑身」的效果。[31]想擁有符合資產階級禮數的十八英寸腰圍的女性人數持續飆升，弓頭鯨「鬍鬚」的價值也跟著水漲船高。在一八七〇年代末和一八八〇年代初，平均一副鯨魚下巴便要價將近五千美元，「到目前為止，這是許多捕鯨人最重要的貨物象徵」。[32]弓頭鯨還是沒能躲過遠方人類的欲望。

II

在商業捕鯨最初幾十年裡，新英格蘭船隊的影響有限，對白令地區民族的威脅最小。有時候，水手會送出煙草和珠子；或是用金屬製品換取一些毛皮或新鮮北美馴鹿肉；抑或是在遭遇海難時尋求救援，但多數情況下，他們都忙著捕殺弓頭鯨，不會在下錨處花太多時間。如果這些水手揚言威脅，白令地區的民族也有理由相信自己能抵禦攻擊。

他們以前就曾有過經驗。哥薩克人，即俄羅斯帝國世襲的軍事階層，在一六五二年於阿納迪爾河邊建立一座碉堡，並於一七〇八年及一七一一年向北襲擊。一位楚克奇人在一個多世紀之後，告訴民族誌學家佛拉迪米爾・博戈拉茲（Vladimir Bogoraz），「他們剛來時，我們都非常害怕他們」，因為他們的「鬍鬚像海象一樣張揚」，而且「衣服全都是鐵製的」。[33]哥薩克人非常殘暴，在楚克奇人和尤皮克人拒絕服從帝國法律及稅收的地方，他們就會折磨囚犯、焚燒帳篷。在楚克奇語中，「像哥薩克人一樣」這個詞彙的意思就等同於「殘忍」。[34]楚克奇的戰士與尤皮克人，以及來自伊馬克利克和伊恩利克諸島的伊努皮特人結盟，試圖擊退這群入侵者。在一七三〇年代的戰役中，有數百人死亡；擁有步槍和金屬盔甲的哥薩克人，死亡人數連十人都不到。[35]但是到了一七四二年，兩千名白令人——其中有些人帶著偷來的俄羅斯槍支，擊潰了哥薩克人。凱瑟琳大帝（Catherine the Great）下令關閉了阿納迪爾碉堡，因為保護這座碉堡所付出的人命和財物代價太高，同時保障楚克奇人和尤皮克人在帝國的法律下擁有「不完全受管轄外國人」的地位，允許他們「按照其祖先的習俗來生活及治理」。[36]

實際上，楚克奇人和尤皮克人是完全獨立的。在阿拉斯加的情況也是如此，俄羅斯及美國公司很少涉足諾頓灣以北的伊努皮亞克地區，柯策布曾警告過那裡可能很危險。[37]任何交流都要按照白令地區的規矩來。在哥薩克人戰敗後，於奧斯特羅夫諾進行的貿易就是想要購買金屬和威士忌的楚克奇人發起的邀請。一八一九年，一艘美國船隻試圖在伊馬克利克以物易物，但卻被楚克奇人和伊努皮亞特人趕走，因為沒興趣理睬任何打斷他們跨越海峽貿易的事情。[38]在羅伊斯船長殺死第一隻弓頭鯨之際，白令人已經花了兩世紀迫使帝國承認自己的價值，並依照他們的條件交換貨物。為什麼對「鬍鬚船」就要有所不同呢？楚克奇人稱捕鯨船為「鬍鬚船」，因為船上有像鬍鬚一樣的掛索和滿臉毛髮的船員。[39]

因此，每年四月在斯福夸克，獵人都會互相說：「我會睜著一隻眼睛睡覺！」（Iya inglupiqaq atughanagniluku!）為了睜大眼睛看好鯨魚。每個捕鯨家庭都會在儀式宴席上端出鱈魚、紅景天和海象脂肪，吃著從上一季就放在岸邊船架附近「海豹皮囊裡發酵」的鯨魚肉。林肯・布拉西（Lincoln Blassi）記得，那是「特別好吃的東西」。[40]不管新英格蘭人如何一時興起，弓頭鯨肉的價值在白令地區從未改變。鯨鬚也是其價值之一；楚克奇人、尤皮克人和伊努皮亞特人會用它來製作雪橇的雪板、籃子纖維、捕狼陷阱、鴨子及雷鳥圈套、魚網、雪鞋、部分的弓身和箭身。有些則會拿到內陸進行交易。但大多數捕鯨村莊都有著一整堆這些年復一年累積下來的柔韌玩意。隨著一八六〇年代鯨骨價格的上漲，以及鯨油供應的不確定性，搭在海象皮房屋上的鯨鬚架突然就成了人們上岸的理由。[41]現在這些搭著鬍鬚船的鬍鬚人，都想要來買剩下的鯨魚鬍鬚了。

*

貿易帶來了一種新的接觸方式：持續、面對面、用足以表達彼此的語言與手勢來確定意圖。這麼多的糖換這麼多的鯨鬚；這麼多的金屬罐換海象牙或狐狸毛皮。數十年後，有位斯福夸克的居民回憶道，我們「不得不用動作來理解對方。」[42]在楚克奇，人們長久以來習於在奧斯特羅夫諾與外來者貿易，所以他們帶著對工業世界明確的渴望來到捕鯨船的甲板上：蘭姆酒、槍支、煙草、刀子和其他金屬製品。在北美海岸，伊努皮亞特人一開始的行動是去奪取，而不是交換。霍曼（B. F. Hohman）船長寫道，在提奇嘎克，「當地原住民上了我們的船，而且他們『非常吵鬧』，手上有些少量海象牙、大量鯨骨和一些用於交易的皮毛」。一看到自己的人數超過捕鯨人時，這些伊努皮亞特人便「騷動」起來，「偷走了他們所能拿到的任何東西……並以一種看似有希望的方式奪下這艘船」。在失去口袋裡的煙草和大衣上的鈕扣之後，船員們順利用「大槍指著他們」來恢復甲板上的平靜，「他們便迅速往船的兩側跳下去逃走」。[43]奇恩克穆特人（Kijikmiut）便不止一次搜刮了船員較少的船隻，「帶走了他們想要的東西」。[44]不過，搶劫只是個短期策略。協商才能確保船隻貨物持續穩定供應，因為順利交易的船長才有可能再回來，並在每年夏天從他們的國度帶來新的財富。

尤皮克人、伊努皮亞特人和楚克奇人想要的是那些在白令地區無法自然形成的財富。「約翰・豪蘭」號（John Howland）停泊在克拉倫斯港（Port Clarence），也就是靠近謝沙利克貿易集市的地方，回報道：「槍支、蘭姆酒、火藥、刀子，所有用於狩獵的東西都很搶手。」[45]槍支很受歡迎，也很有用；威士忌則是刺激又新鮮。大多數船長卻不太熱衷交易這兩種物品。攜帶蘭姆酒很可能會讓水手喝得爛醉，而攜帶步槍則有可能導致他們叛變。在捕鯨活動早期，確實有少數船隻將酒精帶到了北方，但他們也發現了其他的危險。《捕鯨人海運清單》曾報導：「蘭姆酒是一八五二年捕鯨人和楚克奇人之間發生第一次暴力衝突的原因。」[46]在克根附近，水手們將「威廉・艾倫」號（William H. Allen）上一場造成船員流血，以及超過十五名以上奇恩克穆特人死亡的衝突，都歸咎於酒。[47]

交易也不完全都合法。在楚克奇，俄羅斯帝國仍然允許哥薩克代理人用威士忌換取毛皮，但又傳出聖彼得堡要頒布禁酒法令的消息。[48]到了一八七〇年代，俄羅斯帝國只對一半的白令海峽地區擁有外國管轄權：沙皇亞歷山大二世（Aleksandr II）在一八六七年將阿拉斯加賣給了美國。在接下來的十年裡，這片領土便劃歸於美國的軍事管轄之下，讓《往來法案》（Intercourse Act）得以向北拓展。該法案寫於一八四三年，管制「與原住民部落的貿易及往來」，包括禁止出售連發步槍——以防止武裝抵抗——還有酒精。但捕鯨人不太可能遇到來自這兩個國家的巡邏隊。最初阻止船長們這麼做的想法，是因為他們認為酒類貿易既不道德又不安全。一位水手就警告：「引進烈酒，並不會促進文明發展。」[49]

但到了一八七五年，商業捕鯨人已經獵捕超過一萬三千隻弓頭鯨。[50]因為弓頭鯨變得稀少且難以捕殺，捕鯨人窮盡創新的捕鯨方法：例如類似火箭筒的肩扛式炸彈，可是在波濤洶湧的北極海面上往往不太可靠；或是簡短討論過使用毒藥的可能性。[51]《捕鯨人海運清單》寫道：「在這個時代，捕鯨的航行成本花費甚鉅，需要更多的漁獲量，才能為這些船隻的所有人帶來有利的補償。」[52]鯨鬚逐漸變得難以取得，就像鯨油愈來愈難出售一般，除了囤放在村落裡的大堆鯨鬚。如此看來文明發展就不比利潤發展來得重要了。由於楚克奇人、伊努皮亞特人和尤皮克人不會為他們不重視的東西來進行交易，船隻便開始在夏威夷用蘭姆酒和威士忌來裝滿船艙。

蘭姆酒和威士忌是由熱帶氣候下的植物糖發酵而成，當它們來到這裡的社會時，並未伴隨著幫助俄羅人與美國人在某種程度上——至少在道德上來節制消費量的社會風俗，以及生理耐受性。在白令海峽，酒醉是新鮮、充滿誘惑，而且是極度無法預測的經驗。酒精能讓整個村莊陷入日日夜夜載歌載舞的狂歡。或是引起小型民族之間的衝突，並波及到內陸地區，最後變成某位身在斯福夸克的人，他口中的「酒精殺人」。他記得五加侖的酒桶被拖上了岸，然後就是不眠之夜，要「非常小心地……留意」攜帶步槍的人，以及「可怕的……威士忌」所引起的憤怒。[53]

可怕的威士忌，同樣能從白令人那裡買到其他東西。捕鯨人很早就常常寫到當地的女人「非常漂亮」，「有著發亮黑髮、明亮眼睛、紅潤臉頰，宛如成熟櫻桃的雙唇」。[54]這種讚美並不總是能獲得等價交換。瑪咪・畢佛（Mamie Mary Beaver）便回憶道，男人的鬍鬚讓他們看起來就像「在咀嚼著麝鼠皮，所以女孩都躲到柳樹後面了」。[55]其他女性有著理由——心懷浪漫、帶著策略——追尋外來者的求愛，或者可能將船員納入當地交換丈夫或共夫的做法，將友誼轉變成親屬關係。[56]外來者稱這種做法為「換妻」，並用恐怖和刺激的眼光來看待，但這並不是強迫的。[57]同時，也不算是性交易。反而是新英格蘭的船隊帶來了性交易的概念，他們「誘使（女性）上船成為船長或船副的女人」，並以工具、衣服和酒精飲料作為報酬。[58]在楚克奇海岸，女性學會了用手靠著臉頰，模仿睡覺的樣子來表示她們可以上船。[59]從這些邂逅中，有些女性帶走了不只是印花布和針。有個叫皮娜妮爾（Pinanear）的女人，便與「克里歐」號（Cleone）的船長共度了一季。到了第二年，二副便描述道，整個船隊都試著「擠眉弄眼扮鬼臉……看看這個小孩是否跟他的父親有任何相似之處。」[60]

並非所有女性都是出於自願去跟那些鬍鬚男在一起。一九一三年，巴林傑（J. G. Ballinger）在克根附近遇到一位伊努皮亞特女性，她在十一歲的時候被船員綁架，整個夏天裡「受到最令人反感的殘酷方式對待」。[61]綁架她的人可能是紐斯（E. W. Newth），他有著引誘女孩登上「琴內」號（Jeanette）的壞習慣，讓他在其他船員中戲稱為「幼稚園船長」。[62]船長的妻子們亦在信中表示，反對這種船隻與女性之間的買賣。[63]報紙曾報導水手們在阿拉斯加受到攻擊，是因為他們「與當地女性有不當的熟識關係」。[64]在這些委婉的說法背後，還有其他尋求酒精來遺忘的理由。

*

即使是在雙方都同意的情況下，白令地區女性和外來捕鯨人之間的關係，也留下了一種駭人的無聲暴力：梅毒，一種讓新生兒生病、健康的人虛弱、老年人癡呆的疾病。在楚克奇，有些群體在俄羅斯人身上看到了這種疾病，並隔離了受到感染的人。在伊馬克利克和伊恩利克諸島上，人們拒絕與捕鯨人同床共枕。[65]但這種策略並不普遍。在北美海岸，捕鯨人約翰・凱利（John Kelly）曾報告是「白人帶來了梅毒」，引發「一場幾乎讓有些沿海部落趨向滅亡的瘟疫」。[66]在一八八〇年代曾造訪楚克奇的俄羅斯醫生提及「用最糟糕方式來顯現病徵的梅毒」相當常見。[67]楚克奇人給梅毒患者取名為「依桃」（E'tel）。梅毒的病徵就像是有小紅人在人類皮膚上搭起一顆顆小小的紅色帳篷，或是紅狐狸回來折磨這些捕殺牠們的獵人。梅毒並不是唯一一種水手們所帶來的惡疾。麻疹、猩紅熱和天花都曾在白令地區蔓延開來，這是自哥倫布時期開始散播的種種不幸傳染病，其傳播蹤跡最後在西方的終點站。這些疾病是如此惡毒，以至於「舉行」儀式「來趕走它們已經沒有用了」，某位楚克奇薩滿解釋道，「避免激怒它們，反過來報復我們。」[68]

然而，這些疾病仍怒氣沖沖。它們來到那些鯨魚已經愈來愈不常上浮到冰層邊緣的村莊裡。三十年的商業捕鯨讓白令海中最穩定的生物變得稀少，近來更是不可預測了。即使是遠在南方遭大量捕殺的灰鯨，到一八八〇年代也變得相當罕見。飢餓使村莊變得羸弱，所以更容易受到感染；感染又使得漫長、不穩定的捕獵變得難以成功；捕獵不成功，則讓人們更加飢餓。要是在某些地方去計算市場上不文明的伙伴、飢荒和疾病的複利，那麼加總起來就是一場大災難。在奇瓦克（Qiwaaq）的楚克奇村莊和桑列克（Saanlek）的人們幾乎都病死了。[69]在阿拉斯加，一八八一年到一八八三年充斥著飢餓和疾病的這幾年間，奇瓦利尼穆特族（Kivalliñirmiut）幾乎有一半以上的人不幸喪生。[70]市場拿走了白令人的鯨脂，但換來的卻是空空如也的鐵鍋。

白令人了解災難——即飢荒的時候，那些夏天永遠不會到來的年分。在他們還保持健康能努力嘗試的地方，人們會尋找海豹、北美馴鹿或野兔，彌補缺少鯨魚的空白。或者他們會遷徙。但是，市場也用金屬和煙草換回了受到改變的政治。沿海居民人口已不再多到能去打仗——在他們彼此之間或與外來者打仗。那些擊退俄羅斯帝國的戰鬥已是過眼雲煙，隨之而來的是白令人在變化中求生存的策略。現在的敵人是悲傷。這個敵人是如此強大，有些人寧可喝酒來遺忘或乾脆自殺，也不願面對空著船員的小艇，無法在沒有弓頭鯨的海面上獵捕。[71]不過，大多數人都做到了長久以來生活在白令地區的人們貫徹的事情：正如某位伊努皮亞特人在幾十年後解釋道：「不管用什麼方法，都要努力去自救。」[72]

*

捕鯨船看到「毀壞的房屋和無人居住的村莊」，就像「對於白人來到這個國度，帶來了疾病的無聲指責」。[73]有位船長在楚克奇遇難後，「跟他們一起享用（當地人的）食物時，感覺自己像是個有罪的罪人，不斷拿走他們嘴邊的麵包，然而，儘管他們知道捕鯨船有著如此作為，還是願意分享。」[74]要是捕鯨人在村莊附近殺了一隻鯨魚，他們往往會把剝完皮的鯨魚屍體拖到陸地上。雷（P. H. Ray）就描述「美國捕鯨船隊在過去二十年裡幾乎滅絕了」弓頭鯨，「牠們很快就會被納入瀕臨絕種的哺乳動物行列，而居住在這片海岸的許多人也將隨之消失」。[75]但要是捕鯨人看到了不幸，他們同時也看到了命運的運作：不論是鯨魚的終點，或是被認為是「愛斯基摩人」的終點，都只是一個即使不是完全不可避免，也必然是不可逆轉的過程其中一環。就算是富有同情心的外來者，只會將他們眼中這群「石器時代遺留下來的過時人類」的消失，解釋成某種偉大歷史演變的一部分，捕鯨人也只不過是其中的參與者而已。[76]

這些參與者體現著生產的辛勤；捕鯨人用勞力從凍結的海洋中獲取利潤，而他們的創新之舉則讓利潤成長變成可能。對於捕鯨人及其推動者來說，這就跟他們的船一樣顯而易見。北極捕鯨的中心轉移到了舊金山，那裡的投資人資助了用煤為燃料的蒸汽船，奮力開進春天的冰層來追捕更多的鯨魚。有些船員在阿拉斯加和楚克奇海岸一帶，挖掘露出地表的煤炭礦藏，但大多數人燃燒的是透過火車從阿帕拉契或洛磯山脈運來的燃料；即便他們要掏空鯨油來點亮舊金山要塞（Presidio）的油燈，依舊向北極輸入了一種能量。一八八三年，一家小型煉油廠在舊金山多帕奇（Dogpatch）碼頭正式啟用，院子裡鋪著十英尺高的鯨鬚，曬在陽光下風乾，然後就搭上同一條向西輸送煤炭、橫貫整座大陸的鐵路，載往東部的市場。

到一八八〇年代，蒸汽船的捕獲量是帆船的兩倍以上。在這些年裡，哈佛大學動物學家亞歷山大・阿格西茲（Alexander Agassiz）便曾警告，商業捕獵將在半個世紀內讓鯨魚滅絕。[77]不過，蒸汽船就像二十年前首次進入冰層的輕型三桅帆船一樣，讓獵捕看起來——極有可能——不是讓「弓頭鯨滅絕」的問題，只不過是再次出現「鯨魚向北移動」的躲避現象。[78]蒸汽船跟著這種遷徙移動，在春天融去的冰層中獵捕弓頭鯨，在整個夏天進行捕殺，並持續到秋天，然後趕在結冰之前到赫歇爾島（Herschel）附近的蒲福氏海過冬，這樣他們就可以在春季捕殺第一批洄游的鯨魚。蒸汽船讓捕鯨業效率更高。而效率被認為是任何進展都要是進步的支點：因為能促使利潤成長，而利潤又讓大家進一步投資。有位船長說道，這讓捕鯨業看起來就像其他產業一樣，受到「只要能賺錢或省錢，就可以做」的原則支配。[79]從這個角度來看，煤炭動力的船隊便顯示出，捕鯨業「剛剛達到所有產業都有的第二階段，保持謹慎的態度、現況的系統化資訊，以及正確的管理」，都將確保能獲得利潤。[80]若是如同舊金山報紙的預測，「鯨骨的價格將持續攀升」，那麼「就應該引進不同的捕鯨方法了」。[81]

當捕鯨業簡化到只剩下技術和需求，而鯨魚本身亦淪為必須穿越冰層進行追蹤的障礙時，捕鯨人在每次巡航中看到的事物——較小的鯨魚、海平面上看不見噴水的日子、飢餓的村莊——就全都消失了，至少對於遠在白令地區以外，那個需要鯨鬚的世界來說正是如此。因此，捕獵會持續進行，而弓頭鯨的數量現在已經銳減到即使是鯨魚死亡數量很少、利潤也很少的季節，也都是鯨類動物的重大損失。

III

捕鯨人的習慣長久以來將世界混合起來。來自大西洋的捕鯨人，宛如《白鯨記》中的獵鯨新手

白令捕鯨人與外來捕鯨人正在船上刮著鯨鬚；圖中前方男人身上穿著有防水作用的海豹皮或海象腸衣外套；左側的女孩則正在吃著從鯨鬚上刮下來的鯨魚下顎肉。圖片出處：新貝德福捕鯨博物館提供。

以實瑪利，而太平洋的捕鯨人則是在地鯨槍手奎克格（Queequeg），雙方在共同的事業中相互拉扯。隨著商業漁業在冰層的發展，外來者和白令人將來自商業、當地的工作與交易理念混合起來。外來捕鯨人急於降低航行費用，開始僱用當地白令捕鯨人：這些人經驗豐富，而且在進出北極的漫長旅途中不需要準備他們的食物。白令捕鯨人在飢餓和流行疾病中急於謀生，加入了購買食物和工業製造工具的行列。在楚克奇，捕鯨人成為比奧斯特羅夫諾更容易取得蘭姆酒、步槍及金屬的來源。

在一八八七年，「威廉・貝

利」號（William Bailey）的日誌中寫道：「這季運送了（僱傭的）五個原住民。」五年後，同一艘船用「帶著舊帆和一套槳的老舊船頭小艇」，作為這些來自楚克奇的尤皮克捕鯨人的報酬。[82]很可能整個家庭都與一艘船簽約，女性負責縫紉和烹飪，而男性負責捕鯨。有些人則成為永久的船員，他們在南方的航行讓其成為第一個發現西雅圖、舊金山、檀香山的白令人。一位長者回憶起在阿拉斯加海岸，男性會「把自己賣給捕鯨船長來換取他們需要的任何物資」，他所指的就是人們為了購買物資而產生的信貸關係。「然後在四月，他們會回去為買下自己的人捕鯨。」[83]在這個販賣自我去殺死鯨魚自我的過程裡，工作變成了一種可以用交易或時間的單位來劃分、用一袋袋糖和一發發子彈來衡量的事物。

即使在某些為了報酬去捕殺鯨魚的人眼中，其價值已經有所改變，但對大多數人來說，儀式依然不會就此終結。有位名叫安塔魯瓦（Atanauraq）的人就真的停止了觀察鯨魚的儀式，有些在提奇嘎克的人說他在自己的小孩死後就發瘋了。但是，安塔魯瓦是個異類，他以強姦和謀殺而惡名昭彰，還會毆打人來強迫對方，接受用少許糖來交易他們手上的鯨鬚。在一八七〇年代及一八八〇年代，他透過出售脅迫得來的鯨骨來討好船長，直到他獨自控制了提奇嘎克的彈藥和麵粉供應。他勉強稱得上是位領袖，但他是採取暴力的方式，而不是透過一場成功在眾人之間分配成果的獵捕來達成。正如一名村民所描述，安塔魯瓦的行為「就像個白人一樣」。他最終因為自己犯下的罪行而被殺害。[84]外來者現在已不再受到排斥，他們可能甚至還有點用處。但是，那些不遵守自身國度價值觀的白令人卻要受到懲罰。

然而，新的事物又悄悄出現了。人們的嘴裡充滿了奇怪的詞彙：哈那—哈那（Hana-hana）代表「工作」，普踢—普踢（puti-puti）代表「性」，都是借用自夏威夷語；梅—發斯特（mek-fast）代表「抓緊」，斯包斯（spose）代表「如果」，則來自英語；庫尼（kuni）來自丹麥語的扣尼（kone），代表「妻子」。[85]外來者重新為那些一同航行的白令人命名，取代他們名字裡聽起來陌生的音節，倫敦佬（Cockney）、參孫（Samson）、大麥克（Big Mike）、懶人山姆（Sam Lazy），或是僱用這些人的船名，讓他們成為字面意義上的捕鯨船：鮫人號（Thrasher）、彩虹號（Rainbow）、威廉・貝利號等。[86]人和船都造訪了一些一再被命名的地方：克拉倫斯港、聖勞倫斯島、威爾斯王子角、希什馬雷夫灣（Shishmaref Inlet）、柯策布灣、百花洲（Blossom Shoal）、普羅維登斯灣和傑日尼奧夫角（Cape Dezhnev），這些都是白令、柯策布、庫克及他們的帝國同伴所賦予的名稱。這些都是捕鯨人地圖上的名稱，他們再加上屬於自己的稱呼：烏嘎茲克成為英語中的印地安角；俄語裡的查普林諾岬。阿拉斯加有條河叫作胡拉胡拉（Hulahula），為夏威夷語裡「舞蹈」的意思。白令地區名字的發音再傳回來，輔音都會在傳遞的過程裡變得平順：烏倫也許來自楚克奇語的尤夫倫（Uvelen），意即「一塊暗沉、融雪後露出的地面」；奇瓦林納（Kivalina），則是源自某位俄羅斯軍官誤會了伊努皮亞特人所說的奇瓦利尼穆特這個族名。在提奇嘎克（或稱希望岬）以南，獵捕鯨魚這件事則命名了一整個全新的地方：賈柏鎮（Jabbertown），即是以其居民的多種語言——例如：伊努皮亞克方言，以及英語、德語、葡萄牙語、夏威夷語和他加祿語（Tagalog）的變體來命名。

賈柏鎮是另一項商業帶來的創新，是外來者建立來從岸上去捕殺鯨魚的殖民地。提奇嘎穆特人拒絕讓水手從他們的村子出發去捕鯨，因此在距離海岸下方十五英里，新英格蘭船隊用草皮和木板搭建房子，並從蘇厄德半島僱請伊努皮亞特人。這種捕鯨據點並非獨一無二；在北方的烏特恰維克，查爾斯・布羅爾（Charles Brower）也能買到鯨鬚和毛皮。而岸上的外來捕鯨人需要幫助。正如柯林頓・史旺（Clinton Swan）的回憶，「那些知道能在哪裡用魚叉捕鯨」，以及如何「將鯨鬚放入容器中浸泡」的人，都是相當受歡迎的受僱勞工。[87]女性的工作也是如此：她們縫製的長袍、手套和帽子，煮出的飯菜及提供的陪伴等等。捕鯨人也可能是個麻煩——有時他們不付錢；有時他們喝得爛醉，但他們也可能成為家人。[88]喬・塔克菲爾德（Joe Tuckfield）在賈柏鎮娶了一位伊努皮亞特薩滿，收養了一個伊努皮亞特小孩，並取名為尤古拉克（Yuuguraq）。[89]保薩娜（Pausana）則嫁給了捕鯨人海因里希・柯尼希（Heinrich Koenig）。布羅爾這個姓氏便在烏特恰維克流傳了好幾代。而伊努皮亞克人的民族——奇瓦利尼穆特，與塔卡穆特（Tapqarmiut）及伊馬克利克之間有過融合。將勞力轉化成食物，局外人轉化為家庭，適用於古老的生存策略——貿易和聯盟——藉此適應白令地區的新環境。

有些捕鯨人抱持著道德保留的態度看待賈柏鎮和其他岸上據點——酗酒、賣淫、異族通婚等現象。安塔魯瓦就是個「十足恐怖的人物」。[90]但他們也看到了進步。捕鯨人發現，很多尤皮克人、伊努皮亞特人和楚克奇人所缺乏的東西，從勤奮、衛生到適當飲食，都可以透過與市場接觸來解決。文明人在溫暖的房子裡吃得好、穿得整潔、買得到肥皂和書。他們受到了商品的啟蒙。而至少在供應充足的時候，商品會帶來一種獨立性：不受物質匱乏束縛的自由。尤其是一種擺脫仰賴鯨肉需求的自由：麵粉不是一樣很好嗎？大多數捕鯨人在見證了家鄉港口的工業奇蹟與農業帶來的蓬勃發展，都不認為鯨魚與小麥互換有什麼革命性的意義。從大自然的殊相（particulars）中獨立出來，只是文明的一種必然結果。傳播商業就是散播文明，讓更多的人有機會接觸到商業，就能讓世界變得更好。這個邏輯是一個循環，但概念本身卻是目的論：一條明確通往未來的進步道路。這條道路也讓人們劃分出人和鯨魚在本質上是不同存在的想法，因為鯨魚並沒有國家。

*

對俄羅斯帝國來說，鯨魚雖然沒有自己的國家，但牠們理應為沙皇的所有物。可是在楚克奇海岸，「從事捕鯨的美國船隻沒有注意到……在海域所劃定的邊界」，有位地方官員寫道，這讓「我們的海岸很少有鯨魚」。到了一八八〇年代，美國人捕殺了本應屬於俄羅斯人的鯨魚，也在帝國拉起了警報。俄羅斯試著再次啟動捕鯨業，向芬蘭船長林德霍姆（O. V. Lindholm）提供特許權；他的公司在鄂霍次克海建造了一座小型煉油廠，每年都會在附近殺死幾十隻露脊鯨，並在日本和夏威夷出售相關商品。這個產業還能向北擴張，只是美國人「對海洋生物的無情破壞」很可能會永遠剝奪這種利潤。[91]正如文登斯基（M. Vendenski）所寫道，俄羅斯必須「在來不及保住在太平洋沿岸發展捕鯨業的可能性」之前，及早去保護「我們的牲畜」。[92]從更廣大的世界視野來看，過去一個多世紀以來，俄羅斯帝國是白令海峽的所有人，但如同一位行政官員的看法，正面臨著失去所有「俄羅斯在遙遠北方威望」的風險。[93]這個帝國已經失去了阿拉斯加；現在又在自身所處大陸上落後於美國。

俄羅斯帝國對於美國捕鯨人的批評，倒也是有道德上的優勢。那些為美國人而死的俄羅斯鯨魚，會讓俄羅斯人陷入窮困潦倒——或者至少是那些應該嚴格意義、最終、領土上屬於帝國一部分的臣民。然而在楚克奇，這群屬於俄羅斯，但尚未被征服的外國人，遭受了「飢餓所帶來的疾病折磨，這起因於那些海洋生物漁獲不佳的年分」。[94]除了飢荒，還有酒醉的問題，以及可能會讓歷史上對沙皇不太友好的民族武裝起來的軍火貿易。某位地方官員曾表示，美國人「帶著烈酒和槍支悄悄地進入了楚克奇人的信任圈，搶劫掠奪並讓他們嚴重墮落」。[95]另一位官員感嘆道，「美國人的活動」在楚克奇海岸是如何「在屠殺鯨魚的同時，帶來了大量的烈酒」。[96]這些事情加在一起，美國船隻「完全耗盡了這塊土地及上面的居民」。[97]

革命改變了那些擁有權力和設定價值的人。捕鯨人的革命破壞了俄羅斯的主權：對法律、空間、忠誠、威望、能量的控制，以及沙皇統治的意義。在一八八一年，一艘俄羅斯砲艇沿著楚克奇海岸航行，留下了用英語書寫的公告，告知水手們在帝國領土上出售槍支或酒精是違法的。其他的巡邏隊也隨之而來，嘗試去削減捕鯨人從海裡賺取那些屬於他們的價值的報酬。

＊

對美國政府來說，阿拉斯加的捕鯨人並非外來者。捕鯨人並非是一名傳教士、政治家、官僚、教師、尋找上帝和國家的探險家。反之，儘管「聲稱自己是文明人」，捕鯨人還是以酗酒、鬥毆和玩弄女性而聲名狼藉。[98]有些人會在安息日進行獵捕。船本身便是語言和國旗的巴別塔（Babel）。跟大多數政府官員相同，具有中產階級意識的沙塔克（Orson Shattuck）乘著「伊莉莎・曼森」號（Eliza F. Mason）出海，卻對船員感到失望，「這真是在美國旗幟下能看到最為無知的階級」——再加上一個「蔑視自己國家法律」的船長。[99]捕鯨人是商業的化身，願意出售任何東西、隨時捕獵，並且購買當地女性的青睞。這種人會追隨什麼樣的國家？

對於觀察阿拉斯加的官員來說，答案是無政府狀態。凱文・胡柏（Calvin Leighton Hooper）在美國政府早期對白令海的巡視報告中寫道，飢餓是過度飲酒的結果，並將「持續下去，直到政府採取一些積極措施來糾正這種風氣」。[100]任何有節制意識的官員都知道酒醉是發展的障礙，尤其是在政府的眼中，尤皮克人和伊努皮亞特人頂多是孩童一般的民族，「他們的生活和精神進程」大部分時間都「很原始」，而且最糟糕的是「懶惰、骯髒又毫無價值」。[101]華盛頓的官員們受到十九世紀有關進步與種族方面思惟的影響，將伊努皮亞特人和尤皮克人歸類為「愛斯基摩人」；愛斯基摩人是一種原住民，大致上就像是印地安人；印第安人生活在時間之外、野蠻之中，有抗拒文明的傾向。聯邦政府擔心阿拉斯加會因此步上北美大平原的後塵走向戰爭。奧提斯（G. Otis）在一八八〇年向國會報告，捕鯨人出售步槍的做法「遲早會產生嚴重的麻煩」。「印地安人的戰爭也是由類似的原因所挑起……除非有軍隊支援，否則白人將會戰敗，而在目前國家的狀態下，沒有軍隊可以保衛阿拉斯加。」[102]捕鯨船武裝了內部潛在的敵人。因此，在一八八〇年，美國政府派出自己的海上巡邏隊來強制執行《往來法案》。

捕鯨讓白令地區的生產能力留下個缺口，為美國和俄羅斯帝國創造了一個不可預測的世界：充滿了飢餓、不徵稅的鯨油、不受管制的貿易、壟斷暴力的不穩定國家。這些全都挑戰了國家的基本假設：在政治上的定位、實際上如何行事，以及作為法律標準及道德進步代理人所具備的價值。但是雙方政府都沒有提出中止國際捕鯨行為的建議。而曾經有過的國際條約模式，是美國在一八九三年嘗試談判來保護白令海峽以南的毛皮海豹，而俄羅斯則在一九一一年加入了某個條約，保護自己的海豹棲息地。但是，即使在他們的國家海域範圍，美國也沒有透過法律來規範捕鯨活動。林德霍姆在一八八五年關閉公司後不久，呼籲保護那些毫無抵抗能力的俄羅斯鯨魚，但沒有成功。[103]

在俄羅斯，有些忽視與距離有關，缺乏能夠量化出來的財政損失——俄羅斯的捕鯨業規模很小，也很零散——還有聖彼得堡正面臨的迫切問題：一八八一年沙皇亞歷山大二世遭到暗殺、一八九〇年代的財政不穩、一九〇〇年代的罷工和閱讀馬克思思想的群眾。對美國官僚來說，鯨魚是國家收入來源之一——儘管所占比例不大。對於有些人來說，鯨魚數量銳減、甚至滅絕，算是一種進步的象徵。一八九八年，美國內政部將鯨魚比喻成野牛，「因為包覆全身的脂肪及掛在嘴裡的骨頭而犧牲」，並到了「鯨魚滅亡」的地步。[104]正如野牛向橫跨大平原往西遷徙的殖民者投降一樣，鯨魚也向在海上西遷的船隻投降。在這種無法避免的情況下，不可能有任何的保育措施。

弓頭鯨曾為白令人帶來了幾個世紀的穩定，牠們龐大的軀體在動盪的世界中是種值得依賴的存在。這種依賴在國家針對商業捕撈的回應中並未得到認同。對於美國和俄羅斯帝國來說，捕鯨的問題並不在於捕殺了太多的鯨魚，而在於帶來商業的同時，卻無法實現文明的理想。對美國政府來說，失敗是因為最終利潤流向了錯誤的東西——槍與酒；對俄羅斯政府來說，則是錯誤的人——美國人，出售了錯誤的東西。解決辦法便是圈地：將不守規矩的市場納入主權範圍內。這是屬於人類的解決方案，因為兩個國家都只用人類的角度看待事情——酒精、疾病，甚至飢餓，都可以透過將白令地區的財富用於更好的目的上來解決。就像弓頭鯨的死亡，根本沒有進入消費牠們當作照明的人們眼裡，弓頭鯨的生命及其功能，對外來政府來說也是看不見的事——或者說，即使看得見，也被認為是可以取代的。白令地區並不需要鯨魚，需要的是進步。

IV

在弓頭鯨死亡之際，無論是因為年老，還是被魚叉刺傷，都會從海面下沉到海底。鯨魚的殞落，會將成噸的脂肪和蛋白質帶到一個光照不足、能量稀缺的地方，在遠離大氣之處將鯨魚體內的碳元素封存起來。鯨魚屍體將盛開著一連串的生物：首先是鯊魚和盲鰻，再來是其他小型動物，最後是專門在骨骼厭氧空間裡進食的細菌。數百個物種會在幾十年期間，在一具屍體上繁衍數千個世代，彷彿一個完整的生命世界。在十九世紀的某段時間裡，這些微小群落很可能都在商業捕鯨人留下的骨架上繁衍生息。接著，鯨魚停止了殞落。在人煙罕至之處，商業捕鯨船留下了寂靜無聲的滅絕。[105]而在弓頭鯨的歌聲和文化中消逝的東西，也同樣被淹沒了；人類只能想像著那一萬八千、甚至更多的聲音消失不見。

在弓頭鯨被捕殺之前，曾接觸過白令海中許多生命，牠們潛水所產生的動能及身體的熱能，都有益於維持小至細菌、大至人類在內的生物。商業捕鯨只是一種與鯨魚有關的生產方式，但特別不適合十年內只能繁衍幾次的動物。儘管有許多人信心喊話，表示更多的鯨魚就在比冰層更遠的地方，但弓頭鯨一生的時間很緩慢。將浮游生物轉化的太陽光過濾成上噸的肉，需要數年時間。因此，捕鯨沒有辦法依照簡單的經濟公式，用創新產生效率、效率造就更多產量。隨著每次技術的調整，捕鯨工具在速度、殺傷力或範圍方面的改進，都造成更多的鯨魚死亡。這代表未來鯨魚的數量變少，讓未來的鯨魚利潤不再那麼有那麼有把握。效率能消費得更多，卻無法生產得更多。到了一八九〇年代末，捕鯨業所謂的豐收年分是一年能捕到五十隻鯨魚。剩下的鯨魚數量可能少於五千隻。

然而，商業捕鯨並沒有停止，因為市場強烈反對吞噬了整個物種的未來——還有隨之而來，其本身前景的想法。資本機制沒有這樣的信條：購買緊身束腹和雨傘的人，都與弓頭鯨大部分知識絕緣。消費者不懂鯨魚的生命週期，他們看到的是開銷；因為過多的死亡造成的稀有性，讓鯨鬚價格變得昂貴，所以到了一九〇五年，一季的捕鯨收入就能達到一萬多美元。《舊金山紀事報》（*San Francisco Chronicle*）就稱捕鯨是「宛如北極金礦開採一般的大型賭注。只要發現鯨魚就能獲得大量的利潤」。[106]

然後，突然間就沒利潤可言了。一九〇八年，在烏特恰維克經營岸邊捕鯨據點的查爾斯・布羅爾，便試著在舊金山出售滿船的鯨鬚。他沒有找到買家。同年稍晚的時候，他在紐澤西州參觀了一家製造「薄鋼，包覆上橡膠、硫化並拋光」的工廠。彈簧鋼的生產製造早在一年前就已經成功，為鯨骨傘架或束腹支架找到了一個更為便宜的工業解答。因此，如同鯨油大致上的用途都已經被取代，鯨鬚也變得過時了。查爾斯・布羅爾寫道，這是個「殘酷的事實」，不僅是製造業已經能取代鯨骨，也證實了他對人類智慧的部分看法——需要「刺激……嘗試新計畫」來獲得利潤。十九世紀初，市場渴求著能量而需要鯨魚，導致牠們被獵捕到其繁殖能力都無法自救的地步。當鯨魚數量變得非常有限，也不可能再增加的時候，市場便發明了一種廉價的替代品，「就跟真正的東西一樣好用」。[107]

這是美國透過商業成長取得進步的前景：每項面臨匱乏需求，例如：缺少鯨魚，工程學終究都會用石油和鋼鐵來填補這項缺口。捕鯨業只是成為進步敘事中的另一個註腳：更多的人有了光，更多的人有了雨傘，更少的人死於北極航行。只要成長移動到其他方面上，弓頭鯨的國境變得空蕩蕩也無所謂了。這種敘事並沒有考慮到，鯨魚產生的利潤與其在白令海峽、人類生命及被改變的海洋裡缺席所導致的代價，這是如此的不對等。弓頭鯨之所以免於滅絕，並不是因為會計帳簿裡開設了新的欄位來計算牠們活著的價值；牠們之所以倖存，是因為在海峽以外的世界裡，牠們不再具有任何價值。

查爾斯・布羅爾回到了烏特恰維克，從販賣鯨魚改為出售狐狸毛皮。他之後娶了一位名叫安西亞納塔（Asiajataq）的女人，並在一九二四年生下了他們最小的兒子老哈利・布羅爾（Harry

Brower Sr.）。他在一個逐漸轉型的村莊中成長，在這裡，金錢取代了貿易，兵役取代了薩滿來參戰，聯邦國家的邊界取代了小型民族之間的邊界；這個村莊裡有教堂、學校和政府機構。而老哈利・布羅爾長大後也成為了一名捕鯨船船長。他曾在一九八六年生了場病，並被飛機送往安克拉治（Anchorage）的醫院。在這個遠離烏特恰維克的地方，他夢見自己和一隻弓頭鯨一同游泳，鯨魚向他解釋了自己將如何被一把會爆炸的長矛刺中而死去。在老哈利・布羅爾醒來之後，他將這個故事告訴了他的兒子們。就這個夢的細節而言，這是關於許多年輕人在老哈利・布羅爾做夢的那天晚上殺死了一隻鯨魚的故事，他解釋是因為「鯨魚把自己交給了你」。「如果上蒼要你捕鯨魚，祂就會讓鯨魚直接游向你。」[108] 儘管他們的村莊曾歷經許多轉變，但是布羅爾一家仍然生活在鯨魚的國度裡。

在二十世紀末的烏特恰維克，就在這樣的一次獵捕中殺死了那隻十八世紀末出生的弓頭鯨。這些伊努皮亞特人，就如同許多白令人一樣，透過捕殺鯨魚的勞動和享用鯨魚的儀式來認識弓頭鯨，依然有其存在的價值。而弓頭鯨倒也沒有消失，牠們的數量正逐漸增長。

第二部

沿岸

一八七〇年至一九六〇年

而面對未知的風景，

我們的財富意識會發生什麼事。

巴利・羅培茲，《北極之夢》（Barry Lopez, *Arctic Dreams*）

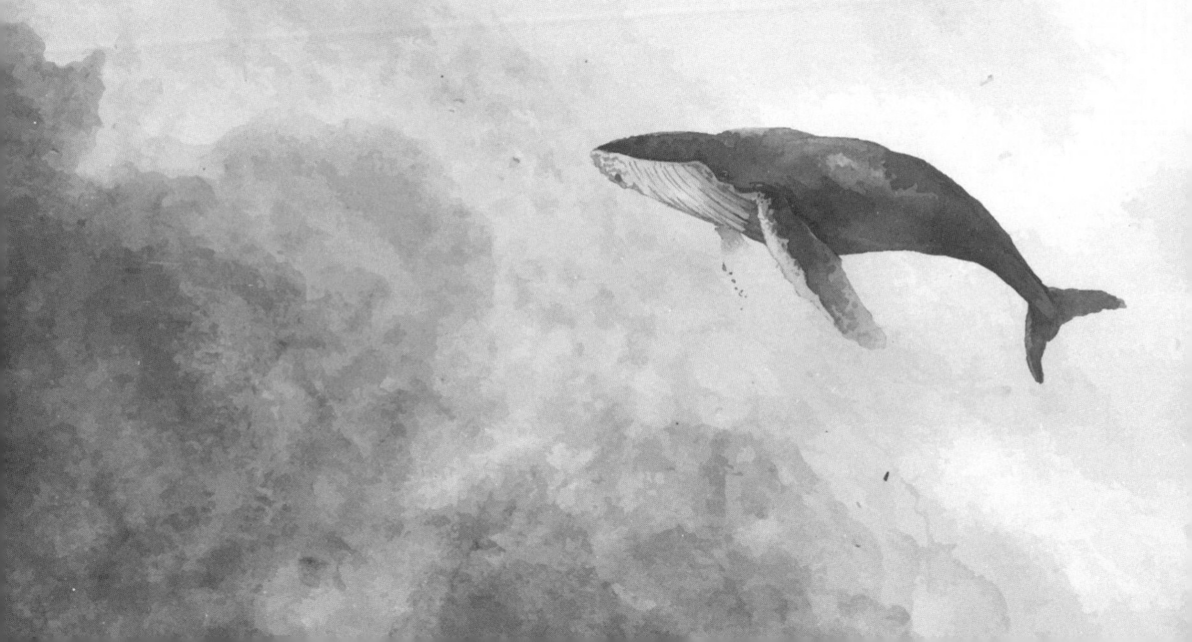

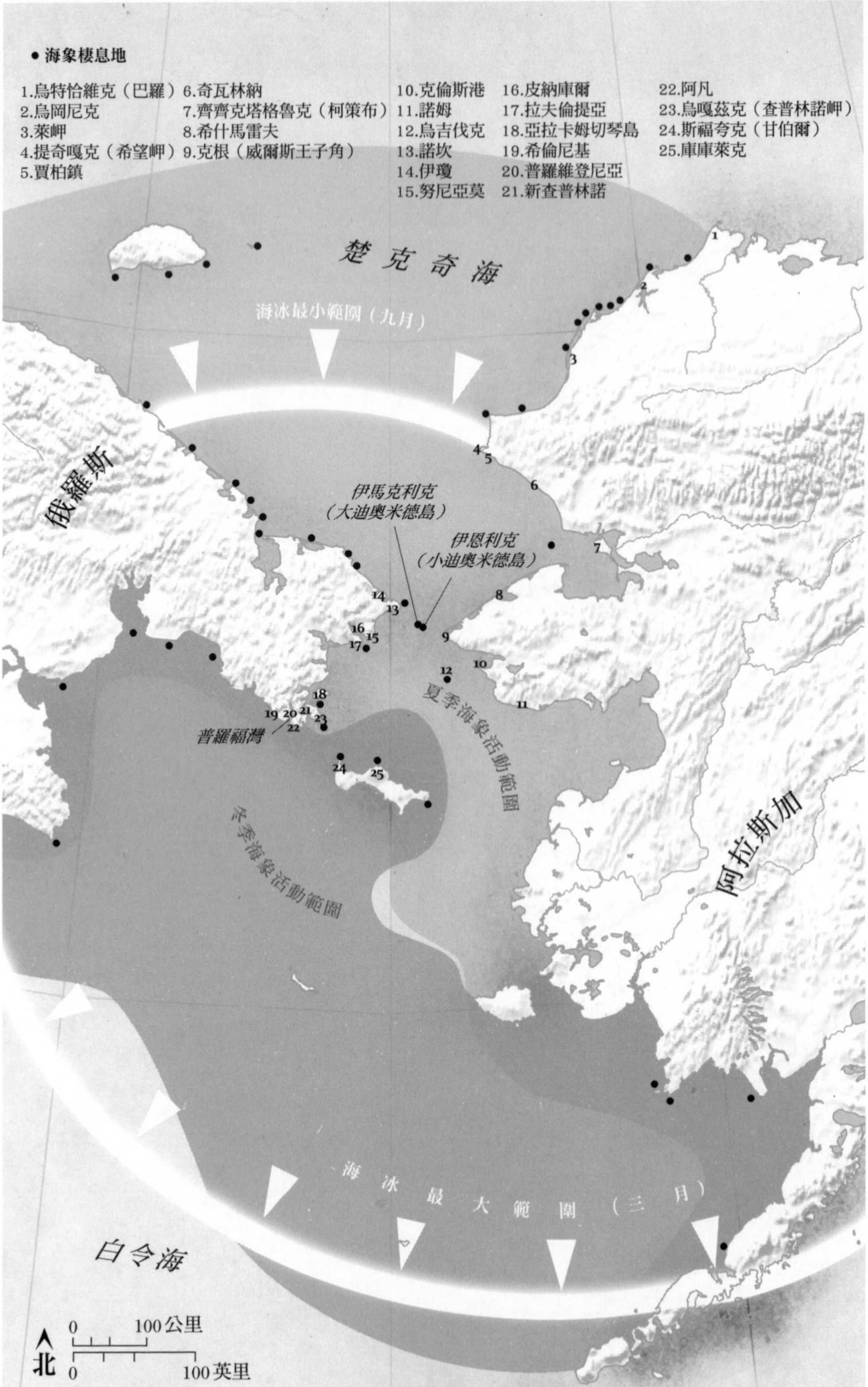

● 海象棲息地
1.烏特恰維克（巴羅）
2.烏岡尼克
3.萊岬
4.提奇嘎克（希望岬）
5.賈柏鎮
6.奇瓦林納
7.齊齊克塔格魯克（柯策布）
8.希什馬雷夫
9.克根（威爾斯王子角）
10.克倫斯港
11.諾姆
12.烏吉伐克
13.諾坎
14.伊瓊
15.努尼亞莫
16.皮納庫爾
17.拉夫倫提亞
18.亞拉卡姆切琴島
19.希倫尼基
20.普羅維登尼亞
21.新查普林諾
22.阿凡
23.烏嘎茲克（查普林諾岬）
24.斯福夸克（甘伯爾）
25.庫庫萊克
楚克奇海
海冰最小範圍（九月）
俄羅斯
伊馬克利克
（大迪奧米德島）
伊恩利克
（小迪奧米德島）
普羅福灣
夏季海象活動範圍
冬季海象活動範圍
阿拉斯加
海冰最大範圍（三月）
白令海
0 100公里
0 100英里
北

第三章　漂浮海岸

在白令地區有另外一種並非是由土壤構成的固態海岸。每年冬天，寒冷溫度會讓海水結凍成形。分子失去能量，就會讓液體變成固體。當溫度下降到華氏二十八．六度時，就會形成冰晶，掠過海洋的表面。風和上升的暖水將晶體混合成懸浮物。隨著寒冷往下深化，晶體交織成一層黏膩薄膜，逐漸變厚並成為泥漿。有時，海浪會將泥漿打成百合花狀的冰。有時，新形成的冰塊會像浮油一樣在海洋表面滾動，仍然挾帶著足夠的鹽水，而具有彈性。泥冰在海浪中片片滑動並相互沾黏，凝結並滲出鹽分，直到一切全被凍結成新的冰層。宛如一片陸地邊緣在流動水面上向外漂浮移動著。新英格蘭的船長最擔心的正是這些冰層結構：船體周圍的泥漿變硬，然後逐漸變成不透明固體。在十月到隔年五月之間，經年累月的冰岩板能達四至六英尺厚，數百英里的海域都被懸浮的海岸線所覆蓋。水從液態到固態，再回到液態的轉變，形成白令地區海洋與沿海生產力的脈動。在冰層中，藻類群落躲在鹽水池中，利用閃爍穿透進來的陽光拼組出細胞。即使是在冬天，磷蝦也會在這片微觀海洋牧場中覓食。春天，隨著這片漂浮海岸縮減回陸地，淡水從冰中融出，讓磷蝦進入海裡。藻類在陽光下綻放。海浪將微小的生命向下沖湧，餵養蛤蜊、透明蝦、紅臂陽隧足和蒼白陰森的帝王蟹，然後再進入鱈魚、比目魚、鱈魚和鯖魚群，之後這些生物還會進入潛入水中的鴨子嘴裡。[1]接著是魷魚，牠們乳白色的身體被滿嘴鬍鬚的海豹和海象嘴巴給咬住。

*

海象是外來者在白令地區所獵捕的第二種能量來源。在十九世紀末和二十世紀初，為了從海洋中獲取更多的能量，商業捕鯨人捕殺海象，作為日漸稀少的弓頭鯨替代品。面對日益惡化的生產危機，伊努皮亞特人、楚克奇人和尤皮克人捕殺狐狸，用牠們的毛皮換取麵粉，將這場從捕鯨開始的革命，擴大到海冰之上和狐狸窩裡，並讓這場轉變從海上移到內陸。

正是在這些變化中，美國和俄羅斯帝國開始了他們在鯨魚身上從沒有嘗試過的事：用主權邊界圍住能量和人群。他們之所以會這樣做，是認知到商業在沒有國家控制的情況下，開採了太多的能量，換回的利潤卻小到不足以帶來文明。大家不再相信市場能創造一切事物價值的道理。白令人也發現海象貿易缺少了價值，並制定了自己的邊界及法律來保護海象群，避免遭受資本主義的不安定，以及其需求之快速的影響。

I

海象是海岸線的化身。牠們無法離開大海覓食，靠著從水下一百多公尺處的泥土裡挖出蛤蜊和底棲蠕蟲維生。不過，牠們又必須回到地上繁殖及生產。因此，海象會在兩者之間滑動和打滾來去，在秋天乘著海冰邊緣往南方移動，然後在夏天往北方穿越白令海峽，有時離開冰面，撲向成片的沙土。就像鯨魚一樣，牠們的身體裡集中了豐富的海洋資源——母海象重達一噸多，公海象則有兩噸多重。海象並不像弓頭鯨那麼肥壯；牠們所吃的貽貝吸收了海象的陽光。但在海象厚達幾英寸、皺巴巴的皮下，有三分之一的身體重量是脂肪。牠們正從事著人類無法完成的工作，將海底淤泥轉化為有用的組織，並將其拖到岸上，宛如一條從海裡引導到固態世界的能量線。

在阿拉斯加的烏岡尼克（Ulguniq）以及白令群島——斯福夸克、烏吉伐克、伊恩利克和伊馬克利克，以及像烏嘎茲克和伊瓊（Inchoun）這樣的楚克奇村落和這之間的幾十個地方，人們將人類的存在——活著——與吃海象肉的神秘力量連結起來。海象使人類得以生活在海灣及離岸沙洲島上的季節性村落中，這裡遠離了弓頭鯨和灰鯨經常遷徙的岸邊。在這些地方，海象是一種主食。即使在會吃鯨魚的村莊也需要海象；家家戶戶住在披掛於鯨骨上的海象皮帳篷中，他們的家是由海洋供給陸地、死亡供給活人的東西所組成的。出生與歡笑、性與說故事、舞蹈與祈禱、飲食與死亡，在這些沿海集合住家中形成了一顆跳動的心，讓骨架和皮都能重新散發出活力。

海象的死亡，就像鯨魚的死亡一樣，開始於祈求和歡迎儀式——尤皮克人稱之為「特雷撒克」（Terre sek），用「關於海象的字眼，在歌中哼唱」的方式，將動物唱近岸邊。[2]沿海的楚克奇人在冬天不燒漂流木，因為這種氣味會得罪海象。[3]儀式與守望會相互配合。在烏岡尼克，獵人們尋找隨著海象離去而往北移動、看起來很髒的冰，這是海象群在不遠處的褐色標誌。在乘坐獸皮艇出去之前，烏嘎茲克的尤皮克獵人會吐出少許殘羹剩飯，並從「天上老婦人」那裡借來一張乾淨、恭敬的嘴。[4]提莫菲・潘加維（Timofey Pangawyi）解釋道，透過這種淨化方式，他就能念出成功狩獵的咒語：「願我的魚叉飛得好！願迅速射中（海象）！願擊中目標。鳥、風及附近其他人——但願他們都不敢干擾魚叉飛行！」[5]在伊瓊的楚克奇定居地附近，人們會在鵝卵石灘上用魚叉刺殺海象。在斯福夸克附近，人們進行狩獵的海岸是冬天的海冰，他們會透過步行或將小艇拖到開闊的冰間航道來跨越海冰。他們在海象撲向空中時用魚叉叉住牠們。康拉德・奧茲瓦（Conrad Oozeva）在一九八〇年代解釋：「當第一塊鮮肉送上來時，大家都會很高興，因為斯福夸克的每個人都能嚐到鮮肉。那時候就是這樣，大家像個大家庭一樣生活在一起。」[6]

死亡有其規則。在屠宰之前，獵人們會用淡水和馴鹿油來感謝每隻獵物。[7]在某位薩滿的說法裡，或是將頸部和頭部的肉塊滑回水中，「變成了附近海象的食物」。[8]一被小艇或狗拉的雪橇拖回家，男男女女就會來處理這具海象屍體。海象的鰭足會被放在溫暖的地方發酵，釋放出濃厚的有機氣味。器官會被一塊塊打包，每一塊都是美味佳餚，海象脂肪則裝在永凍土的冰窖中，較硬的部分則留給狗吃。女人將腸子拆開並清洗乾淨，然後縫成防水大衣和帳篷窗戶。海象皮非常厚，大多數都要縱向分成兩塊。[9]貿易活動便是在用這種皮當底部的獸皮艇和雪橇上進行。人們則穿著海象皮盔甲打仗。

歸於平靜之後，人們將海象牙雕刻成釦子、誘餌、釣魚砝碼、梳子、娃娃和護身符。有些海象牙則變成向死前的自己來祈禱的法器，例如：雕刻成海象人的肖像，其中很多的形象都有一部分是人類。尤皮克人知道有一位老海象女人——麥格・艾格娜（Myghym Agna），控制著海裡所有生命。有一次，她因為斷了一根海象牙，而氣得讓所有動物遠離人類。楚克奇人稱她為海象之母。克雷特昆（Keretkun）是個黑臉、喜怒無常的海獸大師，他統治著楚克奇海岸部分地區。[10]在斯福夸克，有位名叫艾格娜嘉（Agnaga）的女人跑去住在海底圓滾滾的海象人家裡，他們臉上沒有長牙，住在海底舒適的家中。海象人只有在游到海面上，為了死在尊敬的獵人長矛下時，才會戴上長牙。[11]海象總是活在變化之中：在人類和非人類之間，在憤怒和犧牲之間。住在楚克奇的尼可萊・嘉加維（Nikolay Galgawyi）解釋道，在這個宇宙中「所有東西都能轉化成其他東西，否則它就不可能存在」。[12]

*

在一八七〇年代初的冰雪之夏，海象開始轉化成新的東西：金錢。新英格蘭船隊在冰封的南邊等待，他們的貨艙淨空，盯著海岸上的海象，其數量是如此之多，「牠們看起來就像一群放牧後正在休息的牛」。[13]有些人知道「克里歐」號在一八五九年用海象脂肪榨出了油，每隻海象都能裝上超過半桶的油量。在看不到弓頭鯨的時候，就用海象油彌補原本浪費的一天，從航海日誌的利潤統計來看，就是把美元放進時間中計算。「三叉戟」號（Trident）的航海日誌管理員寫道，要兩百五十隻海象才能抵得上一隻弓頭鯨，「工作很辛苦，也很難取得鯨油，但這是現在唯一能做的事了」。[14]

只用了幾年時間，新英格蘭船隊就完善了如何捕捉海象的艱難工作。起初，水手們試著用棍子打，但這些動物「用驚人的敏捷速度撲向大海」。[15]捕鯨人隨後製作了長矛和鉤子才成功。[16]至少在這群海象發覺人類的危險之前是如此：後來海象也懂得站哨，在北極熊或虎鯨成群進入睡眠時，這些仍保持清醒的動物會發出警告，牠們學會了在看到或聞到人類的時候呼喊。斯卡蒙寫道，因為人類攻擊而留下傷痕的海象學會了「向附近的同伴發出警告」，用「響亮的吼叫聲發出訊號，要是牠們睡著了，就用長牙戳醒（其他海象）」。[17]海象媽媽用自己的身體保護小海象。有時候，這些「被激怒的動物」，有位水手如此寫道，會「像好多台衝車一樣用牠們的頭」撞向靠近的捕鯨船，所以「一往下看，我們就會看到一對海象長牙從底部伸出來」。[18]

不過，海象的戰術終究有限制。牠們不能停止對空氣和水的需求，所以無法逃離結冰的海岸。當捕鯨人學會把船塗成白色，穿上白衣，從下風處爬向沉睡的海象群，牠們就再也逃不掉了。[19]並且在捕鯨人開始用步槍狩獵時，海象更是無所遁形。到一八七〇年代中期，船員們曾在一個下午內殺了數百隻海象，每隻海象巨大大腦都中了一槍，而槍支發射後會非常燙，人們將槍掛在海裡「用繩索吊著，以便冷卻」。[20]槍響甚至沒驚動充作哨兵的海象，[21]因為聽起來就像海冰斷裂的聲音。

當步槍硝煙散逸，水手們就開始切割海象脂肪，砍下免費的海象牙，當作窮人的象牙替代品進行銷售，有時還會切下膽囊，拿到舊金山中國城兜售，作為絲綢的處理藥劑。[22]為了自己要補充體力，捕鯨人會拿走一些心臟和肝臟、把舌頭拿去醃製，也許再把一點肌肉磨碎成香腸。[23]不過，大部分的海象殘骸都會被遺棄在發黑的血泊中，因為這些肉沒有市場價值。約翰・繆爾（John Muir）

在一八八〇年代觀察了狩獵活動，將海象比喻成野牛，後者因為牠們舌頭的美味被獵捕到幾近滅絕。[24]即使在鳥類、熊和狐狸大快朵頤之後，一層腐敗的陰影仍舊從冰面上升起。

這並不是唯一的工業廢棄物。動物在水中被射殺後就沉入水裡。某位日誌管理員描述道，水手們在海面「變得如此洶湧」時拋下了海象屍體，因為捕鯨小艇「無法到冰面上剝皮」。[25]屠宰會有大量的熱血流出，以至於海象屍體下方的冰開始融化，讓牠們都滑進海裡。[26]而商業則扼殺了海象群的未來。捕鯨人主要在六月和七月進行捕獵，那時浮冰上滿布了正在哺乳的母海象。某位觀察家寫道，當船員殺死「整群成年海象」時，只有「小海象留在冰面上，圍繞在牠們母親的屍體旁徘徊守候，直到飢餓死亡讓牠們無法哀鳴為止」。[27]但在捕鯨人的計算當中，並沒有讓這些母海象繼續活下去的時間；因為回到港口賺取工資的壓力，都讓他們急需眼前的海象油。到了一八八六年，根據新英格蘭船隊的紀錄，他們從大約二十萬隻的海象中，捕殺超過十四萬隻海象。其他更多數以萬計的死亡、沉沒的海象屍體，以及餓死的幼小海象，在衡量商業成長的數學裡，都只是一條無法納入會計帳簿的數字。[28]

＊

遠在白令地區之外的地方，海象只是人們想像中繁榮、機械化的未來其中一個微小的部分：作為動力織布機的風扇皮帶、工廠齒輪潤滑油、一趟舊金山到紐約火車之旅用的行李箱，或是撞球桿前端。消費者並沒有在他們的海象牙鈕扣中看見死亡，沒有意識到這些生物在死前能幫忙豐富了海洋生態，或是為了保護牠的孩子而死去。鈕扣只不過是人們購買新奇事物，以及不斷成長財富的另一種標誌。在白令地區，潮水往另一邊退去，露出了光禿禿的海岸線。市場已經讓鯨魚帶來的熱量變得不穩定，海象也是如此。現在，任何天氣或遷徙的衝擊都會讓沿海的白令人陷入困境。在白令地區最初的工業現代性的經驗，可說是一種深刻的損失。

每個地方都有自己的故事、自己的病因，也就是氣候、空盪的海洋及人們如何交織形成一場悲劇。在斯福夸克，一八七八年的一場暖冬讓岸邊海冰全都退去。詹姆士・亞寧嘉佑（James Aningayou）在一九四〇年代解釋道：「由於是個貧瘠的一年，每個人都缺肉吃，所以都過得很艱難。」[29]第二年又太冷，冰層太厚導致海象無法在靠近島嶼的地方浮出水面。經過兩年的飢寒交迫，接著又爆發了痢疾。住在斯福夸克的一千五百人中，就有一千多人死於飢餓、疾病或兩者原因之下。在庫庫萊克（Kukulek）的村莊，就曾有捕鯨人於一八七九年夏天上岸時，發現人們都死在家中床上，還有些人臥倒死在走向村裡墓地的路上。

斯福夸克並不是唯一個案。沿著白令地區的海岸，飢餓降臨在各地的村莊、民族之間，長達數十年之久。一八九〇年，在烏吉伐克這座島上，有兩百多人要靠海象維生，而伊努皮亞特獵人只殺死了兩隻。人們吃自己的狗、艇上獸皮和靴底，但仍有三分之二的人看不到春天來臨。[30]薩尼米亞族（Sighineghmiit）因為活著的人太少，而不得不放棄了在楚克奇海岸的三座村莊。[31]捕鯨村莊的命運也同樣成為這些以海象維生村莊的命運。在羅伊斯船長駛過白令海峽，並向市場交出了第一隻弓頭鯨的四十年後，白令海峽沿岸的居民只剩下不到一半。[32]

是什麼原因導致了白令地區出現這種變化？在楚克奇，有位名叫阿列夸（Ale'qat）的人曾告訴俄羅斯民族誌學家博戈拉茲，海象人多年來為人們帶來了大量的鯨魚。接著，愚蠢的獵人襲擊了他。海象人便詛咒了這些迫害他的人，對他們說：「你們一出海，就會被淹死。一停在岸上，就會被餓死。一有足夠的食物，就會惡疾的托納拉克（Tornaraks，薩滿神靈）就會來拜訪你們。」[33]海象開始攻擊牠們的獵人，因為這些獵人先違背了事物的規律。在斯福夸克，人們知道這種違反行為的具體細節，並在幾代人之間留下了其明確的意涵。在庫庫萊克，「有人（擊）殺死了一隻年輕公海象」，亞寧嘉佑說道，「牠被拉到了冰面上，並在死之前就被切開了。用非常殘忍的方式，花了好長一段時間活活切開了海象」。[34]艾斯特・奧茲瓦蘇（Estelle Oozevaseuk）解釋：「他們這樣做是會有後果的。」庫庫萊克的人們穿上他們最好的衣服走到岸邊，並告訴海象，他們做錯了。然後，他們爬進自己覆蓋著海象皮的房屋肚子裡，在睡夢中死去。他們平靜地投降臣服，帶著懺悔死去，也讓下一代的「生活轉危為安」，伴隨著一種奧茲瓦蘇在一個世紀之後告誡眾人的教訓：「絕對不要去殺任何不能吃的東西。」[35]

其他民族也有著不同的答案。[36]楚克奇人認為外來捕鯨人是如此惡劣，尤其是他們焚燒漂流木的習慣，更趕走了海象群。伊努皮亞特人的父母告訴他們的孩子，「在白人來趕走鯨魚和海象之前」，自己曾有過豐收的日子。[37]一九〇一年，某位尤皮克人用一口爛英語向博戈拉茲解釋，來自烏嘎茲克的人如何出發去找海象，「尋找牠們，獵殺牠們，沒有，什麼都沒有。一個一個死了」。原因是美國人對海象不敬，然後賣酒。「不好」，他告訴博戈拉茲，「美國人很多都是人渣來的。」[38]外來者殺了太多，而且方法都不明智。

某些美國獵人表示同意。曾在船隻失事後被尤夫倫的人救過的腓特烈・巴克（Frederick A. Barker）船長寫道，對海象「展開這種滅絕戰爭，最終一定會導致這些原住民種族的滅亡」。他發誓再也不殺海象。[39]船員們曾辯論著鯨魚的命運——牠們是被消滅了，還是躲起來了？——而咆哮、散發著氣味的海象群之所以會消失，顯然就是因為「無差別的屠殺」。[40]艾班納澤・奈伊（Ebenezer Nye）將海象與渡渡鳥相比。他寫道：「我不想要，也不需要為了錢，而去捕獵海象。」[41]限制獵捕的呼籲充斥在新貝德福和夏威夷的報紙上。但隨著十九世紀的結束，捕鯨船冒著風險帶著極少的利潤返航，船員們多年的勞動只能賺到一美元的報酬。[42]追求工資的需求停止了人們對道德的想像。因此，捕鯨人在印刷品中懺悔，卻親手進行殺戮。就像美國各地漁民和木材商一樣，他們擁有的現代富足經驗往往不安分，會從某個有利可圖的物種轉移到下一個物種。[43]結果便是，在白令地區，市場需求中的中介者和倖存者都需要去替換掉海洋的能量。

II

北極狐將牠沿海的性情都穿戴在皮毛上。在夏天，牠們的皮毛呈現暗褐色，腹部漸漸轉變成黃白色——這是專屬這個季節的顏色，牠們會在海邊的苔原上奔跑，會一下在這裡搶奪和吸食鴨蛋，一下在那裡抓出躲在洞穴裡的旅鼠，有時則去吃漿果或海草。在冬天，北極狐會是亮白色或淡藍灰色，如同牠們跟著擴張活動範圍的海冰顏色。牠們敏捷的爪子會掠過浮冰交雜的紛亂景觀。然後，停頓一下，聞一聞就能靈敏地嗅到在幾英里外，或在幾英尺雪下的半截北極熊屍體氣味。如果在冬天迷路了，伊努皮亞特獵人都知道沿著狐狸尿液的斑點，就能找到被暴風雪掩埋的北美馴鹿或海象。十隻或更多的狐狸會追蹤一具屍體，並聚在一起將骨頭吃得乾乾淨淨。一八七〇年代對北極狐來說，想必是個輝煌的時代。

即使被市場上的死屍淹沒，北極狐也不會因為四處有得吃而變胖。大多數的北極狐體重都不到二十磅。牠們在冰上睡得很舒服，因為牠們的毛皮長得很細密，上面覆蓋著絲綢般的護毛。十九世紀末，在紐約、莫斯科、倫敦和北京，世界各地的人們都渴望得到這些皮毛。畢竟貂皮斗篷或狐狸皮披肩長期以來都象徵著財富，象徵著在寒冷冬天仍能持續保暖的奢華。一八三八年，巴黎時裝店雷維翁兄弟（Revillon Frères）透過一系列現成的毛皮大衣，將毛皮市場從菁英階級擴大到歐洲和美國的中產階級。十年後，羅伊斯船長表示白令海峽充滿了「可以輕易買到的珍貴毛皮」。[44] 到了一八八〇年代，海象數量已經像鯨魚一樣少了很多；獵人曾在一個夏天裡殺死了一萬五千隻、甚至是三萬隻海象，現在他們只能捕到一百隻，甚至是更少。毛皮便成了缺少脂肪的時候，用來勉強賺取利潤的一種方式。

庫瓦倫（Quwaaren）管理著捕鯨人。他是個矮小的尤皮克人，在烏嘎茲克還是一個小村莊的時候就出生了，他從小就看見了外來捕鯨人不斷變化的欲望。當庫瓦倫有自己的孩子時，北極熊和

人在船上的庫瓦倫（右），在烏嘎茲克附近。圖片出處：新貝德福捕鯨博物館提供。

北極狐的皮毛貿易，已經超過了鯨油和海象油帶來的收穫。在冬天，他將工業製品——槍、陷阱、斧頭、刀、針、麵粉、蒸餾酒賣給尤皮克人和楚克奇人，換取海象牙、鯨鬚和毛皮。春天，當冰層從烏嘎茲克的鵝卵石海角退去時，庫瓦倫會用望遠鏡觀察駛近的捕鯨船，用海象牙、鯨鬚和毛皮來換得更多的工業製品。有好幾年的時間，庫瓦倫在他三個倉庫裡藏著價值數萬美元的步槍、鯨鬚、麵粉、海象牙、蘭姆酒和獸皮，這些倉庫的木製尖頂和玻璃窗都是從舊金山進口的。這些利潤足以給他的女兒們買一臺留聲機，讓他的兒子穿上短靴和羊毛套裝。[45]這個兒子或許有被庫瓦倫送往南方的美國，讓他去那裡上學。[46]

所有的毛皮財富都是從狐狸的勞動開始：在冰上長時間的奔跑，一聽到田鼠的聲音，就宛如跳芭蕾舞似、以頭朝下方式跳入雪堆裡。將活著的狐狸變成商品，則是白令人的工作。外來者並未參與捕獵皮毛一事。尤皮克人、伊努皮亞特人和楚克奇人會在雪地上挖坑，在坑裡放上削尖的北美馴鹿角和誘餌，並用一塊薄冰掩蓋起來。或者，在陸地上設置鋼製陷阱，這樣不會隨著冰層浮動。殺戮、剝皮、將皮毛展開並曬乾，是一種替代捕鯨的報酬，但比起一次就得離開幾個月來說的捕鯨活動，引發的混亂要小得多。家庭可以將捕獵與他們的日常生活方式結合起來：即獵殺海豹、捕魚、採摘大羊蹄、紅景天和漿果。

設陷阱是舊貿易模式中的一個新變化；庫瓦倫也是一種新類型的領導者，畢竟這是個懂得與外來者打交道的技巧，比懂得打仗更為重要的時代，以及毛皮與其買得到的東西得以調解變化不斷的時代。因此圈套和死亡陷阱，便從北極狐的棲息地擴展到苔原動物——狼獾、黑貂、松貂、狼、紅狐等——日常活動路徑上。牠們的毛皮被楚克奇人的馴鹿雪橇拖向大海，或是伊努皮亞特家庭用他們的雪橇犬隊拉到海岸去過冬。

捕殺狐狸也有其規矩：不能不考慮到狐狸生命終結的問題，否則動物靈魂很可能就會讓兇手的家人死亡。[47]但將狐狸毛皮換成其他有用的東西並不被認為是浪費，因為皮毛能變成麵包、彈藥和酒。在賈柏鎮、烏特恰維克、齊齊克塔格魯克，以及整個楚克奇海岸，紅狐狸便是這種轉換交易的常見單位：一磅火藥值一整張狐狸毛皮，一天的勞動值半張毛皮，一隻銀狐狸、一對海象牙或一捆鯨鬚則值很多張毛皮。一磅糖：四分之一隻紅狐狸。一加侖糖蜜：一隻半紅狐狸。一袋二十五磅的麵粉：兩隻紅狐狸。[48]海象牙雕刻家開始為外來者製作嬰兒床板和古玩珍品；一組海象牙雕刻出來的雪橇犬隊則相當於用許多紅狐狸所能購買的其他東西。透過肉體的變易更換，男人為交易而捕獵，女人為外來者縫製衣服，孩子學會用英語討價還價，而一隻在離海洋五十、八十或一百英里以外地方被殺死的狐狸，則取代了海岸所空缺的能量。海岸線的需求也開始改變土地的狀態。

這些轉變需要用到外來者所謂卡路里值的概念。羅伯特・克利夫蘭（Robert Cleveland）回憶道：「當我們第一次接觸到白人的食物時，所有的東西都很難吃……我們聞到他們烹飪時發出的味道，聞起來一點都不香。」[49]在伊努皮亞特語中，對外來食物的稱呼都是些描述性及負面的說法：豆子是「尼力瓜克」（niliguaq），一種讓你放屁的東西；燕麥片是「希格利」（sigri），或叫頭皮屑；芥末是嬰兒屎，而香蕉是叫作「烏蘇那」（usuuŋnaq），意即「像陰莖的東西。」[50]楚克奇人稱芥末為「苦味」，麵包為「粉狀肉」，白蘭地為「惡之水」。[51]但因為這是他們在當地、當下所能做的事，所以在烏嘎茲克及其他村莊的人，都只好靠這種用一點油烤出來的麵餅維生了。提奇嘎克的暴力領袖安塔魯瓦，便從一艘路過的船上僱了個日本廚師，為期一周，讓他教伊努皮亞特婦女烘焙。[52]其他人則開始用麵粉、糖蜜和海豹油煮成湯。到了十九世紀末，每年都有數千磅的麵粉和糖運到北方，這些卡路里源源不斷地回到空蕩蕩的海洋中。[53]

＊

一八八六年，庫瓦倫以兩隻鯨魚、一千磅象牙、五百張狐狸毛皮和三張北極熊皮的價格，從捕鯨人手上買下了一艘六十英尺的雙桅縱帆船，即「亨利耶塔」號（Henrietta）。[54]有了船，庫瓦倫就能從楚克奇出發，在海上獵捕海象，在阿拉斯加購買毛皮，然後在烏嘎茲克出售。不過，他的計畫從未付諸實踐。當他正在為第一次航行裝貨時，俄羅斯砲艦「凱瑟」號（Kreiser）駛進海角，發現庫瓦倫沒有相關證明文件，便扣押了「亨利耶塔」號。

當時「凱瑟號」正對楚克奇半島進行第五次年度巡邏。俄羅斯帝國對美國捕鯨人有所顧忌，希望他們離開領海，但毛皮貿易才是對主權更為直接的威脅。這些貿易經常發生在陸地上，更糟糕的是，交易的動物還是帝國歷史上的權力和財富來源。從十一世紀開始，帝國國庫的進帳大多都是透過向萊比錫和北京市場出售黑貂、松貂、白貂、狐狸，以及其他任何受市場喜愛的毛皮動物而來。牠們都是西伯利亞的動物，由西伯利亞本地人設陷阱捕獵：漢特人（Khanty）、涅涅茨人（Nenets）、鄂溫人（Evens）和其他「少數人民」，正如他們在俄語中被稱呼的那樣。他們通常都是被迫去勞動的。在帝國的政策下，哥薩克及皮草捕獵交易人（promyshlenniki）都找了優良毛皮國度，並從當地居民當中帶走人質——最好是重要的人或是他們的孩子，要求他們向沙皇宣誓，並以每年的貢品（當時稱作 iasak）作為贖金。軍隊則尾隨其後，建造防禦工事。「少數人民」努力獵取他們所需要的東西，同時上繳貢品，忍受隨著剝削手段而來的天花、梅毒及凌虐。當貢品耗盡了某個地區的毛皮和人民時，皮草捕獵交易人便向東移動，一路追逐毛皮到太平洋去。[55]而努力張羅獻給沙皇的貢品，就像從白令海中獲利一樣很不穩定。

在一七四〇年代，楚克奇人和尤皮克人正是以這種包圍帝國的方式來擊退他們。在奧斯特羅夫諾的貿易驛站便是一種妥協：只要俄羅斯人不扣留人質，楚克奇人便同意進行貿易，而俄羅斯特務則正式忽略了交換是如何「有利楚克奇人」，而「有辱俄羅斯帝國」。[56]在楚克奇的圍場，大概是俄羅斯帝國唯一能實現另一個目標的地方：透過皈依東正教、俄羅斯的教育，以及不過度狩獵毛皮物種的法令，讓楚克奇人這樣的「外國」子民能成為「在信仰上及國籍上的俄羅斯人」，同時還要支付貢品。[57]帝國菁英們長期以來都擔心俄羅斯太落後，因為在歐洲啟蒙運動中發展得太晚，或許也太寒酸。在十九世紀，從詹姆士・庫柏（James Fenimore Cooper）翻譯作品中長大的世代，會在俄羅斯東部看到一個新世界，一個不模仿歐洲，並且用不具有過度資本主義或不道德的進步方式，來超越歐洲的世界。西伯利亞能成為俄羅斯的美國西部，透過吸收荒野土地，以及像楚克奇人這樣生活在過去「無知與墮落」中的「百分百野蠻人」，來創造帝國的未來。[58]即使奧斯特羅夫諾曾集中搜刮財富，卻仍然是理想抱負遠遠止步之地。

實際上，奧斯特羅夫諾並不完美——某位官員寫道：「這些外國子民根本對宗教的基本知識一無所知。」但還是比東部數百英里外的楚克奇海岸要好得多，俄羅斯從來沒有設法在那裡派駐任何的行政人員。直到少數幾位在一八八〇年代乘船造訪當地的俄羅斯官員，傳出了令人震驚的消息。索科尼科夫（N. P. Sokolnikov）報告道：「很多楚克奇人會說英語，沿海地區有許多來自美國的插畫、聖經和其他書籍。」[59]比《聖經》和新教徒流言蜚語更糟糕的謠言，便是楚克奇人帶著美國大砲，準備要入侵堪察加半島。[60]到處都有酒。毛皮和象牙則「落入那些搭著小艇經過的美國人手中，或是透過那些他們來自楚克奇的同行輾轉取得」，而不是到奧斯特羅夫諾。[61]亞歷山大・雷辛（Aleksandr Alexeevich Resin）在一八八四年進行了海岸調查，他發現「平均每年有三十一艘（美國）船隻會造訪我們的海岸，每艘船從貿易中賺取約三萬九千盧布」。[62]同時，白令人都處於挨餓，或是接近挨餓的狀態。而讓人們不至於挨餓的，往往正是與那些當初偷盜海象和狐狸的「外來掠奪者」交易而來的食物。楚克奇人告訴尼可萊・貢達提（Nikolai Gondatti），「在我們挨餓時，幫我們的人不是俄羅斯人。是美國人，是他們用麵粉和鹹豬肉來換我們的鯨骨和象牙。」[63]

因此，當俄羅斯帝國望向東北方，才發覺自己的「外國子民」沒有得到充分的管理，而且有可能成為受他人管理的外國人，並從中獲利。一八七九年，康士坦丁・波別多諾謝夫（Constantin Pobedonostsev）議員寫信給未來的沙皇亞歷山大三世（Aleksandr III），要求海軍展開巡邏。他寫道：「如果我們再不派俄羅斯軍艦到這些海岸，楚克奇人就會完全忘記自己是屬於俄羅斯的子民。」[64]俄羅斯帝國需要用東正教《聖經》，以及草原麵粉，來取代英國新教《聖經》及北美大平原麵粉。[65]兩年後，「凱瑟」號從海參崴（Vladivostok）出發向北航行，進行第一次年度巡邏。這艘船的任務不是防止獵殺海象或誘捕狐狸，而是阻止美國人登陸進行交易。[66]俄羅斯帝國並不想阻止商業活動，而是透過改變其流向來減少道德敗壞：海象牙和毛皮應該轉往內陸，交給俄國東部邊疆，而不是成為美國西部的擴大勢力。俄羅斯帝國必須將海象和狐狸的屍體，以及殺害牠們的人用國家包圍起來。

＊

在某個晴朗的日子裡，「凱瑟號」沿著傑日尼奧夫角往尤夫倫航行，船員們便看到了新教《聖經》和大平原麵粉的發源地。克根，即是在北美洲大陸最靠近俄羅斯的地方，僅僅距離其東部五十英里。在一八九〇年，有兩對傳教士夫妻，即洛普（Lopp）和桑頓斯（Thornton）夫婦來到了這個村莊。他們稱此地為威爾斯王子角，或威爾斯。而在他們面前的村莊，是由伊努皮亞特人的半穴居式房子及獸皮艇架所組成，位於大海和山脊之間的一個草原低地，而山脊上的石頭看起來宛如某種古老野獸。哈里遜・桑頓斯（Harrison Thornton）寫道，之所以會住在靠近如此「巨大、連綿不斷、駭人寂靜」的海岸冰層旁，便是為了要拯救「五百多條不朽的靈魂」，這樣一來，「他們既文明又基督教化的後代就能為世界帶來好處」。[67]

傳教士來到阿拉斯加西北部，是為了將尤皮克人和伊努皮亞特人從被詛咒的狀態中拯救出來。他們的部分工資會由聯邦政府支付，算是政府對於愈來愈少海象或鯨魚造訪、愈來愈多居民喝酒的海岸地區，嘗試進行的一項穩定措施。國會和傳教士希望教徒們「不受烈酒的侵蝕」，因為烈酒會將毛皮和海象牙變成劣質酒，而不是像陷阱、肥皂和印花布那樣的工業、文明的貿易。[68]到一八八〇年，美國海關緝私局（United States Revenue Cutter Service）的「寇文」號（Corwin）和「大熊」號（Bear）都來支援著這項作業，每年夏天都會在阿拉斯加海岸巡邏，追查「交易酒類、後膛式武器和彈藥」的船隻，就如貝利（G. W. Bailey）寫給財政部長的信，「這是違背又侵犯了法律」。[69]某份國會報告曾解釋過，聯邦禁令在阿拉斯加有其必要性，因為「用改良過的致命武器武裝起來，又被酒精迷惑，這些印第安人……成為好戰人士，準備在他們彼此之間及向白人開戰。」[70]因此，海關緝私局就向所有見到的捕鯨船進行搜查，並將違禁品威士忌倒到船舷外。

在岸上，艾倫・洛普（Ellen Lopp）則在一座漆成白色的傳教所裡，理應教導人們如何抵抗蘭姆酒的侵蝕。她的教導從學習開始：她必須說伊努皮亞特語、烹煮海象，給她的孩子們餵食從一段海豹腸衣裡擠出來的粥。隨著她的伊努皮亞特語程度提高，她便開始教生理學、算術、地理和英語。「我們用海豹做食物、燃料和衣服。」這段話，便是她為學生們所準備的練習例句。緊接著，便是語音學的「汝在我面前不可有其他神」。[71]

將伊努皮亞特語轉換成英語，還算是把伊努皮亞特人轉換成基督教徒的簡單部分。在解釋以色列王掃羅（Saul）相關比喻時，洛普在家裡寫道：「我可能會說他不服從上帝，但我不知道任何對應『不服從』的單字。這些人不怎麼用這個詞。他們沒有要服從的政府，也沒有《聖經》。」[72]她並不孤單。斯福夸克的傳教士威廉・多提（William Doty）也是花了好幾個星期，試圖解釋「娶另一個女人為妻的罪惡」，結果發現「擁有兩個妻子的習俗」還是比他的傳道演說更有影響力。[73]伊努皮亞特人和尤皮克人的女性，會在溫暖的家中打赤膊；肥皂就跟識字一樣新奇；慶祝活動中，舞者會整夜不停地發出「可怕叫聲或尖叫」。[74]這些習慣讓外來的傳教士感到不安，他們用英語譴責這些習慣：巫醫、魔鬼、巫師、邪惡神靈等等。要改變的事情實在多如牛毛。在齊齊克塔格魯克，凱莉・山姆斯（Carrie Samms）曾記下了一連串她看過的那些儀式消失不見：忽視婦女分娩的特殊小屋；燒掉標記非基督教墳墓的漂流木來當作取暖燃料；減少舞蹈；減少唱歌。[75]某位傳教士更稱之為「豐收賜福的靈魂」。[76]宛如一本道德分紅的紀錄。

對美國來說，這些紅利也反映在財政方面。十九世紀末，聯邦對原住民的政策將基督教與文明、文明與進步、進步與產量成長混為一談，而產量成長是來自個人對原始自然的利用，加工成有價值的物品來出售牟利。在白令地區的海岸線上，市場重視毛皮、魚和海象牙。阿拉斯加的州教育廳長寫道，白人殖民者不太可能在這種獲利市場中進行勞動。但是作為捕獵者或獵人，「原住民」能「協助白人解決運用」阿拉斯加冰雪地帶方面的問題。[77]根據國會的說法，帶領尤皮克人和伊努皮亞特人擺脫「赤貧，不再成為白人的負擔及本身的痛苦」，並「走向自食其力」的地步，還需要「謹慎監督、指導和建議」。[78]而這就是傳教士的任務，也是國會資助其學校的原因：穩定貿易和教導販賣狐狸的正確理由。個人道德方面的救贖，促進了國家經濟的成長。

*

緝私局多年來都逗留在克拉倫斯港，這是保護深水港口的陸地停靠點。在接近世紀之交的一個夏天，正如威廉・奧奎路克（William Oquilluk）所說，一位名叫普金古克（Punginguhk）的薩滿被緝私局逮捕了，因為船長想讓「所有巫醫一輩子都待在監獄裡」。普金古克知道自己就快被捕了，他是那種在事情發生之前就有所預感的人，但還是從容自願地上了船。船長把他關進了監獄，經過審判，普金古克「拒絕放走他的惡靈」。然後普金古克就逃走了：他飛過圍牆，躲過刀子，讓子彈憑空落下。當「大熊」號試圖載著普金古克離開時，他呼喚著風將船推回港口。最後，船長釋放了他。在奧奎路克的故事中，這無疑是一種認同與尊重的姿態。[79]

在這個故事中，普金古克知道「大熊」號想要什麼。國家為了成為國家，就必須要奪取權力和設立價值標準。傳教士和巡邏隊來到這裡，想取代當地婚姻、犯罪、財富、行善的方式。但是，對於緝私局、沙皇海軍，以及東正教、新教或天主教的傳教士來說，普金古克展現的權力形式是難以判斷的；根據當時在「大熊」號上的外來者說法，沒有什麼飛行，也沒有什麼召喚風讓船轉向的事。他們只不過是看到一個相信邪惡神靈的人，做著「相當笨拙的事」，表演了一齣逃脫手銬的戲碼罷了。[80]傳教士們相信，他們那些俗世成長與天國救贖的訊息，必然會取代這種空虛的表演：畢竟，對其信徒來說，基督教的勤勞篤實似乎才是普世真實，又清楚得令人嚮往。誰不希望能擁有更多財富，並在死後有著更美好的生活呢？

然而，在白令人之中，普金古克並不是唯一採取這種封閉、拒絕態度的人。在阿拉斯加，薩滿們威脅要殺死其他反抗的伊努皮特人。有些白令人不願意與基督教徒分享食物或學習英語。沿著西北海岸，還有預言表示所有在流行病中死去的人，將會以神靈的形態回來擊退這些外來者。[81]鄰近奧斯特羅夫諾的地方，有很多楚克奇人迴避著神職人員及官僚。[82]當俄羅斯官員貢達提告訴尤皮克人和楚克奇人，自己是他們的朋友時，「他們搖搖頭，並問道：『那麼為什麼俄羅斯船隻要從我們這裡拿走槍支、火藥和鉛？』」[83]有些傳教士更因為灌醉並強姦白令女性而惡名遠播。[84]在提奇嘎克，更有個用來表示緝私局的字——「烏亞提」（uyaqti），意即傷害者。

同時，違法商業活動仍在持續進行中。人們購買槍支。他們喝酒，有時甚至是和那些本應管制酒類的人一起喝，比如「大熊」號的船長麥克・希利（Michael Healy）。[85]他們也喝酒，或許是為了破壞外國法律，用自己的方式維持商業運作。違禁品便在距離和冰層的優勢下，利用小型商船來逃避緝私局的檢查。每年春天，當「凱瑟」號從海參崴向北航行時，都會碰上洋流沿著海岸線沖下的冰牆；同樣的洋流也讓從東方、從西雅圖和舊金山駛來的船隻無法接近，而這些船隻滿載著非法貨物。冰層是庫瓦倫這種人的助力，他們的生存方式是將狐狸和海象牙變成蘭姆酒和步槍，如今這些東西在阿拉斯加因為緝私局的巡邏而變得更加昂貴。[86]其他四艘尤皮克人和楚克奇人的雙桅縱帆船，也在秋天開始從俄羅斯海岸的美國人那裡購買威士忌，以便在春天到來時於阿拉斯加換取毛皮，屆時他們也能在美國巡邏隊清除浮冰群之前向東航行。[87]同樣的海冰也是海象和狐狸的家園，並且因為牠們吸引了商業及相關掠奪行為，也排斥著邊界。

III

要知道什麼是北極狐大都是先從旅鼠開始。灰色圓潤的旅鼠從一片骯髒的草叢中竄向牠的地道；然後，有隻狐狸抓住了牠。或是海鷗用爪子把牠抓起。因此當一隻北極狐從春天的巢穴中吃下海鷗的蛋，牠也等於吃下了一部分的旅鼠。旅鼠在北極地區的生活步調很快——一直在移動，經過三、四個夏天後就會死去。牠們整個冬天都在吃東西和繁殖，所以牠們的數量每隔幾年就會超過北極地區植被的乘載極限。[88]當旅鼠數量變少，狐狸的繁殖數量就會跟著變少，其族群數量就會急劇下降；當有著許多囓齒動物，一隻狐狸就能在一個夏天裡生出十幾隻小狐狸。而一隻母海象終其一生四十年，也只可能會生出那麼多的小海象。但是海象在不那麼快被獵殺的情形下，能用肥胖身體慢慢累積壽命；出生數量稀少，死得也相當緩慢。狐狸只算是一種不穩定的海象替代品。毛皮貿易並不一定穩定。

到了二十世紀初，美國傳教士和政府官員都意識到，即使能除去酒精，毛皮貿易也不能防止飢餓。艾倫・洛普哀嘆道，飢餓會定期來「阻礙我們的工作。想想在主日學課堂上講授『你們不給我吃，我就餓著』的課程，這些學員從上個星期天起就沒有吃過幾頓正餐。」[89]某位在齊齊克塔格魯克的傳教士報告：「有很多人要求提供食物。」[90]一八九九年，該村的商人和傳教士向內政部長請願，要求派遣救濟。這一年是狐狸短少的一年，因為「披著毛皮的動物」或海象很少，所以伊努皮亞特人也面臨著「極度的貧困」。[91]

聯邦官員反對進行直接的物質援助。州教育廳長回覆請願者說：「從過去政府為西部印第安部落提供食物的經驗得知，如果原住民發現自己能從政府那裡得到救濟，他們就不會再去努力想辦法自力更生。」[92]依賴的代價很昂貴，而且在十九世紀末聯邦官僚的思惟中，這也等同抑制了自由。有些國會議員希望尤皮克人和伊努皮亞特人能夠減少自己的卡路里，或者透過出售有價值的皮毛和海象牙來購買食物。某位觀察家寫道，如果「某些地區的大型獵物」在文明化過程中消失了，也只不過是「文明進步的證據之一」。[93]對於某些聯邦行政官員來說，從遠處來看阿拉斯加，這塊領土所需要的是足夠的國家力量來讓市場能合理穩定，然後商業就會填補其本身所造成的缺失。缺了狐狸或海象只是個改變市場欲望的契機，市場自然會找到另一個得以成長的新拓荒邊疆。

但是，到了十九世紀末，並不是每個從華盛頓特區或紐約看向阿拉斯加的人，都看得到新的邊疆。很多人只看到上一個邊疆的鏡像——而且，很可能是個需要保護多過於能派上用場的地方。至少這是布恩和克羅克特俱樂部（Boone and Crockett Club）的觀點，該組織由老羅斯福（Theodore Roosevelt）所創立，旨在促進「用步槍進行有男子氣概的運動」。[94]而「有男子氣概的運動」即代表著殺死大型獵物，但大部分獵物已被先前不受管控的市場欲望取代了。正如俱樂部成員亨利・奧斯本（Henry Fairfield Osborn）所言，為了謀利所進行的狩獵，已經使得美國的野牛、羚羊、熊和駝鹿等「動物財」成為了「歷史議題」。[95]

在這些獵物仍然存在的地方，該俱樂部主張進行保護：公園、保護區和狩獵相關限制。身為政治家，老羅斯福是個功利主義的改革派人士，一個「國家效率」的推動者——將煤炭、森林和河流用於其唯一合理用途上，也就是維持永續性利潤和美國的強大力量。[96]但是，某些動物更多是代表一種文化資源，而非經濟的財源。熊、鹿和海象不僅是「毛皮和肉的問題」，對於「真正的運動家和科學學生」來說，也是他們「熱切的崇拜對象」。[97]在阿拉斯加，俱樂部成員看到了「接近整個國家最初殖民原始面貌」的最後例子，對他們來說，這些特色定義了美國的獨特性。[98]因此，要保護這塊最後的邊疆，就需要保護其不受市場的影響：其合理使用不該是來自於利潤的考量，而是為了要上演具有男子氣概的劇本——即追蹤、瞄準、殺戮，並將勇氣和技巧的證據掛在牆上——所必須維持的最後一座劇場。

在白令地區，海象曾是牆壁，而不是他們的裝飾品。布恩和克羅克特俱樂部的成員，習慣了不是為了餵飽自己或尋求遮蔽的殺戮，他們認為尤皮克人和伊努皮亞特人的狩獵是既不節制又不文明的。外來獵人，也就是那些隨著捕鯨船隊的減少而留下來的少數人，則需要得到狩獵批准。麥迪遜・格蘭特（Madison Grant）寫道，外來獵人比「原住民」更理性，後者總是傾向「整天打獵」，而不是從事「普通的勞動」，因此「比起一般的白人來說，是這些獵物生命更大的敵人」。[99]格蘭特希望獵物物種——熊、海象、白大角羊、駝鹿、北美馴鹿等等，除非是經過戰利品狩獵（trophy hunts）的核准，否則都要受到保護。

來自愛荷華州的國會議員、俱樂部成員約翰・萊西（John Lacey）擔心「有關我們的大型與小型獵物在美國其他地區受到毀滅的黑暗篇章」正在阿拉斯加重演。不過，他也擔心「印第安人的飢餓問題」。一九〇二年，萊西向國會提出了《阿拉斯加狩獵法》（Alaska Game Law）。[100]這是一項在無限制市場狩獵與中止之間的妥協。規定獵物物種有其限制和禁獵期；任何人都不能殺死超過兩隻海象，而且限定在九月和十月，除非他們正面臨立即餓死的危險。出售海象牙、獸皮和鯨脂都是非法的。貿易商若是購買包括海象在內，任何被歸類為野生動物的身體部位都要被罰款。美國政府的結論是，無論是市場還是「原住民」，都不能相信他們會理性去評價海象。即使傳教士注意到狐狸可能無法養活整個村莊，聯邦政府仍將其認定為唯一的合法選擇。海象牙在名義上絕不可能轉化為其他東西。

在斯福夸克和伊恩利克，克根和烏岡尼克，獵人們一如往常地外出獵捕。有多少海象成了艇罩，有多少海象成了宴席，都沒有記錄下來。負責執行狩獵法的生物調查局（Bureau of Biological Survey）官員們幾乎都不在場，無法統計獵物數量。幾十年後，他們才收集正式的調查報告。但狩獵法確實產生了影響：一九〇二年，一名叫圖努克（Toonuk）的人帶著十根海象牙走了三十五英里到克根，卻都找不到買家。[101]熊皮和海象皮現在成了違禁品。一九〇三年，當時報紙曾報導，「對毛皮貿易的全面抵制」使得「原住民重新陷入了飢餓狀態」。[102]參議院便進行了調查。貿易商瑞克莫斯（P.C. Rickmers）在聽證會上表示：「在開放狩獵的季節，海象並不存在，因為這些動物沿著當時他們無法到達的冰面前進。」瑞克莫斯還提到，在齊齊克塔格魯克的人們「現在除了鮭魚，什麼都吃不到」，因為用麵粉換黑熊皮是違法的。調查人員的結論是，應該允許「原住民和當地人」出售獵物。[103]但對於布恩和克羅克特俱樂部在華盛頓的盟友來說，海象太有價值了，所以沒辦法相信商業。一九〇八年的《狩獵法》修正案重新規定，海象只能為了人類生存目的而死。

《狩獵法》忽略的是，想要在二十世紀初的阿拉斯加活下去是有多麼需要去買賣商品。需求、欲望、傳教士的教誨，以及為了取代數十萬隻海象而獵取的成千上萬隻狐狸，都讓麵粉、糖、茶、步槍、子彈、刀、金屬鍋、針、布和陷阱，成為大多數伊努皮亞特人和尤皮克人的日常生活用品。狐狸皮能買到門路，但只有當狐狸生命週期和消費者欲望配合得上才行得通。有些年分，捕獵人因為獵不到狐狸毛皮，而無法滿足市場需求；也有些年，雖然有狐狸，但卻沒有市場需求。因此，即使是幾乎耗盡的海象群也能成為賺取食物和現金的穩定方式。獵人走在冰面上，越過國家所批准的三英里界限去打獵，並在諾姆（Nome）的小巷裡出售非法海象牙。[104]象牙被切去的海象屍體，偶爾會被沖到海灘上。[105]聯邦政府渴望著實現文明的穩定，卻製造出一種矛盾狀態：來到北方，讓尤皮克人和伊努皮亞特人參與市場來協助他們生存，但又在二十世紀最初幾十年裡，試圖將伊努皮亞特人和尤皮克人從市場上驅離，藉此維持海象的生存。

IV

帕維爾・波波夫（Pavel Popov）在一八八九年寫道：「關於我的住所，舒適度並不高，在幾乎是極地絕境般的寒冬裡，卻是個安全的避風港。」[106]波波夫曾待在阿納迪爾，也就是一個世紀前被俄羅斯帝國拋棄的碉堡所在地，現在成為了波波夫及其小組成員的新家。他們的願景是建立「貿易站和學校……傳教所和教堂，以及至少建立一些醫療服務」。[107]波波夫希望，憑著「當地楚克奇人對我們所表現出的態度，若是在未來幾年裡，所有的必需品都送到我們這裡，美國的影響力就會自動減少。」[108]

帝國重建自己在阿納迪爾的存在，並沒有完全排除美國的影響。即使俄羅斯帝國派遣了一名行政官員，以及最終派了一名傳教士到海岸之後——阿納迪爾距離大多數外國船隻登陸的地方有三百五十英里或更遠——巡邏隊也太少，沒辦法有效封鎖邊界。但波波夫的希望並沒有完全落空。這位傳教士教會了尤皮克孩童俄語。曾經有對來自高加索的兄弟，亞歷山大和費多・卡瓦耶夫（Aleksandr and Fedor Kavaev），在阿納迪爾的生意做得很好，其他俄羅斯人則在更北的地方進行貿易。在那些年裡，只要有狐狸，就會有人來買。將整隻狐狸作為披肩佩戴的趨勢，讓一張狐狸皮的價值從一九一二年的十或十二美元，提高到一九一六年的二十美元以上，到一九二〇年則是接近五十美元。[109]

出售狐狸讓白令人再次轉移陣地來滿足遠方的需求，而這次是搬到離阿納迪爾更近的海灣和內灣進行捕獵。瓦西里・納諾克（Vasilli Nanok）記得小時候曾搬到楚克奇海岸，一個有著「許多毛皮動物、狐狸和北極狐」的營地。他的家人來自烏嘎茲克，但庫瓦倫在那時已經死了，而且美國貿易商會航行到阿納迪爾進行交易。納諾克一家是在冰面上和溪谷中設置陷阱的眾多家庭之一。二十世紀初，一連串的捕獵營地以烏嘎茲克為起點，朝向阿納迪爾延伸了一百多英里。[110]家家戶戶仍在捕殺海豹，偶爾也獵捕海象，並從內陸地區換取馴鹿肉。不過，狐狸才是他們生活的重心。

在阿納迪爾驛站，俄羅斯帝國的行政官員憂心忡忡地看著人們帶著成捆的狐狸毛皮，從海岸向西、從苔原向東走過來。帝國邊界還是流通著毛皮買賣的利潤——至少光是在一九一一年就有二十萬美元。[111]美國貿易商帶著一袋袋所需的麵粉，以及帝國已經不再試圖監管的點30－30步槍來到阿納迪爾。[112]但現在還是有著希望，莫斯科的新工廠能製造出足以競爭的商品。某位官員報告：「俄羅斯的印花棉布比美國的更受歡迎，可能是因為用色明亮而大膽。」[113]不過他們仍然擔心，對美國貿易的依賴會讓尤皮克人和楚克奇人陷入債務，而債務又會引發過度的捕獵，這種捕獵更違反了沙皇的規定。一位行政官員下了結論表示，在阿納迪爾只有四名警衛：「楚克奇這地方應該要歸類在不可能設立限制捕獵權的地區。」他會如此希望是因為在一個人口如此稀少的地區，不會有毛皮動物「滅絕」的危險。[114]

波波夫及其繼任者確實擔心海象的滅絕問題。他們知道每年都有像查理・麥德森（Charlie Madsen）這樣的美國人在他們的冰上打獵。[115]在春天，麥德森從阿拉斯加向東航行，在他稱為國王島（King Island）的烏岡尼克停留，他在那裡僱用伊努皮亞特獵人。海象皮再度有了需求，用於製作自行車座椅和手提包，老海象的粗糙絨毛皮，則被用來擦拭銀製珠寶。曾有好幾年的時間，麥德森與西雅圖某家公司簽下合約，供給和運送十萬磅的海象皮。[116]第一次世界大戰導致需求大增，因為美國政府購買海象油來製造硝化甘油，用海象皮來磨平彈道。[117]麥德森的船是幾艘尋找海象和毛皮的船隻之一，算是捕鯨時代再現的餘光。麥德森回憶道，他們的獵捕活動被《狩獵法》「完全限縮在西伯利亞海域」。[118]這些海域漂浮的冰層是哺乳期海象及新生海象習以為常的庇護所。雖然《狩獵法》將商業驅逐出美國的管轄空間，但商業卻扼殺了待在美國管轄之外，那些海象的未來。

就在麥德森從諾姆出發的某個春天時刻，海象不再出現在烏嘎茲克的小沙洲上；正是海象的消失讓納諾克的父母為了進行交易，而設下陷阱抓捕狐狸。[119]烏嘎茲克的飢荒並非是單一個案。一九一五年，齊洛夫（Zilov）船長在多年沒有巡邏隊管理的情況下——一九〇五年的日俄戰爭及其結果，讓巡邏船隊一直停留在南方——開著「雅庫特」號（Yakut）向北航行，並發現「海上的楚克奇人……他們以狩獵海象為生，抱怨自己很可能就快餓死了」。[120]其他帝國特務則報告，楚克奇人和尤皮克人「開始在吃死狗的肉、海洋動物的皮、皮帶、衣服碎片，甚至是人和動物的排泄物」。[121]在尤夫倫附近，海象群放棄了以往棲息的海灘。齊洛夫寫道：「村落首領要求採取一切措施來保護他們這個重要的漁場。」[122]尤夫倫的人們說，美國的蒸汽船是罪魁禍首。他們激怒了海象的靈魂。[123]

齊洛夫能提供的幫助很少。他的船比美國船慢，而且也不是每年都會被派往北方。至於俄羅斯和美國的官僚希望能簽署保護海象為目的的國際條約，但從未走到通過的階段。[124]在帝國內部，法律規定還沒有跟上白令地區的物種，「沒有提到海象、海豹和北極熊。」[125]因此在海上，帝國的船長可以強迫美國人購買貿易許可證，或因為賣酒而驅逐他們，但俄羅斯的權威卻沒有延伸到海象身上。

關於尤夫倫荒蕪海岸的消息，沿著海岸線傳到了伊瓊。這個村子靠近一個大型的拖船場，成百上千的海象會拖著圓滾滾的身體在那裡休息數日或數週，海灘上的氣息從幾英里的下風處傳來，空氣中瀰漫著發酵的軟體動物和糞便味道。住在伊瓊的楚克奇人在第一次商業狩獵風潮中看到過自己的海灘空空如也；在那些年裡，他們定居的處所減少到只剩下幾間小屋。有位名叫特納斯特（Tenastze）的人擔心這種貧瘠荒蕪的情況會再次出現，於是他請來薩滿與海象交談。海象神靈需要什麼才願意再次庇護人們？特納斯特接收到了海象的回答，並為伊瓊制定了規則。人們用了錯誤的心智去獵殺；而正確的心智並不需要酒精。人們也用了錯誤的工具獵捕；正確的工具是長矛。每年，都會有個人在海灘上觀察第一批海象的到來。沒有人會殺死這些海象，而是讓牠們向同伴呼喚，告訴對方海灘是安全的。當許多海象到來時，大家會在特納斯特和薩滿的指導下走到海灘，安靜並伴隨著儀式來地殺死他們所需要的東西。[126]到了一九二〇年，伊瓊的獵人已經能夠幫忙餵飽沿海地區的社群，但不為交易而進行捕殺。[127]

伊瓊並不是唯一一座會保護海象的楚克奇村莊。在會將動物拖到岸邊，遠離不斷變化海冰的地方，貿易商詹姆士・亞希頓（James Ashton）寫道：「原住民對於不帶走獵物的人極為敵視，他們不願意看到有人肆意浪費對自己的生活與發展而言如此重要的東西。」[128]更有某位貿易商因為收集作為海象祭品的象牙而激怒了尤皮克人。[129]亞拉卡姆切琴島（Arakamchechen Island）有一大片海象沙灘，亦有自己的當地領導人，他指示獵人要用矛而不是用槍。一位叫艾庫根（Ekkurgen）的人在一九三〇年代對某位學校教師說過：「全村人都會一起打獵。」[130]

*

陸地組成的海岸線，是風和潮汐的能量，利用水來改變堅硬土地形狀的地方，形成了一種沒有結果的變動狀態。漂浮海岸也是由各階段變動狀態構成，因為液態的水變成了固態，然後又回到了液態。在化學意義上，狀態之所以改變是基於能量轉移所產生。無限度的海象捕獵，將太多的能量從北方轉移出去，改變了白令地區民族、帝國及商業實踐的狀態。不僅改變了海象的生活，也改變了任何毛皮可以作為海象肉替代品之動物的生活，以及人們的生活。但是，儘管美元價值可能讓毛皮看起來與鯨脂或海象牙相同，但支配牠們所創造之物的節奏卻並非相等；市場上以某種動物取代另一種動物的習慣，不會理解為什麼狐狸無法在同一個時間像海象一樣活著。這讓在白令地區打造國家會面臨兩個緊密相連的問題：如何採集能量，以及如何有效圈住土地，讓採集行為不會耗盡所有生命。管理能量和圈地是政治的核心；需要對變化、價值和有用世界的分配做出決定。在白令地區，主權是一種政治工具，是一種宣稱海象的價值是在利潤之外的方式，如此一來就能對不安分的市場所欲盡情發展的地方設下限制。這能為海象數量提供時間上的庇護，讓牠們能依照自己繁衍世代的條件成長。

到了二十世紀第二個十年，在自然形成的庇護所中充滿了年輕海象，鼓譟著牠們青春的肉體。牠們的幼年時期之所以得到保護，來自於地方和國家法律的規定、商業需求的不振，以及人們的欲望在其他地方得到了緩解。一群新生的海象群落便開始在冰上形成。在接下來的五十年裡，這將成為一個新生國家在楚克奇海岸上的中心：一個位在遙遠的西方，布爾什維克革命者已然成形的國家。

第四章　甦醒之冰

海冰在一陣呻吟和劈啪作響中，向自己與身旁所有生物喃喃自語；在巨響、尖嘯和靜默之中，發出持續數小時的隆隆聲，接著在大雪紛飛中傳出沉悶的聲響。在冰面上過冬的水手們把這些聲音稱為魔鬼的交響樂。在冰面下，還有其他樂器在演奏：弓頭鯨在歌唱，海象和髯海豹也在唱歌。每隻公海象都有自己的歌，每首歌都會持續數天，充滿了嘎吱聲、口哨聲、吠叫聲及具有節奏的敲擊聲。[1]髯海豹的歌聲籠罩著牠們將近八百磅的體型，有陰森的顫音、失落的哼唱及呻吟聲。[2]保羅・提烏拉納（Paul Tiulana）則描述牠們的歌聲為「四個音符，聽起來像遠在海洋中的樂器」。[3]

提烏拉納出生在白令海的烏吉伐克，作為一個一九〇〇年代初的孩子，他學會了如何在冰上打獵，跟隨年長的人尋找海象和髯海豹，他們稱之為「烏格魯克」（ugruk）。傾聽冰下的世界。他們在冬天追尋「烏格魯克」，在短暫的黃昏中，冰面上泛著微亮的光芒，取代了北方的日光，直到春天為止。他們在晚春稀薄而恆長的陽光下獵殺海象。獵人可能會獨自跟蹤海豹，但如果要進行屠宰，就會需要有同伴；必須在海豹因為敗血症而讓腸子變綠之前，把牠放血。胸骨、鰭狀肢、背骨會被分裝在海象胃做成的袋子裡。提烏拉納學會甚至要把浸過血的雪帶回烏吉伐克，用來煮湯。

在海冰上進行獵捕，並且好好活著沒死，是需要持續不斷、完全專注的行為。在初冬時節，腳下的冰面仍帶有鹽分的彈性。冬末，冰上呈現宛如山巒高低起伏又紊亂的走勢，潮汐和風讓冰山地形相互交錯，被暴露在水面上的蜿蜒河流所切割。[4]冰或許會結凍成形，但絕對不會穩固不動。提烏拉納進行獵捕時，身處的冰面仍在漂浮；在他專注於浮上水面的海豹之際，或許也會抬頭看看離家幾英里遠的地方。他的老師告訴他，要重複著「冰永遠不眠，洋流永遠不眠」這句話來提醒自己。[5]

是運動作用讓冰歌唱。在風的作用下，冰的形成、解凍及變化，穩定了世界海洋的循環，讓其成為生命存活的好地方。白色表面反射著地球上的陽光，並將一些海洋所吸收的太陽能封存起來。運動和反射都能調節地球的溫度，緩和了太陽強烈的光線直射，並在全球範圍內發揮作用。[6]有隻北極狐決定了捕獵人的路線，並塑造了旅鼠所認知的世界——這裡，有著危險。有隻海象確定了獵人的季節，並塑造了牠所覓食的海洋，在翻找蛤蠣的時候，吸附著營養物質——在上面，是大量的藻類。海冰塑造了這個星球上的生命、人類和其他事物。從海冰發出呻吟的表面，我們所認知的世界就此形成。

*

一九一七年，俄羅斯帝國對於外國商業於其海岸上創造的世界感到不安。半個多世紀以來，自從第一艘新英格蘭的船隻開始捕殺弓頭鯨，邊界便一直難以界定。在沒有邊界的情況下，美國人將楚克奇與一個有害的市場連結在一起。這個市場用海象牙和皮毛來換取酒精和飢餓。如何在沒有這種道德掠奪的情況下，提供文明的物質商品？俄羅斯帝國沒有時間去尋找對策。因為在三千多英里之外，俄國革命正要建立一個新的國家。

針對帝國的問題，布爾什維克有著答案——馬克思的答案：廢除資本主義，拿走工業方面的工具，將其用於物質解放和道德改造上。對馬克思主義革命者來說，物質和道德要透過勞動聯繫在一起：在資本主義下，貧窮迫使大多數人要犧牲主導自己行動的能力——甚至「以為」正主導著自己的行動——因為他們必須賺取富人所支付的工資。因為沒有自覺目的的生活會讓人靈魂死亡，工人變成了一件物品，一件其勞動能讓他人致富的物品。但是，如果所有的人都按照自己的欲望和能力工作，按照自己的需求獲取收益，就不會有飢餓，也沒有理由喝酒。這是一個被剝削者到最後成為啟蒙者的烏托邦。

布爾什維克帶給楚克奇的救贖願景，很需要消除私有財產和市場交換的現象，因為私有財產讓財富集中不平等，而市場則助長了這種積累。因此，在俄國革命之後，創造經濟的兩種不同方式——道德及物質，居中調節了外來者看待白令地區人類和非人類之間關係的想法。然而在海岸上，美國和蘇聯與助長其生產信仰的生物達成了類似的協議。兩國都以狐狸和海象作為經濟基礎，藉此將白令人轉化為美國人或蘇聯人。雙方都試圖養殖狐狸，為了能讓不穩定的人口——以及從而被影響的生產——變得可以預測。雙方都發現有許多漏洞、會不斷變化的海岸難以封鎖；因此，他們連根拔起並重新安置那些看起來帶有風險的社群，因為這些可能會在意識形態上或實際層面上橫跨冰面漂流而去。雙方都有結論，海象體內所蘊涵的能量，對於生活在冷戰邊界上的少數人來說至關重要。圍繞著海象，兩種意識形態都承認其依賴性：仰賴著浮游生物、海冰和脂肪。野生海象生命的產生，變得跟利潤或計畫的帳目一樣有價值。

I

一九一九年的冬天，阿納迪爾是個滿是小木屋聚落，有著為了夏季貿易來存放成捆狐狸皮、熊皮和狼獾皮的倉庫，一些美國和俄羅斯毛皮貿易公司的辦公室，以及帝國行政官員的驛站。這是個建立在擷取動物資源上的村莊。米哈爾・曼卓利科夫（Mikhail Mandrikov）認為，這個村莊也是「資本主義制度」所建立的，這個制度「永遠無法將工人從資本主義的奴役中解放出來」。曼卓利科夫及她的同事奧古斯特・柏津（Avgust Berzin），就像各地的年輕布爾什維克一樣，認為資本主義是種無可救藥的剝削，在其機能的核心將擁有一切的富人與辛勤勞動的窮人分隔開來。解決辦法並不是沙皇的圈地和改革，而是集體所有制。在楚克奇，他們宣揚解放，宣揚著一種未來，「每個人……都能公平地分享世上那些由勞動所創造出來的價值」。[7] 當曼卓利科夫和柏津控制了楚克奇的行政機構，奪取了毛皮倉庫，並宣布成立第一蘇維埃革命委員會（First Soviet Revolutionary Committee），或稱革命委員會（Revkom）之際，布爾什維克的革命已經在彼得格勒（Petrograd）歷時兩年之久。

六個星期後，革命委員會大多數的成員都死了。布爾什維克發表演講，針對像麥德森這樣的美國貿易商及其信用額度——這些債務注定讓窮人「面臨飢寒交迫的死亡」，讓委員會樹立了許多敵人。[8]但是阿納迪爾的商人階級也只是暫時擁有比較好的武裝。布爾什維克從堪察加向北航行，然後步行並乘坐狗拉雪橇。與帝國的殘餘勢力爆發了小規模的惡戰。到了一九二三年，紅軍才宣布將楚克奇從「白（軍）土匪、外國掠奪者及燒殺擄掠的軍隊中」解放出來，並成為「新世界中的一員，有著博愛、平等和自由的新生活」。[9]

在列寧去世前一年，楚克奇正式進入了這個新世界。在白令地區東部，戰時國家經濟的控制和徵用已經因為「新經濟政策」（New Economic Policy）而讓步，因為蘇聯政府暫時允許市場運作。農民出售他們的額外收成，零售商則在沒有國家指導的情況下進行兜售。這種退一步的做法是布爾什維克的策略：這是個機會，能夠招攬因為被戰爭和共產主義慣例奪走牛群，而心懷不滿的農民，發展壯大因帝國政策而陷入困境的工業，並且為仍然生活在歷史階段底層的人們做些什麼，例如：楚克奇人和尤皮克人。為了幫助這些潛在蘇維埃的一分子，一群布爾什維克信徒——其中許多是對「落後民族」有經驗的民族誌學家——在一九二四年成立了北方委員會（Committee of the North）。[10]從莫曼斯克（Murmansk）到楚克奇，該委員會派出了「新文化和新蘇維埃國家的傳教士」，並且如某位成員所說：「準備將他們在俄國革命中誕生熱情，那股熊熊燃燒的火焰帶到北方去」。[11]

新世界、傳教士及皈依：是三十年來出現在美國海岸的東西。蘇維埃王國是一個完全屬於地球的天堂烏托邦，每個人都將平等地屬於它。馬克思主義，特別是列寧詮釋的變體，承諾了完全的自由，擺脫了自然的不穩定——因為有飢餓就沒有自由可談——也擺脫了政治爭論。畢竟，若是所有的需求都能得到了平等的供給，那還有什麼需要爭鬥的呢？國家是這種變化必要的開創指引，但會隨著對於缺乏的討價還價而逐漸消失，這就是政治。

對布爾什維克來說，歷史讓這個未來變得清晰可見：這是一套科學法則，能把生產與社會演變、演變與革命，以及深刻國家變化中的下一步連結在一起。北方委員會為了在像楚克奇這樣的地方引發如此轉變，制定了一個計畫。正如列寧所說，歸附——蘇聯稱之為啟蒙——將從「勝利的革命無產階級」開始，「在（原住民）當中進行系統性的宣傳」。這就是透過知識來推動啟蒙。然後，政府必須「透過一切可行手段幫助他們」——這則是透過工業發展來製造啟蒙。[12]在第十次黨代表大會明確指出，這種「經濟組織」會將「當地辛勞的大眾從落後的經濟形式，轉變至較高的程度——從游牧生活方式到農業……從手工業生產到工業—工廠生產，從小型規模農業到計畫集體農業」。[13]烏托邦是一種產品——或者說，烏托邦仍在生產製造中，所以組織起來不是為了得益少數資本主義者，而是讓所有共產主義者都受益。

*

共產主義作為一種思想的力量在於其普世性；辯證唯物論（dialectical materialism）描述了一個科學過程，即社會主義的未來是無法避免的。在他們的革命理論中，布爾什維克只是助燃劑。但偏偏他們所到之處，卻都發現很難有這種必然性：不論是在農民；在信仰不那麼強烈的社會主義者；還是那些投身於馬克思主義以外正統思想的人之中。而且，那裡是楚克奇，一個連季節都十分頑固的地方，「嚴寒的冬天持續了將近一整年」。[14]魯迪希（G. G. Rudikhy）在傑日尼奧夫角寫道，布爾什維克傳教士發現自己住在「黑暗、沒有窗戶的『雅蘭加』（yarangas，帳篷）裡，用燃燒油脂的燈來照明及取暖。」「日常食物是海豹、海象和鯨魚肉，而且通常是生的。這顯然不太衛生而且（人們都）很餓。」[15]一位布爾什維克寫道，而人們！沒人「知道文化是什麼」。[16]尤皮克人和楚克奇人信奉薩滿教，或是受到來自小迪奧米德島上的路德派傳教士影響。[17]他們生活在一個人類歷史早該超越的時間，沒有文字素養、沒有節制、沒有科學、沒有性別平等。沒有像樣的食物或衣服，也沒有肥皂。可說是一長串艾倫・洛普早就認同的苦難。

對於早期的布爾什維克來說，這種落後的原因很清楚。首先，是那個長達一整年的冬天。史密多維奇（P. G. Smidovich）寫道：「原住民仍然相當看天吃飯，一遇上惡劣季節，他們就會挨餓。」[18]共產主義是種工人掌握大自然的產物，所以其反面——落後，便是太過貼近自然界規律的症狀。再來，便是資本主義剝削。「美國人在消滅了他們沿海地區的生物之後」，就造訪了楚克奇，「為非常有吸引力的產品設定過高的價格，迫使原住民更集中和增加所殺動物的數量」。這便造成了「被迫要依賴富農商人」的狀況，克里維岑（I. Krivitsyn）寫道，他們「非常喜歡看到原住民被愚弄、被嚇唬、無力抗爭、在經濟上缺乏力量」。[19]第二次更為成功的阿納迪爾革命委員會的主席，向他的同志們解釋了「外國公司如何無情地剝削和搶劫原住民，一個楚克奇人的勞動只值一盒餅乾。而在政治上各方面都落後的楚克奇人，並不理解這件事……他們只要能吃飽就好了。」沒有穩定的食物來源，只有「貪婪的（資本主義）鯊魚能得到好處」。[20]而布爾什維克與帝國一樣，擔憂著「美國掠奪者整整幾十年來對海洋動物的獵捕」。[21]資本主義的變化無常，也讓自然界的變化無常變得更糟糕。因此，尤皮克人和楚克奇人同時生活在兩個過去之中：一個是他們自己原始的過去，另一個是受到資本主義剝削的過去。

布爾什維克傳教士便來到此處，想把楚克奇變成被解放未來的一部分。委員會的一位專家寫道，他們所採取的手段是「北方的集體化」。集體化是「充分提高當地經濟生產力」的唯一途徑。生產力能緩解貧困，集體組織則提供有意義的工作，而且兩者都讓人們能憑自覺去行動。由於北方的環境條件，集體化必須「從最簡單的形式開始——共同使用土地的社團、共同製造產品的合作社（artels）——接著逐漸上升到更高的生產社會化形式」。[22]每個合作社都會成為一座集體農場（kolkhoz），工人會擁有他們的生產工具和計畫，然後最終成為一座國營農場（sovkhoz），擁有集中的所有權及配額。

在布爾什維克的理論中，這樣的經濟結構重組會讓更多不管是什麼的原料，進入集體生產領域。擺脫了美國人的獵捕，狐狸的數量就會增加，而「密集地消滅海洋動物會影響到獵取毛皮動物的條件，因為北極狐會去吃被沖到岸上的海洋動物屍體」。[23]然後，正如某位委員會成員所言，「合理使用和在政治上公正的評價」都會創造「在示範狐狸養殖場中飼養狐狸的條件」，確保「毛皮長期供應」。[24]蘇聯海洋生物學家曾描述這樣一個未來：「海洋動物的脂肪會以又快又寬的波浪來流入」獵捕合作社的燃料箱。[25]獲得更多海象的方法，便是集體化捕殺海象的工作。要做到這一點，革命委員會得出了結論，其首要任務便是為了「春季的海象」來準備「足夠的步槍和子彈」。[26]這並不是邁向烏托邦的一大步；在一九二〇年代，北方委員會認為，同時退出兩個過去是種漸進的過程。但即使是緩慢的變化也需要彈藥——還有麵粉、糖、茶、馬鈴薯和其他工具。而當地的供應商卻正是蘇聯人欲驅逐的資本家：即美國貿易商。布爾什維克便開始國有化他們的財產——那些儲藏毛皮和貨物的倉庫。

有些貿易商選擇冒著貨物被沒收的風險，繼續從阿拉斯加向西航行。有些因為婚姻走入沿海家庭的貿易商則選擇留下來。但大多數買賣狐狸和海象牙的貿易商都離開了。楚克奇的供應量逐漸減少。一九二四年，革命委員會報告道：「經常聽到……楚克奇人說：『是的，你是俄羅斯人，你每年都說我們全屬於同一個社會，我們很快就會有便宜的俄羅斯商品、學校和醫院，（但）我們看到的卻是每年各種事情都對我們愈來愈不利。』」[27]尤夫倫的人們送了一張便條到伊恩利克，懇求任何路過的貿易商前去拜訪他們，「我們會給你狐狸皮……我們什麼東西都很缺」。[28]伴隨著類似過去帝國行政人員的挫折感，楚克奇革命委員會終於在一九二六年與一位名叫奧拉夫·史溫森（Olaf Swenson）的美國商人簽訂了五年的合約，持續用楚克奇的象牙和毛皮來交換成噸的生活必需品。[29]至少在「像樣的供應組織」容許蘇聯人自力更生來「維護邊界」之前，革命將由資本主義的鯊魚所餵養。[30]

II

海象身邊永遠有著同伴：剛從海裡出來，一隻落單的海象搖搖晃晃爬向其他同伴的懷抱。牠們用相對彼此鰭狀肢的姿勢睡覺，藉由抖動鬍鬚來進行交流，有時還會來上用力的一吻。羅傑・希魯克（Roger Silook）就有位祖先曾加入了這個熱情友好的群居團體。剛開始，這個人會走到浮冰上，秋天一到就和海象群一起向南遷徙。然後，正如羅傑・希魯克所說，「有天，他身上開始長出海象毛」，就此加入了海象群。[31] 幾年之後，這位祖先在冰上向過去的家人嘷叫。在一九二〇年代，這些冰面是數量愈來愈多的海象的家園。在那些年裡，還沒有政府會去統計海象數量，但是，由於美國法律和俄羅斯革命所產生的阻力，以及低落的需求，商業獵捕活動逐漸減少。每當有海象死亡，是因為有像提烏拉納這樣的人，他們為了食物或是出售偶爾雕刻的海象牙，一次只殺死幾隻海象。

狐狸則沒有這種暫時緩解的日子。毛皮的商業價值是一個變化無常的東西，年復一年的數量與品種都在改變。需求在一九一九年下滑，然後在一九二〇年代初再度飆高。當傑・蓋茲比（Jay Gatsby）*開著車朝向美國夢駛去的時候，他的乘客就是穿著狐狸毛皮來抵禦燃燒化石燃料的冰冷速度。汽車時尚讓一張北極狐皮價值五十美元。藍狐價值則會漲到四倍之多。每年春天，在船上，後來在飛機上，買家爭先恐後地來到阿拉斯加貿易站。黛西・布坎南（Daisy Buchanan）「灰霧色」

* 編按：《大亨小傳》（*The Great Gatsby*）的主角，下文的黛西・布坎南也同樣出自這部作品。

一九一〇年，阿拉斯加北部，一隻被金屬陷阱捕抓到的北極狐。圖片出處：U.S. Geological Survey, Ernest de Koven Leffingwell Collection。

的毛皮衣領，可能就是從烏特恰維克（現在通常稱為巴羅）附近的一隻狐狸身上取得，這裡也是西蒙・帕內克（Simon Paneak）學會設置陷阱的地方。[32]這隻狐狸或許也可能來自斯福夸克（現在通常稱為甘伯爾），那裡的孩子會在夏天尋找狐狸窩，為冬天的陷阱標記位置。不論哪個地方，人們都學會在苔原上旅鼠橫行的時候射殺狐狸，並在較為貧瘠的年分設置陷阱。人們仍然會出售一些海象牙雕刻品。但是，「當毛皮的價格變得很高時」，一位捕獵人回憶道，「大家都會很高興」。[33]

娜帕克（Napaaq）出生於一九〇六年，從小就看著父親在甘伯爾外圍獵捕狐狸。有一次在營地裡，娜帕克遇上一位「巫醫」，他能「飛快移動」，透過他的歌聲就能知曉未來。[34]她知道動物會評斷捕獵自己的獵人。她在一棟木製建築裡上算術課，在筆記本上勾畫日常生活：男人在冰上打獵；女人剝製海豹皮，或是在帆布帳篷外架起金屬爐子來準備漿果。[35]圍繞在她四周的世界，充滿著「生活在荒野、善良的神靈」，和那些靠近村莊「招致死亡的神靈」。[36]

但芸芸眾生的狀態正發生變化。除了薩滿和海象人，還有基督徒，而且不只是那些外來的基督徒而已。在諾姆附近，有位伊努皮亞特人改變了信仰，因為允諾了永恆的生命。[37]有個在甘伯爾的人也是如此。他的父親同樣成為了基督徒，但是為了要避免家庭裡面的死亡。[38]其他人則是在流行病之後，或是認為薩滿的力量太過強大，而加入了信眾的行列；甚至在幾十年後，有些人希望薩滿「永遠不要回來。他們給人們帶來了死亡和麻煩」。[39]普金古克，那個將緝私局趕走的人，也基於個人意願，放棄「與邪惡神靈一起犯罪」。[40]大部分薩滿的習俗，例如：唱歌打鼓和戰爭行為，都從日常生活中逐漸衰微。

尤皮克人和伊努皮亞特人的歷史，經常將基督教及商業參與解釋成一個實際能解決問題的議題。我們會歸附是為了生活。我們使用舷外馬達，因為這樣速度快。當我們的藥不能治療白喉時，我們就去找傳教士的醫生。我們誘捕狐狸來購買舷外馬達。還有，我們把獵物的肉分給族中的弱者，並把成功的狩獵當作禮物，無論其結果是吃還是賣，或者兩者都有一點也無妨。運用某個想法的實際價值並不需要徹底去歸附，只是需要適應。如此一來也改變了這兩種實踐參與，將薩滿的神遊恍惚帶到教堂祭壇上，將社群儀式帶進了市場交易中。[41]娜帕克描繪了一種生活，人們在市場帶來變革後的海洋和社會中，用白令地區的敬畏儀式與外來輸入的交換儀式創造了一個世界：一隻狐狸換取這麼多彈藥，一條靈魂則能換取這麼多祈禱。

對白令地區的傳教士來說，聖餐儀式具有排他性；相信基督便代表不再相信海象曾經是人。同時保有兩種存在方式是不可能的。只有一種形態轉化能符合路德教派、天主教或衛理公會的教義，那就是有關基督神性與人性的「調和」（communion），及其死而復生的生命。然而，通往救贖的道路也是屬於俗世的。在一九二〇年代，許多白令地區傳教士的教導，會將基督教義詮釋成一種讓大自然變得有用的實踐，而有沒有用都是以利潤來加以衡量。利潤將人們與透過物質累積來變得更好的未來，兩者聯繫在一起，這是一種藉由成長來擺脫貧困的解放。印第安事務局（Bureau of Indian Affairs, BIA）也抱持著相同觀點，該局的講師與佈道團一起工作，教導「那些（原住民）能夠賴以維生的事物」，包括雕刻海象牙和獵取毛皮。[42] 一位甘伯爾教師寫道，藉由這些「一點點小小的東西」，他們就能「每年積累數千（美元）」。[43] 基督教照顧了靈魂，資本主義則照顧著肉身，兩者合而為一就是解決生命難題的強而有力解答：既滿足生物細胞組織活著時的需求，亦滿足了那些必將走入死亡的細胞組織。

生物調查局對於以狐狸為基數的累積，卻有著不同的看法。他們負責調查阿拉斯加動物生態並報告道，雖然在一九一九年「觀察到……有為數眾多的海象」，但是在阿拉斯加的「毛皮動物……並不會被歸類為狩獵動物」，正「受到當下所有毛皮級別左右的高昂價格」折磨。[44] 就生物調查局看來，狐狸有助於同化之處，在於認為牠們是一種公共資源，有著受到尋找財富的獵人掠奪之風險。當國會在一九二〇年賦予該局在毛皮動物管制上的控制權後，狩獵監督官要求教師——通常是社群中唯一的政府代表——彙報「狐狸窩受到騷擾的情形」，並防止「任何種類毛皮動物的滅絕」。[45]

這類犬科物種數量減少的證據很薄弱；因為狐狸繁殖得很快，禁得起大量的獵殺。[46]而且依照牠們週期性的繁衍數量，導致很難去計算狐狸的總數。但在一九二一年，生物調查局將用槍狩獵狐狸列為非法。數百張在新政策的消息傳到偏遠村莊之前就已經獵取的狐狸毛皮，重新被歸類為違禁品。根據一位貿易商說法，這項管制「給原住民帶來了極大的苦難」，因為苔原太過平坦，根本就很難用陷阱抓到狐狸。[47]接下來幾年，生物調查局開始允許使用槍枝，但禁止使用金屬製陷阱。蘇厄德半島上的狩獵監督官法蘭克・杜夫瑞恩（Frank Dufresne）會悄悄地越過村莊，找出那些違反規定的伊努皮亞特人，「在我認為適當的時機點上，讓他們緊張不已」，因為他們違規了。[48]接著，杜夫瑞恩更縮短了得以設置陷阱的季節。希望岬的傳教士曾寫信去抗議損失的收益。[49]查爾斯・布羅爾也是如此，他曾報告在狩獵期結束後，巴羅的「冰上有數以百計的狐狸足跡」。[50]尤皮克捕獵人鮑比・卡瓦（Bobby Kava）就懷疑過「狩獵季節如此短暫」的意義。[51]

比起野生、誘捕來的狐狸，生物調查局更想要的是被人養殖的狐狸。這些狐狸會透過「明智選擇合適的種畜」來繁殖。[52]狐狸養在籠子裡，在毛色最好的時候宰殺，如此才能讓「沒有什麼農業價值」的土地創造出收益。[53]從當地獵人那裡買來的魚和海豹內臟將取代旅鼠。有了如此穩定的食物，穩定的物種數量就能取代大起大落的循環。圈養能讓狐狸變成飼主及其僱員的穩定收入來源。

而「擴張中的文明」不可避免的需求，也不會再有「毛皮供應」減少的問題。[54]

穩定的代價很昂貴：養殖場需要數以萬計的木材、鐵絲，以及配種的狐狸。這種成本代表大多數養殖者都是外來者。亞當・卡普坎（Adam Leavitt Qapqan）記得，在巴羅附近「有幾個白人從小艇上下來，在那裡建立了一個狐狸養殖場」。[55]另一個養殖場則在柯策布開始營運。小型籠舍和飼養場在諾姆附近湧現。在希什馬雷夫，一位叫喬治・高蕭（George Goshaw）的貿易商在一九二四年進口了八十隻藍狐。杜夫瑞恩滿意地回報有些「愛斯基摩」婦女靠著籠舍及幼年狐狸，每年就能賺取數千美元。不過，她們算是例外。若是白令人能從養殖場獲利，通常是透過賣魚或勞動所得，並不是因為他們擁有著所有權。[56]

生物調查局認為狐狸的利潤——從誘捕、養殖，或者從圍籠裡照顧牠們來賺取工資——必然會持續成長。但是在一九二九年，飆漲的毛皮需求都隨著美國經濟的其餘部分一同崩潰了。到了一九三〇年，狐狸已經損失了超過一半的價值。[57]向尤皮克人和伊努皮亞特人鼓吹的進步，已經展現了充滿脾氣的本性：某一年，毛皮的價格上漲；另一年則下跌。某一年，毛皮養殖場買進了鮭魚；隔年，就歇業倒閉了。有個外來者主張透過利潤來挽救現況；另一個人則認為要限制捕獵。這是種矛盾的狀態。商業激發了某地的需求，接著持續增加，無意中緩解了曾經一度受到需求的物種，卻將貧困留給牠們的獵人。人們被拋在市場的時間之外，遠離成長的榮景。

*

就跟島上的提烏拉納一樣，馬魯（Mallu）從小就學會該如何在烏嘎茲克附近的冰脊，以及蜿蜒冰間航路中生存。他也明白受了委屈的動物是會復仇的。[58]他還從楚克奇海岸唯一的東正教傳教士那裡學會到了俄語。當布爾什維克帶著他們的承諾，即透過「社會主義重建北方經濟」來「臻至資源的充分利用」時，馬魯的理解力並沒有被他們一口破爛的尤皮克語給限制住。[59]他所聽到的是一場逃亡，逃離那些讓「我們面臨飢餓」的冬天，「因為海洋生物都沒有出現」，只留下了「失去父親的孩子們」。因此，他後來寫道：「我決定組織一個集體農場」，那座農場的名字就叫作「走向新生活」。[60]到了一九二八年，馬魯和其他六個尤皮克年輕人被選為當地蘇聯政府的成員。布爾什維克有了皈附者。

馬魯加入革命時，革命已失去耐心。列寧過逝，帶著他的新經濟政策一同離去。約瑟夫・史達林（Josef Stalin）接著著手領導這個工人國家——一個他認為革命還不夠徹底的國家。農民和商人之間仍存在階級敵人，神職人員之中仍然有精神敵人。而且，生產或工業化的程度還是不夠。一九二八年，史達林的第一個五年計畫便要求國家加快步伐：農民將實現集體化並生產更多的糧食，糧食的出口則能支付進口的設備，而這些設備將會在一九三三年之前建立工業社會主義。這是一項急迫性的任務，正如一部有關英雄般社會主義勞工的同名小說所宣稱：時間，前進！（Time Forward!）在北方，沒有糧食或工廠，但是卻有一種迫切感。史達林革命的真理體現在能用同樣的速度改造任何地方。北方委員會不能再包容那些「由於自身極度落後，不是在經濟上，就是文化上跟不上新興社會主義社會中飛快發展速度」的人們。[61]

但是，該如何判斷社會主義已經來臨？儘管烏托邦還在生產製造之中，但最終產品將會是什麼？五年計畫只是朝著馬克思或列寧模糊描述過的未來飛奔而去。史達林的證實方法便是量化：有多少座新的集體農場？又有多少新的人加入集體農場？這就是馬魯大部分的工作：透過「只有靠集體農場才能建立美好生活」的說法，招募尤皮克人及沿海的楚克奇人。[62]他還會提供麵粉、彈藥、金屬小艇和舷外馬達。那隻資本主義的鯊魚終於被逐出楚克奇，蘇聯人控制了供給來源，儘管並不完美；甚至連馬魯都抱怨那裡沒有「烹煮鍋具或縫衣針」。[63]但蘇聯人有什麼，就給集體農場裡的人們什麼。馬魯承認，這是加入集體農場一個很好的理由。

撇開字面意義不談，集體農場看起來確實也不是那麼充滿變革。農場的成員獵殺海象和海豹，提煉「可用於工業用途的脂肪」。[64]尤皮克人早就已經在獵捕海象及海豹了。而集體農場要求一起進行獵捕，獵物會由集體農場管理員按照計畫進行分配。但是，尤皮克人早就是用團體方式來狩獵和分配獵物。集體農場希望能用狐狸皮換取糖和茶，宛如是一九三〇年以前的某種古老蛻變儀式。在集體農場裡，不會有人比其他人更加富有或貧窮。而在尤皮克人和沿海的楚克奇人之中，也早就是這樣。在蘇聯其他地方，集體化是一團混亂。有數百萬的農民逃亡、殺光牲畜，與布爾什維克搏鬥；布爾什維克則毆打、搶奪並殺死稱之為「富農」（kulak）的農民，只為了要擁有一匹馬。在楚克奇其他地方，馴鹿牧民表現得像農民。但在沿海地區，五年計畫飛快發展的速度，代表在春季狩獵時得帶著集體農場的彈藥，並在「雅蘭加」裡掛上列寧的畫像；史達林革命的物質指令，在一開始並不那麼具有革命性。[65]

革命的物質形式有個文化的終點——布爾什維克稱之為「意識」（consciousness），這是一種狀態的變化，人們會從無意識自發的反應，轉變為充分察覺到每個人是如何推動歷史的法則。在歸附的精神層面，並不是像將「狩獵小隊」改稱為「大隊」那麼簡單。而是需要用一個良好社會主義者的信仰來取代先前所有的事物。安德烈・庫基爾金（Andrei Kukilgin）在一九七〇年代回憶道，布爾什維克「鼓吹我們停止去過自己的節日」，並表示「這些節日必須被徹底拋棄」。[66]但也不是每個人都願意。有些人會避免參加蘇聯的活動，以防激怒海豹和其他動物。[67]還有人曾警告，如果讓孩子們去蘇聯學校上學的話，海象恐怕就不會再來了。[68]在一九二〇年代，即便是馬魯也仍然會儀式性地去供養那些被斬首的海象。[69]有幾個人溜出了蘇聯邊界。娜帕克曾在薩滿瓦隆嘉（Walunga）離開蘇聯楚克奇抵達斯福夸克時，為他畫了一幅肖像。安德斯・亞帕辛克（Anders Apassingok）的家人，則在一九二八年跨出蘇聯邊界。[70]蘇聯的伊馬克利克（或稱大迪奧米德島）上的大多數人，跨越了幾英里的開闊海域來到美國的伊恩利克。[71]由於尤皮克人和伊努皮亞特人都曾試著驅逐阿拉斯加的傳教士，所以在諾坎（Naukan）有一位名叫努內格尼蘭（Nunegnilan）的人就創造了一套儀式，目的就是想趕走蘇聯人。追隨他的信徒會像基督徒一樣穿上長袍和十字架，跳著舞並避免使用肥皂，以防沾染上布爾什維克的味道。[72]

努內格尼蘭後來就被蘇聯警察逮捕。對蘇聯人來說，薩滿教是生活在另一個更次等時間裡的公開實踐。這是種對蘇聯未來的蓄意抗拒。但是，逮捕努內格尼蘭卻是沿海地區很罕見的例子；針對內陸楚克奇牧民的肅清也停止了，大部分都是馬魯的追隨者所為。馬魯曾領導一場運動來打擊某個預言共產主義將會終結的女人，以及亞拉卡姆切琴島上一位名叫艾克（Ekker）的楚克奇人。艾克曾占領了海象海灘，用「施咒殺人」的能力嚇跑了其他獵人。[73]最後，他被兩艘小艇上的人們，趕出了自己的島。

為了取代艾克的法術，蘇聯有自己的儀式：關於計畫的種種事物。在計畫中——一個五年計畫會再分為一連串的年度計畫，然後進一步拆成每月的計畫——國家會為每個工廠或農場設定生產配額。計畫是一種能讓加速穿越歷史這件事情，成為一種物質、感官事實的方式：計畫會列出一個數字來表示社會主義開始存在，並超越了資本主義。超越計畫——殺死二十隻海象，雖然十隻就已經達標了——代表著社會主義會更快到來，並讓某個人或某座集體農場成為社會主義勞工的英雄。而計畫配額則會逐年增加。更多的海象、更多的海豹、更多的狐狸。當市場用整體成長情形來衡量成功，並容許在欲望轉移時放棄物種、地方和人，但計畫依然希望每個人及每座農莊都能展現出增加的趨勢。

一九三〇年，尤利・里特克烏（Yuri Rytkheu）在烏倫的沙嘴上出生，進入了一個部分由計畫所打造的世界。或是說，一個嚮往著計畫的世界：那年，楚克奇的集體農場捕殺了不到一千五百隻的海象。[74]狐狸的捕獲量只有區區幾百隻，幾乎不足以滿足「人工獸脂加工業」或蘇聯對毛皮的需求，更不用說想超越過去資本主義產量的意識形態需求了。[75]在集體農場及黨的會議上，外來的布爾什維克斥責白令地區的布爾什維克：如果「要四十發（子彈）才能打死一隻海豹，一隻海象則需要五十發」，那麼「愛斯基摩人和楚克奇人的槍法實在很爛」。[76]白令地區的布爾什維克則抱怨差勁的學校，以及警察對沿岸旅行的干擾變得更為嚴重。[77]每個人都想要有馬達。但是，即使他們產生抱怨並擔憂著那些尚未達成的計畫，這樣的會議，以及統計每年狐狸毛皮及獸脂總重的例行公事，倒也證實了他們身為蘇聯一分子的狀態。

在里特克烏五歲那年，楚克奇的集體農場捕獲了大約六百隻北極狐，也比前一年多了幾隻海象。在集體農場會議上，大家正討論如何賺得更多：更好的小艇、改善誘捕步驟，以及更快的屠宰速度來提高「產品（皮和肉）的品質」。[78]里特克烏從他的叔叔身上學到了祈求好天氣和很多海象的咒語。他會去學校上課——一間有黑板和玻璃窗的小屋。從老師們那裡，他學會了如何閱讀和寫作，並譴責薩滿和富農。

里特克烏七歲時，這些大隊從金屬小艇上捕獲了將近六千隻動物。兩艘小型船「天普」號（Temp）和「納茲恩」號（Nazhim）在海上又殺了兩千五百隻動物。將近四千張北極狐皮成為集體農場日誌中的統計數字。里特克烏看著第一批電線沿著烏倫唯一一條碎石路架設起來。有個人在他家的「雅蘭加」上割開一個洞，裝了一個燈泡，實現了部分列寧的名言：共產主義就是蘇維埃政權加上全國電氣化。里特克烏後來寫道，這是個「同時生活在……許多不同時間裡」的童年。[79]

其中一個是人們成為海象的時間。另一個則是燈泡和計畫的時間，在這個時間裡，獵捕若不求愈多愈好，已經變成一種不理智的決定。蘇聯的時間發展得如此之快，讓人忘記不過在十年前，布爾什維克也曾經感嘆過度捕獵帶來的毀滅。匱乏是個資本主義的問題。一九三八年，有將近上萬隻北極狐填進了計畫。八千多隻海象亦如是。只有在大迪奧米德島，人們才會無視集體農場的計畫，並限制他們對海象的捕殺。[80]在伊瓊，克制的儀式也隨著集體化的到來而消失了。或許計畫的構想及其篤定的未來在村莊裡很受到歡迎。或許伊瓊的儀式就像其他許多儀式一樣，從公眾生活中消失了：不經暴力，但並非沒有代價。即使是自願去歸附也是一種損失。

III

每年秋天，寒冷會將白令海轉化成固態，冰河時期土地的寒冷幽靈在各大陸岬角之間張開雙手。冰層並不安定，缺少著淹沒在冰層漂浮的海面下，那塊陸地擁有的深沉靜謐。它會突然就離岸邊很遠，或者把人帶走。冰層帶走了提烏拉納的父親；他出去尋找海豹，卻再也沒有回來。一九三六年，則是帶走了一群來自查普林諾的人。有好幾天的時間，他們被困在碎裂的浮冰之間，而且因為喝了鹹水，嘴巴都很刺痛。他們後來被來自阿拉斯加甘伯爾的村民救起，距離他們在蘇聯出發的地方有四十多英里，還橫跨了國際換日線。

當那年的冰層消退之際，來自甘伯爾的捕鯨小艇就將這些獵人送回家。查普林諾用慶祝方式歡迎他們的歸來，可能還引來一點警察的懷疑。[81]在那個時候，這是一次罕見的造訪。在海灘上一同分享著生存喜悅的美國尤皮克人和蘇聯尤皮克人，他們說著相同語言的方言，吃著在同樣的海豹油裡浸泡的同一種多肉植物，尋找著象徵春天來臨的同一類鳥兒。但在他們各自的村莊裡，彼此的傳教士正在宣揚著不同的王國即將到來，並在經濟方面設定相異的價值衡量標準。在查普林諾，集體農場會接受用任何海象或狐狸屍體來換取物資，即使這些物資很可能是史達林的海報，而不是糖。在甘伯爾，商店裡有更多的糖，也沒有史達林，但評估海象和狐狸的價格卻相當不穩定。生活在共產主義中，儘管經常不夠用，但總是始終如一；生活在資本主義中，雖然經常是富足的，卻總是變化無常。

一九三六年，美國帶來的反覆無常經驗特別嚴重。某位捕獵人回憶道，即使是那個狐狸多到能在每個雪堆上留下陰影的年分，牠們皮毛所帶來的收入也只夠買「咖啡、糖、豆子、蔬菜罐頭、燕麥片、牛奶罐頭……以及水手男孩牌壓縮餅乾」。[82]沒有盈餘來購買木材建造小木屋，或是小艇及馬達。那些想賺取利潤的外來者所擁有的狐狸養殖場，大多數都在經濟大蕭條期間關閉了，隨之而去的是穩定一致的工資，以及用海豹內臟而不是旅鼠來餵飽的狐狸。整個村莊都要仰賴賒賬來購買彈藥。在里特克烏看見自己在「俄國革命的旗幟」下，朝向「嶄新生活方式、公正生活」邁進的那幾年，就在一大片飄蕩浮冰之遙的白令人則希望能有個不同的未來。[83]這個未來能看起來像他們不遠的過去，有著大筆豐厚的狐狸利潤及很少的債務。

一九三〇年代的阿拉斯加，實際上彷彿是更為古老的過去：一個卡路里會從冰層溜走，或者根本就不曾來到的過去。在狐狸為數甚多的幾十年裡，無論毛皮的價格如何，在甘伯爾、威爾斯和希望岬的人們都會吃海象和海豹，不僅是認為牠們很美味，也相信不去獵捕等於是種怠慢，會違背了一種互惠關係。要是拋棄了這種關係，就會迫使海象「回到同伴身邊，報告牠們遭受了如何待遇」。[84]但是在一九三〇年代，以及到了一九四〇年代，跟蹤在冰面下唱歌的海象和髯海豹，也再次成為一種必要，比起那些透過金錢來斡旋的人類需求，這些生物顯得穩定得多。

而海象也能帶來一些小小的利潤，美國內政部在大蕭條時期熱衷於「發展印第安原住民的藝術及手工藝」，來支援「印地安部落的經濟福利」，成為尤皮克人和伊努皮亞特人海象牙雕刻家的經銷商。狗及北極熊的雕像在安克拉治、西雅圖及其周邊地區特別暢銷。[85]在第二次世界大戰期間，雕像的需求量更是有增無減。提烏拉納就像其他許多會講英語的白令人一樣，都被徵召入伍。在這些人的家鄉，很可能都是由經驗不足的獵人負責開槍，但沒辦法帶回他們的獵物。在珍珠港事件及日本人登陸阿留申群島（Aleutian Islands）之後，有三十萬名外來者來到阿拉斯加。軍方讓租借法案飛機從諾姆飛離，*並在斯福夸克（他們稱之為聖勞倫斯島）建造軍事設施。軍隊進口了許多東西：酒精、公然種族隔離、成噸的混凝土、鍍錫基礎設施——以及對海象的需求。軍隊所到之處，就會出現迅速暴增的「雕刻和未雕刻海象牙」的市場。[86]隨著新利潤而來的，便是無頭海象被沖上白令地區海岸的謠言，以及無聊的士兵會從飛機上射殺海象群的報導。[87]

因為擔心會再次造成海象的滅絕，美國國會在一九四一年通過了新的立法。就跟以前一樣，只

＊ 編按：原文為 lend-lease planes，美國在二次大戰初期通過《租借法案》（Lend-Lease Act），開始向盟友提供軍事物資。在這段期間，總共約有八千架租借給蘇聯的飛機經過諾姆，飛往俄羅斯的前線。

有阿拉斯加原住民能進行狩獵；為了取得象牙而殺害海象是違法的，出售未經加工的象牙也是。[88]但在新的法律中，國家會保護雕刻象牙的銷售，這是印第安事務局希望的讓步，試著保護加工象牙市場的利潤，這門生意到了一九四五年價值高達十萬美元。[89]美國內政部也同樣想確保能獵捕更多的海象。不過，魚類和野生動物管理局（Fish and Wildlife Service）的官員認為，一九四一年的法律還是刺激了過度捕獵，他們寫信給白令地區的教師，建議「用長矛來捕殺他們一年的（海象）供應量」，而不是使用槍枝，就能減少獵捕量。[90]他們的靈感來自於一篇在當時已有二十年歷史的文章，內容是關於楚克奇人在伊瓊的實務做法。

在距離伊瓊不遠處，來自諾姆的租借法案飛機降落在伊格威基諾特和馬可夫（Markovo），為紅軍帶來卡車零件、醫療用品及其他援助。正如葉戈羅夫（N. A. Egorov）在一九四一年德國入侵蘇聯後不久所寫道，有支軍隊因為「脂肪供給不足」而苦不堪言。[91]葉戈羅夫指揮著蘇聯捕鯨船隊，在海洋中看到了大量尚未運用的脂肪，不只是鯨魚，還有海象。葉戈羅夫更相信，海象油的產量能夠翻倍成長。當楚克奇人未能實現那些新的計畫——一九四二年，海象捕殺數量還不到目標的一半——責任就被歸咎在技術問題上。[92]有座集體農場報告道，他們的馬達「本來就不是設計來應付重負載的連續操作」，而且還暴露在「雨水及濕氣下，更別提東北海域經常會發生暴風雨」。[93]但是計畫的願景依然存在。在努力達到目標的過程中，即使缺少合適的馬達，大部分的彈藥和汽油也都被分配到前線，戰爭期間仍有一萬六千多隻海象被記錄到集體農場的帳簿上。到了一九四五年，白令地區的海象數量減少到只剩下六萬隻。

＊

一九四八年，來自美國小迪奧米德島的十七名伊努皮亞特人，乘著他們的小艇來到距離兩英里半的蘇聯大迪奧米德島。這不是什麼冰上的漂流意外，而是一次有計畫性的到訪。每個人都要在幾個月前向蘇聯政府提出申請，取得跨越邊界的許可。[94]但是，這支隊伍出發的那個夏天，正好碰上柏林空運（Berlin airlift）事件。當他們坐在裝滿食物的小艇上時，並不知道彼此的國家為了對抗共同敵人所組成的聯盟已經結束。蘇聯巡邏隊逮捕了美國小迪奧米德島的居民。經過幾週的拘留之後，他們最後被釋放，並勒令永遠不許回來。

冷戰讓邊界和同化的需求成為一種存在主義生存的問題。美國看向蘇聯，看到的是個毫無市場可言的不自然國家，在領導人極權主義和核武統治下呈現僵化狀態。蘇聯看向美國，看到的是個長期有著入侵習慣的國家，以商業名義致力於種種不道德的掠奪，現在則是靠著一顆原子彈。他們之間只有一條水路相隔，在一整年之中有一半時間，幾乎就像是陸地一樣。在洲際彈道飛彈發展之前，白令地區的海岸可說是發動入侵或空襲都相當合乎邏輯的地點。蘇聯當局封鎖了大迪奧米德島的村莊，迫使居民遷徙到大陸。[95]尤利・普赫魯克（Yuri Pukhlouk）回憶道，紅軍在阿凡（Avan）部署重型砲火，「我們被帶離那裡，所以不會去打擾到它」。[96]在海峽對岸，軍方的設施轉移到了諾姆和威爾斯，為了讓阿拉斯加成為一個「得以在未來搖控戰爭中，抗衡任何北半球侵略國家的堅固基地及主要發射地點」。[97]白令人需要成為美國人或蘇聯人，因為正如某位美國官員所說：「愛斯基摩人……是唯一能在北極生活的人，而北極現在正成為這兩個政府的邊防。」[98]

但白令人是否有足夠的愛國心來抵禦社會主義的影響？埃德加・胡佛（J. Edgar Hoover）曾擔心「愛斯基摩人」不是忠誠的美國人。[99]在冷戰期間，身為美國人就代表著成為資本主義者，而作為資本主義者就需要讓大自然變得有價值，並成為受僱勞工、業主，或是小農。能擺脫聯邦救濟金而獨立，在意識形態和實際層面是都很重要。[100]因此，許多聯邦教師，甚至是在一九五〇年代之前，對於在市場上獵捕「大量海象」並沒有抱持著異議，「因為海象構成了這些（原住民）族群生計的很大一部分」。[101]傳教士班尼迪克・拉福托（Benedict Lafortune）寫道：「若不是因為這個（象牙）的緣故，所有國王島島民都得接受救濟。海豹給了他們食物和燃料，海象給了他們衣服、彈藥和舷外馬達等等。」[102]印第安事務局的船隻「北星」號（Noth Star）向村裡的商店供應貨物，然後購買雕刻的海象牙及一些狐狸毛皮。為了利潤而殺害海象是一種理性行為，因為利潤能使尤皮克人和伊努皮亞特人在經濟上得到自由，而經濟上的自由是人類的理想狀態。另一種選擇則是看似如同社會主義一般，前去仰賴聯邦的援助。

然而，生物調查局及一九五九年之後的阿拉斯加魚類和野生動物管理局，卻不認為伊努皮亞特人及尤皮克人的狩獵是理性的。他們在利用海象資源方面的看法，更接近於布恩和克羅克特俱樂部的觀點，而非印第安事務局期望的自給自足。正如某份報告所表示，海象深受「愛斯基摩人的粗心行為」和內政部鼓勵下的象牙銷售計畫之苦。[103]印第安民事務局及魚類和野生動物管理局都陷入了一項共同的難題：只有現存的海象才能幫助同化；同化則需要市場參與；而市場參與需要太多的海象。這些矛盾都表現在不斷變化的國家規則中——海象牙是否需要特殊加註？海象的捕殺是否要有限制？在哪裡可以出售象牙？——這讓尤皮克人和伊努皮亞特人在國家要求他們加入的同時，受到了參與商業活動而來的懲罰。

然後是學校，這裡也有很多不協調的地方。娜帕克會去上學，是因為她父親希望她去。識字是有用的。在一九二〇年代，也或多或少是種自主選擇：孩子們會在待在捕獵營地之間的幾個月，去當地的日間學校學習。但聯邦在一九三〇年代擴大了影響力，在一九四〇年代則特別與軍事基礎設施有關。威廉・伊格亞魯克・漢斯利（William Iggiagruk Hensley）離開他的父母搬到柯策布，「要夠穩定去上學，這樣當局就不會管我」。他還記得學校宿舍很溫馨，但當他說伊努皮亞特語的時候，老師就會打他的指關節，傳達出「我們的語言是次等的訊息」。[104]他和許多學生一樣，在八年級後不得不離開白令地區，前往阿拉斯加南部，或是奧勒岡州和加州的印第安事務局寄宿學校。即使家長和孩子們都希望有著這段的旅程，但這是一種斷裂（rupture）。白令人的生活經驗已經被縮減到只存在於夏天期間，而非一整年的漫長體驗；白令人的語言更成為在強加而來的英語中，努力生存的詞彙。白令人的父母被機構的專斷粗暴所取代，而且這也通常是種虐待。

就像打獵規則一樣，教育也讓外來者對白令地區的看法變得無可避免，甚至對那些從未離開過的人也是如此。一九五九年，政府關閉了國王島的學校。家長們記得印第安事務局曾經威脅，如果他們的孩子不在諾姆待上一學年，就要把孩子都帶走。在接下來十年裡，提烏拉納看著他的族群逐漸遠離自己學習打獵的地方——那個他仍然持續打獵的地方，即使在服役期間截去了一條腿——直到他自己也不得不離開為止。要怎麼留下？為了跟自己的孩子在一起，為了養育一個未來，家長們不得不放棄自己長久以來所待的家園，國王島的伊努皮亞特詩人喬安・凱恩（Joan Naviyuk Kane）在二〇一八年寫道：「這些地方曾孕育出高度具體且能夠傳遞知識的方言、故事、舞蹈和歌曲，對於群體和智慧的存續都是絕對需要的存在。」[105]

身為一個老人，提烏拉納也回想起國家帶來的矛盾。他回憶道：「一方面，我們被告知必須去上學才能謀生、有更多的收入，口袋裡的現金能為自己買更好的東西。」這些全都代表著要接受更多的教育。「但是當我們去上學，我們就失去了自己的文化。」至於「我們從本土文化中所獲得的唯一收入，便是供我們家庭維生的食物。用本土的方式來說，一切都是大自然給予的。……即使是現代社會，也無法與大自然母親相比。」[106]就提烏拉納的話，以及整個白令海岸而言，問題就在於奠基在利潤上的同化和仰賴將活物變成死物來賺取的利潤，兩者之間的不協調。把太多物種轉化成商品，消費量就會超過繁衍的數量。因此，有些規定，像是每年的配額及限制都是反覆多變的。但資本主義的理想是超越死亡——每年都要有更多的消費！更多的利潤！成長便是對抗有限生命的咒語。在冷戰時期當個美國人，便是去尋求這種理想。當個白令人也是為了要面對這種理想的不可能，因為如此多的成長都是建立在加速的熵值（entropy）上。

＊

當個蘇聯人則是種物質狀態。這種狀態與住在獸皮帳篷裡，甚至裡面有個燈泡之間是對立的。這代表在一九五〇年代初期的時候，並不是像里特克烏小時候那樣，在不同時間之間旅行，而是生活在同樣一個未來裡。在那個未來，里特克烏是列寧格勒大學（Leningrad University）的畢業生，並在一九五三年發表他的第一本短篇小說《來自我們海邊的人》（*People from Our Shore*）。故事的開頭是一個在非常像烏倫的村莊裡面生活的楚克奇家庭，試著在他們的「雅蘭加」上安裝玻璃窗，而那裡的集體農場管理員「在他的『說話頁』（老人們用來稱呼任何有寫著東西的紙）中記錄了一切」。[107]

同年，史達林離世。一九五六年，尼基塔・赫魯雪夫（Nikita Khrushchev）發誓要將史達林的幽靈趕出蘇聯，並加快進步的速度。一系列的共產黨政令，命令要打造新的住屋、文化中心、學校、集體化機械、醫院及道路。整個楚克奇，共產主義都在建設當中。但往往建設得相當緩慢，有位黨員就寫道：「在一九五四年所計畫的建築中，只有四處房產完工。」[108]但對於推動者來說，這就是一種啟蒙終於來到了北方的象徵。里特克烏寫道，即使是有窗戶的「雅蘭加」，「也不能滿足當今人類的需要」，因為沒地方放張桌子來閱讀和寫作，並保存寫成說話頁的統計表。[109]

成為蘇聯人就是住在現代公寓大樓裡，大樓之間有路，大樓裡面有水，大樓整齊矗立在學校和醫院周圍。赫魯雪夫改革的建築師認為散落在沿海地區的一連串小村莊和營地，這種分散的定居形態並不合理，他們希望人們都搬到城裡去。藉著搬遷來成為蘇聯人卻都不是出於自願。蘇聯政府沒有公開談論安全問題，也沒有談論到意識形態上的忠誠，但是他們首先遷移了那些最接近美國的人。[110]來自大迪奧米德島的伊努皮亞特人先被送到了諾坎。而諾坎則在一九五〇年代關閉，當地居民搬到了拉夫倫提亞（Lavrentiya）、皮納庫爾（Pinakul'）和努尼亞莫（Nunyamo）。後來皮納庫爾和努尼亞莫也被關閉。查普林諾的人被遷往新查普林諾（Novo Chaplino）。從一九三七年到一九五五年，楚克奇沿海有人居住的村莊數量，便從九十個下降到十三個。

第一個五年計畫的承諾，也就是讓每個人都生活在同一個時間裡，終於成為現實。里特克烏慶祝著這些變化，他寫道：「楚克奇的人民與整個國家一起走過了一條艱難的道路……他們已經從黑暗中走到了光明。」[111]其他沿海人民就沒有那麼歡欣鼓舞。妮娜・亞庫肯（Nina Akuken）離開諾坎時「一整個路上都在哭」，也沒有到「墳墓前拜別」埋在地下的祖先。她的新村莊裡充滿了「未完工的房子」。[112]在查普林諾，居民們離開得如此之快，甚至他們棄置的火堆上還煮著一鍋湯。佛拉迪米爾・塔奇圖卡克（Vladimir Tagitutkak）回憶道，「一切都不盡如人意」，因為「我不再打獵了」。[113]就像很多被國家遷徙而來的人一樣，他現在從事著建築方面的工作。

衰退也同樣有個經濟上的結局。赫魯雪夫的「合併政策」（ukreplenie）將小型集體農場合併成大型集體農場或國營農場。在那裡，計畫和產品被國家更徹底來控制。在史達林去世後的八年裡，楚克奇集體農場的數量從四十六個縮減到二十六個。[114]新農場的組織模仿了工業化的工廠；金屬小艇的小組仍然在獵殺海象和海豹，但更多的漁獲來自外來者所駕駛的船隻，他們能在遠離陸地的地方進行大規模的獵殺。海象仍然以集體化方式進行屠宰和分配，但有更多的漁獲會在機械化的鯨脂提煉廠裡進行加工。[115]工人們把剩下的肌肉和內臟從希倫尼基（Sireniki）的工廠拉到狐狸養殖場。在裝滿籠子的長棚裡，狐狸整年被餵食「新鮮海洋哺乳動物和維生素飼料」。[116]這種封閉性是燃料的產物：汽艇用的汽油能到達有海象和海豹的地方，煤炭供給了發電廠和航海的船隻，柴油則運轉了煉油廠的大桶，至於進口的能量則製造了能量。

在一九五〇年代的某幾年裡，合併政策運作得不錯。狐狸養殖場的數量從單一繁殖業務成長到十年後的十九項業務；並從野生狐狸數量起起伏伏的趨勢中解放出來，狐狸的生產先是變得穩定，接著是成長到每年有著成千上萬張皮毛。至於海象儘管試著逃跑——「出現第一聲槍響時」，那些「母海象和小海象」就從海冰上潛下去——但是光在一九五五年，船隻和小艇的大隊就捕獲了超過五千隻海象。[117]這是個「超過了年度生產計畫的史塔哈諾夫式（Stakhanovite）工作實踐」的例子，這是以亞列克榭・史塔哈諾夫（Alexei Stakhanov）來命名，因為他在一九三五年開採了超過每日配額十四倍的煤炭量，藉此證明自己是理想的社會主義工人。[118]沿海地區相等同的工作就是屠宰或剝皮；有愈多的動物化為油脂和皮革，就愈能證明從事「傳統職業」的人，正如里特克烏所說，是「國家用來建設社會主義經濟的其中一部分組成零件」。[119]

這些貢獻不僅體現在石油和皮革上，也展現在藝術上。里特克烏開始書寫社會主義進入楚克奇的故事。在烏倫，有個象牙雕刻家的集體農場在海象牙上，刻下了關於巨人及行走鯨魚的古老傳說，以及布爾什維克將社會主義帶入北方的新傳說。一幅在填充海豹皮上的列寧雕刻肖像，在莫斯科受到了極大歡迎，讓烏倫避免了關閉的命運。[120]在這幅雕刻肖像中，就跟其他許多作品一樣，蘇聯就如同字面上的意思，被畫在資本主義世界的前方。歷史在雕刻的象牙上轉動，就像在漫畫裡的畫格；過去與美國人的貿易在蘇聯人插上國旗的畫面中結束，然後填滿直升機、澡堂和紅軍禮炮的新畫框就浮現眼前。社會主義是個全然不同的空間，一個超越時間，隔絕於海峽其他地方之外的空間。

只是海象並不認可這種邊界。在白令海，有些海象主要生活在蘇聯領海；有些則生活在美國領海；有些則乘著浮冰在兩者之間來回穿梭。牠們的生活方式正好抵制了圈地限制。一九五〇年代，出於對海象數量銳減的擔憂，甘伯爾的獵人通過了一項比國家規定更嚴格的地方條例。[121]然而，正如某位尤皮克人所表示，海象數量減少的原因很明顯：「看起來是我們在為俄羅斯人拯救海象。」[122]現在太平洋海象的數量不到五萬隻。[123]

IV

在整個遷徙過程中，海象將營養物質攪動到水柱裡，特別是氮能促使光合生物大量繁殖，進而養活魷魚、蛤蜊、小魚和管蟲。[124]要是少了海象，數十種小型生物的生產力就會隨之鬆懈。

蘇聯於海岸的計畫在赫魯雪夫改革下，一度有著豐收榮景，只是僅僅幾年之後就走下坡了。蘇聯的海洋生物學家，從一九三〇年代便開始計算每一隻被拖進集體農場的海象，現在他們所調查的冰面明顯變得空白。這沒有什麼明顯的技術原因；大家都在集體農場裡，而集體農場都擁有小艇和煉油廠。然而，生物學家克萊寧伯格（S.E. Kleinenberg）寫道，到了一九五四年，「楚克奇半島先前三十三個沿海駐紮地」只剩下三個。[125]科學院（Academy of Sciences）向蘇聯委員會（Council of

Soviets）報告的結果，就是「海象的數量大大減少，對於楚克奇人和愛斯基摩人這些當地原住民的人口來說，造成了非常痛苦的影響。」[126]

海象已經不再遵從社會主義生產的願景，也就是馬克思所指出，當人類讓世界完全屈服，服務自己從物質欲望解放的自由時，便會到來的烏托邦。蘇聯的實踐將解放人民與增加生產量混為一談，而不論產品是否真有其需要。在苔原、公海和楚克奇山脈下，蘇聯制度決策者繼續預測馴鹿會無止盡地增加，鯨魚會不斷擴大繁殖，礦場會以更快的速度吐出礦石。一般來說，生產力下降便暗示著撤退。但即使有船和化石燃料，尤皮克人和楚克奇人的社群仍然被隔絕在海象所提供的「必要食物和家庭用品」之外。[127]從十月到差不多隔年七月之間，冰切斷了大部分的外來能量。沒有海象的楚克奇人很有可能會再次陷入飢餓之中。

飢餓並不是蘇聯在一九五〇年代應該有的樣子。此外，赫魯雪夫希望蘇聯不只是在工廠和導彈方面，而且在國際啟蒙方面都能領導世界。依據自然保護委員會（Commission on Nature Protection）某份報告的解釋，「資本主義國家和殖民地國家」都經歷過「在他們意識到必須要保護自然資源之前……自然資源就已經走向極端又不可逆轉的減少了。蘇聯不能也不應該重蹈覆轍」。[128]在國際自然保護聯盟（International Union for the Protection of Nature）一九五四年的會議上，曾將蘇聯代表和美國保育生物專家聚在一起，在嘗試協調現代主義的生產需求和海象復育方面，至今已歷經半個世紀的努力。[129]蘇聯人，就跟美國人一樣，認為回到過去古老、伊瓊式的限捕方式，將有助於海象繁殖。其中有位代表報告道，實行這種做法有著「高度的迫切性，不僅在國內，在國際上都很重要」。[130]在提到蘇聯近年的捕殺比例時，克萊寧伯格指出商業捕獵是如何將海象群帶往「災難般的處境」，而在蘇聯，海象卻能「以較多的數量保存下來」。[131]一九三〇年代的社會主義需要更多的產量來超越資本主義世界；在一九五〇年代，同時也牽涉到相對更聰明的生產方式，才能跳脫出市場的錯誤。

一九五六年，在俄國科學院生物學家的敦促之下，俄羅斯蘇維埃聯邦社會主義共和國（Russian Soviet Federative Socialist Republic）的蘇聯部長們通過了一項法令，禁止在海上進行工業海象捕獵——即使鯨魚、狐狸、馴鹿、錫和黃金的計畫仍然不斷成長增加。尤皮克人和楚克奇人的集體農場只能捕殺海象作為食物，象牙也只能用在他們的雕刻工坊。其他組織禁止「購買脂肪和皮革」，同樣也禁止殺害哺乳期的母海象。[132]灰鯨取代了海象成為狐狸的飼料。而這些規定花了幾年時間，才從莫斯科的理想變成了楚克奇的現實，但是到了一九六〇年代，每年大約只有一千隻海象在楚克奇被捕殺。[133]蘇聯那種總是要生產更多的實踐做法，已經被無需消耗太多的事實給吞沒了。

*

市場和計畫都試著要加快時間：提高人們消費東西的速度來造就成長，或是過度擴充計畫，想更快地去實現未來。無論是資本主義時間，還是社會主義時間，都不適合海象的生活週期。但在岸上，這兩種經濟體都能改變自己的節奏，並在各自帶來衝擊後的幾十年內，學會了如何抑制市場和集體制度的胃口。[134]一九七二年，兩國在《環境保護協議》（Environmental Protection Agreement）

中，就海象生物學方面，正式確立了類似的協商內容。這份協議將擴大人類使用的這個選項排除在外，根據其他價值來管理海象，把獵捕限制在當地人生存所需的範圍內。這點讓漂浮海岸成為一個獨立的空間，不受市場需求波動及計畫指數式增長的影響。而國家之所以這做，用意是為了保護那些國家認為仍然會持續生活在白令地區海岸的少數人生計。主權仰賴著海象的能量，而海象則仰賴著那些希望能將自己的意識形態普世化的主權國家的保護。在一個雙方對待鯨魚、狐狸、北美馴鹿和狼的方式都大相徑庭的行動中，兩國政府都遷就海象是什麼的本質：一種會遷徙的動物，一種速度不快但會持續將能量從海洋轉移到新肉身裡的動物。在北極地區，恆常不變並不及狐狸生命的速度。

對白令人來說，海象相關的立法讓國家保有存在感：計算捕殺數量，防止為了象牙而狩獵，並持續宣揚著一種矛盾，即成長中的市場或計畫會讓生活更美好，但同時在這方面限縮了海象的可能性。對於海象來說，法規把時間還給了牠們。每年有幾千隻海象死於人類獵人之手，這是符合白令地區長久歷史常態的數字——在海象成為計畫或盈虧的一部分之前——讓海象群能恢復到將近一整個世紀屠殺之前的數量。一九八一年，海象數量仍然足夠讓蘇聯的計畫擴大到每年五千隻，這也讓一位尤皮克女性抱怨道，她所在的集體農場為了飼養狐狸而獵殺成年和幼小的海象，這是「不該做」的事，會「破壞我們文化的精神基礎」。[135]一年後，生物學家發現，海象變得很瘦，甚至是挨餓，並在絕望中表現得很像北極狐：會去撿拾海豹肉來吃，而作為海象平常獵物的軟體動物，則被壯大的海象群咬到只剩下泥巴。[136]消費超過初級生產量的行為，並非是人類獨有的特色。

＊

在甘伯爾，旅客下榻的小屋牆上掛著一封裱好的信：育空的長老（presbytery）向村裡的人致歉。信中對於「未能理解甘伯爾人希望我們能知道的事」、造成尤皮克語的喪失，貶低尤皮克舞蹈的價值，以及混淆尤皮克人在「世界中的身分認同」，都表示了懺悔。旁邊有狐狸毛皮手套和帽子的廣告，以及印有當年海象狩獵規定的海報。捕獵是為了生存；海象牙也只有雕刻過的才能出售。這些雕刻品仍然是甘伯爾為數不多的賺錢方式之一；在阿拉斯加，成長已經轉移到遙遠的石油邊疆。

小屋外面是遍地黑色石頭的海灘，偶爾會有累積幾個世代、曾經作為食物的白色海象脊椎骸骨點綴其中。在西北方向，在跨越海面和國際換日線的另一頭，可以看到位在查普林諾廢棄村莊上的山丘。但人們不會乘船過境。這條邊界就像限制獵殺俄羅斯海象的法律一樣，比蘇聯時期還要長。秋天，海峽兩岸的人們看著海冰形成一道新的漂浮海岸，有著海象會來這裡呼吸空氣的全新冰間航道，也有著狐狸會到這裡等待的嶄新結晶冰脊。每年都是特別又短暫的；所有的改變轉化都是一種損失。

資本主義和共產主義的本能都會去無視損失，並認為變化會帶來改善，再用擴大消費來掩蓋死亡。這種現代主義的觀點總是望向遠方：從現在為起點，每個人都躍進了一個遙遠的世界，充滿自由與富足的未來之地。因此，現在必須加速才能到達那個遙遠的國家。速度被量化為能夠轉化成銷售或國家的物質價值之事物。存在於兩者之間的事物，是生活在潮汐與風不斷變動合奏裡的生命擁有的混亂，以及遺落在焦點之外的生態複雜性中從未固定的特徵。這些意識形態的習慣，讓人很難去思考關於人類和非人類兩者世世代代的問題。但是，正如海象所顯示，這也並非是不可能的事。

第三部

陸地

一八八〇年至一九七〇年

時間是沉默宇宙的肉身。

約瑟夫．布洛斯基，《序言四：冬天》（Joseph Brodsky, *Eclogue IV: Winter*）

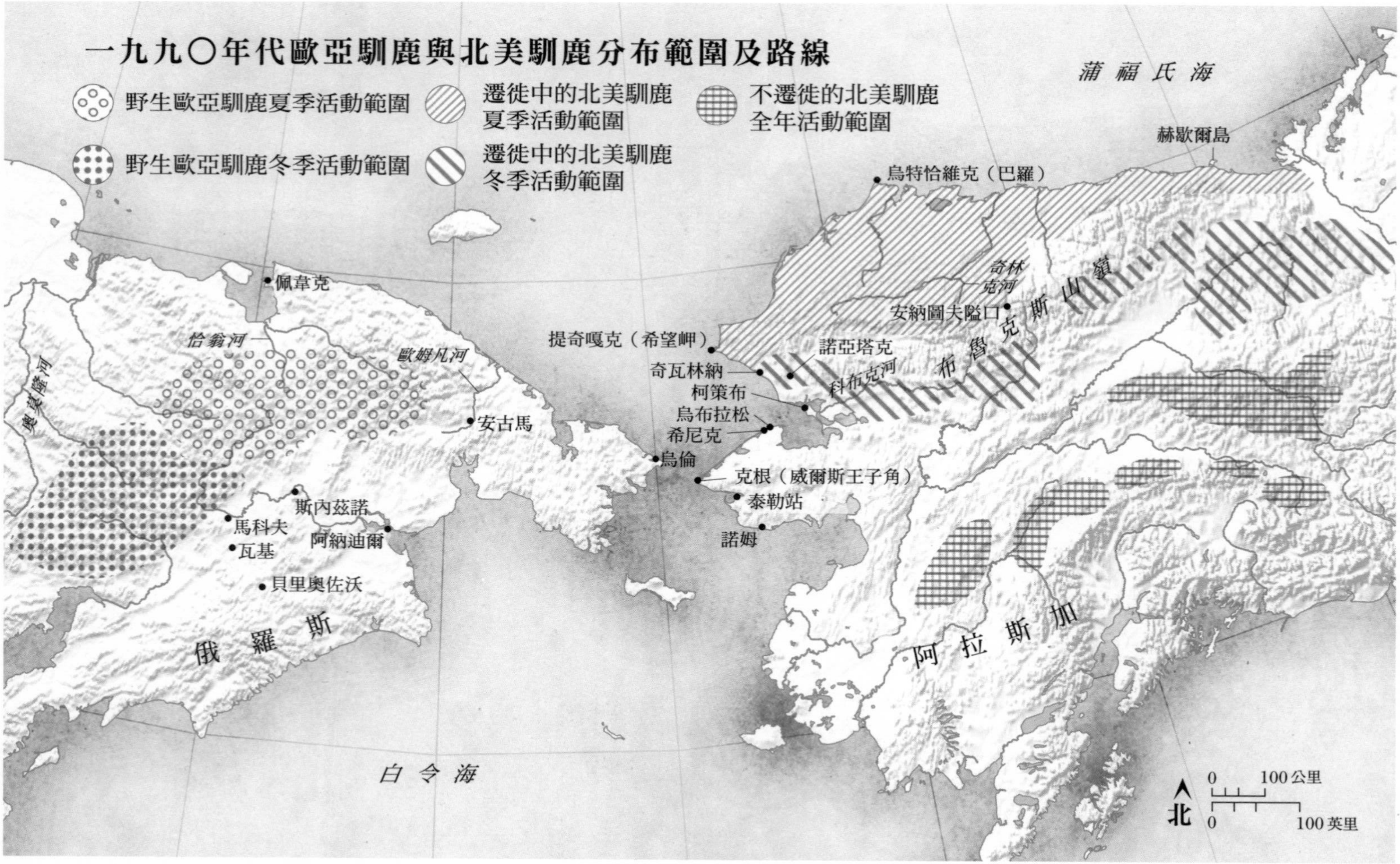
一九九〇年代歐亞馴鹿與北美馴鹿分布範圍及路線
野生歐亞馴鹿夏季活動範圍
野生歐亞馴鹿冬季活動範圍
遷徙中的北美馴鹿夏季活動範圍
遷徙中的北美馴鹿冬季活動範圍
不遷徙的北美馴鹿全年活動範圍
蒲福氏海
赫歇爾島
烏特恰維克（巴羅）
奇林克河
安納圖夫隘口
布魯克斯山嶺
諾亞塔克
科布克河
提奇嘎克（希望岬）
奇瓦林納
柯策布
烏布拉松
希尼克
烏倫
克根（威爾斯王子角）
泰勒站
諾姆
阿拉斯加
佩韋克
恰翁河
歐姆凡河
安古馬
奧莫隆河
斯內茲諾
馬科夫
阿納迪爾
瓦基
貝里奧佐沃
俄羅斯
白令海
北
0
100公里
0
100英里

第五章　移動苔原

在亞洲和北美洲北部邊緣，陸地從海洋滾入內陸。腳下的白令地區是片由灰炭泥濘、覆蓋冰雪的沼澤地、滿是灌木的高原及遍布地衣的岩石組合而成的面貌。在苔原的南部邊緣，逐漸形成針葉林的地方，則有足夠的陽光和土壤來孕育黑雲杉和白樺。向北移動，穹蒼在遙望不見森林的視野中降下。夏季長度只夠柳樹每年生長幾百分之一英寸。[1]白令地區不是個植物能輕易獲取陽光來生長組織的地方。然而在地衣和苔蘚、莎草和青草中都有被固定住的熱量。這些被截斷的綠色東西是地球上某些最大草食動物的生命之源，例如：數十萬隻馴鹿（*Rangifer tarandus*）——牠們體型龐大，鼻子很長，但很有氣勢，牠們在歐亞大陸稱為 reindeer，在北美洲則稱為 caribou。苔原透過牠們的身體，養活了像人一樣大的狼。

馴鹿的生命力在於活動：牠們在出生後幾分鐘內就會走路，就算睡覺、吃飯時都會走路。春天，懷孕的北美馴鹿會從內陸的地衣植被往大海或山區高地移動。牠們來到此地，身形瘦弱、毛髮斑駁，在微風吹走夏季常見蚊子的地方分娩。公鹿及其他未懷孕的母鹿緊隨其後，尋找開闊的平原，那裡很少有狼穴，植被也很茂盛。[2]到了秋天，龐大的鹿群會分散開來，轉向冬季的牧場，牠們的鏟型蹄會在多年行走的通道上踩出將近半英尺深的路徑。移動的鹿群聽起來很有震撼力，每隻腳蹄的肌腱在骨頭上滑動，發出咔咔聲響。

幾萬年來，人類一直追隨著馴鹿遷徙的脈動，在最後一個冰河時期，到過最南邊的地方是歐洲，在拉斯科（Lascaux）洞穴岩壁上畫了衝鋒陷陣的公鹿，然後隨著冰河後退又回到北方。[3]馴鹿的身體主要有兩方面用途：距離豐饒的海洋幾百英里遠，牠們能把難以消化的植物轉化為蛋白質和脂肪，而牠們的毛皮貼身來保持溫暖。一個白令家庭每年至少需要十幾張毛皮做衣服，並需要更多的獸皮來製作雪橇、帳篷和套在狗身上的輓具。[4]狩獵便是一種符合這種需求的方式。但在西伯利亞西部，人們和歐亞馴鹿形成了另一種生活、死亡與接近彼此的方式：馴化的互惠關係。靠近人的馴鹿可以避免被狼吃掉，而靠近馴鹿的人則可以避免餓死。這種做法向東傳到楚克奇，比起任何俄羅斯帝國子民，還要早上幾百年。[5]在外來者來到白令地區之際，北美洲的人們是與野生北美馴鹿生活在一起，而楚克奇的人們則是與野生及畜養的歐亞馴鹿一起生活。

＊

在海上和岸邊，白令地區的外來者冀望著從毛皮、象牙和鯨脂上賺取財富，他們並不期待農業發展。耕種能量是一種陸地的追求目標。這點也是外來者引進的歷史理論中重要的一環；從《聖經》裡面的獵人以掃（Esau）與農民雅各（Jacob）寓言，到亞當・斯密與馬克思的預言，依照人類的農業意願來馴服動植物，將野生自然變成文化，提供一種穩定來讓人們能創造屬於自己的未來。[6]去馴養及培育，並使之成長，都是文明的基礎。

接著是白令地區的土地：太冷了，不適合種植玉米或小麥，甚至大多不適合種植馬鈴薯。馬、豬和牛都沒有飼料來源。在大多數外來者眼裡，苔原等於將其人民禁錮在一塊無法預測、寒冷的土地上，處於一種無止盡依賴的狀態。不過，還好有馴鹿：一種得以集體或私人擁有的動物，肉質鮮美，總是成群結隊地奔跑，能確保成噸的肉和皮革來源。在俄羅斯和美國政府看來，馴養鹿群也是一種社會轉型的手段。改變馴鹿與人之間的關係——作為小型農戶來私人畜養馴鹿、作為部分的傳教士教育，或是讓他們集體化進入集體農場之中——都能讓白令人成為主權願景的一部分。白令地區存在於一個分離的時代。馴鹿則把土地和人民帶入歷史之中。

I

一八六〇年代，一位名叫艾赫利（Ei'heli）的楚克奇男孩在奧莫隆河（Omolon River）畔長大，他學會環繞著父親的馴鹿群遷徙輪替，安排自己年復一年的生活。這對楚克奇人來說，是一種相對較新的模式。在十七世紀到來之前的幾十年裡，人們在半島上狩獵歐亞馴鹿。他們從通古斯人（Tungus）那裡學會如何捕捉馴鹿，並馴養牠們來拉雪橇。[7]一群群游牧家庭便開始畜養幾十隻動物，他們嚴守著避免食用牠們的原則。而野生鹿群仍然是人們衣物及食物的來源，還有其他狩獵與採集而來的生物也是。然而，隨著拉近與馴鹿的距離，有時牧鹿人會從正值哺乳期的母鹿身上擠鹿奶，裝到皮囊裡作為一種美食來分享。[8]

飲用馴鹿奶是一個緩慢變化的前奏——就跟北方許多事情一樣，都是從氣候開始的變化。十八世紀的楚克奇氣候涼爽，是適宜歐亞馴鹿生活的條件。更多母鹿會在產期孕育出小鹿，並且有更多的小鹿活下來。在接下來的五十到八十年裡，儘管畜養的馴鹿群愈來愈多，但野生馴鹿的狩獵活動仍然持續進行。楚克奇人增加了與沿海鄰居們的貿易，因為在寒冷的天氣裡，海邊漁獵的產量較低。[9]接著，將近十九世紀之交的時候，畜養馴鹿群就在潮濕的春季和疾病肆虐的夏季裡瓦解。野生馴鹿也是如此。在肉和毛皮需求的驅使下，牧鹿人開始殺死自己畜養的牲畜。即使馴鹿群再次增加，這種做法也未曾中斷。飼養馴鹿的人發現自己還剩下大量馴鹿：馴鹿群數量能在四、五個世代內，讓生活在苔原上的人口數增加四倍。[10]這樣的人數更足夠楚克奇人組織超過千人的軍隊了。

艾赫利在富足的時代中成長，是屬於馴鹿革命的孩子。這場革命的利益分配並不均。有些牧鹿人有幾百隻馴鹿；有些人只有十幾隻；有些人擁有的馴鹿數量實在太少，所以還必須為富人工作，或是去當捕獸人或貿易商，有的甚至會搬到海邊，到海上進行漁獵。百分之五至百分之十的牧鹿人，擁有整個半島一半到三分之二的家畜。[11]馴鹿帶來了名聲和權力，以及送禮和打仗的能力。女性會嫁給富有的男人，也會在這些人的財富發生變化時離開他們。艾赫利的父親亞莫庫根（Amar'wkurgin）擁有兩大群的馴鹿。到十九世紀末，艾赫利已經坐擁五群馴鹿，以及幾乎同樣多的妻子。用一位楚克奇人的話來說，那是個和平時代，「每個人都只想著收成，而且所有的部落與民族彼此融合。」[12]馴鹿如此，人也如此。

畜養馴鹿並不能讓楚克奇人從風險中解放出來。富裕的家庭很可能在幾小時、幾天或幾週的時間內變得貧窮——他們的鹿群在暴風雪中走失、受到疾病或是許多苔原上生物（其中只有少數是人類）的威脅。正如一位薩滿所說，楚克奇人被包圍了，「那些充滿敵意的神靈，祂們隱藏身形、張著大嘴在我們身邊行走」。苔原上有比人類心智更強大的蘑菇；宛如巨石般的大魚；能任意變化形狀的生物。這種生物或許會控制馴鹿群，讓牠們發狂變野，或是命令某個窮困潦倒的牧鹿人去謀殺富人。[13]夏末，當放牧的鹿群養胖，從高地或海岸附近結束放牧回到營地時，牠們一回來就會迎面碰上吵鬧的哭喊聲及一陣凌亂的鈍箭，用來驅趕任何遺留、邪惡又無形的靈魂。

在這些牧場上，艾赫利和他僱用的男人為正在分娩的母鹿遮風擋雨；將踩踏小鹿的公鹿各自分開；剔除動物感染疥瘡或腐蹄病的部位；剪掉小鹿耳朵的絨卷毛，以標記牠們為某個人的私有財產。牧鹿人用牙齒閹割年輕公鹿，用牠們當作役用動物來避開懷孕的母鹿。他們不斷移動馴鹿群。狗和人會去傾聽那些在大雪之夜到來的狼群；並且透過幾世代的努力，教會這些動物去避開某些誘捕陷阱的危險。[14]

照顧鹿群（特別是在發情期），或是牛蠅叮咬引發的獸群狂奔，都是整個營地的工作。女性會在夏季昏暗的午夜時分為丈夫放哨。年僅十歲的孩子就知道該如何套住一隻小鹿。勞動也就應運而生。初秋時分，大家從一個營地轉移到另一個營地去參加宰殺儀式，送禮、跳舞、比賽、賭博、吃著骨髓吃到油脂從他們的手肘滑落，薩滿的鼓聲會伴隨著感激歡呼的祈禱，點綴出喧鬧的氣氛。

*

十九世紀初秋，伊努皮亞特的民族同樣也很活躍。圖瓦那（Tunŋana）和齊圖恰克（Kiktuġiaq）出生在努塔阿穆特的國度，成長於布魯克斯山嶺（Brooks Range）寬闊河岸平原及崎嶇山腳下。在他們童年時期，北美馴鹿數量曾多達幾十萬隻。[15]當時所有動物都是野生的：馴化革命還未向東進入北美。楚克奇人知道畜養動物的力量，所以不會出售活的歐亞馴鹿。因此，在阿拉斯加，人們不會移動鹿群，而是主動去尋找鹿群，以及其他得以構成生命的東西：北極兔、白鯨、蛋、綠葉蔬菜、麋鹿、麝牛、雷鳥、樹根、海豹、綿羊、海象或偶爾出現的熊。多樣性及短暫性是人類在適應力方面的特色，北美馴鹿也是一樣。當圖瓦那和齊圖恰克都還小的時候，他們和媽媽一起在捕魚營地等待，在「蘇魯克帕烏加克」（sulukpaugaq，即北極茴魚）和「伊卡魯皮克」（iqalukpik，即北極紅點鮭魚）攔魚柵之間奔跑。動作最快爬上山去打獵的人，就會看到遍地鮭莓和藍莓而閃閃發亮的山坡。

殺死北美馴鹿的方法有很多種。一小群人會帶著弓箭追蹤牠們。人們會用石頭和灌木搭建漏斗形的畜欄；跑得最快的男人和女人，會將一部分鹿群引到狹窄處，在鹿群眼冒金星、陷入慌亂時來捉住牠們，或是用長矛刺死牠們。還有些人坐在獨木舟上殺死涉水的北美馴鹿。一個穿著雪鞋的強壯男人則能追捕一隻母鹿。[16]圖瓦那從小就被教導，死亡只是北美馴鹿相關勞動工作的一環：每具屍體都要剝皮，每塊肉都要切成片狀曬乾，或是裝到洗乾淨的胃袋裡帶走。大骨骨髓會先藏起來，並在收成較差的晚冬月分劈開，婦女會在熬煮骨髓時祈禱有豐富的油脂。[17]齊圖恰克則學會獸皮確切的用途：秋天捕殺的母鹿皮最適合做成大衣；帶有冬毛的公鹿皮能做成床；小鹿皮足夠柔軟來做成內衣。從前腿上剝下的薄皮，則能製成柔韌的手套和靴頭。

在一八五〇年代之前，有七個馴鹿族群在阿拉斯加西北部來回移動，總數大約有五十萬隻。[18]但即使如此，獵人也不會把豐收視為理所當然。雨水或許會將苔原轉變成一片水深及膝的泥漿。雪可能會下個不停，擾亂了遷徙活動。有些山谷裡住著人稱「依拉克」（iraaq）的野孩子，他們會把不懷好意的人玩弄至死。曾經也有一位獵人被湖中巨大怪魚給整個吞下肚。[19]而北美馴鹿，其中有些曾經是人類，會依照獵殺牠們的人之所作所為，選擇是否奉獻出自己的肉身。在走入婚姻之前的歲月，圖瓦那及齊圖恰克就知道，家族相處融洽能讓狩獵豐收；他們談到動物時必須表現得畢恭畢敬，否則獵人就會被黑雲籠罩；他們應該要在北美馴鹿死去時砍下牠的頭，這樣牠的靈魂才能回到鹿群中。[20]好人會知道北美馴鹿所重視的地景——柔軟的地衣、緩慢的河流、沒什麼熊又有強風吹拂的地方——以及牠們在人類中的價值。他們依此原則行事，因為能成功狩獵是件快樂的事。

II

當外來者的世界開始悄悄進入努塔阿穆特的國度時，圖瓦那和齊圖恰克正值學會這些事物的年紀。[21]沿海地區向內陸傳來了鋼製陷阱和槍支、鐵鍋和酒精，捕鯨人為了北美馴鹿和獸皮風雪大衣前來貿易。同樣，內陸也傳進了疾病：「夸維克斯如特」（qaviqsirut）大爆發，即是紅色疾病——麻疹。[22]或者，疾病是伴隨著其他民族而來，那些人飢腸轆轆地穿過科布克河（Kobuk River）及諾亞塔克河的支流，因為北美馴鹿已經不再經過他們秋天的苔原了。

在北極地區，馴鹿在十九世紀末開始衰退。成千上萬的鹿群有幾十種死亡原因，從狼群到飢餓，再到感染腐蹄病等等都有可能。在一八六〇年代末和一八七〇年代的阿拉斯加，沿著諾頓灣和在蘇厄德半島的狩獵活動都開始落空。在接下來十年裡，這種匱乏逐漸向北蔓延：嚴重程度不一，但影響的規模相當慘烈。[23]在一八八一年到一八八三年之間，能吃的東西幾乎是少之又少，不僅是出於商業目的去殺害的動物，還有魚和鳥都是如此。到了一九〇〇年，七大北美馴鹿群已經銳減到剩下兩個。[24]而且就像這些北美馴鹿，人們也是如此。民族之間相互爭鬥，不幸的人被捲入匱乏的漩渦中：鯨魚大半消失，海象獵殺殆盡，接著就是北美馴鹿。為了尋找食物，奇瓦利尼穆特族沿著海岸前往提奇嘎克或烏特恰維克，或是前往內陸的努塔阿穆特國度，就像納帕圖克穆特（Napaqtugmiut）及其他人數所剩不多的民族一樣。倖存者都記得人們一路上因為飢寒交迫而倒下。

這些倖存者在內陸的鹿群衰退之前，就將災難的消息傳進了努塔阿穆特。他們帶來了有關災難的理論。有人說，「安納特庫」（aŋatqut），即薩滿，偷走了鹿群。在基瓦利納（Kivalina），一位名叫伊卡克薩克（Ikaaqsaq）的人，曾經試著要說服他的人民離開日漸貧瘠的海岸，到更好的地方去；若他們不跟隨自己，他就搶去所有的北美馴鹿。其他人則描述道，是森林大火趕走了鹿群，耗盡了苔蘚及地衣。[25]還有些在沿海的人，責怪那些帶槍的捕鯨人胃口實在太大。[26]來自夸維拉克穆特（Qaviaragmiut）的歷史學家奧奎路克，他的家人就在飢荒期間從蘇厄德半島逃到賈柏鎮上的捕鯨據點，他便述說了過去曾發生過的三次災難。每次都有各自的原因：第一次是因為冬天，發生在相當久遠的世代以前；一場大洪水，是在遙遠祖先生活的年代；還有一年因為沒有了夏天陷入飢餓，他的祖父母在那年倖存下來。然而無論原因為何，災難早已不是什麼新鮮事。

解決對策也是如此。奧奎路克依循著每次災難及復原的歷史，藉此獲取知識。伊努皮亞特人首先學會了思考，接著是製造工具，然後便是擁有「安納特庫」的力量。他們也同樣學會在大災難的時期遷移。[27]當努塔阿穆特族從難民那裡聽說西南方的狩獵收成不佳，他們決定不再等到北美馴鹿數量銳減才有所行動。靜止不動就有可能代表著挨餓。一八九〇年代，努塔阿穆特族的斥候前往北方和東方，並發現了有羊、魚及其他獵物的地方。他們的家人也隨之而來。圖瓦那和齊圖恰克的長子帕內克，就出生在距離努塔阿穆特老家很遠的奇林克河（Killik River）沿岸。那時候，他們的民族已經分散於數百英里之外，一座座帳篷就在布魯克斯山嶺以北，山丘間仍有著北美馴鹿的地方來避難。

努塔阿穆特族如今居住在赫歇爾島和烏特恰維克這兩個地方。受到冬季冰封、正等待著鯨魚的新英格蘭捕鯨船隊，想要購買新鮮的肉和狐狸毛皮。造訪這些船隻成為努塔阿穆特族一整年中的一項固定活動。因此，在鯨魚和海象餵養遙遠市場的同時，北美馴鹿也為海上及沿海地區十分吃重的捕殺工作提供食物來源。商業開發手段更透過流離失所的伊努皮亞特人擴展到苔原上。多年以後，帕內克回憶起每個人有多想成為馴鹿獵人時就曾說道，「你知道的，因為這能發家致富……這就是為什麼所有的愛斯基摩人都朝那個方向邁進」。[28]在南方，在克根的村莊開始從海峽對岸的楚克奇人那裡交易來馴鹿皮。人們需要衣服；商業和氣候都讓蘇厄德半島幾乎都看不到北美馴鹿。

*

對很多美國觀察家來說，苔原從來就不是個充滿生機的地方；有位捕鯨人寫道，「陳年冰層上點綴著發黑的骸骨，這是一片全然荒涼的土地。」[29]對於不將向西部擴張視為一種偷竊，而是把閒置土地轉換到生產用途上的美國人來說，「無法穿越的雪地荒漠、廣大的矮木小徑、結凍河流、不得進入的山嶺區域」，都讓阿拉斯加看似被時間凍結，因此「完全一無是處」。[30]他們將內陸伊努皮亞特人的游牧視為貧窮的標誌，是一種匱乏，而非是適應的表現。在如此貧瘠的荒野中，人們似乎無法避免挨餓。

或者說，人們之所以挨餓，是因為阿拉斯加特有的永恆跟現代的時間有著嚴重衝突。希利在緝私局的巡邏艦「大熊」號上寫道，北美馴鹿曾經「每年造訪此地。現在卻很少看到原住民……見過或嚐過鹿肉」。[31]伊努皮亞特人將火災怪罪於閃電或薩滿，外來者則歸咎於軍火武器上。博物學家威廉・尼爾森（William Nelson）認為，步槍著實造就了「由於土著的貪得無厭而帶來了的一場馴鹿大屠殺」。[32]布恩和克羅克特俱樂部的休閒獵人則究責於「原住民實行的無區別屠殺」。[33]希利的看法較為寬容，他認為「鹿的性情膽小」而難免會躲開槍支，但是相當驚訝伊努皮亞特人會射殺幼鹿及母鹿。[34]至於阿拉斯加第一任州教育廳長謝爾頓・傑克森（Sheldon Jackson）倒有另一套理論：飢餓是種不道德市場的結果。他向國會報告海象幾乎絕跡，只因為「商業市場需要更多的象牙」。只是為了取得鯨脂，鯨魚就得「犧牲」，而現在步槍更「殺死並嚇跑了」北美馴鹿。[35]

無論原因是什麼——貧瘠、落後、落後市場造成的貧瘠——外來者得出了結論，苔原需要接受開墾來脫離無用的狀態，將人們從貧困之中拯救出來。最有影響力的解救計畫，便是出自謝爾頓・傑克森之手。他的身材矮小、面容憔悴，所以無法到海外傳教，但他在成年後還是成為了喬克托族（Choctaw）中的一名傳教士。到了一八八五年，他成為阿拉斯加的州教育廳長，秉持美國南北戰爭後流行的承諾，透過基督教教育和市場生產來實現原住民的同化。[36]在謝爾頓・傑克森看來，自己的任務「不僅是要教人讀書、寫字和算術，還要教人如何生活得更好，如何為了生活得更好而賺更多的錢，以及如何為了賺更多的錢而利用國家的資源」。[37]在阿拉斯加，這樣還需要一些東西來「讓大片原本毫無價值的土地變得有價值」，並且「把一個野蠻的民族……提升到富裕的自給自足和文明的程度。」[38]

一八九〇年，謝爾頓・傑克森在海峽另一側的俄羅斯，找到了他的解決方案，當時他與希利船長一同航行至此地。緝私局曾下令到尤皮克人和楚克奇人中發送禮物，作為美國善意的象徵。在沿海港口，傑克森遇到了一群來自內陸的楚克奇人，他形容這些人「身材高大、健壯、肌肉結實、吃得好」，甚至是「半文明化的」。[39]根據謝爾頓・傑克森的推測，他們的活力都來自於畜養的歐亞馴鹿。他就向國會提出了進口畜養牲畜的想法。大型獵物已經走上了野牛的命運。海洋不可能像鱒魚溪流那樣放養復育。北美馴鹿是野生的，而且與不道德的槍支和蘭姆酒貿易商經營的黑市有所關連。但是已接受馴養的歐亞馴鹿是種人類得以擁有的物品。謝爾頓・傑克森就跟那些讀過他的國會報告的人一樣，了解進步會是生產提供的一種功用；如果阿拉斯加要成為美國，狩獵和採集就必須為了農業或工業的存在而讓步。私有財產便是農業和工業的基礎。史密斯森（Smithsonian）*的博物學家查爾斯・湯森（Charles Townsend）寫道，擁有馴鹿會將「一個野生民族推向農業或畜牧」，為他們提供「邁向進步的第一步」。[40]

馴鹿解決了阿拉斯加土地貧瘠及居民落後的問題，也提供了美國印第安政策的救贖。聯邦官僚機構第一批的組織架構——法院、學校、採礦法——就隨著《一八八四年組織法案》（1884 Organic Act）來到了阿拉斯加，幾年之後，海倫・傑克森（Helen Hunt Jackson）出版了《百年恥辱》（*A Century of Dishonor*），其中羅列了聯邦在道德和實務上的失敗，讓「我們這些人忍受……仍然是野蠻、未開化的人」。[41]這本書讓國會和傳教士對條約和保護區感到不滿，認為這些都是造就依賴和貧窮的政策。謝爾頓・傑克森希望能在阿拉斯加避免這樣的錯誤，因此採用政府資助運作的傳教士學校作為保護區的替代方案，並利用馴鹿來當作市場運作的教學示範。一旦白令人了解歐亞馴鹿的價值所在，就會晉升為馴鹿所有人，能填滿白人不樂見的空白空間，讓土地變得充實，同時取得「文明、創造財富的美國公民地位」。[42]謝爾頓・傑克森的理想是消除歧異，同時還有懺悔。湯森寫道：「依我們對這些人的管理，我們就有機會在某種程度上彌補將近一世紀以來，印第安人蒙受的恥辱待遇。」[43]將最後一塊邊疆從悲慘處境拯救出來，就等於從殘酷的歷史中挽救美國第一塊邊疆和其子子孫孫。

*

這種救贖是從位在克拉倫斯港北緣，那片被風颳得赤紅光禿的山丘下，滿是岩石的岬角開始，旁邊還有一條捕鯨人長久以來汲取淡水的小溪。謝爾頓・傑克森用他在國會的盟友亨利・泰勒（Henry Teller）的名字，為這批最初的帆布帳篷和會有冷風吹入的小屋來命名，叫作泰勒站（Teller Station）。在一八九三年，謝爾頓・傑克森並沒有太多這樣的盟友。國會拒絕了他針對歐亞馴鹿資金的第一次提案。他花了兩年時間才從教會團體募集到資金，並得到沙皇亞歷山大三世的許可，從俄國進口畜養的歐亞馴鹿，然後說服幾個楚克奇人違反傳統，賣掉他們的牲畜，再僱用幾個願意搬到阿拉斯加的楚克奇人當作指導員，最後用吊索把一百七十一隻馴鹿載到「大熊」號上。在七月四日月黑風高的晚上，這批馴鹿瑟瑟發抖、傷痕累累，終於踏上了這片有著熟悉植被的北美苔原。

歐亞馴鹿走到了伊努皮亞特人的土地上。對於這片土地的子民來說，這些馴鹿必須證明自己的用途價值。在幾十年沒有北美馴鹿的情況下，蘇厄德半島的伊努皮亞特民族從海峽對岸購買毛皮，用勞動力換取麵粉，去捕抓魚、海豹、海象、鳥類和白鯨。[44]歐亞馴鹿並非眼前危機的救贖，因為這樣的危機早已發生。牠們甚至可能會造成一場危機。距離泰勒站不遠，克根的村莊控制著來自楚克奇的毛皮貿易，威脅要在楚克奇牧鹿人成為競爭對手之前殺了他們。[45]但是，歐亞馴鹿也是種令

＊ 編按：指史密斯森學會（Smithsonian Institution），是美國國會在一八四六年通過法案所創立的機構，成立目的是保存與從事自然科學、藝術文化、自然史等領域的研究。

人好奇的存在。整個冬天，伊努皮亞人的男男女女都擠到泰勒站，來參觀這一小群馴鹿。有四個人願意留下來，用衣服和食物當作報酬，並得到承諾，他們一旦學會了使用套索、畜欄和駕馭馴鹿雪橇，最後就能擁有自己的牲畜。在春天，他們照料著泰勒站的母鹿及六十隻骨瘦如柴的小鹿。到了夏天，謝爾頓・傑克森從楚克奇進口了更多的牲畜，並將牠們分配給阿拉斯加各地的傳教士學校，包括聖勞倫斯島上的尤皮克村莊。

謝爾頓・傑克森跟腓特烈・透納（Frederick Jackson Turner）是同一個世代的人物，後者曾提出一個理論，認為美國獨特性是種先遭遇、再開墾邊疆的產物。這是種從成長而來的過渡階段，捉摸不定的商業胃口會剝奪充滿野生價值的領土——野牛、木材或礦物——達到一種馴化、封閉的成長，並且能夠透過創新和效率來維持特定空間裡的利潤。這是一種強調財產的資本主義，不僅僅只是種開發汲取。財產給了所有者在政治上的自由——在他們的物質安全得到保證的情況下，享有獨立發言和投票的權利，同時農業則透過擁有與宰殺同一種動物，給予了市場一個穩定的未來。證明這種穩定增長還是可能發生的證據，就在這些馴鹿身上：出生在幾乎沒有北美馴鹿的苔原上，小鹿靠著大量豐富的地衣成長茁壯。當時甚至連狼也很罕見。一八九七年的阿拉斯加，畜養的歐亞馴鹿數量超過兩千隻。到了一九〇一年，這個數字已經是兩倍之多。

III

向北方走出寒帶針葉林範圍，那些受風摧殘的雲杉和赤樺木，以及成片的苔原都不免顯得蒼白憔悴。綠灰色的馴鹿地衣攀附在乾燥的岩石及沙土上，每根微小、角狀枝條都由相互依存的真菌和藻類組成。在永凍層地表含水處，滿是莎草及報春花的草地會被未能分解的植物堆破壞，成為灌木白樺和雲莓的泥炭養分來源。在更為北方的山坡處，石頭上都覆蓋著紅黃交錯的地衣。走過這些生物群聚的微觀世界，就能看到馴鹿群，一種由四百多種灌木、莎草、草、苔蘚和地衣所組成的聚合體。牠們的肉身，其形成是如此富有多樣性，味道與其他有蹄動物不同——甘甜、複雜，帶有堅果味的脂肪。

在楚克奇，歐亞馴鹿與放牧者一起移動，這些人會讓牲畜在良好的牧場休憩，跳過那些放牧完正在復原土地。只不過，苔原並不總是那麼配合。二十世紀初，春日雨雪將土地冰封，讓馴鹿陷於斷糧的處境。艾赫利的好運隨著腐蹄病爆發而改變。狼群愈來愈多。有些牧鹿人失去了一半的牲畜。[46]俄羅斯帝國在奧斯特羅諾夫的地區官員都知道，鹿群銳減會帶給那些沙皇本應以仁慈之心治理的人們飢餓。同時也會帶來讓帝國大感意外的政治不穩定。一八六〇年代，梅德爾男爵（Baron Maydell）試著去指定任命楚克奇的世襲酋長，選擇最富有的牧鹿人，希望能透過賦予頭銜來擴大帝國的影響力。艾赫利的父親亞莫庫根就受贈勳章來表示他的新地位。後來艾赫利繼承這些勳章，卻失去許多馴鹿，還有他的聲望。[47]在楚克奇這個國度，領導者就跟馴鹿數量一樣不穩定。由於缺乏正式、永久的忠誠關係——換句話說，對暴力和商業的壟斷——俄羅斯帝國只能眼睜睜看著楚克奇人掌控的毛皮，拿去跟美國船隻交易。不確定的馴鹿數量，也是不確定主權的一部分。

楚克奇的地區行政人員之所以會盯上美國人，有著另一個原因。有位行政人員寫道，阿拉斯加的學校既培育出值錢的歐亞馴鹿，也培養出了「部分原住民會開始思考他們對文化產生需求的意識」。[48]這種文化，至少對俄羅斯的民粹主義者來說，是由農業來定義的；而正是農民公社（peasant commune），才給了俄羅斯另一種跟西方資本主義的掠奪截然不同的進步模式。馴鹿能讓農民往北方移動。曾在二十世紀初調查楚克奇半島的卡林尼可夫（N. F. Kallinikov），後來也造訪了阿拉斯加。他表示，謝爾頓・傑克森的計畫僅僅在數年後就能讓「原住民為共同利益工作」，這是解決我們在楚克奇半島「親眼目睹一切貧困問題」的辦法。地區官員要求提供資金來「提高（楚克奇人）主動程度，以及更先進入使用自然商品的過渡階段」，與此同時「引進俄羅斯的文化」。[49]

若是馴鹿數量能夠穩定下來，道德和主權的目的很容易就能結合起來。比起為了「半島上分布四散的人口」來尋找教師，穩定鹿群數量似乎是個更容易管理，也更加急迫的任務。[50]一八九七年，濱海邊疆州（Primorskaia Oblast）的軍事總督要求用一千八百二十三盧布，聘請一位研究楚克奇馴鹿疾病的獸醫。十多年後，這位總督仍不斷主張聘請獸醫援助的必要性，「因為衡量（這個地區的）條件，畜牧馴鹿這個產業確實有相當程度的經濟重要性」。[51]終於在一九一一年，有兩位獸醫帶著「得以讓他們身體在遙遠地區保持健康來服務」的裝備前往北方，但沒有攜帶任何醫療用品，也沒有按照地區行政人員的建議去造訪泰勒站。[52]

年輕獸醫很快就發覺這幾乎是不可能的任務。楚克奇人不願意與外來者討論他們鹿群狀況。那裡沒有道路。甚至連腐蹄病的病因也不清楚；美國專家將這種疾病歸咎於來自岩石地面的擦傷，而俄羅斯專家則認為這是一種傳染性疾病。[53]在獸醫來到這裡的四年之後，楚克奇半島的鹿群開始萎縮。超過三十多萬隻豢養的牲畜死於疾病、狼群和飢餓。野生歐亞馴鹿則幾乎完全消失了。

*

其他類似艾赫利和他兒子們的經驗中，失去很多馴鹿是件很可怕的事。但是，許多存在於苔原上的事物都是如此，在此地，巨石有其生命，河流有其主宰，野生歐亞馴鹿受到一個要求戒慎狩獵的神靈看管。正如有位薩滿向博戈拉茲解釋：「所有人類創造的東西都不具備任何力量」。[54]

博戈拉茲是在二十世紀之交聽到這個說法，當時他因為自己的民粹主義式社會主義信仰，而遭到沙皇放逐，於是將楚克奇的流亡生涯變成民族誌的田野調查。他是許多楚克奇人遇到的第一位社會主義者。到了一九一七年，博戈拉茲回到了西方。他起初並不是布爾什維克的信徒，反而是個比較溫和的社會主義者，對於職業革命家抱持著懷疑態度——但他卻認為北方委員會能在道德方面帶來必要的改變。博戈拉茲制定了委員會最初對「少數人民」的方針，認為訓練有素的民族誌學家應該保護他們不受侵略性發展的影響，並提供醫療和教育，然後透過「引進新元素來確保無痛進步」

的方式，協助逐步改造他們的「經濟生活」。[55]這些元素就是集體農場，讓大家「不僅能養活自己，而且不斷改善生活，成為工人國家的盟友」。[56]在一個從芬蘭到楚克奇擁有數百萬隻歐亞馴鹿的國度裡，這些盟友將發揮重要的作用。有份委員會的報告便表示：「從阿拉斯加的例子來看，牧鹿業能促成重大發展，而且對於北方的原住民和整體國家經濟來說，都兌現了一個重要的產業。」[57]

在聖彼得堡（St. Petersburg）——也就是如今的列寧格勒——那些用油燈照明的寒冷房間裡，博戈拉茲在北方人民研究所（Institute of the Peoples of the North）中培訓了一批布爾什維克主義（Bolshevism）的傳教士。但是去楚克奇的人多半是些未經訓練的志願之士，他們都是受到列寧、冒險前景和薪水的鼓舞。提康・謝姆希金（Tikhon Semushkin）是一位來自莫斯科南部的教師，便是受到博戈拉茲對於蘇聯在北極地區工作的描述所打動，他乘火車向東前行，然後在海參威轉往北方，展開讓人頭暈目眩的海上航行。抵達白令海峽後，謝姆希金發現自己正望著美國西部的土地，那塊處於國際換日線對岸的過去。他寫道，楚克奇是「兩種日子——「新」與「舊」——以及兩個世界，新和舊、社會主義和資本主義」的交會點。[58]

謝姆希金寫道，由於「風暴、冷雨、各種結塊的冰」，這個新世界「對建築物很不友善」。[59]他發現了許多住在東邊、活在過去的基督教傳教士都同樣面對過的挑戰。在冬天，唯一的交通工具是狗拉雪橇或馴鹿雪橇；在夏天，這片陸地就是一片沼澤地，有些地方甚至深及膝蓋。昆蟲更是種折磨。楚克奇人不會說俄語，所以謝姆希金和他的同伴便學習楚克奇語——不免引來大笑或驚慌，尤其是當男人不小心用專屬於女人的方言說話。最重要的是，即使是用他們的語言，苔原上的楚克奇人也對謝姆希金那些「就像列寧所說，我們全都在創造新生活」的解釋不感興趣。在到達楚克奇幾年後寫成的回憶錄中，謝姆希金曾描述自己試圖說服名叫特納伊金（Tnayrgyn）的楚克奇人，他的小孩應該要到拉夫倫提亞的文化基地（cultbaz）上寄宿學校。謝姆希金指著一幅列寧的畫像解釋，藉由學會閱讀，「我們會明白掛在牆上的他是如何教導大家，只有當人們能創造自己的生活時，所有的人民才能生活得很好。」而特納伊金則回應道：「你胡說。（列寧）他難道不知道，我們正為了自己創造屬於自己的生活嗎？」[60]

特納伊金的說法代表著一種普遍情緒。楚克奇革命委員會書記嘗試去組織在楚克奇人之中被選出來的領導者，但卻被告知楚克奇人沒有「酋長」，「人人都是平等的」，至少一直以來是如此。[61]而且沒有人想討論馴鹿。有位負責建設集體農場的委員會成員報告道：「楚克奇人接納了我，願意談論一般、抽象的主題和話題，只要是不會去影響到跟經濟有關的根本問題。但是，當開始觸及鹿和放牧馴鹿的話題時，楚克奇人就會變得警惕起來，不再說話。」[62]謝姆希金及他的同事們曾爭論，這是否代表楚克奇人並非原先預期的「原始共產主義者」，而是需要被解放和拯救的「原始資本主義者」。蓋爾金（N. Galkin）寫道：「如果說苔原上有可能論及階級區分的存在，那就只可能是在於牧鹿人之中了。這裡有『主人』和『工人』。」[63]不過，或許也並非如此。另一位布爾什維克寫道：「在這樣的遊牧民族裡面，不會有所謂的階級之分」；因為財富經常會發生變化，所以不可能有穩定的階級結構。[64]無論是哪種情形，都要多年時間才能建立集體農場，「邁出第一步是最困難的」。[65]但對於布爾什維克來說，這些階段又不可避免地走向蘇聯公民：他們提供的物質救贖宛如看不見的渴望，對他們來說，這就像海峽對岸的傳教士所承諾的死後美好生活一樣。

布爾什維克大肆宣傳著解放。但未來的解放便代表著現在的壓迫，而楚克奇人卻不認為自己受到了壓迫。列寧承諾少數人民能夠在通往集體化烏托邦的道路上，擁有自己的民族自決權。楚克奇人已經決定自己的生活好幾世紀了，也都知道馴鹿——這種蘇聯人相當感興趣想知道數量的動物——才能幫他們達成這目標。謝姆希金告訴家長們，學校是個有用及有道德的地方；楚克奇人看過外來者喝酒、爭吵及詐騙，以及一場導致兒童死亡的流感爆發。[66]最重要的是，蘇聯人承諾將楚克奇從永恆的停滯狀態，提升到具有意識、歷史性的行動裡，但他們並沒有從楚克奇戰爭和馴化的歷史裡，看到一個已經了解到自己的未來是操之在己的民族，至少在政治上是如此。沒有任何一樣人類創造的事物擁有能從總體上支配苔原的力量——對楚克奇牧鹿人來說，這是種無稽之談——但是楚克奇人長期對其他民族和他們自己行使著權力。正如特納伊金所解釋，外來者「不了解我們的生活方式」，也沒有什麼能給予的，因為「他們無法在苔原上生活」。[67]

因此，有些楚克奇人為了喝茶、聽廣播、看電影而造訪文化基地，但是苔原方面的參與度在工人委員會裡卻相當低，大多數的蘇聯新信徒都來自沿海村莊。[68]而變得更低的還有那些想加入集體農場的牧鹿人人數。在一九二〇年代，畜養馴鹿的條件很好，豢養的馴鹿群曾擴大到五十萬隻左右。[69]但是經過了十年，只有不到百分之一的人留在集體農場裡。[70]集體農場作為說服牧鹿人去合併馴鹿群，聽取列寧將帶來光明這種說法的地方，其鹿群實在太小、供應也太少，以至於有位管理者如此寫道：「我們買了馴鹿。但我們將牠們全都吃光了……所以，實際上根本就沒有什麼馴鹿集體農場。」[71]

*

即使吃著革命的庫存，楚克奇的布爾什維克也很清楚，將來有一天會從他們的新經濟裡誕生的集體形式總有一天會成真。跨越白令海峽的另一頭，美國傳教士雖有寄託，確定感卻持續下降。問題並不在於歐亞馴鹿：到一九〇五年，他們有一萬隻左右的家畜。問題也不在於這件事乏人問津；國會已經開始為該計畫提供資金，馴鹿也出現在國家媒體上，因為在一八九七年，有一小群馴鹿被帶到北方，去餵飽那些在巴羅意外擱淺的捕鯨人。在泰勒站，放牧這件事情不再由楚克奇人來指導，因為他們會吃馴鹿背上的牛蠅蛆，並用人尿引導鹿群，而這種習慣嚇壞了傳教士工作人員。因此，謝爾頓・傑克森改為安排來自挪威的薩米族（Saami）擔任指導者。美國各地報紙讚揚他們是基督徒、有著藍眼睛、能識字，也是文明人，他們會「教導在遙遠西北地區的那些無助原住民如何照顧自己」。[72]

在二十世紀最初的幾十年裡，這項缺乏確定性的問題，並不在於歐亞馴鹿能否在苔原上有所發展？而是該如何發展：什麼樣才算是正確的馴鹿牧場，以及牧場主人？在謝爾登・傑克森的帶領下，該計畫將透過私有財產制得到的世俗救贖，與改信基督教而得到的永恆救贖，兩者結合起來。為了能擁有鹿群，伊努皮亞特人必須搬到傳教所來照顧馴鹿，並且禁止宰殺牠們，這樣牲畜才得以

伊努皮亞特牧鹿人帶著肉來到諾姆。圖片出處：Alaska State Archives, B.B. Dobbs Photographs 1903-1907, ASL-P12-178。

繁殖；也會因為食用馴鹿而受罰，這樣牲畜才能拿去販售；他們也會因為去宰殺其他能吃的動物，疏於照顧鹿群而遭到責備。這一切誘因是屬於他們自己的十或二十隻的馴鹿群——這個數字會不斷變化——在他們結束同樣起伏不定的學徒歲月之後，就能擁有這些馴鹿。而且，伊努皮亞特人必須遵守傳教士的禮拜規則。簡而言之，想要擁有馴鹿，都要等到完成基督教和商業啟蒙的儀式之後才行。很多伊奴皮亞特人不覺得有什麼吸引力；因此在計畫開始十二年之後，大多數馴鹿都還是沒有交到他們的手中。[73]謝爾頓・傑克森依然沒有將伊努皮亞特獵人轉變成傑佛遜式（Jeffersonian）放牧人。

一九〇五年，內政部派出印第安事務局的探員法蘭克・邱吉爾（Frank Churchill）調查這項失敗。與謝爾頓・傑克森一樣，他的結論是歐亞馴鹿「有很大的價值……在適當的管理下，可以作為食物和衣服」。然而，「能保全從政府那裡得到馴鹿的傳教所，就（等於）得到了最好的回報」，特別是諾姆的淘金熱帶來了對肉類的旺盛需求。他寫道：「愛斯基摩人確實很窮，現在很可能就跟他們以前一樣差。」[74]另外一位審查員也下了結論，傳教士的教育並沒有讓伊努皮亞特人自給自足，而是「隨著物質和時間的路線形成一系列的偌大失敗，因為餵養原住民反而讓他們產生依賴」。[75]

邱吉爾的批評裡，暗示傳教士沒有能力針對世俗未來灌輸一個派得上用場的理解。有些伊努皮亞特的學生或許已經成為基督徒，但他們卻不是資本主義者。邱吉爾及同世代的其他改革者一樣，想把精神和物質的成長分開。宗教能處理生命的周期性儀式，受洗、婚姻、葬禮及死後世界。而國家則掌管世俗的進步，管理自然界的資源來讓市場能最有效率地去估價。他建議聯邦政府對歐亞馴鹿進行全面監督管理，直到每個伊努皮亞特家庭，而且只能是伊努皮亞特家庭，都擁有足夠的馴鹿，「達到自給自足並合理地富足。」[76]謝爾頓・傑克森於一九〇七年辭職以示負責。隔年，新成立的美國馴鹿局（U.S. Reindeer Service）指示政府教師將馴鹿群轉讓給伊努皮亞特人、聖勞倫斯島的尤皮克人和阿拉斯加其他民族。馴鹿所有權現在已變成是啟蒙運動的前奏，而非其獎勵。

*

馬凱克塔克（Makaiqtaq）在還是個孩子的時候，會花上整個夏天在希尼克（Singiq）的半穴居草皮屋周圍玩耍。有一次，在太陽於地平線上下起伏、不曾黯淡的漫漫長日裡，他看到動物在上方的山丘上吃草，把牛蠅從牠們斑駁的毛皮上甩下來。牠們是北美馴鹿，是蘇厄德半島上最後的野生鹿群。多年後，當他聽說泰勒站有著畜養歐亞馴鹿時，回想起了牠們的蹄子及噴氣的呼吸聲。那時，馬凱克塔克已經長大成人，在一九〇〇年，他的妻子和整個大家庭都患了痲疹。移動到馴鹿站（reindeer station）的幫助也不大，因為受限於那裡的規範，以及需要離家數個月的時間。

直到馴鹿局將基督教救贖與市場參與分開之後，被政府稱作湯瑪士・巴爾（Thomas Barr）的馬凱克塔克，才能用一些狐狸皮及一百美元買到五隻歐亞馴鹿。依照伊努皮亞特人的說法，馴鹿現在已經是與市場打交道的工具了。馬凱克塔克與其他家庭在烏布拉松（Ublasaun）搭建了一個冬季營地，他們能在一年時間內獵捕海豹、捕魚、誘捕及放牧，並用他們的工作創造各種價值：熱量、文化、財政。一九一五年一月，他也在天寒地凍之中，參加了第一次馴鹿市集。馴鹿局贊助這項為期幾天的馴鹿比賽及屠宰展示，也頒發了雪橇和放牧技巧的獎項。到了晚上，每個人都在談論公事。馬凱克塔克並不孤單。到了一九一五年，阿拉斯加的七萬隻歐亞馴鹿中，有三分之二是屬於在地的放牧人所有。[77]

馴鹿局創造了自營的牧場主人，但馴鹿自營戶並沒有創造出利潤。當地的肉類市場隨著淘金熱的到來而迅速成長：在二十世紀最初幾年，礦工非常想要肉類，他們會花三十美分購買一磅鹿肉。然後，這股買氣就退燒了，就像大多數礦場一樣風光不再。馴鹿局報告的解決辦法是「從事馴鹿相關產品的出口貿易」。[78]在阿拉斯加以外的地方，一磅馴鹿的價格可能比賣給淘金者的卡路里數字還要高。讓馴鹿局感到沮喪的是，有付出卻得不到回報的是小型的鹿群。苔原上細微的能量邊際通常能讓一隻母鹿一年產下一隻小鹿。伊努皮亞特人的鹿群平均會有五十隻牲畜。一旦牧鹿人要養活自己並保留繁殖用的種鹿，剩下的牲畜中並不夠拿來屠宰去產生有利可圖的盈餘。小型牧場主人永遠只會是個自給自足的自營戶。

馴鹿局知道規模很重要，因為伊努皮亞特人不是唯一銷售馴鹿的人群。伊努皮亞特所有人被禁止向外來者出售活體牲畜，但同樣的規則並不適用於傳教士和薩米人所畜養的歐亞馴鹿。卡爾・洛門（Carl Lomen）在諾姆淘金熱中來到北方，並在這些鹿群中看到了可靠的財富。他買下了活體馴鹿牲畜，並出售洛門公司（Lomen Company）的股票，最後用這些資本建立了一個垂直整合的股份公司：成千上萬的牲畜由僱用工人來放養，在公司的畜欄之間奔跑，在公司的屠宰場宰殺，用公司的冷凍運輸船運往南方。洛門進行了全國宣傳，「激起潛在客戶十足的好奇心」，從餐廳和狗飼料公司，再到製革廠和美國陸軍。[79]幾千磅重的馴鹿肉，全部來自他擁有的大型鹿群產生的盈餘，開始運離阿拉斯加。

馴鹿局參考了洛門的模式，再次改革了馴養歐亞馴鹿的實務運作：決定實行公司化。每個伊努皮亞特人將牲畜集中到合股公司。牧鹿人會根據有多少馴鹿而得到一張股票，並按比例分配年度利潤。而如伊努皮亞特人所稱，由此產生的合作企業，並不是他們自己的決定；馬凱克塔克便為其中一人，他就不同意將鹿群集中在一起。[80]但馴鹿局相信，就算不是在行動上，理論上這個計畫會促進平等。根據以往印第安政策的教訓，為了要同化，就得要擴大所有權的特許權。隨著苔原和市場條件的需求，股份公司也只是把原先小型牧場主人變成了理想的公司。這樣仍然會保障伊努皮亞特所有人的私有財產，而馴鹿局將私有財產視為是政治自由，以及最終達成機會平等目標的必要條件。不是所有的伊努皮亞特人都會變得富有，但他們之中每個人都有機會致富，而其他的人也有能力「確保（現代）生活所需的那些必需品」。[81]

這項政策背後的假設，便是人類在根本上的同一性，也就是顧及到讓伊努皮亞特人最終轉變成美國人民的同化。但到了一九二〇年代，苔原的利潤有著第二種模式。將社會達爾文主義及自由市場的思想引進北方，有些馴鹿局的官員開始把經濟上的差異解釋成演化的命運。「原住民無法理解股份公司的概念」，有位官員如此寫道。「對他來說，除非能看到自己擁有的馴鹿，否則很難理解他擁有任何一隻馴鹿。」[82]市場中人們的普遍（自然）情況大多是不平等，而不平等的自然（普遍）信號則是種族。跟白人不同的是，有位教師抱怨道，「原住民看不到馴鹿生意的可能性」，因為「他沒有遠見。對他來說，今天就已經足夠了。」[83]

如果鹿群要按照威廉・赫斯特（William Randolph Hearst）的計畫，為紐約迅速增長的人口提供馴鹿肉，就必須有遠見。內政部長和新聞界都認為，只有在白人管理下才有可能實現這種全國性的用途。[84]阿拉斯加的領土長官（territorial governor）同意這一點。他寫道：「只有透過白人所有人和船主，才有可能大幅增加整個國家的食品供應來源」，因為他們可以找到市場和投資者。出口「產業必須自然而然地落在白人身上」。[85]伊努皮亞特人可以成為自給自足的牧鹿人。他們是白人歐亞馴鹿大牧場裡的優秀員工，甚至能供應當地市場。但有位教師寫道，伊努皮亞特人缺乏「思想上的能力」來理解「利息和股份」。[86]成長並不會平等地落在每個種族身上。而且要是國家能以最好的方式為民族管理其成長，為底下的公民提供能源，就不應該阻止這個民族的自然資本主義者。

在一九二〇年代，有關阿拉斯加歐亞馴鹿的兩種理論——兩者都很有價值，不是要透過經濟同化來消弭伊努皮亞特人與美國人的差異，就是藉著經濟競爭來淘汰天生不適合的人——開始發生了衝突。對伊努皮亞特人來說，結果卻是更多不一致的標準：歐亞馴鹿是由個人所控制，也可能不是。歐亞馴鹿是基督教習俗的一部分，也可能不是。實際接觸到馴鹿本身，也變得像苔原上的任何事物一樣不穩定。馴鹿所有人的理想願景也是如此——他到底是個自營戶？合股股東？還是洛門的員工？在這種變化中，馬凱克塔克與他的家人，以及其他家庭，都是根據自己的價值觀來適應歐亞馴鹿。要成為一個真正的伊努皮亞特成年人，就代表能對他人提供互惠的照顧；要想擁有社會權力就必須贈與禮物。擁有馴鹿可以是達成那種目標的一種手段。牠們能買到取得進口商品的管道，也能成為連帽風雪大衣，或是去拉雪橇。與其說完全取代外來者所認為的原始活動——狩獵海豹、採集漿果、誘捕——不如說伊努皮亞特人將放牧視為是一種介在動物、植物及地方之間長期存在的關係，與所有權和市場關係結合起來的方式。在一九一八年流感大流行期間，蘇厄德半島的損失非常嚴重，奧奎路克稱之為「第四次災難」，是歐亞馴鹿養活了人們。馴鹿是種工具，諸多工具之一，目的是為了復原——不只是從大規模流行疾病中康復，也是從早期幾十年間商業為伊努皮亞特國度帶來的一切影響下重新活過來，這是種從災難中獲取新知，並投入復興用途的方式。

與此同時，畜養的歐亞馴鹿依循著牠們自己的動機行事。數百隻牲畜或許會在某個下午離開山谷，避開叮咬牠們的牛蠅。在一個月內，一萬隻歐亞馴鹿就剝去了山坡上的地衣。有位教師寫道，在阿拉斯加，屬於不同所有人的牲畜混在一起，「因為鹿群變得太過龐大，而放牧的地方卻太小」。[87]到了一九二〇年代末，總共有四十萬隻畜養的歐亞馴鹿。在這塊領地之外，人們消費了六百五十萬磅的馴鹿產品，其中大多數都來自洛門公司的牲畜。[88]苔原的肉類產量到底會如何增長，雖然並不十分清楚，但將會成長這件事情——歐亞馴鹿會在養活國家的未來中占有一席之地——正如北極探險家約翰・巴勒姆（John Burham）所觀察，是種「必然發生之事的常見說法」。[89]

IV

「必然發生」是楚克奇社會主義傳教士所了解的共產主義——這個歷史中自然和光榮的終點。而根據第一個五年計畫，歷史本應更快結束。所有這些速度讓更多布爾什維克搬進楚克奇的空間。伊凡・德魯里（Ivan Druri）在一九二九年來到這裡，負責組織楚克奇在斯內茲諾（Sneznoe）的第一座國營農場。他發現，楚克奇人「用不信任和懷疑的態度對待我們的活動。他們明白我們想成為『朝主』（chauchu），也就是鹿群的所有人，並擔心我們成為未來的競爭對手。貧窮的牧民仍在他們徹底的影響力下。」[90]德魯里開始了他的集體農場，有著幾位新員工和他從富有的楚克奇人那裡買來的歐亞馴鹿，他承諾每隻母鹿給九盧布，每隻公鹿給十二盧布，但從未付過錢。在更遠的北方，沿著恰翁河（Chaun）及歐姆凡河，獸醫和動物學家調查了集體化後的苔原所可望生產的東西。巡迴的「紅帳篷」跟著遊牧民族穿越苔原，布爾什維克在帳篷裡放映電影，在閃爍的投影下緩慢而莊重在一旁解釋：這是列寧同志，現在已經去世；這是史達林同志；史達林想要新的男人和女人，想要每個人都「提高自己的文化政治水平」。[91]

第一個五年計畫也採用了一種分類人們的方法：並非像美國人正在嘗試的那樣，是按照種族分類，而是依照他們在時間上所處位置來分類。這個計畫要求蘇聯在五年內完成「西歐花了五十年到一百年才完成的發展進程」，亞納托利・斯卡奇科（Anatolii Skachko）如此寫道。對楚克奇人來說，被要求的速度更快：十年內達成一千年的發展，因為「即使在一千年前，（俄羅斯人的）文化水準還是比較高」。[92]現在，人們要不是甘於落後，就是積極改造自己。這種轉變結合了物質進步和個人救贖；社會主義是個地球上受啟蒙靈魂所組成的天國。因此，那些選擇生活在過去的人，例如：特納伊金，只要這個天國太慢到來的話，他們就應該受到譴責，像是送太少孩子去學校受教育，或是太少馴鹿養在集體農場裡。即使這時候已經是位老人的博戈拉茲，也看起來像是一位破壞狂，他逐步發展楚克奇的計畫，則像是種對過去的同情象徵。[93]他的信徒不用再爭論楚克奇人是否有著階級：缺乏進步就能證明階級的存在。苔原之所以落後，是因為這裡充滿了富農和薩滿。除非每條老舊的靈魂都經過整肅，然後轉化成新的形式，否則這裡就沒有未來可言。

當第一個五年計畫在楚克奇人的營地搭起紅色帳篷時，楚克奇人眼裡所見到的便是外來者在窺視著植被、鼓動人群、發放藥丸和粉末、欺騙有關馴鹿的價格、要求年輕人在長輩面前說話，女人在男人面前說話，以及在鹿群前揮舞著雙手，嘴裡喃喃唸著數字。簡而言之，他們看起來就彷彿在詛咒自己觸手可及的一切。[94]在他們說了夠多楚克奇語的地方，帳篷裡的男男女女都承諾著人類歷史將克服自然衝動的勝利，「一個全新生活！……與蘇維埃國度裡各地的農民與工人同步，一個嶄新、健康、有文化的生活方式」。[95]但只有當楚克奇人徹底改變了生活方式中每個部分——包括他們與馴鹿這種苔原上最有社會影響力之生物的關係——並且是為了一個理想來行動，才能造就如此的結果。

這是種最為基本的政治需求，一種改變過去分配人類勞動成果的方式，以及占有世界上非人類事物方式的需求。這是個大多數楚克奇人都抗拒的需求。家家戶戶都更深入到苔原裡面，讓他們的鹿群遠離任何國家的標誌。有位蘇聯醫生抱怨富農和薩滿「像狼群驅趕馴鹿一樣，趕走教師」。[96]楚克奇父母對著謝姆希金這樣的布爾什維克解釋，「孩子們需要學習照顧馴鹿」及「保護鹿群，因此他們不能上學」[97]。還有一些人，比如說列在蘇聯紀錄上，有一位名叫齊羅（Kirol）的男人就逃走了；當他碰上其中一處的紅色帳篷，解釋道：「我不會去找蘇聯當局，但願它也別來找我。」[98]另一位名叫寧尼尼連（Nynitnilian）的楚克奇薩滿跳著舞要來趕走蘇聯人，同時向他的追隨者解釋：「美國人很快就會來，俄羅斯人將會從此消失。」[99]

*

在一九二〇年代結束之際，阿拉斯加這片土地上的人們都在討論如何去評價歐亞馴鹿作為數種想像中未來的一部分：作為同化的工具、作為國家產品，作為一系列生存選項中的一項事物。在他們辯論的同時，馴鹿也不斷繁殖：一九二九年有著四十萬隻歐亞馴鹿，在下一個十年的頭幾年就增加到了六十四萬隻。這些馴鹿和牠的人類監護人有了新的關係。生物調查局的生物學家帕爾默（L. J. Palmer）認為馴鹿應該像在大草原上的牛群一樣被對待。[100]按照他的模式，大型的鹿群就該在放養的牧場上自由地吃草，而不是由牧鹿人將牠們從一個密切照料的牧場移到下一個牧場。帕爾默的結論是這種開放式鹿群不太可能過度放牧，而且會讓牧鹿人擺脫畜牧業的單調乏味。[101]根據自己利用新興的土地乘載力概念進行的分析，帕爾默計算出一個良好管理的阿拉斯加苔原，能夠養活三百萬到四百萬隻牲畜。[102]

隨著歐亞馴鹿數量大幅增加，範圍橫跨山丘和平坦的海岸平原，伊努皮亞特人股份公司的牲畜和洛門公司的鹿群都混在一起。歐亞馴鹿「全都簇擁著一隻推著一隻」，所有權變得模糊不清。[103]應該歸誰所有，並沒有變得更為清楚。這裡曾有著擁有小規模全國市場的洛門公司，那是至少是直到一九二九年，隨著美國經濟一起崩潰以前的事情。然後，還有伊努皮亞特人合作企業的鹿群，如今在伊努皮亞特人的選擇和洛門公司競爭的影響之下，人們更注重在村莊之間平等分配馴鹿，而非利潤。[104]然而沒人感到滿意。洛門認為政府干預了市場，而「愛斯基摩人的心態就像一個十四歲的孩子，對於財產的價值也沒有什麼概念可言」。[105]伊努皮亞特人則認為洛門公司偷了他們的馴鹿，同時騙走了薪水。[106]如今，馬凱克塔克和他的兒子吉迪昂（Gideon）一起放牧，他認為開放式放養牧場的理想是種政府策略，讓洛門能夠奪取伊努皮亞特人的馴鹿，同時也一起搶走他們的收入。[107]

每個人都向內政部提出抱怨。

內政部則成立調查委員會來作為回應。在名義上舉行了一次全民公投，關於外來者在一九三〇年代評估歐亞馴鹿價值的兩種方式：是種同化的工具？還是只對於自然（其實就是外來的）資本主義者而言是具有價值的物品？一開始的調查委員會站在外來者的立場，援引「原住民厭惡去承擔馴鹿所有權和管理方面的責任，他們是天生的獵人，而非放牧人」的說法為由來支持洛門公司。[108]至於「天生的獵人」和他們的盟友基瓦利納教師安德魯（C. L. Andrews）的回應，是主張伊努皮亞特人的權利，對於土地、鹿群，以及「（原住民）財產被轉讓的那段時間」的賠償。[109]

小羅斯福（Franklin Roosevelt）執政時的印第安事務專員約翰・寇利耶（John Collier）展開了第二次調查。寇利耶是《一九三四年印第安重組法案》（1934 Indian Reorganization Act）的立案人，該法提倡文化多元主義（cultural pluralism）、部落自治和傳統經濟。他的結論是放牧為伊努皮亞特人生活方式的傳統部分，白人對此沒有任何權利。[110]洛門必須被排除在馴鹿生意之外，藉此保留「原住民的特色」，並允許這個產業在「原住民土地」上用「原住民的方式」來發展。寇利耶的計畫隨著《一九三七年歐亞馴鹿法案》（1937 Reindeer Act）而成為了法律。印第安事務局收購了洛門的事業，並認定白人的歐亞馴鹿擁有權是違法的，藉此「來為上述的阿拉斯加原住民，建立和維持一個自主經濟」。[111]美國政府首先以同化的名義創造了一個傳統，然後又不得不用文化保存的名義，說這個傳統有種族方面的特殊性來保護它。

當馴鹿群計算完、放養牧場分配好之後，馴鹿局也試著要讓苔原上的產量，能符合在全國各地的羅斯福新政產量。最理想的做法是將私有財產與政府監督融為一體，從放養牧場的測量及疫苗接種計畫，到針對植物生長、腐蹄病及牛蠅的研究皆然。正如新任歐亞馴鹿管理人員席尼・路德（J. Sidney Rood）所寫，國家管理著苔原，所以經濟及生物學的法律就能「給予（原住民）所有人自由去做他們應該做的事，而不影響其他人的權利」。不復存在的是帕爾默的大型鹿群理想。回歸的是伊努皮亞特人的特有自營戶畜牧經營方式。沒有馴鹿的家庭可以向政府借用馴鹿好幾年，直到他們取得完整的所有權而成為「個人企業」，並且會「害怕失去金錢」而「謹慎保管他們能管理的繁殖種鹿」。[112]從馬凱克塔克的觀點來看，他同意路德的想法；他認為畜養歐亞馴鹿的行為源自於一對父子，他們將馴鹿饋贈給「不出售牠們」的人，這些人只會「宰殺自己所需的馴鹿，全為了沒有悲傷及痛苦來活下去，除此以外別無所求！」[113]馬凱克塔克的故事，其寓意在於關係緊密的放牧及不要貪婪就能遠離悲劇的道理。馴鹿局方面的版本，旨在個人所有權能保證自由及效率，而市場能確保「放牧人從畜牧作物中（透過）供給與需求來得到回報。」[114]供給與需求：市場信仰的兩項信條。

＊

到了一九三〇年，白令海峽兩岸的外來者都將歐亞馴鹿視為一種能在惡劣土地上回收有用能量，並且從未經文明化的人們當中培養有用公民的方式。在阿拉斯加，外來者想要讓一般來說是集體主義者的伊努皮亞特人擁有私有財產；在楚克奇，蘇聯則試著讓通常為私人所有的楚克奇鹿群成為集體財產。

在這些彼此相違的計畫裡有著一種對比，究竟私有財產和計畫生產之間，是如何去想像什麼樣的存在和地方是有用的？美國的願景有種內在的不平衡：苔原是種不同種具有生產力的空間，是海洋和海岸不能比擬的，因其為是不同種動物的家園。歐亞馴鹿是財產。財產本來就應該讓苔原成為穩定成長的家園，成為非封閉市場慢慢奪走野牛與木材，或是鯨魚與海象之後的商業種類。所有權讓牲畜在活著的時候就有價值，允許市場能用世代為單位進行衡量。歐亞馴鹿應該是有著未來——是市場人員得以出售未來的物品——因為牠們的身體受到圈養；而鯨魚和野生狐狸則並非如此。

布爾什維克外來者倒是給北方帶來了人與人之間徹底平等的願景：這便是激勵謝姆希金和德魯里的新生活，是個如此平均去分配，以至於所有人類痛苦都將終結的富足願景。隨之而來的是一種徹底平等的生產方式：五年計畫最初並沒有像私有制那樣，在動物種類和空間類型之間進行區分，只是期望任何對人們有用的東西都能被集體化。在一九三〇年代，沒有任何地方或動物從計畫好的增長中豁免。因此，海象被集體獵殺，狐狸被集體養殖，馴鹿被集體放牧。沒有人、也沒有空間能留在過去，所以全部都被蘇聯的理想所包圍。

蘇聯和美國背道而馳的願景之間，還有一項不同之處。在二十世紀初，美國的國家將精神和物質的皈依和歸附區分開來。思考靈魂的未來實在太遙遠，那是死後世界的問題，反倒是物質的未來，能用短期的收入和薪水來計算。擁有馴鹿並不需要相信任何特定的靈魂觀，而成為基督徒也不需要有馴鹿。馴鹿並非是某種必要條件：馬凱克塔克可以擁有牠們，而帕內克可以忽視牠們。因此，參與市場會有種選擇上的錯覺，一種跟末世論問題分開來的錯覺。但是，商業卻有一種宇宙論，將世界捆綁在什麼東西可以出售就能賣多少錢上面，再把進步與成長劃上等號。擁有一群鹿必然會伴隨著思惟習慣。因此，市場理解時間的方式是線性的，並由短期物質增長所驅動，這種方式在苔原上緩慢前行——有著偏差和適應的緣故，而顯得參差不齊。相較之下，蘇聯人倒沒那麼詭計多端。資本主義要求個人要獨自努力擺脫物質上的不公平，而社會主義則試著用再造個人的手段去克服這種孤立，無論個人是否真的感到受壓迫。要成為社會主義未來的「新人類」，就需要發自靈魂深處到外在的轉變。這必須生活在一個速度奇快的時間。正是要反對布爾什維克願景的這種清晰易懂，寧尼尼連跳起了他的舞。

與此同時，馴鹿會在每年秋天成群經過渲染成赤金色的山丘，並前往內陸過冬；之後每個春天，馴鹿會帶著換了毛顯得斑駁、懷了小鹿而沉重的身軀，再次經過同一片正綻放著新生綠意的山丘，回到原本的海岸或山腰。在二十世紀進入第四個十年後，鹿群每年都不斷壯大。對於在馴鹿身上看到歷史正在運轉的人們來說，這就是獻給國家想像的血肉：計畫的實現和利潤的增長，這些全都在改變著一個除非有人為意圖去改進，否則似乎永遠無法改變的北極。一時之間，這群馴鹿並沒有給出任何跡象，以顯示牠們膨脹的數字是除了正確的經濟形式之外，受到任何事物影響下的結果。

第六章　氣候變遷

在北美馴鹿和歐亞馴鹿龐大的群落裡，牠們就像河川支流一樣散開來；在數股灰色細流匯聚的地方，隔著一段距離從陸地上看過去，根本無法區分牠們。這不僅僅是種想像。在生活當中，鹿群用腳蹄拉扯著飼料，同時把營養物質和死去的植被攪進土裡，這些都會在夏天腐化並提高土壤的溫度。一有少見溫暖的時刻，種子便開始發芽。放牧的鹿群只要不把葉子吃得太快，苔原的生產力就能有所擴大。[1]活著的時候，馴鹿能餵養成群的蚊子，這些蚊子在一天內就能吸取半公升的血液。馴鹿死後，牠的肌肉會變成熊、鷹、狐狸、猞猁、人、渡鴉、狼獾和狼。小狼長大了，並拖著一隻馴鹿。在慘遭撕扯分食的屍體周圍，有著北極罌粟的新生花蕾。馴鹿遷徙是苔原的呼吸脈動，是種能量振盪，而不只是空氣的振動而已。

有時候，北美馴鹿和歐亞馴鹿的呼吸脈動，從海岸到內陸，從內陸到海岸，會出現停滯。在整個北極地區，鹿群每隔十到二十年就會先損失個數千隻，接著再迅速復原。不過，每個世紀總有一到兩次，鹿群數量會出現崩潰現象。一批五十萬隻的鹿群會在十年內減少到十萬隻左右。至於銳減的原因則有很多：疾病、遷徙緩慢、捕食增加、飢餓。最終，大多都是由於氣候變化所引起。在北極地區，氣候在歷史上可算是一件複雜又具有週期性的事，大概每五或六年、每十年、每二十年、每三分之一至半個世紀、每八十至九十年，甚至長達數個世紀，都會交替出現輕微升溫和略微降溫的階段。季節的持續時間及嚴酷程度則遵循著這些節奏；有時候，長週期的暖化趨勢會加劇一個較短的週期，拉長一個炎熱夏天的節奏，變成好多個這樣的夏天；一個寒冷的年分則是變成三年或六年都會如此冷冽。變化就是一個北方的常態。

由於北極地區的陸地能固定的光能比海洋更少，變化就放大了物質稀缺的影響。陸上動物的體內並沒有足夠的脂肪，所以無法像鯨魚那樣耐心等候。當積雪一旦變厚，或者陸地表面受到融雪和結凍交替而急遽結冰時，移動和尋找食物所需的能量往往就會超過了許多動物在體內儲備的存量。在炎炎夏日，北美馴鹿拒絕進食，因為牠們的側腹正飽受大批昆蟲的折磨。母鹿身體承受的壓力已超過了孕育小鹿的能力。狼群發現了輕鬆的獵物。腐蹄病同時正在蔓延。[2]然後，氣候再度變冷。從溫暖邁向較冷階段的過渡期，那些年往往會伴隨著最不穩定的天氣，晚來的融雪期也讓鹿群淹死在春季的河流裡。[3]但是在這之後，經歷了寒冷十年的週期階段，鹿群數量急遽上升。北美馴鹿遷徙領地的範圍，隨著成長茁壯的肥壯小鹿四處走動而擴大。在某些地方，鹿群會把地衣和灌木吃得乾乾淨淨——這已經是許多新生命的阻礙。五十年到九十年之後，氣候又開始變暖。在十九世紀的外來者譴責伊努皮亞特人過度捕獵之際，他們並沒有看到從歐洲的俄羅斯到格陵蘭島之間，馴鹿鹿群是如何不斷減少。[4]馴鹿及依賴牠們維生的物種，不只跨在空間中遷徙移動：牠們的數量在時間上也不穩定。鹿群不是正在復原，就是準備走向衰弱，在歷史上沒有任何一個時刻有著例外。

白令人透過改變自己，輪替他們所吃的東西和住的地方來因應這些變化。但美國和蘇聯都希望馴化的歐亞馴鹿能將人們從成長和死亡的隨機浪潮中解放出來。馴養家畜應該就能馴化時間，讓穩定生產成為可能，並藉此達到人類法則統治下的進步。然而，在利用歐亞馴鹿從北方土地上擷取能量並約束其上人民的過程中，市場成長和集體計畫的追隨者都把自己的經濟野心，植入了一個由其他物種的意志和氣候起伏所構成的世界，嵌入在週期下盡可能向前邁進的時間裡。

I

一九三二年，史達林的第一個五年計畫在開始四年之後宣布完成。蘇聯各地的地方官員都被告知「時間不等人」，所以他們加快計畫來證明社會主義不僅會跟資本主義世界平起平坐，甚至還能超越它。在蘇聯南部的農田裡，大部分計畫的加速都是以大規模運動的形式出現，徵用糧食、去除宗教、清算階級敵人，並建立集體化農場。成千上萬的農民陷入飢餓、染上疾病，或被囚禁。[5]第二個五年計畫更是從徹底的飢荒開始。

社會主義的時間必須快速推進；速度讓社會主義與其所要征服的市場有所區別。但如果這個速度是可怕的呢？蘇聯官方文獻提供了一個既是歸附的指引，也是答案的敘事。在標準的社會主義──現實主義情節中，一個自發但未受啟蒙的英雄正努力對抗著資本主義敵人、資本主義思想和物質的折磨，直到他能有所自覺，理解真正的歷史本質──下定決心投身共產主義──以及他身處其中的角色。這種「長征」（Long Journey）的敘事激發了私人日記和公開報告的靈感，是種如何透過勞動和意志來克服過去的劇本，造就一個純粹、集體化、革命版本的自我和社會。[6]而這項寓言為令人沮喪、甚至是駭人聽聞的現在賦予了意義。畢竟，只有透過貧困和努力——並譴責未歸附的人——才能加入人類歷史上最英勇的行動：建立新的社會主義世界。

虔誠的布爾什維克將楚克奇人視為一群需要最漫長旅程來擺脫落後狀態的人們。但第一個五年計畫的結果顯示，在楚克奇大多數牧鹿人甚至都還沒站上起跑點。新的集體農場、集體化工人、社會化馴鹿的數字——國家得以運用的能量——全部在量化和科學上都落後於計畫。為了能趕上蘇聯其他區域的步伐，集體農場管理員、秘密警察及楚克奇商店店員，都開始強迫改造「畢夫希留迪」（byvshie liudi）——「以前的人」，這是一場「反對部落制度殘渣的堅決鬥爭」。[7]克服過去最好的方法，就是下定決心去侵占楚克奇人的馴鹿和逮捕抱持不同意見的人。阿納迪爾的黨魁總結道，「善待富農和薩滿會讓他們像蒼蠅一樣飛來飛去。我們必須把他們全部抓起來，這樣他們才不會來反對我們的工作。」[8]

對楚克奇人來說，五年計畫將蘇聯從要去避開或是能隨意造訪的東西，變成了危險。現在戴著護身符的人就成了薩滿，而薩滿就該被逮捕。擁有大量鹿群的家庭發現自己會變成國家的敵人，除非他們將馴鹿交給國家。許多楚克奇人躲避到更深處的地方，退到內陸寬闊清澈的河川和優美的山谷之中。其他人則會襲擊當地的積極分子和黨員。就像在蘇聯南部的農民，牧鹿人寧願直接殺掉自己的牲畜，也不願將馴鹿交給國家。[9]在阿納迪爾區第二次蘇維埃大會（Second Congress of

Soviets for the Anadyr District）上，一名楚克奇人代表因為他沒有擁有多少馴鹿而被選上——因此就理論上來說，代表著他支持蘇聯——「用一把楚克奇刀一聲不吭地刺穿了自己的心臟」，然後流血至死。黨魁寫道：「沒人想到會有這樣的詭計」，並將自殺解釋成「富農和薩滿的挑釁」，把那位自殺的楚克奇人視為階級鬥爭的受害者來下葬。[10]

暴力事件在莫斯科並未被忽視。一九三四年，史達林下令「對（北方人民的）隔閡與孤立進行清算」，來克服「對於中央的不信任」。[11] 新的規則允許集體農場成員得以私人擁有多達六百隻馴鹿，而不是要求所有動物都要成為集體財產。蘇聯商店成為供應茶葉、糖和刀子的唯一來源；想獲得這些東西，就必須要加入集體農場。到了一九三四年底，在楚克奇的十座集體農場就擁有大約這個地區三分之一的畜養馴鹿。[12] 有些楚克奇人加入的原因則更接近於歸附，而不是對茶葉感興趣。謝姆希金描述了一位名叫伊馬赫（Il'mach），是位「偉大政治人物」的楚克奇人，他在「薩滿們的蠱惑下」，失去了他的集體農場裡的八百隻馴鹿。此後，他要求蘇聯「組織成立教育運動，並宣布自己為該運動的負責人」。[13] 伊馬赫並不是唯一一位看到識字和其他蘇聯工具實用性的楚克奇人。一九三九年，一位名叫維克多・庫爾庫特（Victor Keul'kut）的男孩，被父母送到距離阿納迪爾不遠的一棟小小的校舍開始學習識字，校舍的窗戶朝向遠處青山，秋季時分的苔原會在山腰上伸展著赭紅與明黃交織的面貌。

＊

亞艾喬金（Iatgyrgin）十六歲的時候，他的家人進入了在貝里奧佐沃（Beryozovo）的「邁向共產主義之路」集體農場，就位於庫爾庫特學習讀書識字的地方，西南方一百英里處。在一九四〇年，這裡是一座小村莊，有著一所學校，並且最後在維利克伊河（Velikoi River）沿岸搭著許多帳篷，岸邊有成片紅紫色的柳蘭（fireweed），並且足夠暖和能讓樹木生長，附近更是條件良好的牧場。亞艾喬金的家人並不是自願來到集體農場。在他的說法裡，有天晚上蘇聯軍隊來到營地，逮捕了一位名叫葛瑪夫（Gemav'e）的老人。就在一陣喊叫和混亂之中——有個老人從帳篷裡被拖了出來——大約有十個人被殺，包括葛瑪夫的三個兒子。[14]亞艾喬金回憶，警察燒掉了帳篷，並且「拿走了絕大多數的東西」。「雪橇，甚至是繩子與麻布——每一綑都被他們拿走了。」沒有雪橇和馴鹿，就沒有辦法將鹿群移到新的牧場。而在苔原上，移動是必要的；要是無法移動，家家戶戶就不得不加入集體農場。在經過幾十年後，亞艾喬金回想起來：「從一開始，我們就被當局的力量給壓垮了。」[15]蘇聯提供的苔原充滿著希望——他們對希望的想法、他們的解放長征。為了轉型，所有楚克奇人必須放棄的是他們的馴鹿，以及他們全部的世界。老鷹不再擁有自己國度，老鼠也不再是那些居住在地下房舍，準備轉變形貌成為人類獵人的人群，而護身符也無法把一團捲曲的貂毛變成一隻活貂，然後再變成熊。歸附便代表失去了這種蛻變。蘇聯人燒掉了葛瑪夫的護身符。

亞艾喬金關於在貝里奧佐沃集體化的說法，卻不是當地社會主義者、外來者或楚克奇人的經驗。在蘇聯的檔案裡，葛瑪夫拒絕為自己擁有的鹿群繳稅，才讓他成為了富農。更糟的是，他殺死了當地集體農場的專員，來報復專員徵用了更多的馴鹿。有位蘇聯歷史學家便寫道，葛瑪夫選擇了「實質上消滅蘇聯人、黨的工人、積極分子—集體化農民的道路」。[16]官方表示葛瑪夫是被一群集體化後的楚克奇人射殺，並將他的遺體扔進河中。這個富農的馴鹿，接著就送到了集體農場，成為舊世界轉化為新世界中的一項得以量化的收益。

貝里奧佐沃的事件，不管是什麼版本，都是一場充滿著指責、逮捕、拷打、監禁，甚至有時候是處決的長期扭曲其中的一小部分，而這場扭曲開始於莫斯科，很晚才抵達楚克奇。從一九三五年開始，一場帶有道德恐慌色彩、針對菁英黨員裡面不信者的政治清算開始蔓延。到了一九三七年，這場清算更擴大到了每一種將造成不完美的可能性上。現在需要清洗的不是對中央的不信任，而是對於通往社會主義未來真正路線上任何的偏差。在楚克奇，這場清算便將集體化從一種強迫取得能量的方法，轉變成一種可以強制執行的意識形態試驗。那些失敗的人，例如：「卡波夫（Karpov）同志」就依「破壞旅遊文化基地的工作」的罪名送審，因為楚克奇人拒絕加入。其他外來者則被指控放蕩不羈、酗酒、「在對抗富農的鬥爭上領導無方」，或是其他任何有礙建立集體農場的行為。每個人都必須回答這樣的問題：「你在苔原裡完成了什麼？」[17]如果答案不夠令人滿意，公開的懲罰可能是監禁或死亡；私底下則是失敗造成的折磨，因為缺乏意志而遭到放逐的旅程。如果德魯里無法建立起集體農場，那麼他就不可能是個合格的社會主義者。

德魯里是個合格的社會主義者。他的國營農場有澡堂、小屋和一萬四千隻馴鹿。但是缺乏如此數量鹿群的集體農場管理員，就必須回到苔原去找馴鹿來拯救自己、拯救信仰。像是亞艾喬金一家這樣的楚克奇人，看似選擇了過去的生活，並阻礙了社會主義的進步——也因此阻礙了未來本身的發展。為了根除這種落後，新的法律要求在集體農場之外的楚克奇人，必須將他們鹿群的百分之七十交給國家。一九三八年後，逃學成為非法行為，讓百分之九十遊牧民族的孩童突然成為罪犯。[18]根據這個邏輯，可以讓任何楚克奇人變成內務人民委員部（NKVD）逮捕紀錄上簡短的一行字。卡勞夫（Karauv'e）因為信奉薩滿教及阻止他的小孩加入蘇聯共產主義青年團（Komsomol），而被判處十年的牢獄之災。或是瓦皮斯卡（Vapyska），一位因天花而留下疤痕的矮小男子，他擁有二十二頭馴鹿及自己的家庭，住在恰翁河平原上。一九四〇年五月，他被看作是一名破壞分子而遭到逮捕。在他的審判期間，瓦皮斯卡提出證詞表示：「我不承認蘇聯的權威。我才是苔原上的主宰。我的營地裡不允許出現任何學校機構……很多人會生病，都是因為俄羅斯人來到這裡旅行的緣故。很快，就會出現很多人喪命的時刻。」[19]他距離亞艾喬金的帳篷化為灰燼的地方有幾百英里之遠。在他們之間，苔原上布滿了火光。對於蘇維埃信徒來說，這些衝突是如此清晰、如此必要，但在亞艾喬金的記憶中，這些衝突是場悲劇，楚克奇人得挖穿雪地去埋葬孩童們的屍體。

跟人類一樣，馴鹿也是如此。同時發生的集體化和清算經歷，確實增加了苔原上集體農場的數量，到了一九四〇年，阿納迪爾區（raion）已經有二十一座集體農場。有些農場的運作超出紙上宣稱的進度。不過，從集體化開始到一九四〇年之間，楚克奇的鹿群共損失了十多萬隻。[20]其原因有一部分是因為革命的思潮（climate），另一部分則是大氣意涵上革命的氣候（climate）。那幾年正值苔原溫暖的年分。[21]但最主要的是，在薩滿力量與馬克思預言的信奉者之間的競爭中，人類的注意力便從馴鹿身上移開了。在這樣的缺口，鹿群就分崩離析了。緊張過度的母鹿會流產，或生下羸弱的幼鹿。未經照料的馴鹿就變成了野鹿。遷徙路線被打亂。這裡的地衣被吃到看見底下的石頭，那裡的地衣卻任其茂密生長。這些畜養馴鹿已經養到缺乏警覺，牠們獨自待在苔原上，淪落為逐漸壯大狼群的獵物。[22]

II

在苔原的春天，狼開始造窩。狼群是由血緣關係組成，以一對繁殖後代的狼為主，同時狼群集體的任務是養育新的下一代。狼群會跟著馴鹿遷徙，尋找適合造窩的可能地點，為懷孕的母狼挖個庇護所。狼群會為哺乳期的母狼送肉，當一個月大的幼狼在仲夏時節搖搖晃晃地走來走去時，牠們就會得到其他年長兄弟姊妹的餵養與教導。野狼灰白色的身軀會按照不同姿勢、表情、聲音和尾巴位置的排列組合來行動，用來溝通地位並協調狩獵活動。狼群會在幾個季節裡一起追捕獵物，發展出如何利用彼此與周圍形勢進行狩獵的傳統。[23]在春天出生的小狼必須學會所有這些事——馴鹿的價值及獵殺的方法。

狼群會隨著馴鹿在空間中遷徙，並在時間上配合後者的數量多寡。[24]在阿拉斯加西北部，狼群數量在十九世紀末與野生鹿群一起減少；一八五〇年可能有五千隻狼，到一九〇〇年只剩下一千隻。[25]有些最後會變成毛皮，縫製在捕鯨人的大衣上。多數情況下，氣候和從海上來的人們會吃掉狼在苔原上的那份能量。因此，當畜養的歐亞馴鹿來到北美洲時，人類幾乎算是牠們唯一的消費者。路德寫道，在歐亞馴鹿計畫實施的頭四十年裡，「狼並不存在」，只有零星幾隻「會每隔幾年於布里斯托爾灣和巴羅之間某個地方看到」。[26]

後來，狼發現了這些馴養的牲畜。一九二五年，幾隻狼從布魯克斯山脈深處朝著西方往海岸來偵查。[27]十年後，就在洛門家族被趕出馴鹿生意的時候，阿拉斯加西北部遭逢了印第安事務局所謂「顯著的狼群侵擾和讓人驚慌的野狼危害」。[28]一隻母狼每年夏天能生下六隻幼狼；兩年後，這窩幼狼就能發展成新的狼群，如果牠們有足夠的東西可以吃，每個新的狼群就能在一年內增加一倍。[29]在馴鹿之中，狼群的進食相當放縱。在基瓦利納，狼群便消滅了將近三萬四千隻馴鹿。[30]靠近柯策布的鹿群，在一九二七年有著一萬八千隻歐亞馴鹿，十年後已經蕩然無存。馴鹿局用恐怖的口吻描述了狼的暴行：狼是一種威脅、禍害、瘟疫及入侵。[31]馴鹿被「開腸剖肚。未出生的小鹿也被扯了出來。小鹿的血都被吸乾」。[32]在巴羅附近，「每群狼總數大約有一百多隻，都在追趕原住民」，而「有一次差點連原住民都逃不過死劫」。[33]到了一九四〇年，馴鹿局重新啟動的自營戶計畫剛上軌道，他們只能統計到二十五萬隻畜養的馴鹿。

一年後，在日本轟炸珍珠港之後，軍隊開始吃馴鹿，並在救生衣裡塞進馴鹿的毛。在諾姆皮革縫紉合作協會（Nome Skin Sewers Cooperative Association），伊努皮亞特女性會為軍隊製作了可以兩面穿的馴鹿皮大衣、手套、帽子和靴子，她們為自己的家庭賺取了上萬美元，以及為馴鹿在國防上爭取一席之地。[34]狼群因為吃了戰時物資，成了「古老的敵人」，策動著潛藏在內部的顛覆行動。[35]「這是一場戰爭」，有位教師寫道，「唯一的問題是如何發動這場戰爭？」[36]阿拉斯加狩獵委員會（Alaska Game Commission）的回答，便是用圈套、鋼製陷阱、步槍和僱用來的專業捕獸人，每年去宰殺數百隻狼。[37]幾十年來，獵殺狼的賞金從十美元上漲到二十美元、甚至是五十美元。為了確保「國家食物的供應能得到保障」，還有位馴鹿管理員想用機關槍來獵殺狼群。[38]

獵殺的急迫性持續到了日本投降之後。魚類與野生動物管理局從飛機上射殺狼群，並偷偷在鯨脂中摻入番木鱉鹼，這樣的行為一直維持到一九五〇年代。阿拉斯加的馴鹿肉市場並不穩定，而且馴鹿局不再相信歐亞馴鹿能養活全國，但隨著阿拉斯加軍事人口的增加，馴鹿群也成為了這個地區未來裡的一部分。在那個未來，人類的土地管理創造了財富，而財富能讓生活在供給和需求的推拉之下，在物質層面得到逐步提升。消除狼群，就能增加供給。將更多的人口帶到阿拉斯加，就會增加需求。創造需求，就能讓馴鹿所有人賺到更多錢。市場和國家一起將會讓苔原穩定成長。除非狼群中斷了供給。在苔原上能有國內生產（domestic production）代表著同時存在這兩件事情是有可能的：擁有更多的馴鹿，比那些照料和購買牠們的人類數量還多，以及付錢給獵人去殺死那些吃掉馴鹿的狼。

帕內克就是其中一位在這種新衝突底下去獵殺狼的人。自從離開在巴羅的學校後，帕內克就一直保持忙碌，在遠離努塔阿穆特的國度、充滿積雪的山谷和強風吹拂的隘口獵捕毛皮。但靠近他出生的河邊，北美馴鹿在一九三〇年代又回來了。帕內克和其他幾個家庭尾隨鹿群，回到圖瓦那和齊

一九四一年冬季在蘇厄德半島的葛洛文（Golovin）附近所獵殺到的狼。
圖片出處：George C. Folger Papers, UAF-1982-5-237, University of Alaska Fairbanks。

圖恰克成長的地方，兩人從小就聽著「來自狼族家庭」的祖父母口中的故事長大，他們在臨死前嚎叫著要回到自己的族群，形成了安納克圖夫隘口（Anaktuvuk Pass）村的起源。[39]因為幾乎沒有錢買糖、茶或煙草，帕內克回憶道：「就像以前一樣，我們靠著吃肉生活。」為了購買彈藥，他就去「殺狼，賞金是三十美元」。[40]他跟同世代的人都會到狼窩裡殺幼狼，用嚎叫來引誘成年的狼。[41]這種殺狼賞金也讓有些伊努皮亞特人成為歐亞馴鹿經濟的參與者，即使他們從未擁有過鹿群。

儘管有帕內克及其他獵人，但這種經濟的基礎已經萎縮：一九五〇年只剩下二萬五千隻畜養馴鹿。蘇厄德半島的伊努皮亞特牧鹿人，對於鹿群數量衰退及其未來都有自己的理論說法。丹尼爾・卡倫姆（Daniel Karumn）描述道，「狼只吃馴鹿的舌頭，因為那能讓牠們變胖。」[42]還有人看到地衣啃食著石頭。馴鹿肉市場一變再變。牧鹿人要不是爭吵不休，或是放棄馴鹿去礦場工作，就是去打獵，抑或是跟他們的孩子一起去上學。而馴鹿則受到牛蠅的折磨而分散走避。這些都是來自苔原地帶的經驗所產生的理論，那裡的平衡難以捉摸。有些年，北極野兔非常多，牠們吃光了柳樹，迫使歐亞馴鹿遷徙；又有些年，柳樹被晚冬冰層覆蓋，就此從這些馴鹿的牙齒下逃過一劫。[43]這就是苔原，在克利福德・維尤安納（Clifford Weyiouanna）還是個孩子的時候，他的祖父告訴他，野生北美馴鹿總有一天會回來。[44]

III

狼的工作是為了繁衍更多的狼而獵殺。狼在殺死北美馴鹿的幼鹿或成年公馴鹿的過程中，都會使鹿群變得稀少，並讓地衣或柳樹能夠再多存活一年。在行光合作用的生產者及其他所有消耗它們的生物之間，狼群可以算是苔原上從未能夠徹底安定下來的一個環節。[45]

楚克奇人並不像伊努皮亞特人那樣，將狼視為家人，而是將之視為邪惡的生物，牠們在夏天的海洋中以虎鯨的身分生活，在冬天的苔原上則變身為狼來吃掉鹿群。[46]這是楚克奇人與蘇聯人之間想法罕見一致的時刻。從最早的布爾什維克開始，會「把北方鹿群趕到山丘上」的狼，便是跟沿海美國人差不多的問題：兩者都是掠食者。[47]蘇聯人對於楚克奇人如何對待狼群的方式感到很震驚。有位調查員寫道：「跟馴鹿主要掠食者——狼的鬥爭實際上是不存在的。」「楚克奇人相信，狼作為苔原的主要居民，有權分享鹿群。」[48]

蘇聯人組織了剷除狼的運動。在狼殺死牲畜之前先殺死狼，這是一個移植到新地方的古老俄羅斯人手段。較不熟悉的是歐亞馴鹿，或至少是這些馴鹿在集體化後應該採取的合適形式。蘇聯人假設，透過設置適當的集體農場就能提高產量，但馬克思和列寧對牧民的畜牧業卻沒說過什麼。馬克思主義式的馴鹿能做什麼？任何種類的馴鹿又能做些什麼？德魯里在悶熱的帳篷裡待了幾個月，在馴鹿繁殖、遷移、飼料和疾病等基本問題上，得到「有經驗的當地牧鹿人建議及協助」。這是一項緩慢的工作。但是德魯里寫道，從這些「遊牧營地定期進行的第一手觀察」中，專家們還增加了生物研究來「決定馴鹿在不同季節期間的牧草需求、放牧技術、放牧人的隊伍規模與組成，以及動物園—獸醫服務的狀況。」[49]

在集體化的動盪中，官僚和科學家們便開始根據楚克奇人的做法，制定蘇聯的馴鹿生產理論。他們注意到，富有的楚克奇人已經掌握了創造剩餘價值的過程。首先，他們會去找僅存的幾隻野生馴鹿，讓畜養馴鹿與野生公鹿進行雜交，「藉此提高馴鹿的品質」。[50]其次，牧鹿人所飼養的鹿群中，母鹿比例高過公鹿。第三，只有大型鹿群才會有大量的剩餘價值，因為多數的公鹿可以被宰殺，只有繁殖時才會留下。剩餘價值，最好是能夠逐年增加，也是蘇聯的願望。剩餘價值能在計畫中進行衡量，而計畫——在苔原上，就像在海岸上，就像在任何地方一樣——是國家通往共產主義的長征中，一個進步得以量化的措施。一九四〇年代，為了要幫馴鹿在計畫中發揮自己的作用，德魯里把自己從楚克奇人那裡收集到的知識寫了下來。他所描述的理想社會主義馴鹿群能有最大的生產力，因為這將會是由數百隻，甚至在最好的狀況下是由幾千隻馴鹿組成的。[51]

對於這幾千隻馴鹿的需求——在五年計畫早期已經顯得很緊迫——隨著一九四一年納粹入侵遙遠的西方又變得更加捉襟見肘。在苔原上，蘇聯的官僚、秘密警察、工程師、地質學家、教師、醫生、獸醫——這些外來者現在已經占楚克奇人口的四分之一——不能指望進口的牛肉、豬肉和香腸不斷運來。所有的蛋白質都是要為前線服務。因此，馴鹿肉便是飛往阿拉斯加的租借法案飛行員、建築工人及監督錫礦營地官員的食物。由於最大的生產量成為現在最重要的關鍵，集體農場徵求所有尚未集體化的馴鹿。有位同志指出，「集體農場的『躍進』，在一九四一年一月一日有三百五十五隻馴鹿，到了一九四五年一月一日則有九千二百一十六隻社會化的馴鹿」，這代表「集體農場每年都會超額完成發展馴鹿產業的計畫。」[52]有些楚克奇人，包括庫爾庫特——現在是學校畢業生，在集體農場工作——都參加了紅軍。正如楚克奇的報紙寫道，那些留在集體農場的人，在戰爭中「熱切地爭取要在建設集體農場方面取得新的成就，好再次證明他們對我們的戰爭的支持」。集體農場則透過捐贈馴鹿和盧布贊助了一支坦克車隊。[53]然後他們將幾千隻的馴鹿屍體及幾千磅的鹿皮送到前線。[54]

*

就算身處於港口城市、新軍事設施及愛國集體農場之外，在楚克奇地區的第二次世界大戰，某種程度上算是一場內戰。針對馴鹿的稅收及徵用引起了整個苔原的反抗。在一九四〇年以破壞者罪名被捕的瓦皮斯卡逃出監獄之後，他說服其他家庭逃離蘇聯的戰時要求。他們並不孤單。一位名叫利亞提克特（Lyatylkot）的人在一九四四年告訴內務人民委員部：「窮人住在農場，政府在那裡收走所有的利潤。但我是自己的主人。在楚克奇人的統治下，生活會更美好。」他拒絕交出自己的馴鹿。一位軍官報告說，在一次為紅軍採購的活動中，一位名叫特倫科（Trunko）的牧鹿人「斷然拒絕幫助我們的國家」，他組織了一次突襲，偷走了集體農場的馴鹿。指揮官建議用飛機「抓住特倫科的反革命恐怖團體」，將他們從苔原上「清算」掉。[55]五年後，亞艾喬金從春季牧場回到他的集體農場「北極星」（Polar Star），發現那裡的家庭正在挨餓。集體農場的主任徵用了他們所有的肉和魚。亞艾喬金和其他人擊敗了主任，並選出了一個新領導人。馬可夫紅軍支隊派士兵逮捕了這些「煽動者」。在河畔的茂密白樺樹下，楚克奇人向士兵開槍，士兵也向楚克奇人開槍。有幾位老人自殺，還有五十人死亡。亞艾喬金被關進了在新西伯利亞（Novosibirsk）的監獄。[56]

一九五一年三月二十一日，地區黨委書記「決定已經是時候在楚克奇全境建立蘇維埃的行政機關」，安卓諾夫（B. M. Andronov）回憶道。「畢竟，我們是全國唯一還在庇護富農的地區。」富農現在指的是任何生活在集體農場以外的家庭。現在已經沒有那麼多了，這給那些仍然遠離國家的楚克奇人帶來了巨大壓力。人在逃亡又絕望的瓦皮斯卡威脅著要殺死自己的兄弟，要是他要加入集體農場的話。在歐姆凡河附近，一個叫諾坦瓦特（Notanvat）的人寧可自殺，也不願意把自己的家人和牲畜交給集體農場。他的兒子魯提庫（Rul'tyl'kut）卻成為一位積極的共產主義者。魯提庫被他父親底下一位牧鹿人淹死了，後者曾發誓決不讓諾坦瓦特的孩子歸附於蘇聯的生存方式。[57]

一九五五年，亞艾喬金出獄，蘇聯人和楚克奇人之間的公開暴力事件已經結束。最後一個公開執業的薩滿被內務人民委員部拘留。楚克奇人的鹿群在形式上已經是社會主義者了；至於牧鹿人在實質上是否為社會主義者則很難說。許多家庭都會在私底下舉行儀式，直升機在九月一日來帶他們的孩子去寄宿學校（internat）之前，至少要教會孩子一些護身符和祈禱的意義。當他們回到家時，父母便會抱怨道，他們對馴鹿一無所知，在歷經九個月的俄語對話之後，不知道該如何正確地說楚克奇語。

但其他楚克奇人都是黨員，參加了充實計畫和社會主義慶祝活動的新儀式。[58]一位名叫奧特克（Otke）的人代表楚克奇擔任最高蘇維埃（Supreme Soviet）的代表。庫爾庫特受僱於阿納迪爾的《楚克奇蘇維埃報》（*Sovietskaia Chukotka*），在寫自己的「長征」時發現了成功的象徵。他創作了有關飛機和馴鹿的詩歌，以及「窮人／生活在一起的集體農場如何實現／你真正的長期夢想／楚克奇人一點痛苦都不懂」。[59]謝姆希金在一九五一年重新造訪楚克奇時，描述「迅速變化是我們社會主義建設的特色」，會產生「革命性轉變」，包括道路、醫院及目的感。他寫道：「蘇聯人喚醒了楚克奇人民的文化及政治生活」，並且「讓寒冷大地上的生活重新散發活力」。一位年輕的牧鹿人告訴謝姆希金：「我們過去的生活上埋著一層厚重冰雪。而史達林同志幫我們打破了那寒冷的冰層，爬到陽光下……我們正過著一種全新、有趣、有智慧的生活。」[60]

在一九五〇年代，或許楚克奇最好的生存方式，就是用新價值來調適舊價值。在歐姆凡河上，一位名叫提姆內提努（Tymnenentynu）的楚克奇人是最早加入安古馬（Amguema）集體農場的人之一。他有三個妻子和足夠多的私有馴鹿，從楚克奇人的角度來看也有著影響力。一九五一年，他年老多病，要求他的兄弟按照儀式來把自己殺了，這是一種傳統的自我犧牲行為，若祈禱得當，就會為他的族人帶來財富。提姆內提努的兄弟卻不願意，爭論道：「我們生活在一個新時代……我們以前的法律和祖先制定的慣習都已經過時了。」有位蘇聯民族誌學家很驚恐地介入並解釋道：「我們所有人，包括俄羅斯人和你們——楚克奇人，都生活在一個新時代……病人正被治癒，而不是被折磨」，而且「你的生命……對於你的集體農場要有更進一步的發展有著必要性。」[61]提姆內提努同意接受治療而非選擇死亡，這是為了不同種類的集體所做出的不同犧牲。

*

提姆內提努所處的只是將近一百座的集體農場其中之一。蘇聯人有他們的放牧理論，也有自己的牧鹿人，並且有超過四十萬隻馴鹿散布在社會主義土地上的集體農場。在社會主義牧鹿人，而非薩滿的管理下，蘇聯的馴鹿沒理由不多多生育。苔原現在由列寧格勒的極地農業暨家畜研究所（Institute of Polar Agriculture and Livestock）培訓的科學家直接監督，如同馴鹿專家知古諾夫（P. S. Zhigunov）所言，這些科學家準備好將「新的蘇維埃社會主義文化」帶到北方，「並且對馴鹿放牧……發展有著立即有益的影響」。[62]蘇維埃社會主義文化代表要依照馴鹿的生與死，從飼料到肉品來繪製苔原的地圖。生物學家研究了苔原的生長情況，為了「大規模改善牧場，並用最大數量的飼料植物來充實牧場……並培養合理使用的方法」。[63]決策者為每座集體農場指派了一塊領地範圍，每塊範圍都規定好「季節性的利用方式」，以供應馴鹿最優良的營養，每塊季節性牧地都會有多年期的輪替來避免過度放牧。獸醫替家畜注射炭疽疫苗，檢查鹿蹄有無腐蹄病，並用滴滴涕（DDT）殺蟲劑除去牛蠅。[64]動物學家研究了狼的行為。像是德魯里所寫的那類手冊則解釋了如何去交配繁殖出最大的體型。[65]集體農場工人們建造了畜欄、遮陽棚、防風牆和屠宰設施來回收一隻死去馴鹿身上所有可用之物：「肉、脂肪、肺、心臟、腎臟、血液、鹿奶、鞣製鹿皮和生皮、鹿毛、鹿筋和鹿角。」[66]同時，他們也殺死狼。到一九六〇年，苔原上留下來唯一公開的暴力政治，只存在狼群及人類之間，狼在人類多年戰爭造成彈藥匱乏之後重新崛起。有位動物學家寫道，為了實現「徹底消滅」的目標，國營農場嘗試使用毒藥、從直升機上捕獵、陷阱等，用盡一切手段來尋找「消除這些肉食動物造成之損失的最佳方法」。[67]

不可能沒有任何損失，因為每隻蘇聯馴鹿都是有價值的。一九六〇年，蘇聯國內的馴鹿群剛剛恢復到革命前的規模。要證明革命的效度（validity）就必須超過這個數字。因此，每隻家畜都是為了完成計畫，而完成計畫——鹿肉磅數、鹿皮呎數、活鹿數量、公鹿數量、母鹿數量、小鹿數量——則是集體成功的核心儀式。當地官員仍然相信大批鹿群才能產生最大的剩餘價值，將正在關閉沿海村莊的合併政策擴大到苔原。分散的集體農場合併了；小型鹿群變成了大型鹿群。由成員集體擁有財產並設定其生產配額的集體農場，則轉變成國營農場，財產與配額皆為國家所有。到了一九六〇年，楚克奇集體農場的數量減少了一半。[68]如果以產量來衡量，合併政策確實發揮了作用。有位合併企業的主任作證：「在一九六一年，我們的農場是由兩座集體農莊合併的。」「若是集體農場沒有達成計畫，那麼在第一年，我們的國營農場就完成了所有部門的計畫」，每個人都「生活得更好，得到更好的供給」。[69]

這些供給帶來了早期五年計畫期間所夢想的那種轉變。牧鹿人的隊伍利用雪地摩托車，以及被稱作「全地形車」（vezdekhody，意思是「能到任何地方」）、像坦克一樣的拖拉機越過苔原。有些牧鹿人拖著金屬小屋隨行，但大多數牧鹿人會選擇用馴鹿來拉的毛皮帳篷，以避免干擾苔原的生長。所有牧鹿人都透過無線電向中央國營農場管理員回報行動。[70]只要到一處好牧場，就會有幾位女性留守營地，而四到五位訓練有素的男性及一位學徒，就會進行一整天的輪班工作，並在一個月內輪流值班，觀察狼群、轉移牧場，有時候會把成為孤兒的幼鹿撫養長大，成為營地的寵物。

二戰後的放牧試著去減少為了照顧過境物種（transient species）所需要的人類遊牧行為。男性輪流放牧；女性及兒童住在像是安古馬和伊格威基諾特等村莊的公寓大樓裡，是蘇聯決策者所設計「溫暖、明亮、舒適」的家，「在休息時候，牧鹿人能沉浸在充滿文化熏陶的氛圍裡放鬆」。[71]很多家庭會在最大的房間裡搭起「雅蘭加」。女性會在長棚裡工作，負責剝皮、鞣製及縫紉來滿足國營農場在手套和靴子方面制定的計畫，或者在狐狸養殖場工作。有些人會接受訓練，在普羅維登尼亞（Providenyia）外所建造的小型奶鹿場工作，整個冬天替奶鹿擠奶，並餵食進口乾草飼料。她們的孩子在學校度過每一天，夏天則待在少年共青團（Young Komsomol）營地；她們的丈夫、父親和兄弟在苔原上輪流工作，一個月在家裡，一個月陪伴鹿群，搭著直升機來來回回飛行。

由於現在放牧工作需要具備機械、無線電操作和獸醫規章方面的專業知識，加上孩童如今是在學校裡長大，而不是在苔原上長大，因此，馴鹿科學家和國營農場管理員認為，「發展馴鹿放牧最終、決定性的優先事項是訓練及重新訓練牧鹿人的任務」，透過「在馴鹿放牧大隊強制規定學徒期，以及特別開設的研討會與課程組織」。[72]這個外來者曾經從楚克奇人那裡學會的畜牧業——即德魯里曾蹲在「雅蘭加」裡觀察到的——如今用制式化的方式來指導。這點讓馴鹿放牧與其他工作一樣，就好比楚克奇的生活方式理應跟任何屬於蘇聯的地方一樣，有著由輪班制結構組成的勞動，並遵循莫斯科當局「經濟發展預估計畫」所制定的生產配額。[73]苔原上的時間變成了蘇聯的時間，在工廠時鐘上運轉，工作人員是「苔原上的一流工人，他們是新人類，不但性格堅定不移，而且每年都在飼養馴鹿方面取得很高的指數」。[74]

就像到其他任何的蘇聯工廠工作一樣，都存在著採購、文盲及管理方面的問題。允諾苔原願景的車輛需要很多年才會抵達。甚至連從海洋哺乳動物的集體農場購買海豹毛皮來搭建屋頂，都很困難。[75]在就業方面根本沒有平等可言，國營農場的經理、醫生、獸醫和其他高薪職位通常都由外來者擔任，他們認為楚克奇人缺少流利俄語、教育和社會主義發展程度等必要條件。楚克奇人並沒有成群結隊地加入共產黨。在城裡，楚克奇男性發現要結婚很困難，因為女性都不希望配偶如此頻繁前去苔原。要拿到酒則很容易。對蘇聯專家來說，這些都是暫時的問題；正確的社會主義形式已經到位，賦予「北方馴鹿產業在我們的未來中一個重大的角色。」[76]社會主義生活將會隨之而來。

但會多快到來呢？多少隻馴鹿才夠確保未來？跟美國不同的是，美國過剩的馴鹿會降低價格，所以需求並不是種有用的衡量標準；國營農場的成功不是靠利潤，而是靠不斷增加的產量。國家補貼能夠彌補各種不足。[77]要創造未來，就必須知道可能會有多少隻馴鹿。為了回答這個問題，蘇聯的放養牧場科學家開始計算每個集體農場分配領地的最大產量。對大多數專家來說，這就代表著要找出苔原的承載力，這是一個固定的上限——如同在美國一樣——是由植物類型和放牧習慣的調查來決定，藉此找到「正確組織的基礎」。[78]但少數科學家認為，社會主義的未來不在於達到生物的最大值，而在於消除這個達到最大值的想法。馬加丹（Magadan）土地使用辦事處的專家烏斯提諾夫（V. Ustinov），將土地承載力說成是「某些管理者不正確的觀點」，並認為馴鹿數量會隨著「組織馴鹿群的新形式」而繼續無限增長。[79]真正的社會主義生產，是一種從生物學、從生與死的循環限制中逃離的解脫。計畫會凌駕在所有生命的限制之上。

IV

除了北美馴鹿的數量歷經興衰，其他生物也有著成長起伏。北極野兔和狐狸的數量相互循環。野兔吃的東西有些也和馴鹿相同，而狼也吃野兔。金雕也是如此，牠們也吃北美馴鹿的幼鹿。這種處在豐沛與稀缺階段之間的轉變，讓白令人的生活變得岌岌可危。也許在長達幾世紀的統計中，會存在著平衡，只要有一個完美的時刻是一隻狼出生，就有一隻狼死去，有棵赤楊木葉子被吃光，就有另一棵準備發芽的完美時刻。但是，人類在白令大地上的一生，卻是種充滿持續變化的體驗。

這種流動性並不是什麼外來者期望從馴化過後的苔原中得到的事物。他們的環境管理者試圖掌握一個充滿偶然的世界，讓其變得可以預測、即將到來，並且成為每個民族邁向進步的經濟公式的一部分。在美國，苔原應該受到市場賦予馴鹿的價值和土地承載力所約束。在蘇聯，即使實際需求已經充分得到供給，意識形態也會供給需求。每隻集體農場的馴鹿都有價值，每個社會主義鹿群都會達到——甚至可能達到最佳的——苔原最大持續性產出。但在海峽兩岸，一旦達到土地承載力、市場飽和或最大產量，馴鹿就會在由人們設定的持續平衡中生育繁衍，然後被人類消費掉。在理想的苔原上，人們透過將自己與自然分離來創造歷史，然後將自然的變動固定在靜止不動的狀態。只有人類才應該改變，而且是為了變得更好而改變。

到了一九六〇年代，人們已經有所改變，是透過參與兩個國家的經濟實踐及預言，儘管參與程度不盡相同。在楚克奇，蘇聯放牧的前景從一九二〇年代初的集體化，到了戰後的合併政策都很穩定。節奏有快有慢，但都不是一段從集體農場到國營農場，從落後到解放的「長征」情節。楚克奇人先是反對計畫好的轉型指令，接著在一九五〇年後，在大隊和公寓大樓裡發現巨大的熱忱，寫著有關飛機的詩——或者至少是關於參與這件事情。在計畫的儀式中有著名譽及意義。即使是意識形態上冷漠的楚克奇人。他們會在綠色的紅軍外套下戴著護身符，並且掛著辟邪物來保護自己的家，在營地裡說著楚克奇語，國營農場對他們來說倒也沒有什麼差別。國家投資就代表著即使沒有達到計畫目標也會有薪水。社會主義必須平等地使用每個空間，才會代表蘇聯的放牧具有革命性，因為能在不可預測的土地上提供了物質方面的一致性。因此，到了一九六〇年代，楚克奇人的生活就成為了蘇聯時間的一部分，圍繞著計畫和輪班制的公社勞動來生活。

在阿拉斯加，擁有馴鹿代表了什麼樣意義的看法，跟擁有苔原上其他東西不一樣：為了賺取工資，是採取自營戶農場經營、合作持股，還是放牧？馴鹿在市場上的價值同樣不可靠。資本主義並不要求每個空間和每個人獲得同樣的利潤；而是要求對產品有足夠的依賴性來確保成長，也就是消費的總和。由於消費者對馴鹿的價值從來沒有像國家所期望的那樣穩定，所以馴鹿也沒有成為接替野生毛皮、海象和鯨魚的下一任國內消費品。阿拉斯加的歐亞馴鹿沒有提供任何革命性的一致性。牠們並沒有將時間穩定到一系列新興的利潤和投資裡。馴鹿局通常將這個狀態解釋為失敗，特別是因為大多數伊努皮亞特人沒有去選擇放牧。但是對伊努皮亞特人來說，他們生活在一個亡靈與人同行、薩滿在一九六〇年代仍有殺人傳聞的世界裡，馴鹿只是眾多工具中的其中一種，能讓人同時參與市場，並活在屬於白令地區的時間裡。[80]

就歐亞馴鹿而言，這兩個體系在一九六〇年代似乎都還是按照各自的條件在運作。在阿拉斯加，馴鹿肉、鹿角和毛皮的市場正慢慢擴大。[81]楚克奇集體農場的馴鹿市場滿足並超過了莫斯科制定的計畫。在白令海峽其中一側，國家創造了需求；另一側的國家則創造了市場。不論哪一邊都是由土地供給馴鹿。在規劃土地使用的官僚眼中，土地除之外沒有別的用途。消滅了狼，解決了疾病、馴鹿趕進了畜欄裡、向蚊子噴灑了藥物、放牧受到管制，馴鹿已經被隔離在一個非常適合繁衍更多馴鹿的空間裡。在這個基礎上，畜養的鹿群不斷壯大。牠們在阿拉斯加的規模不大；從一九五〇年代中期的二萬五千隻到十年後的四萬隻左右。但這種數量的成長大致上吻合需求。在楚克奇，馴鹿數量的增長更加驚人，到了一九七〇年，馴鹿數量達到將近六十萬隻，終於超過了蘇聯人在一九二〇年代早期發現的馴鹿數量。[82]這種增長佐證了對理性市場和馬克思主義願景的信仰。

*

然而，苔原上沒什麼東西是單獨存在的。總是會有其他的生物，而且總是有著時間。起初，在一九六〇年代，那些其他的生物是野生馴鹿。那些年氣候涼爽，透過良好管理的放牧活動，留下了成片茂盛的牧場。[83]人類消滅了野狼的威脅。更多的野生幼鹿出生，又有更多存活下來。正如維尤安納的祖父的預測，阿拉斯加的北美馴鹿回來了。而且他們也開始去偷畜養的歐亞馴鹿。有位伊努皮亞特牧鹿人回憶道：「北美馴鹿就像蚊子一樣到來，然後占據了一切。」[84]其他畜養的馴鹿在一陣強風的吹拂下則變得野性十足，跟著微風遠離昆蟲，並與野生動物為伍。[85]蘇聯科學家安德伊（V. N. Andreev）將野生鹿群視為「野草」，並呼籲著要把牠們「從畜養馴鹿的放養範圍內徹底清除」。[86]但在宛如灰色河流的野生馴鹿將畜養鹿群捲走之前，尚未有堤壩築起。

第二種到來，或者可以說回歸的生物是狼。正如一位蘇聯生物學家注意到，狼群跟著野生鹿群，發展出新的狩獵傳統來「適應」現況，並且「變得更加警惕」陷阱或毒藥。[87]而且漸漸地，牠們也愈來愈少遇到陷阱及毒藥。在一九二〇年代，有些生態學家開始提出理論，用奧勞斯・莫里（Olaus Murie）的話來說，認為狼提供了「掠食物種及獵物之間的某種平衡」。奧多・李奧波德（Aldo Leopold）將狼寫入他的土地倫理之中。[88]在一九六三年，法利・莫瓦特（Farley Mowat）有關狼的生態學作品《狼蹤》（*Never Cry Wolf*）裡面的評註，將狼群看作人類破壞之自然平衡的守護者，並且讓這樣的觀點變得普及。[89]翻譯成俄語後，《狼蹤》更支持了蘇聯生態學家的觀察，在沒有犬類掠食者的情況下，自然保護區內的有蹄類動物會變得更加脆弱。[90]在美國，掠食被解釋成透過淘汰弱者方式，讓個別美國的鹿變得更強大，同時藉由競爭來達到適者生存，提高整體鹿群素質。在蘇聯，生物學家描繪了狼群是如何有助於建立一批更健康和穩定的鹿群，一個透過鬥爭來做得更好的集體。在這兩種情況下，狼群修正了生態平衡，也因此擁有一些生存的權利。這種權利很片面，因為在人們和狼群都渴望得到同一種動物的地方，獵狼活動仍在持續進行。[91]但是目標已不再是消滅狼群。

接著，便是時間。在一九七〇年代，冷冽的泉水和忙著造窩的狼群都讓阿拉斯加的野生北美馴鹿數量，從將近二十五萬隻下降到七萬五千隻。[92]伊努皮亞特人畜養的鹿群先是縮減，然後成長，接著又在一九九〇年代再次銳減。[93]儘管有著獸醫和牧鹿人付出的努力，楚克奇的集體農場鹿群在一九八〇年代仍持續減少，損失了超過十萬隻的馴鹿。[94]十年之後蘇聯解體，讓牧鹿人的薪水、直升機及拖拉機的燃料、獸醫護理及進口食品全都沒了。沒有了這些如今習以為常的工具，鹿群衰退到只剩下不到十五萬隻。蘇聯生活的規律性是一種北極的反常現象，楚克奇人先是要適應與蘇聯共存的生活，接著是沒有蘇聯的生活，有位馴鹿專家寫道，來到了「又是另一個人類文明分支的終點」。[95]

美國市場和蘇聯計畫的信徒都不假思索相信，歷史會朝著單一方向發展。是什麼促成了成長？是什麼將人們從自然衝動中解放出來？是人類的創新、技術、社會主義意志的力量，還是不可避免的市場法則？自然是永恆、循環、處在歷史之外的，直到它被量化成生產或消費。但苔原並非永恆。它隨著時間的推移而迸裂：掠食者和枝葉起起落落，溫暖的年分時不時隨寒冷而來；馴鹿數量歷經崩潰及再生。那裡沒有屠殺狼群或施打疫苗、沒有市場預測或集體農場計畫能平息苔原上的這場暴亂。美國和蘇聯都將各自的苔原希望寄託在馴鹿身上，並開始依賴起這種不會被納入他們獨特歷史觀的動物。

*

白令大地一直在變化，卻很難去改變。伊努皮亞特獵人在安納克圖夫隘口附近的苔原上尋找北美馴鹿，駕駛著四輪全地形車離開那個帕內克協助助建立的村莊。馬凱克塔克的孫子們擁有馴鹿群，他們的牲畜成為了安克拉治街上販售的鹿肉香腸。每年春天，會有七支馴鹿大隊離開安古馬，跟著鹿群前往沿海的牧場。幾個月裡，他們住在帆布及皮革搭起的「雅蘭加」，馴鹿皮鋪在地板上，蕾絲花邊桌布則掛在門上來防止蚊子進入。這些生活方式看起來都與兩百年前馴鹿與人的生活方式不盡相同。現在很少有薩滿了；祈禱內容則是各式各樣，用楚克奇語、伊努皮亞特語、英語和俄語，向上帝和土地祈禱，祈求戒酒無名會（Alcoholics Anonymous）能得到安寧和健康。然而，也不是一切都徹底轉變了。有些祈禱是為了讓北美馴鹿奉獻自己。安古馬大隊在牛仔褲上穿著馴鹿皮，加上沒有了蘇聯的汽油補貼，他們便用去勢的公鹿來拉帳篷。白令人總是生活在多種時間的交匯處：鳥類和馴鹿的遷徙起起伏伏，像艾赫利這類人來來去去。現在，這些都交織著市場需求和基督教救贖的末世論，以及存在於蘇聯基礎建設裡的期望。雖然道路和公寓大樓組成的網絡已經不再具有社會主義意涵，但是仍舊賦予了後社會主義時代一個肉眼可見的形狀。

要改變苔原是很困難，但並非不可能。隨著二十一世紀緩慢前進，人類在能量方面總和但不甚均衡的貪戀讓全球在碳含量程度方面達到了自馴鹿或人類存在的許久之前都前所未見的飽和地步。北極地區的氣候更加不穩定，針葉林的火勢愈來愈大，夏天也長得不可思議。在安古馬附近的「雅蘭加」裡，牧鹿人泡著茶，混合著楚克奇語和俄語來表示擔憂，他們擔心遲來的雨和早現的漿果，還有吃著苔原花朵、完全沒看過的陌生昆蟲。他們已經看過人類文明其中一個分支瓦解；他們生活在該分支的廢墟裡面，並觀察市場是否會步上後塵。這種新氣候對於馴鹿有什麼意義難以預料：牠們會在春季深雪中挨餓，還是在更長的夏季裡變胖？這可能會形成新的北美馴鹿——或者，至少是新的北美馴鹿生活方式。抑或是，鹿群可能會進入第六次滅絕的倒弧；牠們的數量只有二十一世紀初期的一半，而且還在持續下降中。[96]然後在苔原上，長期以來都是如此，事物會與馴鹿相伴而生，與人們也同樣如此。

第四部

地下

一九〇〇年至一九八〇年

人類的利潤都計算得很正確嗎？
難道沒有一些東西，
不僅沒有、甚至不能被列入任何分類嗎？

費奧多爾・杜斯妥耶夫斯基，
《地下室手記》（Fyodor Dostoevsky, *Notes from Underground*）

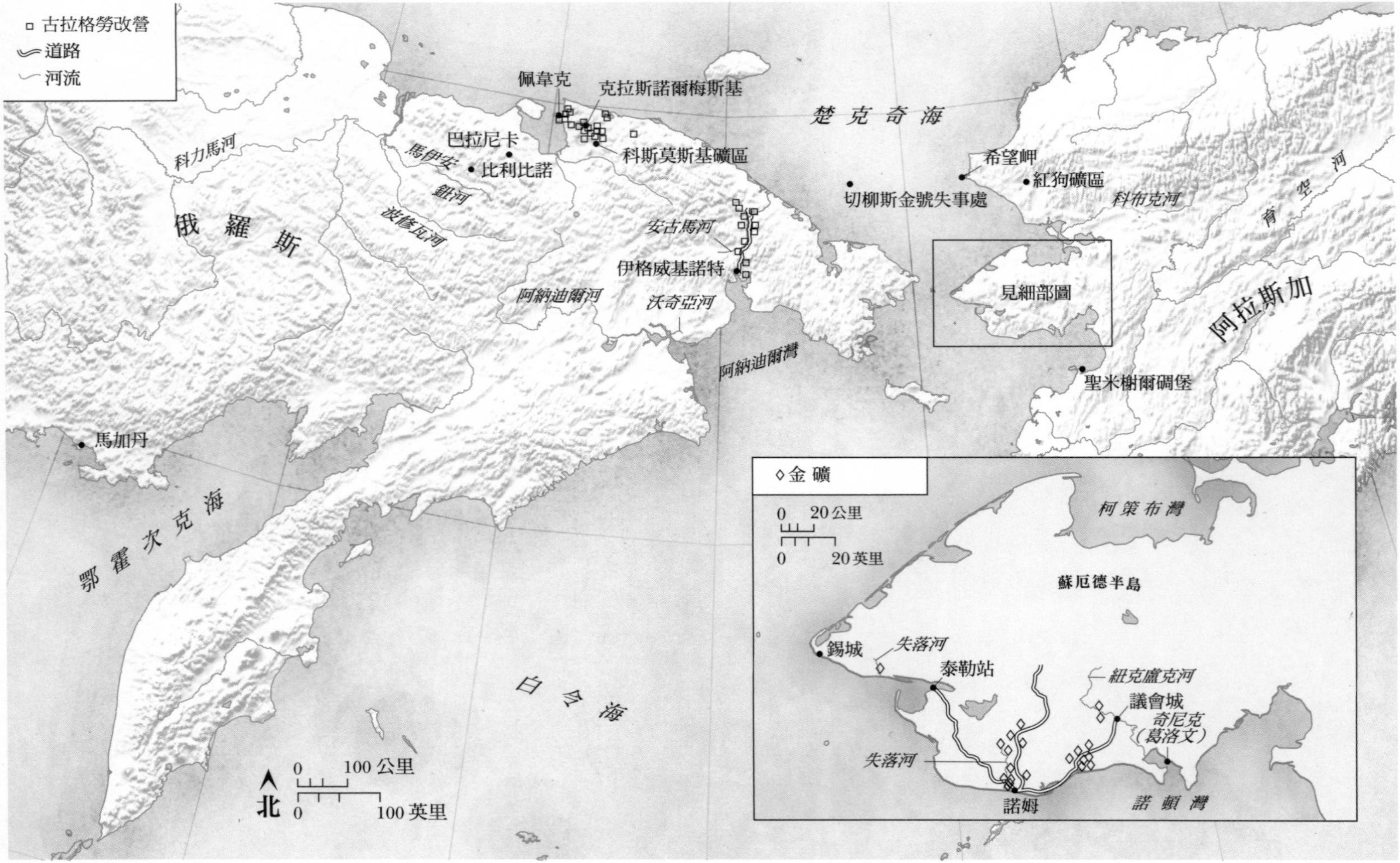
古拉格勞改營
道路
河流
佩韋克
克拉斯諾爾梅斯基
楚克奇海
巴拉尼卡
科力馬河
馬伊安
比利比諾
科斯莫斯基礦區
希望岬
紅狗礦區
切柳斯金號失事處
科布克河
育空河
鉛河
波修瓦河
俄羅斯
安古馬河
伊格威基諾特
見細部圖
阿拉斯加
阿納迪爾河
沃奇亞河
阿納迪爾灣
聖米榭爾碉堡
馬加丹
鄂霍次克海
白令海
北
0
100公里
0
100英里
金礦
0
20公里
0
20英里
柯策布灣
蘇厄德半島
錫城
失落河
泰勒站
紐克盧克河
議會城
奇尼克
（葛洛文）
失落河
諾姆
諾頓灣

第七章　喧囂大地

在冬天，從白令地區山丘上蜿蜒而下的河流及小溪很是安靜。有些河道凍到看見底下的鵝卵石河床。當太陽回升，水潭溢出，宛如藍綠色寶石般在冰上閃耀著。接著，溪流便發出咆哮聲。到了仲夏，河流侵蝕了河岸，讓永凍土向陽光門戶大開。每年一次的結凍與解凍、下雨和順流而下的脈動，都會重新塑造這片土地。湖泊形成了，但湖水卻被溪流給偷走了。溪流深深吃進了苔原，水流變得更加曲折，甚至繞了一整圈。一條波濤洶湧的河流在地表上翻動著巨石，讓河水變得混濁，最終再將一縷夾帶泥沙的乳狀物傾瀉入海。[1]

河流切開的土地會在垂直方向上顯示時間：表面是現在，而過去則是一層一層向下移動。白令地區的河谷由古老侵蝕作用形成，有著侏羅紀火山岩、白堊紀花崗岩和前寒武紀板岩的種種色彩。猛瑪象長牙和已經滅絕的巨海狸長達半英尺的門牙都從河泥中冒出來。有些土地是由早已死亡的生物構成，有些則是由經過高溫高壓的礦物組成。[2]有些地方，深時間（deep time）讓這些地層夾雜在一起，將化石與花崗岩和煤層融為一體，暴露出蘊含金屬的礦脈：鉛、銀、錫、鋅、銅和金。

正是這最後一種元素，促成了在白令地區尋找地下財富的工作。黃金的價值並不在於實用性；本身不包含維持身體或溫暖壁爐的能量。它太少、太重、太柔韌，不能用來製作工具。更不能拿來遮風避雨。許多人為了尋求黃金而死，卻又沒人會因為缺少它而死。黃金的意義和力量都來自人類的想法，以及人類想法是如何去想像黃金的慣性。金原子的電子排列能排除腐蝕或污損。肉類會腐爛，木材會腐朽，鐵會生鏽，但除了變形成其他東西之外，黃金並不會遭到破壞本質也不會改變。

永久性是人類社會描繪黃金價值的現實畫布，在它身上能看到光明、長壽、珍貴、美麗、皇家、永恆的表現。不過，這不是普世現象：伊努皮亞特人、尤皮克人和楚克奇人都知道在他們的小溪裡有黃金，可是卻認為它沒什麼用。但埃及人開採黃金，商朝也在尋找黃金，老普林尼（Pliny the Elder）寫過有關黃金的文章，而黃金存在的傳聞更讓哥倫布將歐洲帶往了美洲。到了二十世紀之交，黃金激勵著人們湧向加州、俄羅斯勒拿河（Lena River），以及加拿大克朗代克（Klondike），傑克・倫敦在那裡寫下有關「北極黃金」的傳說故事，以及「北方的誘惑是多麼扣人心弦」。[3]對於採礦者而言，這種元素的價值是顯而易見的。黃金本身就是貨幣。在它從地下冒出來的時候，就已經自帶著貨幣的抽象概念，因為黃金具備了能變成任何其他東西的煉金術本領，所以很有價值。

*

讓阿拉斯加成為美國的一部分，以及楚克奇成為俄羅斯一部分的問題，還有將每個人各自納入由市場所創造的世界，以及之後由計畫所創造的世界的問題，全部屬於圈地劃界的問題。白令地區的空間和生命應該遵循一套單一法則和預言。這是從羅伊斯抓到第一隻弓頭鯨以來，外來者早已面臨的問題：大海從來就不隸屬某個國家；海岸也不會保持靜止；苔原更是難以馴服。白令地區的地下是種不同的挑戰。並不是說土地都停滯不動；土地的改變將黃金碎塊及碎片撒落在北極溪流裡。但身處於一個人類世代的短暫呼吸期間，這些變化顯得微乎其微。金子從來不會自行站起身，逃離採礦者的選礦鍋。它不會隨著天氣變化而進食、繁殖或四散而去。採礦的挑戰是去消除停滯，改變深時間的熵結果。

改造地球的骨骼是種能量問題。不是要去收割，而是用鋤頭人力或蒸汽動力去應對。砂礦，指的是礦石位於地表附近的地區，需要用熱量翻動礫石和泥漿來篩出黃金。礦脈，即金屬集中在地下較深的礦層中，則需要用動力來炸開石頭。自從一八九八年諾姆淘金熱開始以來，能重新塑造白令地區的能量很少來自當地。無論是人力工作，還是煤炭挖泥機和汽油引擎中所燃燒的石化光能（fossilized sunlight），採礦逆轉了在鯨魚脂肪、海象脂肪和馴鹿肉中，白令地區的能量外流。

從楚克奇的礦物中創造價值，必須決定誰擁有土地，並找到能從土地汲取元素的能量。去組織能量及圈地劃界——即處置權力與財產——是政治的本質。在二十世紀之交的阿拉斯加和俄羅斯，採礦政治會與誰應當從黃金中獲利有關：個人業主、公司、沙皇或集體農場。

I

在白令地區上的河流，其流動本身便是一條從海岸連結到苔原的能量線。[4] 從五月到七月，數以萬計的鮭魚從海洋中游來：帝王鮭、狗鮭、粉紅鮭、銀鮭（silver）、紅鮭——也被稱為齊奴克鮭（chinook）、鉤吻鮭（chum）、駝背鮭（humpback）、銀鮭（coho）、襪眼鮭（sockeye）。每條鮭魚都是在淡水溪流的鵝卵石床上孵化，透明魚苗漂浮在海水中，在海洋裡長大成魚。牠們重達二十、四十，甚至是一百磅的肌肉，能讓牠們足以逆流而上，在自己原先孵化的地方產卵並死去。牠們的遷徙會將大海的能量帶入內陸，進入柯策布海灣的出海口，沿著阿納迪爾河的曲流來進入支流。若是能在淺灘上從熊、狼及老鷹攻擊的危險中存活下來，有些鮭魚甚至能游到將近兩千英里，死在牠們剛才產下的魚卵上。

在白令海峽的仲夏水域，楚克奇人、尤皮克人及伊努皮亞特人都建立了屬於自己的捕魚營地。康斯坦丁・烏帕拉祖克（Constantine Uparazuck）和加布里爾・亞當斯（Gabriel Adams）小時候就在諾頓灣北部的奇尼克（Chinik）村莊附近溪流中，學會了用網子和麝牛角製的矛來捕魚。在清澈水面上，他們都知道，就如同兩人的家人也知道，哪些小溪裡有黃金。[5]他們之所以會來到這些溪流，倒不是為了金屬，而是為了魚。在漫長的午後時光，他們的母親會切掉鮭魚頭，小心避開如針的尖牙，劃開牠們柔軟的腹部，拉出晶瑩發亮的魚卵。她們小心仔細地處理著魚皮，因為之後能拿來做成防水袋，然後將每條鮭魚切成兩塊魚片，但魚尾處仍相連，並在魚身劃上一道道切口，讓空氣和赤楊木燻煙能進入其中。他們小心翼翼地對待魚的靈魂，不能讓牠聽到人類爭吵，也不能讓牠看到自己的內臟被扔進河裡，沒有好好受到尊重。[6]大家都會留意熊與烏鴉，因為晾在架上的鮭魚，對牠們來說就如同珍饈。

一八九八年春天，一位名叫艾瑞克・林德布洛姆（Eric Lindblom）的人，造訪這樣的一處捕魚營地。不過，他是為了黃金而來。從他的故鄉瑞典到新居的城市奧克蘭，報紙上都充斥著這樣的故事：在育空河與克朗代克河交匯處，人們只要花一下午時間，就能成為百萬富翁。由於太窮了，買不起北上的船票——或是英語太差，聽不出「水手」（sailor）和自己的職業「裁縫」（tailor）之間的區別——於是他受僱於一艘捕鯨船。當這艘船在泰勒站附近停靠尋找淡水時，林德布洛姆逃走了。他沒有食物或夠好的衣服，也很可能不知道要越過一英里的苔原可以是多麼遙遠，他被一個伊努皮亞特家庭所救。他們把林德布洛姆帶到諾頓灣，在一條被招待他的主人稱為伊戈紹魯克（Egoshoruk）的蜿蜒河流旁邊紮營。林德布洛姆在他們切宰鮭魚的時候，一起度過了幾個星期。也許這個家庭中有人給他看了黃金。或許，正如他後來宣稱，自己發現了一些。又或者，他什麼也沒看到。

到了夏末，林德布洛姆來到奇尼克附近，一個名叫約翰・德克斯特（John Dexter）的前捕鯨人經營的貿易站。外來者稱這個地方為葛洛文。他們之中一直有人在談論黃金：在克朗代克、在科伯克河（Kobuk River）、在紐克盧克河（Niukluk River）上游一個叫議會城（Council City）的地方。[7]德克斯特把選礦鍋拿給他認識的伊努皮亞特人，讓他們在捕魚和設陷阱時能檢查有沒有黃金的顏色。林德布洛姆可能曾經聽葛洛文的傳教士彼得・安德森（Peter Anderson）說過有關某次發現的事情；烏帕拉祖克和亞當斯曾告訴他，他們知道小溪裡有黃金。[8]或許林德布洛姆親自和這兩位男孩談過。而他確實找過商量的人是約翰・布林特森（John Brynteson）和賈費特・林德伯格

（Jafet Lindeberg）。布林特森希望能找到煤礦，而林德伯格則是遵照美國政府的合約來阿拉斯加照料馴鹿。這三個人聚在一起，都為了黃金而放棄了他們對能源的追求。

九月，大雪紛飛，林德布洛姆、布林特森、林德伯格、傳教士安德森，以及兩位男孩烏帕拉祖克和亞當斯坐在一艘小艇上。這群人往西駛向伊戈紹魯克，林德伯格形容這條水道「在苔原蜿蜒入海，一路上非常曲折，所以我們把它命名為『蛇河』（Snake River）」。[9] 誰領導誰？烏帕拉祖克和亞當斯了解這條河流。正如烏帕拉祖克的姪孫雅各・亞溫納（Jacob Ahwinona）在半個世紀後解釋，他們是根據經驗，以及「他們世世代代傳下來的不成文法律……他們了解土地、水和天氣，因為他們必須生存」。[10] 林德布洛姆對生存一無所知，但或許很了解河流。布林特森和林德伯格則只知道一些謠言。

這三個外來男人都知道另一種不同的法律：一八七二年的《礦業法》（General Mining Law）。該法從美國本土引進，任何美國公民或宣稱有興趣成為美國公民的人，都能對公有土地上長一千三百二十英尺、寬六百六十英尺，並蘊藏「有價礦藏」的土地主張所有權。對美國政府來說，阿拉斯加是為了民眾從俄羅斯那裡買來的。《礦業法》透過把土地交給美國人來讓其成為美國的土地。至於像烏帕拉祖克和亞當斯這些白令人是否為美國人並不是很清楚；一八八四年，建立起領土治理的《組織法案》，承認伊努皮亞特人對「實際使用」的土地有所有權。但是，問題在於土地上有黃金，捕魚能算是「使用」嗎？由於沒有提出他們自己的權利，亞當斯和烏帕拉祖克便無法擁有其所了解的東西。

這群人甚至在蛇河的出海口看過肉眼可見的微量黃金。經過一整天的逆流而上，他們還發現了容易取得的礦藏，林德伯格記得「用最原始的採礦方法——淘洗、搖晃和篩選來賺取工資」。[11]在他們命名為「鐵砧」（Anvil）、「乾」（Dry）和「冰川」（Glacier）的小溪裡，他們還標示了所有權。林德布洛姆將幾處歸為自己所有，劃給亞當斯第九號礦權，烏帕拉祖克則得到了第八號礦權。[12]十月，冬天在他們背後虎視眈眈，這群人用獵槍彈殼從蛇河裡裝出了價值將近兩千美元的黃金碎片。

*

黃金的消息在蘇厄德半島上掀起了一股人類能量的浪潮。林德布洛姆及他的同伴都試著保守自己發現的祕密，但消息從葛洛文傳開，向東南傳到聖米榭爾（St. Michael）一票來自克朗代克心存希望之人的耳朵裡，並傳到開往西雅圖和舊金山的船上。在整個冬天，這些傳言將育空地區的礦工及一支失敗的探險隊帶到了科伯克河，他們在河裡顫抖著宣布自己的所有權。在一八九九年春天，汽船載著探礦者在層層煤煙中向北行駛。洛門預訂了船票，最初想到的是黃金，而非歐亞馴鹿。約瑟夫・格林尼爾（Joseph Grinnell）是個有抱負的動物學家。艾德溫・謝爾澤（Edwin Sherzer）是鐵路職員。在讓人難以忍受的白令海冰層中暈船，他們來到北方的時候，就已經是白令地區傳教士會與福音一起宣揚之理念的信徒：財富即是解放。每個人都希望能逆河而上，然後溯溪而上，抵達那片「金色應許之地的偉大黃金國（Eldorado）」，正如克拉克（M. Clark）所言，「那裡有含金的沙子，等待著我們去淘、去採、去鏟，就算不是成為百萬富翁，也能讓我們都變得富有。」[13]不是把財富帶到內陸，而是到內陸去尋找財富。

想要在一八九九年致富，就需要黃金。這種金屬支撐著歐洲大部分貨幣；在美國，當林德布洛姆逃離捕鯨船時，威廉・麥金利（William Mckinley）已經當了兩年的總統。麥金利曾經提出金本位制度來參加競選，因為黃金的價值是本身固有的，存在也相當罕見，供給受限於大自然與自然經濟法則，受限於後者是因為只有在高度需求的時候才能刺激礦工去開採。對麥金利及他的支持者來說，這些全都讓黃金作為後盾的貨幣得以穩定。[14]同時，黃金也限制了貨幣的數量，有利於既定的財富。他的對手，民主黨的民粹主義者威廉・布萊恩（William Jennings Bryan）認為，錢就應該代表其所包含的勞動；它可以由任何東西組成，並且應該隨著美國勞動大眾逐漸增長的生產來擴大數量。

麥金利的勝選支持了某一個財富福音的詮釋：卡內基的解釋，即是黃金就是金錢，金錢自然有價值，而價值屬於那些被市場規則與社會上最適者生存者視為有價值的人。價值是用利潤來衡量。利潤隨著效率而成長。效率則需要合併，而合併是一個「更大的體制」，正如卡內基寫道，這造就「更為巨大的人類，也正是透過這種巨大的人類讓種族的標準提高。」[15]卡內基所謂的「更大的體制」是個企業體制。藉著由這些數以千計的生物有機體所組成、相互競爭的個別法律有機體，競爭法則創造了繁榮及人類的完美。[16]只要去看看鐵路。看看那些工廠。這是種預言了少數業主將僱用眾多僱傭勞工的解讀。其提供的自由就像漲潮一樣，是種能夠將人類抬起的自然界力量，雖然並不平等。

因為害怕會在靠近白令地區海岸的冰層中沉沒，要等候天氣晴朗才能讓船靠岸，像謝爾澤這樣的探礦者在那股潮汐中看見了渺小的希望。對他來說，卡內基的美國「只是種在鐵路辦公室的普通奴隸生活」，或者只是傑克・倫敦所謂的「商業的束縛」。[17]勞動不是被個人的財產和利潤驅使，而是不得不去服務來避免挨餓，其中的獨立自主究竟在何方？早在林肯（Lincoln）之前，僱傭勞動（wage labor）一直是種依賴的標誌，因此也是種不自由的標誌。[18]自由是某個人在自己想要的地方，用想要的方式工作。這是一個產生自有別於美國動產奴隸制（chattel slavery）和那些自己就是財產的人們之願景，也因此在這個願景裡，即使在經濟上稍有不自由，就可能意味在種族方面不完全是白人，在政治方面則完全沒有權利。這種每天領薪水的工作則有著許多令人害怕的理由。

南北戰爭結束後，由化石燃料推動的工業讓僱傭勞動變得更加普遍且更不臨時。對卡內基來說，這件事情讓僱傭勞動變得自然。工人們應該讓自己滿足於合約的自由，滿足於為了市場所決定的工資來出售時間。但是，將時間作為一種商品並不能實現自給自足的理想，甚至是在一八七〇年代及一八九〇年代的嚴重蕭條中達到一個基本的穩定。正如謝爾澤所言，「對於任何有關薪水的事情都沒有抱持希望」。[19]他看到了市場有著自由的時代，但卻只為少數人鍍金。其他人則在「工資奴隸制」（wage slavery）中工作。[20]

對謝爾澤和許多其他探礦者來說，解放（emancipation）在於擁有夠多財產來達到自給自足。財富福音之邊疆願景，即是個人主張土地作為財產的所有權，並從中賺取足夠利潤來獲得個人自由。正如格林尼爾在他的日記中寫道，在一塊「沒有明顯限制的土地上；在我們並不擁擠的土地上」，有著「過著營地生活的自由和那種一整天工作之後得到休息的感覺」。[21]報紙將阿拉斯加稱作是最後的邊疆，也是一塊完美的麥金利時代邊疆。這塊人們希望主張所有權的土地是由貨幣交織而成。市場總是會為了一盎司的黃金支付二十・六七美元：不會受到時尚流行改變或蕭條騷亂的影響。沒有在市場供給過剩的年分去種植小麥的風險。克拉克寫道，有了對有礦藏價值土壤（pay dirt）的所有權，「一個人至少有了『機會』，而在美國，窮人連個機會都沒有」。[22]採礦透過創造出一夕致富的資本主義者，提供了挽救資本主義的機會。

*

在河口處，蛇河形成了一片海灘。那裡到處都有海帶和海洋生物的骨骸，幾千年的水從山丘上流下來，在沙地上撒下了片片黃金。當謝爾澤、格林尼爾及他們的探礦同伴從船上費力渡過拍打岸邊的浪花，他們便踏上了一片充滿金錢的海灘。

起初，探礦者並沒有認出沙子裡的財富。礦工們預期黃金是出現在溪流或地下礦脈裡面。用克拉克的話來說，正由於所有權是探礦者「找到一小塊能賺錢土地」的「機會」，所以沙灘沒什麼吸引力，因為在法律上無法成為私有財產。[23]從海平面到滿潮線上六十英尺，居間的沙灘都屬於聯邦領土，不受採礦權的影響。因此，淘金人潮在六月沿著河流，可能也沿著溪流而上，男人和幾個女人在背包裡帶著木樁，用來標記出二十英畝大小的土地。

但該如何證明所有權？法律上的要求是這個人要在其他人之前宣稱土地的所有權，並且是具有公民身分——或者是曾有想成為公民的公開聲明。那麼，到底是誰發現了蛇河中的黃金？實際上，是所有當地的伊努皮亞特人。不過，在那些受到報紙頭條上「三個幸運的瑞典人」吸引到阿拉斯加的大多數淘金者心中，則是林德布洛姆、林德伯格和布林特森。但在這三個人之中卻都有不同的說法。[24]根據他們各自的主張，林德布洛姆、林德伯格和布林特森，以及安德森、亞當斯和烏帕拉祖克全都擁有最好的溪流。或是都沒有：在一八九八年冬天，因為不確定伊努皮亞特男孩是否年紀夠大及皮膚夠白來擁有土地，林德布洛姆還是重申了亞當斯和烏帕拉祖克的所有權。安德森現在則以受託人的身分持有土地的所有權。

然後，來自南方的新礦工來了。跟林德布洛姆一樣，他們移動著木樁，並且向當地採礦委員會提出新的文件，通常是用林德布洛姆這樣的歸化公民，不夠美國人來擁有土地來作為藉口。來自克朗代克的礦工們會跳過「每個以『森』、『伯格』結尾的地點，或是有連續三個子音的所有權」。[25]單單一處採礦區或許會被重複主張三、四次所有權。到了七月，十二位陸軍軍官勉強控制了權利人之間的暴力，無論他們是合法的還是非法的。

接著，有人在沙灘上發現了黃金。他們沒有留下確切時間或地點的紀錄，但在幾週內，每個人都知道在地表下幾英尺、宛如紅寶石般鮮紅的砂礫沉積物中含有黃金。儘管這塊土地無法主張所有權，但是能在上面工作，所以倒也不需要法律權利，只需要一把鐵鍬就夠了。格林尼爾在他的日記中寫道，每天都能賺五十或六十美元，只需要「非常簡陋的『淘金搖動槽』」、時間及汗水。[26]淘金搖動槽看起來有點像搖籃，有個開放式的網狀底部：將砂子和水倒進頂部，把砂礫推過篩子，用毛氈襯墊粘住最小的碎片，只要靠著重力和一點力氣就能將黃金從沙子裡分離出來。

在海灘上，投入微乎其微的資本就能賺到資本。整個夏天在帆布帳篷裡裡外外，探礦者摩肩接踵，鏟起、搖晃，鏟起、搖晃。有些人拖走一小筆財富結束了這個季節。[27]有位探礦者寫信回家，說他與他的兄弟「很快就成了擁有財富的人。我們擁有沙灘上最好的一棵小屋」。[28]丹尼爾‧利比（Daniel Libby）稱沙子是「奇蹟，是窮人的朋友」。[29]一八九九年，有超過二百萬美元的收入是來自海灘。花上大把時間將水滲入泥沙中的工作，讓工資奴隸淘金熱的願景美夢成真。

關於「窮人的天堂」的新聞，那裡的黃金「對所有人都是免費的，簡易的淘金搖動槽是礦工在採礦設備方面的唯一支出」，很快占滿從西雅圖到瑞典的冬天報紙版面。[30]在一九〇〇年，有兩萬名淘金者來到北方，來自華盛頓州、愛荷華州、內布拉斯加州，來自加拿大和奧勒岡州，更遠則有來自斯堪地那維亞、德國和英國。有些人是農民，更多的則是漁民和勞工，偶爾也有教授或牧師，還有許多來自加州和內華達州經驗豐富的礦工。為了餵飽這些人來了商人；為了起訴他們來了律師；為了治療他們來了醫生。女性搭船北上採礦，並在一個百分之九十都是男性的小鎮上賣東西或賣身。[31]他們把這個小鎮叫作諾姆，這個名字源自於某個英國海軍部（British Admiralty）的拼寫錯誤，或是被誤解的伊努皮亞特詞彙。

諾姆是個沿著白令海的海岸綿延五英里，有著兩個街區的狹長地帶，就位在海灘之上。謝爾澤寫信給他的未婚妻：「想像一下，長長一排……堆得很高且滿是各種貨物和帳篷，人們在駁船卸貨之後，一直拼命地工作。」這些貨物中包括了用於建造整棟建築物的木材。帆布帳篷不斷讓位給旅館、餐館、乾貨店、郵局、報社和銀行——其木造正面外牆排列在幾條木板路的街道上。在任何沒有鋪設木板路的地方，雨中泥漿經常深達臀部。到處都很擁擠，謝爾澤寫道：「人們和隊伍都在推擠、打鬧和碰撞。」[32]懷亞特·厄普（Wyatt Earp）開了一家酒館，「任何想像得到的東西」都有出售。[33]賭場讓人甘心交出黃金。妓院也是。但每個水桶、木板、釘子、鋼琴、桃子罐頭、肥皂、雞、豬和人都被從船上裝到駁船上，從駁船裝到岸上，再從岸上裝到城裡。勞動及燃料的成本會讓價格膨脹到西雅圖的二到五倍。[34]探礦者在那個夏天花費了近數百萬美元。

至於回報方面，他們只從海灘上帶走了三十五萬美元。威爾·麥克丹尼爾（Will McDaniel）在給他父母的信中寫道：「黑沙灘的傳說是個騙局。」[35]到了一九〇〇年仲夏，在海灘上得到個人解放的承諾——在過去一整年幾乎開採不到黃金的情況下——在面臨窮困潦倒的恐懼中逐漸逝去。冬天即將在十月到來。生存很需要能量或貨幣：留下來要有燃料和食物，離開則需要錢。緝私局的船長們向華盛頓報告，有數以千計的人「現在就渴望離開，但沒有資金來取得前往南方的船票。」[36]

新興城鎮成長的本質，是為了生存下去的金錢交換。因此，為了生存，沒有礦場的礦工會到他們能撈的地方去抓去價值。更多的人嘗試去宣稱土地所有權，或是重申所有權；半虛構的採礦公司出售不存在的股份。愛德華·哈里遜（Edward Harrison）寫道：「人們透過授權書主張所有權；透過代理機構主張所有權；並為親屬和朋友主張所有權。」[37]其他人則試著在其他事物中尋找價值。有人主張對蛇河裡全部的魚擁有所有權。許多人是用每桶二十五美分的價格，出售白令海和冰封苔原之間稀少的淡水。[38]有些人則在海灘上搜尋漂流木來當作燃料出售。那些擁有狩獵技能的人則試著去找出半島上僅存不多的北美馴鹿。[39]洛門轉向去養殖歐亞馴鹿。其他礦工以每隻六十五美分的價格，向諾姆一家商店提供雷鳥，在一九〇〇年到一九〇一年的那個冬天賣出了兩千多隻。[40]還有不少人偷竊維生。有些人則因為保管礦藏的箱子被炸藥炸毀，或是在酒中被下藥弄昏而失去了他們的黃金。[41]

大多數人用錢──一些錢、只要是錢──在海冰開始從南方的岬角封鎖諾姆之前逃走了。其他人則留下來，用廢棄物生火來解凍沙子，希望能提煉出幾粒海灘黃金，或者也可能是因為他們別無選擇。在諾姆及周圍附近營地的能量消失了。木柴堆縮小了。煤炭消失了。威士忌、馬鈴薯及麵粉也是消失了。在伊努皮亞特營地裡儲藏來過冬的魚乾，拯救了飢餓的外來者。[42]畜養的馴鹿消失了。透過所有權得到自由的前景，已經變成要靠著偷竊才能活下去。

II

雷鳥長到最大也不到兩磅重。在冬天，牠們一身亮白，腳上長滿了羽毛。牠們都吃樺樹和柳樹的嫩芽，所以身形相當精瘦，即使有人掌握了捕捉牠們的知識──設置海象皮圈套的高度、繩子張力的角度、以及知道牠們最可能出現的灌木叢，這些人也會在沒有更肥美的生物，例如：魚、海豹或鯨魚可以吃的情況下餓死。伊努皮亞特人和尤皮克人都知道不能只靠鳥類維生。在一九〇〇年到一九〇一年的那個冬天，伊努皮亞特人會捉牠們來換取現金，用每隻二十五美分的價格賣給諾姆的商人。

伊努皮亞特人出售了其他東西：馴鹿肉、毛皮靴和風雪大衣、雕刻象牙，以及他們的雪橇犬隊和馴鹿的勞動力。在傳教士的鼓勵下，他們出售曾經標示著自己祖先墳墓的漂流木。[43]而且他們也開始主張採礦所有權。奧奎路克的父親經營著一座礦場。查理・安提沙路克（Charlie Antisarlook）擁有好幾座，外加一群馴鹿。[44]或者說，在他成為一九〇〇年因為染上了探礦者帶來的痲疹而喪命的數百名伊努皮亞特人以前，一直都是如此。亞當斯也死於同一種流行病。在整個半島上，這個疾病從營地裡帶走了許多家庭，從他們的牲畜中帶走了牧鹿人。在夏季最佳捕魚時機的那幾個星期裡，人們虛弱到無法撒網抓魚。到了秋天，倖存者紛紛前往當地的傳教所或諾姆來尋求治療和食物。這就是出售任何東西，外來者都會買的理由。

烏帕拉祖克在一九〇〇年的流行病中倖存下來，他到處採礦，賺了一些錢。安德森營運著曾以烏帕拉祖克的名義來主張所有權的土地，用他的勞動賺到了五萬美元的回報。一九〇二年，烏帕拉祖克代表自己及亞當斯的妹妹控告安德森。在安德森同意支付四分之一的利潤，或是每年五百美元，共支付二十五年給烏帕拉祖克及亞當斯的家人的條件下，此案經庭外和解。安德森的僱主聖約教會（Covenant Church）也控告他，認為這些黃金的所有權理應屬於他們。一九〇四年，教會將烏帕拉祖克帶到芝加哥來為此作證。根據法律文件記錄，烏帕拉祖克死於肺結核，葬在愛荷華州，並且只寄回一張照片給他的家人——在他死後，就跟亞當斯死後一樣，他的家人幾乎看不到他們的兄弟或兒子曾在美國地圖上所投入的金錢。他們的那份財富還留在伊利諾州的一家銀行裡。[45]

烏帕拉祖克並不是外來者在自己的土地上創造財富，並且又排除在外的唯一案例。諾姆基本上是個種族隔離的城鎮，當地報紙稱「愛斯基摩人……對群眾而言是個麻煩，而且對他們自己也沒什麼幫助」，成天在「商店及酒吧流連忘返，學到一堆壞習慣，很少有好的」。[46] 其他社論則擔心市政資金用在伊努皮亞特人的醫療照護上。有位傳教士在市鎮支持下，開始說服伊努皮亞特人離開諾姆，前往一個名為石英溪（Quartz Creek）的殖民地，因為「不該要求那些在阿拉斯加西北部披荊斬棘的拓荒者，去承擔起這些無藥可救愛斯基摩人的沉重負擔。」[47] 這項試驗是美國居留地政策（reservation policy）的縮影：將「處於某個發展階段的印第安人」隔離起來，直到被同化為止。[48] 對伊努皮亞特人來說，這也是另外一個標誌，代表著外來者的法律和外來者的上帝並非放之四海而皆準。畢竟，在諾姆，傳教士每個星期日大力抨擊的酗酒和偷竊——特別是偷竊土地——的罪行，但並沒有受到任何制裁。[49]

將土地劃為私有財產是種把土地的資源、水、土壤及生物的所有權，限縮到某個法人、人類或公司身上的過程。當土地被圍起來的時候，即使其他人暫時用來打獵、捕魚或採礦，也需要得到個別所有者的許可。對美國政府來說，這種固定性代表著進步，是資本主義成長的一個關鍵前提條件。黃金是第一個透過在阿拉斯加西北部的外來殖民者人口，提供來擴大這種進步的資源。獵捕鯨魚、海豹和海象都是季節性和暫時的。養殖歐亞馴鹿是在地同化的一項工具。毛皮貿易只需要一些外來者。黃金卻不同——在阿拉斯加的老手利比眼中，「這是將會在往後世世代代發生的一股龐大又源源不絕（財富）流動的開始。」[50]

圈地劃界也需要某個事件的單一版本：誰發現了土地，誰買了地契。這沒有唯一絕對的發現黃金的歷史。但是，如同伊努皮亞特礦工與他們的所有權分離，伊努皮亞特家庭被趕出諾姆生活這件事一樣，伊努皮亞特人的歷史被隔離在外來者的敘事之外。在美國媒體上，諾姆黃金的歷史是屬於幸運的挪威人，而非亞溫納所稱，「三個邪惡的瑞典人」借用愛斯基摩人的知識卻忘恩負義，「占盡了他們的便宜」。在亞溫納的敘述中，烏帕拉祖克因為在安德森的殖民地擁有一部分所有權而被謀殺——就具體細節上來說，這是個可能未曾發生的事件，但是包含了一個普遍的歷史真相：諾姆只是一個最新的美國邊疆，透過死亡和偷竊來證實所有權的自由。[51]

*

一八九九年夏天過後，透過偷竊所有權來尋求自由的行為，需要在山坡和小溪採礦才能達成。在那片土地上，權利主張仍然是來自多方、具有爭議的。一九〇〇年，美國國會試著透過在諾姆設立阿拉斯加第二司法部門（Second Judicial Division of Alaska）來讓法律程序變得更容易。這個司法部門的第一位法官亞瑟・諾伊斯（Arthur N. Noyes），以審查林德布洛姆和林德柏格的「外國人」法律地位為由，利用職權對兩人的土地發出禁止令——那裡如今能一季賺幾十萬。當林德布洛姆和林德柏格在法庭上抗議他的裁決時，諾伊斯的親信則經營起了這些礦場。[52]

即使在諾伊斯被罷免後，以及他的不檢點行為在雷克斯・比奇（Rex Beach）的小說《掠奪者》

（*Spoilers*）中曝光之後，礦場的所有權仍然會被用來敲詐勒索。[53]許多採礦者發現，要想採礦，就需要用他們還沒有拿到手的錢去聘請律師，來保障經營自己尚未觸碰到的土地之權利。一群礦工在給老羅斯福的信中寫道：「在阿拉斯加的未來發展和採礦活動，目前都還是受律師、醫生、法官所擺佈」，並指出「依照其意圖」，有人「今天便不再能採礦了」。[54]在他們等待上法庭的同時，許多經主張所有權的土地都沒有在開採。一九〇三年，有兩萬個採礦區登記在案。只有五百個採礦區看得到活躍的採礦活動。[55]

在他們能採礦的地方，外來男性、少數外來女性，以及一小群白令人，將他們的能量投入溪流河床、苔原池塘及山丘滿布岩石的角落。土地吸收了他們的功（work）。在諾姆之外，光是移動就很困難。有位礦工描述道：「你把一隻腳踩在一座圓丘上，只會讓腳滑進跟你的高筒防水靴一樣高的水和泥巴裡。你把那條腿抽出來，用另一隻腳踩另一座圓丘上，結果也是一樣的。」[56]走一英里可能就需要兩個小時，帶滿行李的情況下則要三個小時。腳被磨破、起泡，然後紅腫。在夏天，太陽很大，滿身「汗水淋漓」，格林尼爾表示，再加上「低沉、惱人、令人沮喪、細小的蚊子嗡嗡聲……有幾百萬隻！」[57]探礦者一到達自己所有的土地，他們就必須建造住所，尋找水源，並管理從烹飪到洗衣等種種雜務。有些人覺得這很愉快。謝爾澤在給他未婚妻的信中寫道，他很高興能掌握酸種麵團，但承認自己仍然搞不定薑餅。[58]

然而謝爾澤發現，採礦是「能想像到最艱難的工作」。[59]淘金就代表著要彎著腰、待在冰冷的水裡數小時，並不斷搖晃著鍋中的碎石。而挖掘更深的礦藏便需要用鐵鎬和鏟子把土翻出來。格林

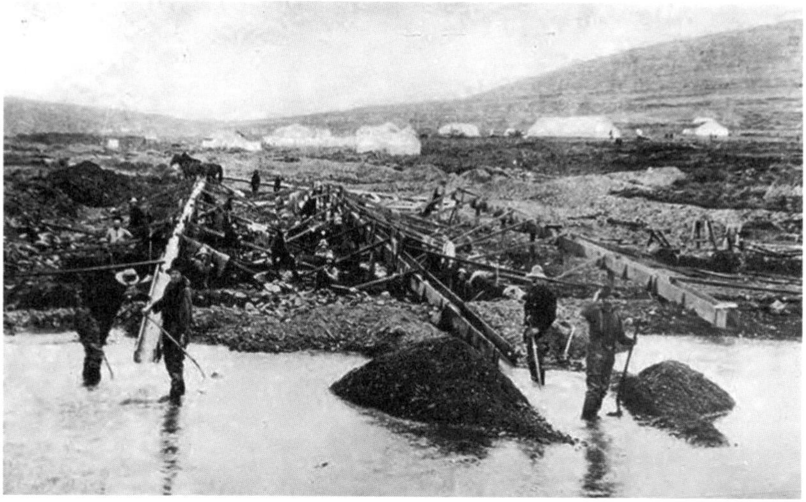

二十世紀初期，在諾姆外鐵砧溪附近的礦工及流礦槽。後方是他們的帳篷。圖片出處：Alaska State Archives, Alaska Purchase Centennial Collection, ca. 1764-1967, ASL-P20-064.

尼爾回憶起挖土的時候，「覆蓋著苔蘚的泥土幾乎沒解凍，厚度也很少超過六英寸。其他地方，結凍地面就像岩石一樣堅硬，必須一點一點地敲掉。」他在「厚達一英尺的純冰層」上折斷了他的鐵鎬，而「我們大多都是在冰凍泥土或成堆未腐爛植被的路上在工作。」為了在這一團亂中尋找黃金，探礦者用點火來解凍苔原，格林尼爾寫道：「釋放出的氣味，就像穀倉裡的髒東西。」[60] 燃燒就代表要撿拾漂流木及廢棄物，或從海岸打包些煤炭。礦工們拔起雷鳥賴以為生的柳樹來生火，在刺鼻煙霧中不斷咳嗽，直到整塊地變得濕漉漉。接著他們必須把金子洗出來。正如威廉・沃勒本（William Woleben）所言，在礦工想要「洗礦」之際，往往沒有水可用，所以他們「不得不把水一桶一桶地接過來」。[61]

所有這些勞動都會踐踏和奪走溪邊有保護作用的柳樹。泥濘的涓涓細流形成溪流，然後流向大海。改道的小溪會將古老山脈的根部挖開。在移位後的土壤成的土堆之間，許多大洞四散在山谷底部。不過，只以探礦者一己之力，或是一支小隊用手挖掘的礦井及流礦水渠，並沒有辦法找到白令地區大部分的財富。時間將最豐富的礦藏留在了地下深遠之處，在那裡金屬的重量會被石質平階或礫石層攔住。淘出這些金子需要讓人類肌肉相形失色的改造力量。《採礦與科學報導》（*Mining and Scientific Press*）這本期刊下了結論，未來的利潤將需要「透過液壓手段或蒸汽挖土機來進行大規模」的作業。[62] 為了開採蘇厄德半島，人們必須變得跟河流一樣，只是速度更快：將一萬年的緩慢工作，在一個極端的夏天裡完成。因為誰願意花上一個世紀的漫長時間來等金沙重新補滿呢？

III

白令地區的大地骨骼在海峽兩岸是共通的，這點肉眼可見。河流有著類似的曲線，山脈則有醒目的高低起伏。所以，地下也是如此。這算是個希望，至少，是對於一九〇〇年夏天跟著一對楚克奇嚮導進入內陸的一隊勘探者來說：幾個美國人、幾個俄羅斯人、幾個遙遠南方僱來的中國礦工，以及一位名叫卡羅・波格達諾維契（Karol Bogdanovich）的波蘭地質學家。這是一次悲慘的探險：不熱的時候又濕又冷，還有昆蟲干擾。探礦者也不斷在爭論。雖然波格達諾維契發現「幾乎每個鍋裡都有黃金的跡象」，但美國人卻沒將這項發現放在眼哩，認為只是微量的黃金。[63]他們認為，一旦發現黃金，俄羅斯人就打算拋棄他們。[64]波格達諾維契則認為美國人是為了個人財富，想要找到「用把鏟子就能挖出黃金的地方」。[65]

對波格達諾維契來說，黃金就是金錢：俄羅斯就像美國一樣，實行的是金本位制。只不過，找到黃金就要將土地及其上財富歸於沙皇所有，而非私人擁有。[66]在法律上，黃金及其所在的俄羅斯領土並不屬於在河流中看到它的楚克奇人，也不屬於外國發現者，而都是屬於沙皇的。從某種意義上來說，人類的能量也是如此：每個帝國臣民生來即自帶階級，決定了他們將作為農民、牧師、商人，還是貴族的身分來勞動。對於有些人，對那些商人和貴族來說，帝國給了他們採礦的特許權——是暫時且有空間上約束的權利。貴族和商人反過來僱用農民和工人進行挖掘、過篩和洗礦。國家工程師和警察監督著礦場，試著將黃金從地下運送直接到特許經營區和國庫，而不讓其落入勞工的手中。[67]圈地劃界並不是個人解放的事情，而是種帝國策略。它不是透過讓窮人致富來拯救資本主義，而是透過讓富裕的資本家為國家服務來拯救帝國。

在楚克奇，退役軍官佛拉迪米爾・凡萊亞萊亞斯基（Vladimir Vonliarliarskii）擁有帝國特許權；波格達諾維契是他僱用來尋找黃金的專家。[68]凡萊亞萊亞斯基的特許權條款讓他具有在二十萬平方英里的土地上進行勘探的權利，並且下達指示要他迅速完成。帝國擔心美國人會像對待鯨魚、海象和狐狸那樣對待礦場：偷竊。看著楚克奇門戶大開的海岸，帝國再次有感於自己既落後於市場，而且容易受到影響。但有了黃金，也就有了希望：正如在聖彼得堡出版的一本小冊子所寫，如果凡萊亞萊亞斯基在楚克奇建立起礦場，定居的俄國人和東正教傳教士就會跟著到來，「在基督教信仰上啟蒙我們的原住民，並且教會他們俄羅斯的語言。」[69]伊凡・科爾祖金（Ivan Korzukhin）寫道，為促進帝國「戰略目的」所從事的開採行動，具有「偉大的道德和經濟價值」。[70]在二十世紀之交，這些道德目的的形式——俄國是要用民粹主義者倡導的農民社會主義、斯拉夫主義者（Slavophiles）的正統論，還是馬克思主義的未來，來超越資本主義？——確實是個需要討論的問題。但這開始於帝國將楚克奇海岸的財富圍起來，從「美國掠奪者」手中搶救出來，他們的貿易只帶來「酒精和各種無用的東西」。[71]

然而，在凡萊亞萊亞斯基的探險隊充滿這些「掠奪者」。凡萊亞萊亞斯基相信，要尋找黃金需要擁有在白令經驗的「外國工程師」，而且他需要「大量資本。因此，確實有必要求助於外國投資者。」[72]帝國給了他去開挖寶藏的權利，卻沒有給予用來僱請勞動力和購買物資方面的資金。因此，他成立了東北西伯利亞公司（Northeastern Siberian Company），靠著其唯一的資產——發現黃金的可能性——來出售股票。透過挪威的管道，擁有阿拉斯加航運經驗的美國人約翰・羅森（John Rosene）買下了大部分的股份。[73]這代表美國人和俄羅斯人在一九〇一年和一九〇二年一起進行了另一次勘探活動，當時科爾祖金就怨嘆道：「兩個民族，俄羅斯人與美國人，彼此之間相處得很糟。」[74]

部分意見不合是在於財產上。凡萊亞萊亞斯基的特許權條款，代表東北西伯利亞公司並沒有轉讓權：將帝國的土地劃分為個人所有權是違法的。羅森無法提供員工採礦權，能提供的只有工資。

由於沒有賺取財富的機會，諾姆的探礦者便不願意受僱於他們。有經驗的俄羅斯礦工在這麼遙遠的東方又非常少。出於無奈，羅森只好用能在楚克奇的黃金中獲得股份的非法承諾來招募美國人。[75]

史溫森就是為了這種「黃金賭注」的承諾而來，之後他轉而從事毛皮貿易，後來便為蘇聯人供應貨物。一九〇五年，他人在阿納迪爾附近的沃奇亞河（Volchia River），當時東北西伯利亞公司終於發現遍地黃金的溪流，羅森寫道：「黃金到處都是，可以用手一把一把捧起來。」[76]羅森利用這次「大發現」（Discovery）礦區引起的騷亂來吸引更多的阿拉斯加礦工。但是羅森使用外國勞動力的消息讓帝國政府產生了懷疑。聖彼得堡的報紙也報導說，公司虐待楚克奇人，並販賣非法酒精。[77]最後，俄羅斯地質學會（Russian Geological Society）公開了東北西伯利亞公司在帝國土地上給予美國探礦者所有權的小手段。[78]俄羅斯帝國已經花了幾十年的時間怨嘆美國人在其水域的盜竊行為；如今，小偷早已被邀請到內陸來。一九〇九年，俄國政府禁止在楚克奇的外國投資，並拒絕延長東北西伯利亞公司的特許權。獻給帝國的黃金必須避免美國人「肆無忌憚、最為無恥的剝削」。[79]

*

然而，俄羅斯貿易和工業的部門卻希望「在楚克奇半島上私人企業能盡早參與」，藉此組織採礦的能量，並發放了新的特許權，包括凡萊亞萊亞斯基的兒子亞歷山大（Aleksandr）。[80]但有關「沃奇亞河地區……異常富足」的謠言，地區礦場監工在一九一三年報告，「在俄羅斯和北美洲也廣泛流傳」。[81]來自海參崴的船隻每年都為北方帶來幾十個心存希望的人。有些人是農民，受僱在阿納迪爾附近的小型鮭魚罐頭廠工作，只是為了潛入「大發現」礦區。另一些人則是用獵捕毛皮作為藉口來到這裡。他們需要採礦之外的一些理由；按照法律規定，只有經註冊的特許權受僱員工才能在開採礦藏。

到了一九一四年，在沃奇亞山丘上有個大約一百人的破爛營地。阿納迪爾礦場監工寫道：「正如我與淘金者個別交談所了解到的，在大多數情況下，他們既沒有物質資源，也沒有足夠的採礦知識。他們用對於這份事業的熱愛、旺盛的精力和能忍受極度嚴重匱乏的非凡毅力來彌補。」[82]大多數人來自遠東（Far East）。少數人有採礦經驗，然而大多都是漁民。有些人識字。大多數人都是窮困潦倒。還有數十人後來被逮捕，例如：「辛比爾斯克（Simbirsk）農民伊凡・馬林（Ivan Khrisanfov Marin）」，他「被發現時帶著黃金」，但沒有僱傭證明，並攜帶著「一本標有每日產量的筆記本」。[83]少數人逃離了巡邏隊，只是落得再次被捕的下場。[84]林德伯格的先鋒礦業公司（Pioneer Mining Company）曾經因身為外國代理人在採礦，而被俄羅斯帝國當局沒收了價值一萬美元的黃金。[85]六位農民和兩位美國人則因「掠奪性」採礦行為而在阿納迪爾遭受審判，但地方法官裁定錯在亞歷山大・凡萊亞萊亞斯基，因為他用偽造名義僱用了這些人。[86]

大多數礦工會躲開巡邏隊，「險惡地形和惡劣氣候條件」讓非法礦工能夠在山丘間隱匿行蹤。阿納迪爾驛站負責人報告，在幾年內，礦工們都有「許多完整配備流礦水門的礦井。礦井在石頭裡整齊排列，工程總長度為三俄里（verst），深度為兩英尋」。[87]他們釀酒，並用來跟楚克奇人交易換取食物。他們在沙皇的溪流中捕魚，也殺了上百隻歐亞馴鹿。[88]每年秋天，阿納迪爾驛站都要付錢給汽船，讓他們在冬天到來之前，將所有窮困的礦工送到南方。一九一五年，阿納迪爾行政官員報告：「要防止礦區被徹底掠奪，將會需要有一支由五人組成的常駐武裝警衛隊。」俄羅斯帝國卻沒有派出守備隊，因此帝國的黃金持續從阿納迪爾的港口流失。一群農民礦工在航向南方的時候，就在汽船上展示過重達十磅的礦石。[89]有人則試著偷偷將黃金藏在煤炭的袋子裡帶走。[90]

為了讓黃金效忠於帝國，它必須被圍起來，封存在屬於國家的空間及用途之中，但圈地需要權力來讓法律具有約束力。俄羅斯帝國卻沒什麼力量，畢竟在這麼廣大的一塊國土上，只有著一小群人。空間讓楚克奇的黃金變得昂貴，因為國家並沒有擴張得夠遠去跨越苔原，或在苔原下為自己汲取財富。在俄羅斯帝國的最後幾年裡，能夠保護楚克奇大部黃金的反而是楚克奇的土地，將最為富饒的地層埋在即使是最為拼命的人都無法觸及的地方。

VI

一九〇三年，第一臺煤炭動力的挖泥機開始在諾姆郊外刮起泥土。挖泥機就像一棟小房子，一端是齒狀桶的鏈條，另一端是輸送帶，前方鏟出含金的土壤和礫石之後，倒到中間像棚子一樣構造裡的流礦槽，用高壓軟管來沖洗石頭和黃金，然後將沉重的黃金從鬆散的石頭中搖晃出來，最後將尾礦從後面扔掉。[91]或者，至少在理論上是這樣；諾姆的第一臺機器打破了結凍的地面。

挖泥機是一種人們用來分解山脈的方式，甚至比最洶湧的河流還要快。地質時間（geologic time）推移得如此緩慢，會掩蓋過它的暴力，但是挖泥機吃掉了成噸的土壤和用炸藥炸成碎石的土地。這需要能量：用煤讓水變成液態、解凍土地，以及鬆動土壤。這需要技術和專門知識來操作和維修引擎、軌道和齒輪。這些全都很昂貴：在西雅圖的碼頭上，一臺蒸汽挖土機要價將近十萬美元，然後必須透過海運來運到北方。在陸地上，蒸氣挖土機每英里的運輸費用為十到十五美元。一旦進入河流或溪流，提供挖泥機動力的煤炭每噸便要花費一百美元。[92]

煤炭動力中的能量是加快時間的一種方式，在幾小時內就能改變土地，而不需要幾世代的時間。但是作為讓時代垮下的代價，代表沒有人願意在財產沒有保證的情況下投資挖泥機。正如哈里遜所言，「沒有什麼比產權的不確定性更容易讓資本感到不安了」，如果沒有產權，「很多礦場所有人就不會想嘗試開發自己財產。」[93]但隨著圈地劃界變得更加明確，所有權也確定後，挖泥機就隨之而來。而且挖泥機後面來了更多的設備。先鋒礦業公司安裝了液壓升降機。蒸氣挖土機挖開小溪邊，向下深入古代的海洋。有位勘測地質學家寫道：「許多礦區正在靠著水力運輸（hydraulic sluicing）來運作」——用加壓水柱對準鬆散岩石或密集礫石，將泥漿送入倒有水銀的流礦槽。[94]蒸汽動力的「解凍機」使用煤炭鍋爐將溫水打入一個狹窄的豎井，慢慢地融化地面，直到碰到基岩為止。[95]在有些地方，礦工們打造了一塊從地上插入狹長垂直管子的礦場，每根管子都與充滿溫水的水平網格狀管道相連。這些水全都來自於一個更龐大的溝渠網絡，沿著山丘邊緣劃出數英里的直線，最後納入道路構成的網格和平行線裡。第一條鐵路線是一條窄軌鐵路，從海灘到鐵砧溪的第一個淘金地點之間行駛，距離有五英里。有位觀察家便曾形容，溝渠和尾礦畫出網絡讓蘇厄德半島看起來像火星。[96]

多數外來者將這樣的改變視為是礦工成功的象徵，在於他們從土地裡汲取出貨幣，否則這裡就只會「被認為是……不毛荒蕪之地」。[97]甚至在美國其他地方倡導荒野保護區的繆爾，將探礦者描述為「一窩螞蟻……用一根棍子惹出麻煩」，但他相信阿拉斯加是如此廣大和寒冷，至少「礦工的鎬子不會有犁跟著」，以及隨之而來災難般的殖民者。[98]拉尼爾・麥基（Lanier McKee）寫道：「在各方面來說都充分表現了美國人民製造騷動的天賦。」[99]

製造騷動的天賦和堆積如山的煤渣並不是充滿幸運、努力勞動的個人工作成果。而且最先偷走最為富有的土地、付錢給律師來保護它，然後將股份賣給投資者來支付設備的那些人之傑作。整片海灘都被翻了過來；卡內基對勞動的看法，而非傑克・倫敦的看法，在後者的看法中，大多數人都是靠著挖出溝渠、把碎石剷進流礦槽，還有用壓力軟管沖洗山坡來賺取工資。這些勞工中有些是白令人：那諾克（Nanok），來自斯福夸克，「在進入水力採礦業之後，每天都能賺取二・五美元和自己的伙食」。[100]吉迪恩・巴爾（Gideon Barr）和伊努皮亞特僱傭礦工的孩子們坐在一起上課，而他的父親馬凱克塔克正在放牧馴鹿。[101]亞溫納則在修理一台黃金挖泥機。就像出售雷鳥、狐狸皮或歐亞馴鹿一樣，這是一種從外來者所改造事物中，得到使用的方式。

對於像謝爾澤這樣的外來者來說，公司採礦的現實是二十世紀早期工業不自由的一種寒冷、偏僻的變種。由於沒有前景，大多數礦工離開了。那些留下來的外來者則用宿命論的眼光看待諾姆的轉變，從海灘的繁榮前途走向工資奴役制的現實。從海象的海岸線到華盛頓特區，美國到處都在爭論資本的正確形式。在白令地區的地下，地球本身似乎會自行作出判斷：土地會頑強抵抗隻身礦工手上的鎬子，財富散播並不平均。有位觀察家表示，「一般預期諾姆作為一個淘金礦場的成功」，需要「以合併企業的方式來運作」。[102]卡內基的看法似乎是無法避免的，因為要鞏固黃金就需要整合好的能量和集體勞動力。在許多美國人所能想像和選擇的詞彙中，能夠組織集體工作的方式就是大公司。唯一能從地下獲得自由的人不是個人，而是一個團體。

政府地質學家們相當讚賞公司採礦的量化結果。光是林德伯格的先鋒礦業公司每年就能向投資者支付數十萬的現金紅利。諾姆的礦場在一九〇五年就產出了五百萬美元，而在下一季則超過七百萬美元。而地質學家們認為大公司提供了穩定的就業，跟一時的淘金熱不同。[103]然而，有些礦工很懷疑公司的繁榮前景。諾姆附近的工資還算不錯——在礦井裡工作十五小時能賺到七・五美元——但在諾姆的旅館吃早餐卻要一美元，坐車到內陸的礦區要一・五美元。然後還有工作本身。受僱於野鵝礦業公司（Wild Goose Mining Company）的亞瑟・奧森（Arthur Olsen）就描述了典型的一天：早上拖運木材，接著「我被叫去拿著鶴嘴鋤，到苔原上挖土來築水堤。步行一英里去吃飯，根本讓人沒時間休息。」第二天，奧森「鏟著碎石，鏟到水堤破裂，所有人都拔腿狂奔來逃離險境」，然後在上夜班的地方，他「挖到一塊堅硬的碎石，到了半夜就被解僱了」。

他在日記中寫道：「不用說，工作後我就全身痠痛，走起路來一跛一跛。」[104]痠痛和跛腳還是日子相對好過的結果。人們經常會凍傷手指、折斷骨頭、面對撕裂傷。[105]他們會淹死、摔死、設置炸藥時被炸死。他們也會在礦坑井道或岩崩中被壓死。

諾姆的工人已經厭倦了流血流汗，卻分不到多少利潤，他們加入了橫跨美國西部的礦業城鎮和東部的工業勞工，一起爭取更好的工作時間和更小的勞動風險。礦工世界聯盟（World Federation of Miners）諾姆分會領導了罷工活動，並在一九〇六推選五位諾姆工黨（Nome Labor Party）的候選人到市議會。[106]他們一開始並不是以支持社會主義為目標。有位當地成員寫道，「我相信安德魯・傑克森（Andrew Jackson）的民主」，因為「這個國家應該由生產階級來治理」，而不是公司的貪婪。[107]但是到了一九一二年，美國社會黨（Socialist Party of America）提名尤金・德布斯（Eugene Debs）作為總統候選人，並且對圈地劃界的土地有另一種看法。這個看法談到了破滅前景的憤怒：為了沒有被公司控制染指的財富、為了勞工在工資和待遇方面的保障、為了邊疆的自由。卡茲斯・考祖納斯（Kazis Krauczunas）以社會主義者的身分參選了阿拉斯加的一九一二年領地選舉，就不僅僅是以工會和集體主義的一般政黨目標為主張。[108]他希望透過終止企業採礦，並將部分礦物變成公共財來挽救探勘活動。考祖納斯認為，是什麼讓美國具有如此與眾不同的自由，那必然是普通人在邊疆生產工具方面所擁有的所有權。必須將阿拉斯加從偏差、從公司資本主義中被拯救出來，才能維護其美國精神。否則，就如社會黨在一九一四年的序言所聲明：「阿拉斯加，美國最後一個偉大的邊疆，拓荒者的家園，正在迅速成為一樣過去的事物。孤獨探勘者的夢想正受到工資奴隸制和找工作的醜陋現實給淘汰。資本主義的惡夢已經纏上了阿拉斯加的工人。」[109]

＊

在一九二二年，一位名叫華特・阿恩斯（Walter Ahrns）的男人，穿越阿拉斯加來到了楚克奇，並在阿納迪爾加入了革命委員會。[110]在第一次世界大戰期間，當美國社會主義者拒絕放棄讓世界上的工人聯合起來支持民族主義的理想時，他們便因為《鎮壓叛亂法案》（Sedition Act）的規定而被逮捕。到戰爭結束之際，所有阿拉斯加的社會主義政治家都被關進監獄，或已經逃到其他方了。[111]在諾姆，卡祖納斯倡導的拓荒平等，便在革命委員會查封美國貿易商在楚克奇的財產，以及「布爾什維克就快過來清理門戶」的憂慮中消失了。[112]資本主義已經成為美國成長方式；違抗資本主義就是違抗國家。因此，阿恩斯就為了前往一個社會主義尚未成為過去的國度而離開。

在阿恩斯所抵達的海峽對岸，布爾什維克正為了一個超越金錢異化迷戀的未來而奮鬥，正如列寧所寫道，黃金在那個未來裡面最適合用來鋪設公共廁所。然而，現在卻充滿著飢渴：渴望糧食、渴望煤炭、渴望將農民勞動轉換成工業富足的技術。歐洲有設備能出售，還有對黃金的需求。在這種情況下，列寧得出了結論，社會主義應該在十年內「用高價出售黃金，並為了黃金來購買廉價的物資。因此，我們必須學會與狼共舞」。[113]布爾什維克早在蘇聯還沒控制楚克奇之前，就將帝國的黃金儲備花在了購買歐洲的軍事物資、藥品、食品和機械上。[114]但工業化仍然落後了。而工業是布爾什維克的啟蒙工具，能讓農民勞動變成無產階級勞動，更進一步轉變成社會主義勞動的途徑。沒有工業，就不可能有共產主義。也不可能有足以抵禦資本主義敵對活動的軍隊。史達林在一九二七年告訴政治局，建立「無產階級的經濟及政治專政」，必須對外國經濟交流作出「暫時的讓步」。[115]楚克奇除了是海象和歐亞馴鹿的土地外，便是那種外國經濟交流的發源地。黃金將成為「（這個地區）經濟生活的重心」。[116]

然而，儘管有著「龐大礦產財富」的確信，俄羅斯帝國還是只留下了不完整的地圖，甚至更加不完整的地質調查。[117]因此，當蘇霍維（S. Sukhovii）在一九二三年指出楚克奇還有百分之八十一．〇二的礦產資源未被開採時，他的精確說法根本是種謊言。[118]一九二六年和一九二八年的兩次小規模地質考察，更讓「整個楚克奇內部……成為一片未知區域」。[119]即使在蘇聯人確實知道有黃金的地方，就如同在「大發現」礦區周圍，也需要人去開採。只有不到兩萬人居住在楚克奇，而且大多數是尤皮克人和楚克奇人，他們的勞動力對於促使其他地方，即海岸和苔原，更有效率成為社會主義而言是必須的。[120]有位地方黨員抱怨道，蘇聯警察「患有『淘金熱』」，而且並沒有為了「讓我們的邊陲蘇維埃化」來努力工作。[121]克利維欽（M. Krivitsyn）在阿納迪爾寫道，所以「要在這個邊境地區發展礦業的先決條件，無疑是透過勞動要素來建立的殖民。」[122]布爾什維克需要一場淘金熱，用來將人們固定在重新改造地底的任務之中。

＊

將人固定在空間中，是一種展現現代國家權力的偉大行為。這涉及到財產方面的邏輯，把我的和你的區分開來；這也是涉及邊界的邏輯，把我們的和他們的區分開來。在美國，事實證明了地底比海洋、海岸或土地更容易被圍起來；利用採礦權，人們被固定在蘇厄德半島，讓停滯看起來是自然又自願的事。至少對於一九二三年在諾姆的人們來說是如此，當時居民聚集在一起見證一場啟用儀式，是用全新「科學設計好的方式和全力投入的方法」來開採砂礦礦層。[123]這個方法就是冷水解凍法（cold-water thawing）。用狹長的鋼管將未加熱的水注入含金的土壤中，提高溫度到足以融化永凍土的程度。這些比起蒸汽的成本更低，採用水管連接金屬管路的礦區加入了挖泥機與蒸氣挖土機的行列。那年，諾姆的礦場產出了至少一百萬美元價值的黃金。[124]

那臺人們圍觀歡呼的挖泥機是公司所有，並由不再把資本主義說成是惡夢的礦工來操作。在諾姆，大公司的到來看似很自然，是唯一的出路，而公司資本主義對自然的影響則被視為是一種進步的象徵。圈起土地能創造財富。將這些財富投資在改造更多的土地上就會造就成長。改造土地需要力量；金錢便買下這種力量，用勞力與蒸汽動力機械的形式，然後力量再找到金錢。地質學家估計蘇厄德半島上至少有五億的黃金存在。[125]其中有些還是在二十年前人們用手工工具產生的礦渣裡面，仍然參雜著最終靠著冷水採礦法才得以獲利的微小金屑。[126]如果技術和商業不僅能開墾荒地，還能取回過去的浪費，那麼這一定就是未來了。

這個未來縮減了其他種白令地區的生命。公路和短程地方鐵路線都阻隔了小溪。整個溪流河床在碎石、瓦礫堆、壞掉的淘洗盤和滴水的管道中消失了。露天採礦作業在一年內吞噬掉七十五萬立方碼的礫石。[127]每次的解凍和暴雨，這片被挖鬆疏通的土地都會滑向大海。魚會受到這些沉積物衝擊而無法產卵。淤泥遮蔽了陽光讓藻類餓死。生產力急劇下降。[128]儘管得意洋洋的諾姆居民看不到這點，但資本主義卻欠下一筆債，對於那些靜止、得以轉讓的元素，以及連帶作為抵押品而受到摧毀的生命。在礦工達到最大成果的地方，白令地區的能量動脈裸露在外。

蘇聯看著阿拉斯加的採礦技術，想像的卻不是死水，而是新生命：一個由國家而非公司組織的集體人類勞動成果。共產主義將會利用資本自己的工具，超越資本消磨人類心志的力量。但是，隨著他們對資本主義工業的崇拜，蘇聯人採用了一種工業的看待方式：人類的自由來自於將人們的命運及靈魂與地球分離，然後將那個地球切割成對人類發展有用的部分。從財富中意識到工人的異化，馬克思列寧主義（Marxism–Leninism）的希望並沒有停留在金礦場是如何透過偷竊來獲得那筆財富，這不只是偷走了人們手中的財富，還有河流中豐富的生命。反之，蘇聯人在阿拉斯加的技術中看到了自己的未來：那個挖泥機和解凍點能取代地質時間的未來。能實現這樣的速度是蘇聯計畫的核心，這不是種破壞，而是人類重生的行為。

第八章　救贖元素

從楚克奇海走向內陸，幽暗的山脈被更為漆黑的地衣覆蓋。從遠處看，山脊宛如帶著摺痕的天鵝絨，到處都有垂直的岩石尖刺。楚克奇人在這些山峰峭壁上，彷彿看到了神祇最早的造人嘗試，也看到了張著血盆大口、可怕野獸的棲息地。[1]一位冷風一般的神靈，讓白雪直到八月都留在山峰上。生命在高處顯得渺小：一叢長在石頭背風面的柳蘭，就靠近北極地松鼠的洞穴。時間的滾滾鍋爐將牠們爪子下的石英和花崗岩都壓成了錫。礦脈深藏在堅硬的岩石中，只有在水讓其裸露出來的地方才能見到，顏色甚至比地衣還要深。

錫是一種工業元素。可塑性強，耐腐蝕，在鍛造過程中，也能為卑金屬增添流動性和光澤。錫的表面摩擦力小，能留住潤滑油膜中的油。錫合金能製程蒸汽動力機械和內燃機中的滾珠軸承。[2]到了二十世紀，這種平淡無奇的金屬，都能在數以千計的小型製造零件中見到，錫會鍍在從白令地區的土地中汲取黃金的設備上，並且能保存礦工們會在小屋裡吃的桃子。錫在工業的無所不在讓其成為關鍵和寶貴的東西。美國人和蘇聯人用手工工具和人類肌肉的力量，或是工業工具和化石燃料的力量來挖開土地，去尋找能製造罐頭和飛機機翼的材料，並在地表上留下相似的痕跡：成堆的廢礦、堰塞的河流、改道的溪流。景觀變化不是受到時間緩慢行進的影響，而是伴隨著炸藥和推土機的速度而來。在這個過程中，白令地區的金屬填滿了計畫，並且創造了利潤。計畫和利潤都是組織現在的方式和有關未來的理論。在白令地區，兩者都只在地下看到一個非常接近的未來——不是經過幾十年才到來的魚，而是花幾週或幾個月就有的金屬。計畫和利潤的預言模式是種數學——經濟模型——或辯證唯物主義的科學定律。預言的證明在於收入和計畫的實現。但這並沒有讓兩者擺脫起源神話。隨著二十世紀的礦場用白令地區生命的長期未來去交換短期的成長，美國和蘇聯的採礦業也成為了另一種資源，成為資本主義自由（freedom）和社會主義自由（liberty）傳說的基礎，更成為一種想像透過拆解地表來打造英雄的方式。

I

一九三三年十月，在楚克奇的幽暗山脈以北，蘇聯「切柳斯金」號（Chelyuskin）遭到冰封，就距離八十一年前諾頓船長失事的地方並不遠。但「切柳斯金」號不是為了捕鯨。船長奧托・史密特（Otto von Schmidt）是北海航路管理總局（Glavsevmorput）的負責人，這是個創建於一九三二年的國家機關，目的在於探勘蘇聯北部並實現工業化目標。正是北海航路管理總局將電線伸入里特克烏在尤夫倫的帳篷、在普羅福灣（Plover Bay）鯨脂提煉廠安裝鍋爐、修建道路，並機械化改造了阿納迪爾附近一座小型魚罐頭工廠。北海航路管理總局的飛行員飛在沒有描繪於地圖裡的河谷上空，執行製圖的任務。他們更探索了北海航路，穿過北極海，從莫曼斯克（Murmansk）來到白令海峽。這就是「切柳斯金」號七月離開列寧格勒時的任務。但是楚克奇以北的冰層讓這艘船陷入困境。幾個星期以來，船員們隨著堅實的大海漂流。到了二月，移動的冰層壓碎了「切柳斯金」號。[3]史密特——身高超過六英尺，滿臉鬍鬚和駝背——都已經讓他的船員作好了棄船準備，他們卸下了帳篷和食物，以及執行任務的無線電配備。當蘇聯飛行員和雪橇犬隊正努力進行救援時，整個蘇聯地區的人們都在收聽史密特從切柳斯金人（Chelyuskinites）*的浮冰營地所發送的電報。

「切柳斯金」號雄心勃勃的任務到他們在冰上求生的集體挑戰，是一部完美的史達林時代劇，一段現實生活中的長征，因為北極環境條件提供了各種可能的意志考驗，並證明了「當人類知道如何武裝自己來戰鬥，當他不再孤軍奮戰時，大自然會如何讓自己服從於人類」，正如施密特所寫，但這還「得到了數百萬公民的熱情支持」。[4]相關的新聞報導在報紙、電台廣播和電影院裡的新聞短片不斷重複，其他一九三〇年代蘇聯北極探險隊的故事也是如此。史達林向北極探險家們致敬，因為他們的動機不是資本主義的利潤，而是人類的救贖；探險家們向史達林致敬，因為他是「人類幸福的偉大締造者」。[5]在大受歡迎的電影《七個大膽的人》（*Seven Bold Ones*）中，虛構的布爾什維克拯救了楚克奇，發現了錫，並為祖國做出了犧牲。但是，不管這是真實還是想像，北方的蘇維埃功績展現了集體經過啟蒙後之鬥爭的優越性；如果社會主義能在寒冷地區裡取得勝利，就代表在任何地方都辦得到。正如《消息報》（*Isvestiia*）所述，在北極地區，社會主義的「技術已經征服了自然，人類已經征服了死亡」。[6]

為北海航路管理總局工作的男男女女，從事的工作是比從沉船逃生更平凡的任務——勘測、建設——他們也在北極找到了一條通往意識的個人途徑。地質學家羅克林（M. I. Rokhlin）將他待在楚克奇的時間描述成生活在「一片『未經開發的荒涼土地』、『冰雪沙漠』、『蒼白寂靜的邊緣』」，但是，透過「辛勤工作、刻苦艱難、身心一致的專注」，他及其團隊「深入了解這塊土地的秘密」，所以更多的「土地將會受到控制，變得適合人居」。在北部海岸紮營時，他發現「一大塊帶有錫礦晶體的石英」，這「真是個轟動的」大發現。[7] 轟動是因為錫對「整個蘇聯來說很重要，它能增強國家的防禦能力，確保世界勞工的成功，並提高北方人民的經濟和文化水準。」[8] 錫也會帶來工業，即「文化的主引擎」，而這也是在楚克奇大致上仍缺少的東西。[9] 而且，對於羅克林來說，這份工作提供了改變。他寫道，在楚克奇，「嚴酷工作日常正考驗著每個人的活力和性格，行動能力和對他人的態度，以及真正身為『人類』的能力」。[10]

到了一九三四年四月，史密特船長和「切柳斯金」號船員都獲救的時候，北海航路管理總局顯然作好準備，要讓楚克奇不僅僅只是蘇聯計畫的一部分，也是要成為蘇聯最好的地方：一個英雄式的北極生產工業中心。羅克林發現了錫；而北海航路管理總局其他地質隊伍在波修瓦河（Bolshoi）、馬伊安鈕河（Malyi Aniui）和安古馬河發現了新的金礦。[11] 但是，儘管北方航路管理總局被描述成一支「極地探險家組成的軍隊」，派去攻擊、壓制和征服北極，史密特的組織還是缺

* 編按：這個名詞是用來指稱「切柳斯金」號的船員。

乏必要的船隻，為楚克奇的礦場、醫院和發電廠帶來補給和人手。[12]在普羅福灣的鯨脂提煉廠甚至沒有混凝土可用。史密特定期寫信給史達林，要求提供船隻，卻都沒有得到答覆。有位楚克奇的僱員寫道：「我們必須在這些困難的物質條件下拼盡全力，並花費大量的精力來工作，而且我們的設備慘不忍睹。」[13]儘管蘇聯有的是英雄，卻沒有足夠能量來重新整頓地下。

＊

地質學家腓特烈・費林（Frederick Fearing）寫道，在距離諾姆八十英里的一片覆蓋著「尖銳凍裂礫石」的山坡上，坐落著一處被掩蓋的錫礦床。[14]在下方，失落河（Lost River）蜿蜒流經一處毫無生機的山谷，連隻蚊子都沒有。這是連伊努皮亞特人都會避開的鬼魅山谷。但在一九一三年，礦工們開始在岩石上鑽孔及進行爆破，鑽出數百英尺深的隧道來尋找礦石。黑色鵝卵石被精煉成錫：在產量良好的年分會有將近一百五十噸。而精煉需要進口的能量。美國地質調查局（U.S. Geological Survey）有位地質學家寫道：「這個地區沒有木材，因此必須海運所有的燃料、建築用建材和礦坑木材。」[15]而化石燃料是如此昂貴，以至於在一九二〇年，在失落河挖出來的兩千英尺隧道是用硝化甘油來爆破，再用鎬子和鏟子把土石挖出來，最後用桶子運到地面上：一座山就這樣被徒手改造了。

拆解一座山是危險的工作。隧道坍塌了。礦井裡充滿了水，或是變成滑冰隧道。挖泥機的齒輪或擺動的水桶，都會讓人失去四肢。有位礦工不小心點燃了爆破膠棒，炸掉了自己的眼睛，「從大腿到腳踝的肉」都撕裂開來。[16]不過，這同時也是全國性的重要工作。美國國內缺乏錫礦。一九一七年，《華爾街日報》（*Wall Street Journal*）就預測將出現「錫荒」。[17]第一次世界大戰後，錫製的飛機和坦克在國防上變得至關重要。失落河是美國少數產錫的地方之一，費林預計能找到「具相當規模的富礦帶」。[18]當麥金塔（A. MacIntosh）在一九二八年買下失落河礦脈的權利時，他就打算透過滿足國家需求來致富。

只是，麥金塔在一年內就破產了。這個國家也是如此。當人們圍觀諾姆郊外冷水解凍法的奇蹟時，根本想像不到經濟大蕭條會在幾年後出現。他們曾慶祝過合併後的公司資本主義，看似多麼自然且多產，宛如亨利・福特（Henry Ford）的工廠在北方的變體，很神奇地能用更少的成本製造出更多的東西。但是，企業資本家將整個一九二〇年代的時間都用在生產，超出工資能夠消費的範圍之外。大眾消費在信貸賭注裡載浮載沉了好幾年；企業則寄託在投機股票市場的希望上。一九二九年的秋天，這兩者終究都耗盡了。華爾街乍然崩潰，然後銀行倒閉，工廠關閉，農場發現沒有任何收購他們穀物的市場。四年後，將近四分之一的美國工人失業。沒有工資可以花，沒有需求能供給。失落河關閉了。蘇厄德半島的黃金生產崩潰了，接著是「小徑及道路走向廢棄和消失，商店和餐館都關門大吉，各種交通工具也都面臨停駛。」[19]這是全國絕望的一角。在一九二九年之前，美國有三分之一的人生活在長久的貧窮中；在此之後，又有數百萬人生活——或害怕要生活——在一個乳牛因缺乏飼料而死亡、嬰兒因缺乏牛奶而死亡的國家。這是一個有十萬名美國人申請移居蘇聯，藉此來逃避絕望未來的國家。[20]

一九三三年，小羅斯福總統在眾多旨在從資本主義手中拯救資本主義，讓美國免於革命——不論是共產主義或法西斯——的政策中採取了一項措施，幾乎把金價提高了一倍。這對農民來說，並非是得償所願的福音。但對阿拉斯加來說，就如比奇所寫道，這項措施為宛如一棟「鬼屋」，等候生產工作能讓其起死回生的荒山野嶺之間，帶來了「生意……淘金」。[21]內政部長的辦公室裡堆滿了男男女女的信件，希望能「到阿拉斯加探礦」，因為在相鄰的州都「沒有工作可做」。[22]內政部表示同意；阿拉斯加的土地充滿了尚未被利用的價值，所以有「成為相對令人羡慕幸福的一州，以及工商業擴張可能」的潛力。[23]一九三年代的美國北方並不是個英雄式自我創造與歷史變革的地方；而是不具任何成長之倖存歷史的宣洩出口。

同時，這也是個得以吸收美國勞動力來嘗試重新促進成長的地方。有位滿懷希望的淘金者寫道，一旦個人探礦者負責「解放和控制阿拉斯加龐大的自然資源」，就能創造一個「輝煌的未來」。[24]小羅斯福也同意這點，在他那套新政下的法律及機構中，不僅提倡社會計畫、工會和銀行改革，還有恢復地方自給自足。公司資本已經破壞了個人所有權，以及隨之而來的穩定生產。有位回歸土地（back-to-the land）的倡導者便曾寫道：「走在陽光下、無懼匱乏的百萬名男男女女，終將會實現個人獨立。」[25]

免於匱乏的自由：是新政核心的希望。報紙讓在阿拉斯加的這種自由，看起來像是件有關進取心和選礦鍋，讓探礦者「一整天鏟土和淘洗就能賺到五美元以上」的事情。[26]這是個古老的願景，那個諾姆海灘的願景，個人能創造為自己效勞的利潤。報紙並沒有報導蘇厄德半島的砂礦開採就像奧克拉荷馬州的農業一樣依賴著水——有位觀察家寫道，「沒有雨」，流礦槽乾了，「就不可能有工作」。[27]或者說，開採深層礦床和冰凍礫石需要公司投資，就像製造汽車一樣。在大蕭條期間去諾姆的大多數礦工都像奧斯卡・布朗（Oscar Brown）一樣，被僱來在地下八十五英尺的爬行空間裡開採礦脈，在那裡「我們必須使用指南針來確保我們的隧道方向正確。」他努力工作「讓我和太太艾拉……能夠支付我們的開銷」。[28]他一個夏天的收入就足以購買一整年的雜貨。哈蒙聯合金礦（Hammon Consolidated Gold Fields）是諾姆最大的礦業集團，在一九三五年的收入就足以「部分償還一萬四千九百名股東為實現合併經營所提供的數百萬美元。」[29]哈蒙公司的收入是二百萬美元黃金季的一部分。諾姆的形象是邊疆救贖的形象，是透過個人財富得到救贖的形象。但是採礦的現實仍然是僱傭勞動。

II

革命需要圈地劃界：將已改造的人與未改造的人分開，社會主義者在這個邊界內，資本主義者則在邊界外。但是，最終社會主義革命應該是普世的，因此，圈地劃界只是暫時的。首先，布爾什維克先鋒隊將改造俄羅斯；接著，蘇維埃先鋒隊也會將整個世界改造成共產主義政治體。在一九三〇年代，史達林宣布第一個圈地劃界行動已經完成：真正的、現行的社會主義已經來到蘇聯。

然而，仍然有小偷，儘管沒有一個社會主義者應該去偷竊。還有殺人犯。在蘇維埃的邊界之外，資本主義世界發出威脅，他們的間諜可能出現在任何地方：在被指控為富農的農民之中，在被指控為破壞者的工廠工人中，以及在思考、似乎在思考或採取行動反對國家的各種人之中。直到一九三六年為止，內務人民委員部針對這類內部敵人都持續逮捕了一定數量的人。這一年，在每個地方集會、每個工廠、每個地質考察隊、每個努力讓苔原集體化的幹部中，都展開了公開審訊和大規模逮捕行動，對不純潔的人進行大規模清洗。為了集體的利益，真正無可救藥的人必須被處決。但如何拯救其餘的人呢？

蘇聯的答案，是非自願的救贖，在一座亞歷山大・索忍尼辛（Aleksandr Solzhenitsyn）將會讓其聞名於世的群島上：一個由監獄、審訊中心、精神病院和集中營所組成的系統，都在勞改營管理總局（Main Camp Administration）——古拉格（Gulag）——的管理之下。古拉格最大的島嶼位於蘇聯東北部，由遠北建設管理總局（Dalstroi）負責運作。[30]在遠北建設管理總局，就像在古拉格一樣，救贖來自於再教育，再教育就代表學會像蘇維埃一樣勞動，像蘇維埃一樣勞動，就等於不斷增加生產的業績，而生產會把墮落的個人轉變成共產主義整體中得以運作的部件。[31]有篇宣揚蘇聯再教育的文章寫道：「政府採取了部分的社會主義計畫……為你測量了些許劑量，它將用社會主義的真理治癒你這個罪犯。」[32]這個劑量就是判決。治療方法便是透過勞動來重塑罪犯。

在古拉格裡，建設社會主義可以意味著砍伐木材、灌注混凝土、開挖運河、建造工廠，或是開採地下資源。有位蘇聯採礦工程師在一九三一年寫道，「調動我們的黃金資源，是絕對必要和及時的」，因為「目前在資本主義裡的危機」正減少著世界的黃金供給。[33]蘇聯仍然依賴對外貿易，依舊在等待全球革命，並需要某些東西來養活一個搖搖欲墜的市場。向國外出售穀物是答案之一，但史達林和政治局在那一年也多次開會討論黃金。[34]地質學家指出，阿納迪爾以南數百英里的科力馬河擁有最有前途的礦藏。遠北建設管理總局就是為了開採這些礦藏而成立：利用強迫勞動來解決北方航路管理總局為前往北方而努力琢磨的能量問題。從一九三二年開始，內務人民委員部向遠北建設管理總局提供了數以萬計的罪犯，沿著鄂霍次克海扔到冰封小溪和雪白山丘上。[35]

遠北建設管理總局在囚犯中很有名，也是古拉格中最糟糕的地方；往往會在救贖完成之前就死於飢餓、疾病、意外或凍傷。[36]根據計畫的要求，遠北建設管理總局也是古拉格裡最好的生產者。科力馬地面上有豐富的砂金，離地表近到只需用鎬子、鏟子和選礦鍋就能產出幾盎司黃金，而用簡陋的流礦槽和溝渠更是如此。有些設計科力馬河道的囚犯曾經一度為北海航路管理總局工作過，他們因濫用資金或對革命工作不夠投入而遭到清洗。[37]這些專家及大量被監禁的勞工，都讓科力馬的黃金產量從一九三二年的半噸多，到一九三六年有將近三十七噸。[38]即使恐怖持續加深，黃金產量仍繼續不斷攀升，沒有人能倖免；史密特儘管有著公開的英雄事蹟，卻被指責成只有「金口」，卻沒有成果可言的人。[39]但是，政治清洗都會提供給每個被判處死刑的地質學家，兩三個或五個沒有受過訓練的男性或女性到礦場工作。[40]有位遠北建設管理總局的主管在一九三七年寫道：「在阿拉斯加……資本主義淘金熱最瘋狂的年代裡，從未有一塊領土能像今年的科力馬一樣，生產出這麼多的黃金。」[41]

遠北建設管理總局可以憑藉新力量的不斷供給，管理著北方航路管理總局未曾掌握的事物：打破北方的土地來讓礦場生產。蘇聯人民終於能用河流的速度開始工作。一九三九年，莫斯科將楚克奇地下的控制權交給了遠北建設管理總局。[42]兩年後，隨著紅軍對錫攸關生存的需求，古拉格運輸船開始駛過馬加丹，穿過白令海峽。瓦列里・揚科夫斯基（Valerii Iankovskii）回憶道：「左邊是楚克奇光禿禿的岩石海岸，右邊是朦朧、遙遠的阿拉斯加海岸。」[43]

＊

揚科夫斯基是流亡到朝鮮的白俄羅斯人之子，在二戰期間作為翻譯加入了紅軍，然後因為「幫助國際資產階級」而被捕。[44]亞歷山大・艾雷明（Aleksandr Eremin）在一九四二年當砲兵學員時，在要求了一位識字、受過戰鬥訓練的指揮官之後就被判刑。彼得・利索夫（Petr Lisov）曾經是明斯克（Minsk）的一名工廠工人，用他的話來說：「自己在沒有任何事實或證據的情況下被逮捕。」[45]伊凡・特瓦多夫斯基（Ivan Tvardovskii），他的父親是一名鐵匠，在一九三〇年代初被指控為富農，身為學生的他就被送到特殊的安置處，之後受紅軍徵召，然後在芬蘭被當作戰俘帶走，沒想到卻在一九四七年回到蘇聯後，因怠忽職守的罪名而遭到逮捕。每個男人都被抓起來、審問、判刑，然後被押上火車，從莫斯科向東駛去；在鐵軌上待了幾天，然後，也許關到運輸船「巨大、空洞、陰暗的船艙」之前，會有幾個禮拜待在海參崴的監獄裡，「從地板到天花板，就像在一座巨大的家禽養殖場」，人們住在「九英尺見方的空間裡，五人一組」。[46]運輸船上充斥著「丹祖馬」

號（Dzhurma）的傳言，那艘船也在楚克奇北方、離「切柳斯金」號不遠處受到冰封，裡面有一萬二千名囚犯在春天到來之前被活活凍死、餓死或互相吞食。[47]最後才終於抵達楚克奇。囚犯被送到伊格威基諾特或佩韋克（Pevek）的勞改營，用利索夫的話來說，那裡的「黑色岩石好像被風熨平了」，擺脫了「積雪深達五公尺的山谷」。[48]

揚科夫斯基回憶道，那些山丘上有著「露天開採的礦場」，「所有的工作都是用鎬子、鏟子、獨輪手推車來完成」，我們「裝上那塊（礦石），用手在狹窄不結實的軌道上滾動它」。[49]利用政治犯解決了蘇聯的勞動問題，卻沒有解決其他的短缺。一九四一年一份遠北建設管理總局的報告指出，「到處都缺少木材和建材」，包括「沙子、粘土、碎石和石頭」。採礦設備只能在短暫的夏天從船上卸貨。挖泥機、挖掘機、卡車和其他任何有馬達的東西在冬天都會結凍。在黑暗的山丘上，經常沒有水來淘洗礦石，或者水在七月前都呈現結凍狀態。把水加熱需要電力，但電力又需要水力發電，而水力發電只有在溫暖的時候才能正常運作。[50]

夏天，揚科夫斯基在挖泥機裡淘洗碎石，看過有囚犯偷偷地把小金塊藏在舌頭底下帶走。冬天，他徒手挖洞。「第一個洞我在十天內挖了三公尺半深。愈深似乎就愈暖和，但會更難把該死的石頭扔出去：一半會落在你的頭上和眼睛裡。」[51]在將近半個世紀之前，在諾姆礦區辛苦工作的謝爾澤，就很清楚這種勞動過程。

跟謝爾澤不同的是，揚科夫斯基和他的囚犯同伴來到楚克奇的時候，簡直就是工資的奴隸，從他們既不能拒絕、也不能逃避的工作，只能得到微薄的報酬，或者根本就沒有報酬。並非每個囚犯

在楚克奇伊格威基諾特外，前往北方道路上的廢棄古拉格建築。
圖片出處：作者拍攝。

都是礦工。特瓦多夫斯基在他的入獄表格上被列為木匠，並在伊格威基諾特的鑄造廠製作金屬鑄件。艾雷明在錫礦地質學家羅克林的指揮下，為恰翁—楚克奇地質局（Chaun-Chukotka Geological Service）修建道路並進行勘測。他經常在苔原上一待就是幾個月，最後被允許作為羅克林的助手生活在勞改營的「區域」之外。但他們沒有人能離開，就像大多數阿拉斯加探礦者在冬天到來的時候一樣。大多數囚犯住在石頭營房裡。這些是為了進出礦區或修築道路所建，而不是有人會選擇來遮風避雨的地方，這些營房經常座落在除了紅色岩石什麼都沒有、光禿禿的山脊上，甚至離自來水都非常遙遠，溫度會到零下六十度。有位囚犯回憶道，牆上的海報「讓我們想起史達林的名言：『工作是種榮譽、一種榮耀、一種英勇和英雄主義。』」[52]對於被分配到礦場的人來說，每天工作的時間長達十或十二個小時。食物配給與表現掛鉤；手推車愈滿，粥碗就會愈滿。勞動過程稍有個疏忽，就可能會招致營地守衛的毆打。更激烈的叛亂會導致處決。揚科夫斯基目睹了守衛「用水管將還活著的人噴濕，只要他們還在動……他們會在水柱下不停痛苦地扭動，直到變成坐在雪中的樹樁」。[53]

地下本身可能就是致命的。從一九四〇年代的錫礦坑開始，楚克奇採礦業擴大了：提煉鋁土礦，淘洗黃金，而且到了一九五〇年在距離佩韋克不遠處發現了鈾礦。[54]囚犯擔心從錫礦脈中炸出的二氧化矽會損害肺部，以及鈾礦會造成輻射中毒。[55]意外和矽肺造成的死亡頻傳，多到讓遠北建設管理總局在一九五三年向兩者宣戰。同年，勞改營官員經常受到莫斯科領導層的責備，因為他們「在囚犯使用上疏忽的態度」，導致「白白浪費」的勞工和一堆未能達成的計畫。[56]尤其令人擔憂的是將揚科夫斯基這樣的政治犯和一般慣犯關在一起的習慣。在伊格威基諾特勞改營，一次莫斯科的調查發現「囚犯分成兩組敵對團體，即所謂的C組和B組。在這些團體中的每個人都試著透過勒索那些真誠工作的人們來壓制和影響囚犯……在這場鬥爭中，他們互相折磨、虐待，甚至謀殺對方」。[57]

楚克奇的守衛們便用要求作為回應：麵包、大衣、醫生、更多守衛、更多建築物。囚犯們用舊輪胎做靴子，用報紙、羽毛，以及任何他們能找到的東西來讓衣物保暖。他們忍受壞血病、斑疹傷寒和無止境痢疾的折磨。在夏天的時候，正在換毛不會飛的野鵝被人們抓住，變成了勞改營的貨幣。[58]利索夫寫道：「海豹、白熊、棕熊、野兔、馴鹿都是美味佳餚。」[59]但肉食來源並不穩定。揚科夫斯基寫道：「營地裡的食物——是什麼？六百、七百、八百克的麵包？」這是個持續延燒的問題：「在我死之前，我是不是能吃黑麵包吃到飽？」在澡堂結霜邊緣的範圍內，他看到人們變成「可怕的古怪模樣：細長的脖子、突出的肋骨和肩胛骨，特別是手肘和膝蓋，像撞球一樣」。[60]特瓦多夫斯基看到伊格威基諾特附近的亂葬崗上，堆滿了「死去的囚犯，他們被傾倒在挖土機事先挖好的壕溝裡，就像死掉的牲畜一樣。很難說有多少人死於非人道的生活條件。但在楚克奇的第一年，一千兩百名囚犯中，只有七百多人倖存下來。」[61]其他屍體則被沉入一處碧綠的高山湖泊裡。

在墳墓周圍，古拉格勞改營實現了在俄羅斯白令地區的艱難建國任務：將人固定在空間裡。空間被鐵絲網圍住，由守衛巡邏看守。艾圖格（Z. I. Etuvg'e）還是女學生的時候，看到她的楚克奇母親將馴鹿肉留給在佩韋克圈地內的外來者。她將食物藏在煤堆裡，囚犯們有時候會留下一些小東西作為回報。艾圖格在一九四一年也聽到了好幾天的槍聲，那段時間裡發生一場暴動，導致錫的生產停頓了幾個月，最後有幾十個人死亡。[62]利索夫見過某次逃跑未遂，有五個人被殺，十八個人受傷。[63]在勞改營中，囚犯之間流傳著有人劫機或穿過冰層前往阿拉斯加的謠言。[64]同樣在這些年裡，楚克奇人也在集體農場中，嘗試用他們自己的暴動和逃亡來努力爭取自己的停工。楚克奇人視為庇護所的土地，能幫助國家在古拉格留拘留外來者。正如揚科夫斯基所言：「在北極圈這裡，毫無希望可言。到處都是大片光禿禿的苔原……無法不在雪地上留下腳印。還有楚克奇獵人。他們能用受傷的囚犯換取獎賞。」[65]這種危險是雙向的。在伊格威基諾特附近，有兩個楚克奇家庭收留了三個越獄的囚犯。因為擔心自己會被交到警察手上，這些囚犯就殺害了照顧他們的楚克奇人。[66]

大多數囚犯會在服刑期間努力工作，一九四一年共集體生產了三千多噸的錫，一九四三年有將近四千噸，到了一九五二年則接近六千噸。在某些年裡，佩韋克錫礦是這個國家中產量最高的礦場，產出蘇聯國內供給量的一半。[67]遠北建設管理總局提供冷戰將近一百七十噸的鈾。[68]但是，礦石只是勞改營其中一個計畫去生產的東西；另一個計畫目標則是被改造、被救贖的公民。古拉格官員透過囚犯的啟蒙表現，評估他們是否適合重新加入政治體。就像計畫會量化時間的行進一樣，邁向計畫的勞動也會量化個人的轉變。達成計畫、超出計畫——這些都是社會主義忠誠，還有政治工作和自我教育的標誌。成為一位史塔哈諾夫式工人就能夠提前獲得釋放。而且，在官方看來，釋放就代表了得到救贖。

然而，改造的經驗並沒有產生對集體未來一致的個人奉獻。有些囚犯，例如利索夫，從來沒有恢復社會主義將會有前途的預感；蘇聯對他來說變成了古拉格，而古拉格只有「寒冷、飢餓、虐待、羞辱和毆打」。[69]在獲釋十年後，艾雷明並未描述有關自我改造的狂熱社會主義信仰，但發現自己的工作「艱苦、疲憊，卻非常有趣和令人興奮」，因為這給了他一個「觀察生活」的機會。[70]特瓦多夫斯基在回憶錄中很少寫到蘇聯的理想，但對鑄造廠感到自豪，形容他的勞工同伴普遍都很友善。[71]在描述與公社改造承諾之間的模糊關係時，他並不孤單。勞改營的勞動是一種群體追求，但是勞改營的痛苦往往只會讓人陷入個人折磨的困境，等待著遙不可及的救贖。

揚科夫斯基回憶起他正式獲得救贖的欣喜，「七年來第一次能自由地行走……我直接穿過低垂的草叢；然後走過山坡上一條刈草小徑，往下跑到藍色海灣……那是一種難以言喻的自由感受」。就像之前所有囚犯一樣，他有個選擇：坐船回「大陸」，或是到偏遠的南方礦場工作，後者如今是為了報酬。他選擇留在「自己有點愛上的楚克奇……起伏的苔原，以及有著矮小白樺樹的小島」，所有事物都「與雷鳥、狐狸、野兔的足跡……無邊無際的藍莓與岩高蘭田串在一起」。[72]冬天，他吃著附近楚克奇集體農場的馴鹿肉，向年輕婦女灌酒，聽她們朗誦在學校裡學到的普希金（Pushkin）。三年後，他離開這裡，回到馬加丹與家人團聚。在他身後則是一個被改造過的地球。手推車和鎬子讓山丘河谷遍地都是露天的壕溝切口和挖掘傷痕。沿著伊格威基諾特公路流過的溪流，因為沖蝕和廢棄的土壤而堵塞，衝擊著宛如玻璃珠的新生魚卵。

III

在白令地區山腳下某些地方，苔原平原上停著直達天空的水窪。一片片湖泊和池塘，到處都有其富足之處。肥美如珍珠般的白鮭魚，吸食著淤泥中的小蛤蜊。春天，鴨子、沙丘鶴、鵝及天鵝會在湖邊蘆葦叢中築巢，在每年的換毛期間綻放出雲朵般的羽毛。在楚克奇，一九五七年以後，不會飛的牠們再也不會受到附近勞改營飢餓囚犯的威脅。這一年，赫魯雪夫關閉了北方的古拉格。[73]赫魯雪夫承諾北方將會由新一代的工人居住在透明獨立的穹頂中，而非一座深陷沼澤地的圍欄建築。[74]在這個太空時代的北極建成之前，每個村莊都會有「一間俱樂部、一間圖書館、一間電影院」。這是種證明社會主義能力的新方式，能為軍事設施設置人員，同時增加生產。[75]

赫魯雪夫最想增加的產能是工業生產，在楚克奇便代表著開發利用「新的金、錫、煤和建築材料礦藏……以利國家生產力的發展」。[76]為了解決關閉古拉格留下來的勞動不足問題，赫魯雪夫及其後的領導人，都讓北極地區不再是個為了社會主義去救贖個人的地方，而是社會主義能真正實現於個人身上的地方。薪水很高。到一九六〇年代，阿納迪爾、佩韋克和其他採礦殖民地的白蘭地、葡萄酒、魚子醬、巧克力和進口美食的供應，都比大多數城市地區還要好。買大衣或鞋子不用排隊。人們可以購買單戶公寓。有位地質學家記得：「我一個月能賺五百美元，從這個角度來看，我可以在伊格威基諾特的中央食堂用不到一盧布的價格，吃一頓有三道菜的大餐。」[77]

這種誘因起了作用。有份報告指出：「在遙遠的北方，工業和交通的發展已經讓先前空曠地區的人口快速成長。」[78]楚克奇的人口從一九五〇年代不到四萬人，迅速增加到二十年後的八萬多人。[79]楚克奇人與尤皮克人在赫魯雪夫之前，曾經占楚克奇地區人口的四分之一以上，如今只有不到百分之十。莫斯科發出命令，讓「少數人民」參與工業工作，並加強他們的集體場；這產生了合併的行動，先關閉沿海村莊並採用機械化的方式去放牧馴鹿。但楚克奇人和尤皮克人普遍缺少成為地質學家或勘測員的訓練，而地質學家和勘測員才能負責收入最好的工作。[80]大多數楚克奇人和尤皮克人會留在集體農場，遠離佩韋克和伊格威基諾特的餐廳和電影院；當他們真的搬到較大的城鎮去工作時，都會伴隨不好的名聲和報酬。

對於外來者來說，成為礦工或地質學家不僅僅是種賺取高薪和參與最佳計畫的機會。有位外來者回憶道，楚克奇是「精神綠洲，一座未受汙染的天堂」。[81]這是個自我發現的地方，是個充滿童年浪漫的地方，那是個由切柳斯金英雄主義及傑克・倫敦翻譯作品環繞的童年。戰後出現了新的蘇聯北極英雄。里特克烏的小說將楚克奇描繪成原始共產主義的地方，因為「社會平等的觀念」和「工作是衡量所有真實和人類事物的真正標準」，是「愛斯基摩—楚克奇哲學」的基礎，「……從未被公式化，但已實踐了幾個世紀」。[82]《極地霧夢》（*A Dream of Arctic Fog*）中的楚克奇是通往純粹且自然的社會主義自我的指南。謝姆希金的《亞里特上山記》（*Alitet Goes to the Hills*）再次將集體化制度，說成是蘇聯「真正人民」對抗美國掠奪者的鬥爭，在這場鬥爭中，蘇聯人透過「如火如荼的社會主義建設」，最終「征服了這片死亡廢土」。[83]在奧列格・庫瓦耶夫（Oleg Kuvaev）的《領土》（*Territoriia*）中，地質學家英雄在楚克奇過著「簡單明白的生活」，來讓自己能「好好工作」。[84]《領土》並沒有去戲劇化創造社會主義自我的勞動，也就是一場在史達林主義北極下的長征，而是關注社會主義自我在大自然中發現自己真正的核心。[85]這是一個在時間之外的蘇聯生活願景，或者說是在一個永恆的地方：在後來多次再版及改編電影中，《領土》中的楚克奇現代和原始兼具，是一個真實存在的浪漫未來。

向蘇聯公民輸出的楚克奇願景，讓社會主義世界的邊緣成為實現社會主義承諾的中心。謝姆希金的蘇聯人放逐了市場。里特克烏筆下的楚克奇人並不是活在在社會主義生活的邊緣，而是社會主

一九八四年，在科斯莫斯基礦區附近的金礦工。圖片出處：Shutterstock。

義生活的本質。而《領土》是將一九四九年遠北建設管理總局在比里比諾（Bilibino）附近發現黃金一事，移植到一個年代更晚、沒有古拉格的時代，從故事中虛構的山坡上抹去了現實裡仍然存在的鐵絲網和圍欄。新的礦工們生活在其他蘇聯人寫進自己地下出版物敘事裡的物質痕跡中，也就是透過政治地下組織謹慎流傳的《古拉格群島》（*The Gulag Archipelago*）草稿。

庫瓦耶夫、謝姆希金和里特克烏，還描述了在推土機、液壓淘洗機、挖泥機和爆破雷管之前早已存在的河流。但資助這些人類解放願景的是對塵世的征服。黨內官員李亞波夫（A. Riabov）報告了這個地區在一九六一年的黃金產量比前七年任何時候都要高，「我們已經克服了錫礦業的停滯問題」。[86]科斯莫斯基（Komsomolskii）礦場是第一個大型工業化金礦作業，並催生了一座三千人的小鎮，包括一名操作這個地區第二台挖泥機的「社會主義事業英雄」。礦場經營者不僅因為成噸的礦石而得到祝賀，還有「減少意外數量」的「安全措施」。[87]到了一九七〇年代初，楚克奇每年生產九百噸黃金，已經超過了第八次五年計畫（Eighth Five-Year Plan）中錫、鎢和汞的產量目標。[88]

這些黃金特別有用。一九七一年，美國總統理查・尼克森（Richard Nixon）讓美元與金本位制脫鉤之後，黃金的市場價格就隨之上漲。這是美國管理通貨膨脹和穩定經濟的努力之一，透過投資金融和服務業，將工業逐漸推向美國境外。[89]蘇聯試著用更多的工業（包括黃金）來管理本身的生產趨緩問題；成為繼南非之後的世界第二大出口國。遙遠的美國政策改變了楚克奇的土地。在佩韋克附近，土地上突然冒出成堆的破損設備，以及浸泡在酸液中的露天壕溝。礦場讓河流改道，撕裂了歐亞馴鹿的放養牧場。楚克奇的全蘇聯自然保護協會（All-Union Society for Nature Protection）分會有數千名成員，他們擔心河流被污染得這麼嚴重，「不可能去吃這些河裡的魚」，並敦促更好的技術，以及「列寧主義與自然關係中的社會主義競爭」，後者如今包括「保護水資源」及其他環境措施。[90]但黃金出口的特權仍讓這種理想變得次要。蘇聯仍然依賴於自己所欲取代的市場。列寧的國家仍然不得不與商業的狼群一起嚎叫。

*

一九五一年，一名叫威利・瑟努格圖克（Willie Senungetuk）的人搬到了諾姆。他在威爾斯*長大，當時從事捕獵和海象牙雕刻的收入，便足以購買一個家庭所需物資。他的兒子約瑟夫（Joseph）後來寫道，「經濟地位不取決於貨幣標準」，而是在於「狩獵工具、更大的房子……更多的食物儲存空間」，也因此有更多的能力在不景氣的年分去協助同村的村民。[91]這種人類之間的相互依賴關係，未能在傳教士禁令及印第安事務局的算術課中延續下去，透過為社群提供服務來獲得領導地位的古老做法也適應了與市場的聯繫。但在一九四〇年代，瑟努格圖克發現那個市場的條件正在變化。狩獵需要更多的設備（例如：裝有汽油的舷外馬達），以及當地商店現在要求收現金，而不是狐狸毛皮。戰後，飛機在村莊之間飛行，協助定期郵件及銀行服務。電話線牽進來了。空間瓦解了。這些全都讓貨幣這種可以跨越距離、快速轉移價值的東西，在長期與貨幣絕緣的村莊中變得普遍。貨幣改變了供應者所能提供的條件。而作為一個伊努皮亞特人、作為一個人，就是要去提供他人所需。瑟努格圖克的英語足以進行簡短的交談。他已經在威爾斯印第安事務局學校完成了七年級的學業。有了這些工具，他決定到諾姆賺取現金，才能提供小孩更好的條件。

那時候的諾姆，已經從戰時的喧囂縮減到只剩幾千人。儘管國家曾有過努力：軍隊鼓勵軍人在戰後搬到北方，形容有「不可勝數的錫、煤、汞、銻、銅、鉛、鐵、鎳、鎂、錳和鉑礦藏」，並預測「戰後的勘探將因新的軍事地圖而變得更加容易」。[92]這些金屬「對國家經濟和安全至關重要」，

* 編按：此處的威爾斯是前述阿拉斯加地名的威爾斯王子角，而非英國的威爾斯。

在這片土地上，老兵能「重振精神，忘記衝突的騷亂」，因為「深深刻劃在這個國家早期殖民的拓荒精神仍然存在」。[93]但在蘇厄德半島，拓荒精神並沒有大量湧現。由於戰後急遽變低的黃金需求，「小型經營者的周轉資金」不復存在，而「維修、設備及勞動」的高成本屹立不搖。[94]失落河的錫礦被廉價的進口產品取代。唯一有利可圖都是大型、成熟、工業化的礦場，並且都擁有特別富裕的土地。

諾姆確實保留了一些得以出口的東西：小鎮神話，這是傑克・倫敦筆下的劇情裡，有著建築物大火和白色獠牙的狼犬，更為人所知的克朗代克之美國版本。比奇的小說《掠奪者》持續暢銷，歸功於一部一九四二年的改編電影，在這部電影中，被同行的礦工形容是「真男人」的約翰・韋恩（John Wayne）向瑪琳・黛德麗（Marlene Dietrich）求愛，並在一場酒館鬥毆中，挽救了他的黃金所有權。這是《掠奪者》拍成電影的第四個版本；第五個版本則是在一九五五年。電影中的淘金熱都不會用失望的僱傭工人當作主角。反之，正如詹姆斯・庫伍德（James Oliver Curwood）所寫，勘探「自有誘惑、浪漫及刺激」，是在「文明尚未帶著其喧囂到來、不可估量的空間中」工作的產物。[95]從戰後諾姆地底下世界輸出的資源，與其說是黃金，不如說是在這片最後邊疆找到黃金的想法，在那裡，人就是人，國家及其法律義務皆不存在，伊努皮亞特人不存在——或是存在於高貴野蠻人或野蠻酒鬼的狹小範圍內——而錢則從地裡冒出來。蘇聯英雄們想像了一個未受汙染、原始的大自然，因為在現實中，他們用礦場毀了河流；美國人征服了自然，但在現實中，他們幾乎沒碰觸過自然。那段過去已經賣掉了。

瑟努格圖克並沒有生活在那段過去裡，而是生活在一個最急需的貨幣是現金的現在。他在諾姆一家礦業公司工作，但在第一個冬季就被解僱了；他的妻子以縫製北美馴鹿皮維生，但是隨著戰時需求的消散，她也賺不到什麼錢。這是種新的貧困：威爾斯的歉收年分會被平均分攤到一座村莊中。在諾姆，失業打擊了一個個家庭。在學校，老師打學生，來自不同村莊的學生互毆。四分之一的白令人患有肺結核。外來者占據著大部分穩定、高收入的工作，並且高論闊論著失業的白令人。而在諾姆，超過半個世紀以來，這裡的土地一直被人主張所有權、出售和轉賣，伊努皮亞特人幾乎沒有權利來收獲魚或漿果的共同收成。相反，瑟努格圖克的兒子約瑟夫寫道，有個人「買下了土地」。「這麼多英畝……這麼多美元。」大多數伊努皮亞特人和尤皮克人都沒有足夠的美元，能夠買回他們從未出售過、從未視為得以轉讓物品的土地。市場本應帶來自由；反之，它卻要求伊努皮亞特人離開村莊，好讓他們和其孩子可能有錢來買到生活所需。難怪在瑟努格圖克到處都能看到酒。這是對於生活在毫無意義、原始的資本主義邊緣的一種安慰，「歸屬感和擁有一塊偉大又驚人的土地」，在那裡必須依照「白人的標準」才能換取。[96]

而這些標準即將圍住更多的土地。一九五九年，《建州法案》（Statehood Act）允許阿拉斯加州選擇一．〇三三五億英畝的聯邦領土成為國家財產——或是某位倡導者所謂的「自由土地」，都是已經開發過，或是從伊努皮亞特人和尤皮克人手中出售的土地。[97]聯邦政府要求阿拉斯加州不得主張原住民積極「使用」的土地，但阿拉斯加州一開始就忽視了這道法令。當時人在費爾班克斯（Fairbanks）的二十五歲研究生威廉．伊格亞格魯克．亨斯利（William Iġġiaġruk Hensley）記得，他意識到阿拉斯加州「準備（將我們的土地）完完全全從我們身邊偷走」。

亨斯利並不是唯一一位「憤怒」的白令人，正如他訴諸的文字，「我們生活在貧困之中，疾病肆虐」，而「我們對於發生在自己身上的事情，卻沒有發言權」。[98]《遷徙性水禽條約》（The Migratory Waterfowl Treaty）規定，在沿海地區最關鍵的遷徙季節獵殺鴨子是違法的，這讓原住民社群感到厭惡並公開違反法律。約瑟夫・瑟努格圖克長大後，對於自己父親並未擁有每年夏天都會在上面捕魚的土地感到憤怒，而且對於父親不期望擁有這種權利感到沮喪。亨斯利於是成為了幾位年輕阿拉斯加原住民中的一分子，他們會在自己所在村落的家家戶戶之間、地區的各村落之間，在州的各地區之間，挨家挨戶地解釋權利及即將到來的損失。在希望岬，這樣的組織工作阻止了美國原子能委員會（U.S. Atomic Energy Commission）打算使用核彈來建造一座深水港的風險投資，也就是「戰車計畫」（Project Chariot）。在柯策布、泰勒及諾姆周遭，人們提出正式的土地所有權。一九六六年，阿拉斯加原住民聯盟（Alaska Federation of Natives, AFN）開始向州政府和聯邦政府施加協調壓力，要求正式承認在地的主權，扭轉透過竊盜行為將土地轉變成私人財產的處境。

同時，聯邦政府和州政府也有自己想解決圈地劃界問題的需求；在白令海東方普拉德霍灣（Prudhoe Bay）的石油發現，需要一條讓其能夠銷售的管線。這條管線穿越了數千英里的土地，而這些土地上的原住民所有權從未失效。阿拉斯加原住民聯盟想要保護土地不被賣給外來者；外來者想要那些受原住民所有權保護的土地。經過五年的辯論和遊說，尼克森總統簽署通過了《阿拉斯加原住民土地權利處理法》（Alaska Native Claims Settlement Act, ANCSA）。

《阿拉斯加原住民土地權利處理法》理論上終結了圈地劃界的問題。它將三千八百萬英畝的土地給予了伊努皮亞特人、尤皮克人及其他阿拉斯加原住民族。作為放棄另外三・二五億英畝土地所有權的交換條件，政府支付了將近十億美元。這些資金由註冊過的村莊和地區協會負責發放：在白令地區，有白令海峽地區公司（Bering Strait Regional Corporation）、西北北極原住民協會（Northwest Arctic Native Association）及北極坡地區公司（Arctic Slope Regional Corporation），其中還有幾十家村莊主持的公司。這些公司的責任是投資當地生意及業務來為裡面的成員賺取收入。一個太久沒有賺取利潤的公司，可能就會喪失當初創立時宣稱所有權的那些土地。白令人擁有主權，有著被人圈出範圍的自決空間，但這個權力並不能讓人們脫離以美元為價值衡量的世界之後，仍然得以生存下去。一般而言，《阿拉斯加原住民土地利權處理法》中協商達成的伊努皮亞特人及尤皮克人的未來模式，其模式就跟外來者過去急著逃往北方的一樣——是他們隨後在資本主義的地下重新創造的模式，也是邊疆神話所遺忘的模式。

IV

白令地區的湖泊沉積物裡保留著過去的紀錄。在淤泥數公尺深處，夾雜著過去大氣層的氣泡，這是多年來苔原大火、大雨或遠處火山的痕跡。這些湖泊還帶有採礦的痕跡。篩出白令地區土壤中的黃金，往往需要使用氰化物或水銀。打破深處的土地並將其暴露在空氣和水中，就會釋放出硫酸。被攪亂的土壤表面變得有毒，而毒素也開始流動：流入水中被動物喝下，或是透過皮膚毛孔吸收。重金屬會把天上的鳥兒拖下來，變得毫無生氣，或是黏在魚的脂肪上，然後再黏到人胃裡。[99]曾經被地質時間鎖起來的地質元素，現在開始在生物生命裡循環。它們之所以如此，都是因為象徵不朽而有了價值的黃金，讓人們能想像一條無盡、永恆的市場成長鏈，萃取自塵世所有的物質。但所有的成長都是有代價的。白令海峽兩岸的採礦業加速了衰敗現象，讓河流枯竭、苔原退色。對於下游的人們來說，暴露在礦場中更是減少他們的預期壽命。

部分湖泊的沉積紀錄來自比里比諾，一個離佩韋克勞改營不遠的採礦城鎮。一旦礦工、地質學家和工程師研究出如何應用更多的能量、更多的機械化力量，藉此將元素從周圍地層中分離出來的原理，市場和計畫就有能力隨意處置地球。一九七三年，一座興建於比里比諾的核子反應爐，開始為淘金挖泥機和淘洗機，以及礦工家中電燈來提供電力。蘇聯先是用煤炭動力和汽油動力來取代人力，最後是原子能，一個讓地球躁動不安的龐大人造能源儲藏。比里比諾反應爐產生的放射性廢物，需要長達一個紀元的時間來衰變。在經歷了一個世紀的地質解構之後，人類正在創造自己的地質。

要比一條河流還快去破壞一座山，是從白令地區地下創造價值的必要條件。在勞動和設備的蜂擁而入之下，這麼做會消耗能量。這會是一個涉及穩定方面的問題：陸地的變化大多都太慢，無法用人類的計畫介入太多。一座礦場不會在短短幾季裡發生變化，而這些時間足夠讓鯨魚適應捕鯨人，或者馴鹿感受暖冬帶來的痛苦。北極的土地，還有其蘊藏的元素，是如此難以接近，卻又引人注目：有這麼多種拆開一處山坡，或是掃光一片河床的方式。

也許是因為地下對人們欲望的阻礙太小，採礦業看到了美國和蘇聯最鮮明和矛盾的一面。美國的淘金熱將汲汲營營的人們帶到北方，他們抱持著透過個人財產來取得自由的希望。大多數人經歷了不平等，而讓他們感到不太自由。蘇聯的古拉格勞改營透過監禁和剝削來追求社會主義的自由。最終，這兩種矛盾都被忽略了，因為地下滋生了一種新的資源，那就是國家神話：楚克奇是真實、存在的社會主義；阿拉斯加則是最後的邊疆。

＊

楚克奇現在是俄羅斯第二大黃金生產地區。一年有十噸、二十噸、三十噸的黃金從龐大的露天礦坑中被沖洗出來、一階一階運到地面。有些礦藏由國際公司負責租賃和管理。古拉格勞改營的殘暴，為了一個永遠不會到來的未來服務之國家所造就的豐富資源，如今變成讓其他國家富裕的現在——即是西德羅夫（A. A. Siderov）在其自傳標題中描述的軌跡——「從蘇維埃遠北建設管理總局，到罪惡的資本主義」。[100]在新礦場外的是一排排囚犯的粥碗，擁有對比幽暗岩石的白色，就放在有著生鏽窗櫺的石屋附近。在二〇一四年《領土》的改編電影中都看不到這些景物，全是山脈景緻和清澈河流。伊格威基諾特的人們滿懷熱情地談論著一九七〇年代和一九八〇年代，當時地質學家是英雄，國家每年都會為他們「到大陸」的假期買單。他們也講述了身穿囚犯衍縫制服的鬼魂故事，在採集漿果時，這些鬼魂會站起身，走到他們旁邊，如同水銀會將地下的古老人類苦痛一併過濾出來。

在阿拉斯加這一側，失落河被遺棄了。西北北極原住民協會在離柯策布不遠的地方，在世界上最大的鋅礦藏上經營著紅狗礦場（Red Dog Mine）——就像所有《阿拉斯加原住民土地權處理法》的公司一樣，用亨斯利的話來說，就是在建造房屋和僱用人員的當前需求，與維持這塊「作為保護我們的精神、認同、傳統、語言和價值觀堡壘」的土地之間協商交易。[101]伊努皮亞特人不再像過去在蛇河上那樣，談論魚擁有靈魂，但他們仍然教導自己的孩子有關尊重和互惠的儀式。[102]在諾姆附近，還是有少數幾座大型礦場在運作。而每年夏天，個人探礦者會建造漂浮的淘金平臺，在城鎮邊緣的海床上採礦：個人和公司這兩種創造利潤的方式同時並行運作。有些探礦者的真正收入並不是來自於淘金，而是在 Discovery 頻道的節目《白令海大吸金》（*Bering Sea Gold*）和《阿拉斯加金礦的賭注》（*Gold Rush*）裡出售尋找黃金的構想。現代的林德伯格們為了他們的設備不辭辛勞，為財產來奮鬥，有時候會出現手指大小的金塊。用來從白令海海床吸取泥沙的自製挖泥機成為英雄般的道具之際，老舊的挖泥機也被賦予了全新、轟隆作響的生命。戲劇性的場面都在欲望之中——在這些節目裡普遍都是——想要變得有錢，還有在要達到這個目的的困難裡上演。男人們戴著寫有「沒有膽量，就沒有榮耀」的安全帽。他們面對的是龐大的水坑及史詩級的泥漿。他們沒有提到汞中毒或遺憾，並且以現在有部分為《阿拉斯加原住民土地權處理法》公司財產的苔原為背景，討論人們為了戰勝市場而起身前去擊敗土地。

《白令海大吸金》的製片人並沒有在烏帕拉祖克和加布里爾・亞當斯的雕像上做文章，這兩座雕像現在位於諾姆的中央廣場，是二〇一〇年希納蘇亞克原住民公司（Sitnasuak Native Corporation）出資建造，目的是要在眾多公司面前宣揚一段歷史。這裡的土地總是講述著不止一個故事，來自不止一個時代。而諾姆作為一座黃金城鎮的起源神話，也跟亞溫納所說的故事同時並存：他的人民知道在蘇厄德半島有處黃金大發現。「愛斯基摩人知道黃金在哪裡，但愛斯基摩人有不成文的法律……千萬別說出那些除了貪婪的人之外，對其他人都沒有好處的資訊……如果你打算得到像那樣的某些東西，就必須跟大家一同分享。」[103]在阿納迪爾附近，楚克奇人講了類似的故事，關於發現金塊和保守祕密。[104]一個甚至連黃金都會抵制圈地劃界的未來。

第五部

海洋

一九二〇年至一九九〇年

然而，還是有一絲希望。
時光同潮水，流逝寬廣如斯。

赫曼．梅爾維爾，《白鯨記》

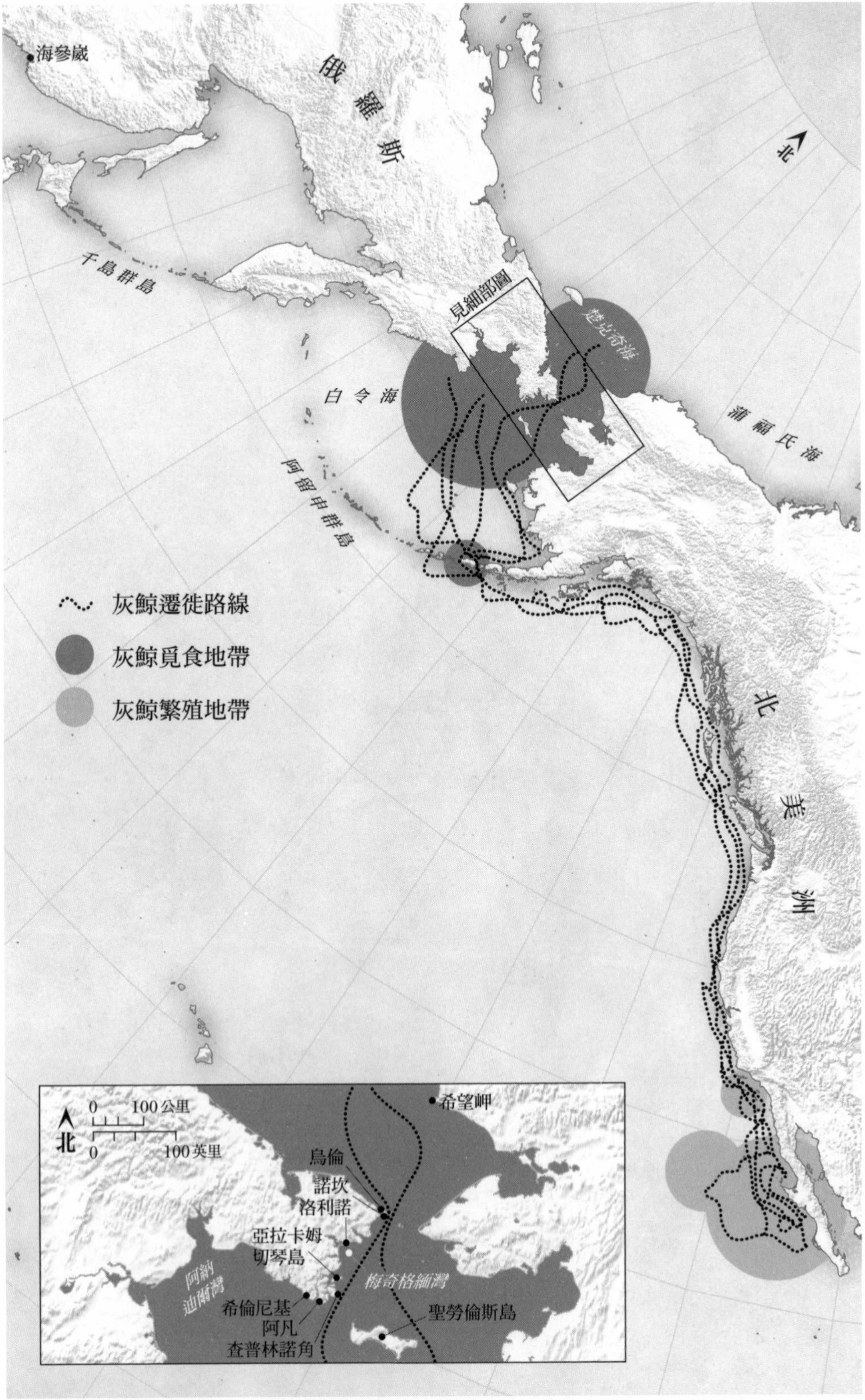
海參崴
俄羅斯
千島群島
見細部圖
楚克奇海
白令海
蒲福氏海
阿留申群島
北
灰鯨遷徙路線
灰鯨覓食地帶
灰鯨繁殖地帶
北美洲
0 100公里
0 100英里
北
希望岬
烏倫
諾坎
洛利諾
亞拉卡姆
切琴島
阿納迪爾灣
梅奇格緬灣
希倫尼基
阿凡
查普林諾角
聖勞倫斯島

第九章　熱量價值

沿著太平洋東岸的海底裡，有些排列成半圓形的淺淺橢圓形凹陷，就像一朵巨大、缺了花瓣的花。生活在這裡的生物——淤泥中的蠕蟲和軟體動物、掌心大開的海葵、漂浮在上方的魚群和柔軟的魷魚——都被舀進了路過的灰鯨嘴裡。[1]這些壓痕隨著這種動物的遷徙而沿著海岸線向北延伸，從下加利福尼亞（Baja）的冬天到白令海峽以北的夏天。灰鯨的身體是由每年超過七千英里的旅程所組成。

在這趟航程裡打造的身體移動緩慢、體格健壯，最多有五十英尺長，四十噸重——三角形的頭部有著藤壺的斑點；滿是褶皺的喉嚨裡有著黃色鯨鬚；尾巴是許多關節連結成的脊柱，而不是背鰭。灰鯨有著長長的鯨鰭，在所有太平洋鯨魚中的遷徙距離最長，對海岸線的依戀程度也最高，是一條與其他鯨類生命交織在一起的海岸軌跡。在北極的夏天，灰鯨、弓頭鯨和露脊鯨會在同一水域游動著。在太平洋沿岸，牠們與小鬚鯨（minke whale）共享海灣，數百頭成群結隊地來到北方，在數百萬隻海鳥的簇擁下享用鯷魚和甲殼類生物。罕見的是，灰鯨可能會看到塞鯨（sei whale）——一種喜歡待在海洋深處的鯨種——或是長鬚鯨解除漫長冬季禁食令，大快朵頤地吃起北方的魷魚。在更廣闊的北太平洋，安靜的灰鯨在弓頭鯨的歌聲中游來游去，到處教導自己的孩子吹起泡泡網幕，吞噬被困在宛如片片上升銀色帷幕中的小魚。在低緯度地區，藍鯨在深海中懶洋洋地拍打著鯨鰭，過濾出足夠的磷蝦來成為地球歷史上最大的動物。[2]灰鯨更游過抹香鯨的領地，母鯨互相照料著幼鯨，教牠們同類的發音語法，孤傲的公鯨則游向北方，生長成龐然大物，並只在繁殖期間才動身離開。

鯨魚有牠們的習慣路線，各自分散著生活；牠們在不同的物種之間也沒有什麼社交活動。但鯨魚遷徙的重疊弧線會將蒲福氏海、楚克奇海與白令海、白令海與北太平洋海盆連接起來，並向外擴展到海洋作為一個整體。那片海洋是個不安定的地方，年復一年。在某個溫暖季節裡，會出現更多的藻類，以及更多準備將牠們吃下肚的微小生物；漂浮的生物群落也隨著魚和鳥，以及其熱量的繼承者而擴大。冰層的增長和縮減都會影響海水的攪動，推動了同時也受到風大力吹拂的沉積物，這些沉積物的空氣活力則受到全球大氣壓力的變化影響。[3]總之，這些力量會改變海洋的起落規律，就像潮汐和聖嬰現象。還有更多的突發發動，例如：火山爆發或海嘯這類特殊的衝擊事件。鯨魚就是牠們自己的力量來源。光是灰鯨進食過程在太平洋揚起的懸浮泥沙，就比育空河堆積的千里淤泥還要多。[4]鯨魚身軀成長的歷程改變了大海的組成。

*

人們同樣也改變了海洋的組成，例如：捕魚，向海洋傾倒農場沉積物，或是乘船穿越海洋。另一種方式則是捕殺鯨魚。楚克奇人、伊努皮亞特人和尤皮克人的捕鯨人在幾個世紀裡改變了灰鯨的鯨群密度。一八四八年之後，商業捕鯨人透過捕殺弓頭鯨、露脊鯨和灰鯨來滿足市場，重新塑造了白令海。在二十世紀，蘇聯開始捕殺鯨魚來餵養沒有絲毫市場存在的未來願景。蘇聯的捕鯨被認為是為了將楚克奇從浪費人類靈魂和浪費鯨魚肉的商業中拯救出來。這是個開始於一九二〇年代的願景，也是蘇聯評估海象價值的終點：想像著要產生激進的新人類自由就需要限制獵捕。但在接下來二十五年裡，鯨魚對蘇聯人的價值，從當地資源轉變成國家必需品，一種似乎再次面臨資本主義掠奪風險的必需品。隨著市場需求規模開始蹂躪世界的海洋，新興社會主義的步伐也開始超越鯨魚世代的時間。

I

在彈簧鋼淘汰鯨鬚之後十年裡，白令海的市場捕鯨活動逐漸減少，到了只剩下美國的北太平洋海洋商品（North Pacific Sea Products）公司每年會殺死幾隻弓頭鯨的地步。[5]捕鯨再次成為屬於大部分白令人的活動。在阿拉斯加，尤皮克人和伊努皮亞特人捕殺著曾歷經商業捕鯨災禍、為數不多的弓頭鯨，以及偶爾遷徙遠至東北方的灰鯨。穿過白令海峽，在亞拉卡姆切琴島、洛倫的村莊，以及北邊尤夫倫的楚克奇人，追捕著十九世紀商業灰鯨捕獵的倖存鯨魚，那場捕獵在下加州附近殺死了將近一萬兩千隻公鯨、哺乳期母鯨和幼鯨。在楚克奇的尤皮克弓頭鯨捕鯨人加入了捕殺灰鯨的行列，儘管他們認為灰鯨肉不好吃，而且牠們很危險，容易突然攻擊魚叉手。[6]在二十世紀之交，來自海洋的能量銳減許多，以至於任何種類的鯨魚都比其他替代品來得好。

到了一九一〇年代和一九二〇年代，灰鯨每年都有部分時間生活在白令海可能的未來裡。為了滿足對肉類、化妝品、鞋油、肥皂和其他產品的需求，挪威工程師們改造了捕鯨船。如今，強大的馬達推動著捕鯨船，上面配備會爆炸的巨大魚叉。壓縮機能把空氣打進鯨魚軀體中，避免牠們在肢解前就沉下去。蒸餾器則能製造出彷彿是無限供應的淡水。冰箱保存著鯨肉。鍋爐可以從肌肉中提煉出脂肪，而不僅僅只從鯨脂，這點也讓任何經過新英格蘭船隊的鯨種都能派上用場。在配備了各種類型的絞盤、加壓器、鉤子及管子之後，新式漁業加工船變成了移動式肢解生產線，能夠在任何地方工作，而且無論鯨魚胖瘦、大小、遠近、快慢或強弱，都能肢解。又或者說，無論多麼罕見：在墨西哥政府的允許下，挪威捕鯨人也開始在下加利福尼亞的冬天捕殺灰鯨。由於十九世紀的捕鯨活動，灰鯨的數量已經減少至四千隻不到，牠們努力掙扎、試著潛入水中，來躲避工業化的殺戮。[7]

當布爾什維克到達楚克奇時，他們沒有看到這些遠方的死亡，也沒有看到正進行殺戮的船隻。他們卻目睹男男女女在吃自己的海象皮帳篷。幾乎第一批蘇聯人每封向南方發出的電報，都包含了對食物的請求：在某些村莊，是因為沒有足夠的海象，或者是受到美國「工業資本主義屠殺鯨魚」的影響。[8]在楚克奇的布爾什維克寫道，十九世紀的市場已經消耗太多鯨魚了。蘇聯海洋生物學家對於只為了鯨鬚而捕殺的做法特別感到震驚，這種行為對人和鯨魚都是有害的，證明了資本主義的貪婪。[9]北方委員會擔心這種剝削仍未停止，估計每年仍有五十隻頭鯨魚從蘇聯水域被「偷走」。[10]這造成的結果便是貧窮：在一九二〇年代，楚克奇集體農場每年只捕捉到八至十隻弓頭鯨，還有為數只有前者一半的灰鯨。[11]北方委員會主張「為捍衛當地居民的利益來保護海洋動物」，正如邦奇—奧斯莫洛夫斯基（A. Bonch-Osmolovskii）所言，「只有透過國際協議才能實現」。[12]

莫斯科的布爾什維克對於如何防止資本主義竊盜有不同的想法：趕上市場，然後取而代之。俄羅斯帝國沒有留下得以集體化的捕鯨業，因此在新經濟政策這項劃時代的委託法令中，蘇聯於一九二三年授予挪威維嘉（Vega）捕鯨公司的「指揮官一號」（Comandoren-1）在堪察加和楚克奇半島附近捕鯨的權利。維嘉公司簽署的合約條款都是為了遏制市場的非理性傾向。挪威人被禁止捕殺哺乳期的母鯨，並且必須有效和徹底利用鯨魚的脂肪和肉，同時還要僱用一些蘇聯公民，並支付每年利潤的百分之五給莫斯科。[13]

維嘉公司的特許權在楚克奇的布爾什維克之間不受歡迎。因為在意識形態上很可疑，而且人們擔心受僱於「指揮官一號」的楚克奇捕鯨人，或許會向人報告有關蘇聯組織的混亂和缺乏物資供應等令人窘迫的細節。但最重要的是，挪威人太浪費了。「指揮官一號」每年捕殺幾百隻鯨魚，「足夠原住民吃上十年」，但從未把沒用到的肉帶到沿海村莊——北方委員會強調，即使是「來掠奪的」美國船隻也曾這樣做。[14]這種殺戮導致「楚克奇半島沿海地區的鯨魚數量銳減」。[15]隨著美國貿易商和海象獵人現在被逐出蘇聯水域，布爾什維克開始指責挪威人因為貪欲所進行的「工業資本主義式屠殺」。[16]一九二六年，這變成了一種全國性的擔憂，當時《真理報》（*Pravda*）報導了一百隻鯨魚發出的「強烈惡臭」，這群鯨魚是挪威人「毫無意義的屠殺，因為他們將鯨魚棄之於不顧」。[17]

一年後，隨著新經濟政策的結束和第一個五年計畫即將實施，莫斯科終止了維嘉公司的特許權。[18]但是受到資本主義侵占的感覺，並沒有隨著「指揮官一號」離開白令海而消失。在蘇聯之外，鯨油的價格正不斷上漲。部分原因來自另一項創新：一九二五年，化學家學會了如何將鯨脂中嚐起來像鯨魚的分子，與得以提供熱量的分子分開。[19]鯨魚能製成人造奶油。工業船隻的數量從一九二五年的十三艘，僅僅三年後就增加到二十八艘。德國、阿根廷和日本加入了英國和挪威打造漁業加工船隊的行列。每年有八千、一萬二，甚至是將近三萬隻藍鯨的死亡，大多數都是在南極水域被獵殺。[20]蘇聯人擔心需求會再次將商業捕鯨業帶回白令海，這確實沒錯。到了一九三〇年代，英國人和北歐人塗在烤麵包片上的人造奶油，就有百分之四十來自於鯨魚。[21]

*

市場上的捕鯨人、科學家、外交人員或任何熟悉捕鯨業過去的人都知道，這種新的工業捕鯨會給任何鯨魚的未來帶來風險。在楚克奇之外，國際法規開始彰顯出其必要性。原因並不是奧斯莫洛夫斯基所擔心的那樣，即人類會因為資本主義掠奪了他們的鯨脂而挨餓。英國人和挪威人認為強行設下限制是保護鯨魚經濟價值的一種方式：太多鯨魚死亡會讓市場的鯨油供給過剩，進而減少了利潤；太少的鯨魚又會趕走消費者。在美國豐富的石油和農業脂肪中，捕鯨只是個微不足道的產業；能塗上鯨魚製奶油的麵包也很少。鯨魚的價值還是鯨魚保育委員會（Council for the Conservation of Whales）為了政府和大眾所決定。[22]委員會成員大多是來自生物調查局、史密森學會和美國自然歷史博物館的科學家，他們將進步時代（Progressive Era）的保育論點延伸到財政效用之外。鯨魚是「有史以來最偉大的野獸」，牠們的生命中蘊含著醫學和進化的奧祕。正如委員會在其經常發布的新聞稿中所說：「若是鯨魚滅絕，將會是科學上及經濟上的大災難。」[23]這項訊息傳到了美國國務院，一九三〇年，國務院官員擔心，「過去那種不分青紅皂白的屠殺」，會在沒有國際法規的情況下摧毀鯨魚。[24]如今，一艘捕鯨船及其配備的小船在一季裡所殺死的鯨魚，就比新英格蘭船隊一整年殺死的還要多。

一九三一年，國際聯盟（League of Nation）在日內瓦通過《捕鯨管制公約》（Convention on the Regulation of Whaling）。美國是締約國之一，部分原因是基於美國過去的捕鯨業——其他國家擔心可能只是處於休眠狀態——另外一個原因則是受到美國海洋生物學家的影響。蘇聯還不是國際聯盟的成員，在過去和現在也都沒有大量的捕鯨船隊，因此並不是締約國。這份公約要求進行研究來評估鯨魚剩餘數量、設置最大化每隻鯨魚效用的法規，以及避免捕鯨人去捕殺幼鯨和母鯨。對於想維護人造奶油利益的挪威和英國則是想確保更嚴格的措施不會被納入協議中，例如：禁漁期或正式配額。[25]灰鯨仍然遭受墨西哥和挪威聯合船隊的撈捕，並沒有得到正式保護。唯一禁令是針對弓頭鯨和露脊鯨，因為牠們在十九世紀就已經瀕臨絕種。在受到生物調查局狩獵法律影響的公約條款裡，尤皮克和伊努皮亞特捕鯨人獲得保障，免於受到這項法規的限制。換言之，只要他們按照公約的規定行事：使用「原住民獨有」工具，並且不出售任何他們捕殺的獵物，他們就能不受約束去捕鯨。[26]

一九三〇年代，阿拉斯加海岸邊的尤皮克和伊努皮亞特捕鯨人只有部分符合在日內瓦制定的公約所規範「原住民獨有」的理想。伊努皮亞特和尤皮克獵人不再使用海象牙製作的魚叉，而且幾十年來都沒有在使用了。他們如今使用的是馬達和槍支，同時之所以會退出市場，都是因為白令海峽一帶不再有鯨鬚的市場。但是，鯨魚還是餵養著人類，而且用鯨魚餵養人，將鯨魚之死轉化成人類的生命，仍然是讓人成為真正人類的一部分。在希望岬、甘伯爾和巴羅，獵捕這件事會讓人們向更廣泛的生物、人類和其他存在的家庭來負起責任。[27]不去透過追殺鯨魚的行為來保持與鯨魚的關係是件無禮的事情。奧茲瓦蘇曾這樣解釋鯨魚和其他動物：「如果你不獵殺牠們，牠們就只會沉下去、死去，但如果我們獵殺牠們，牠們就會大量繁殖。這就是我們愛斯基摩人相信的事物。」[28]鯨魚遊蕩在浮冰之中觀察和判斷，並與牠們的家人討論是否、以及要向誰獻出自己的軀體。因此，保羅・希魯克於一九三〇年代待在聖勞倫斯島的時候，他在日記中寫道，有一天「風開始變大，我們把捕鯨小艇拖到我們的船架上，並進行祈禱捕鯨的儀式，我們一直都這樣做」。[29]

II

在西北方一百多英里處，奧列格・艾尼特金（Oleg Einetegin）在楚克奇諾坎（Naukan）的童年也充滿了捕鯨的節日，「會整整舉行一天，還會跳舞」。[30]但艾尼特金很快就要在他的一生當中，看著這些儀式消逝而去。在蘇聯學校接受教育的第一代尤皮克人及沿海楚克奇人的孩子，加入了說著俄語的布爾什維克和像是馬魯那樣的人一起宣揚識字、罰站、清潔、女性平等——並且在傳教士的期盼下，參加當地「布爾什維克黨的團體」。[31]傳教士，無論是白令人或外來者，背後都有著社會主義國家的物質威望，以及新世界秩序的形而上威望，後者指的是是「社會主義的組織」，有位歸附者形容為「建立我們新生活的唯一途徑」。[32]在那種生活中並沒有空間給予依照狩獵能力或年齡來劃分的鯨魚獵物；正如有位蘇聯學校教師所述，小艇船長和長者必須獲得「等同所有划槳者所分得的漁獲比例」，這是一種社會主義的「齊同式」行為。[33]

就像在海象集體農場一樣，走向社會主義式捕鯨的過渡期間並沒有用上武力，但也不是沒有損失。正如庫基爾金在一九七〇年代回憶道，只不過是「因為蘇聯已經成立了」，「就不得不完全拋開節日慶典」。庫基爾金發現贊同這項政策的積極分子都是些「笨蛋，他們根本什麼都不懂」。[34]他和其他人則採取小規模、不公開的方式持續舉行儀式。公開的實踐被思惟習慣所取代，那是一種由父母傳承給子女在狩獵方面的訓練準備，雖然缺少實際的示範，但是並沒有少了道德的急迫感。

正如幾十年後彼得・特帕卡克（Petr Tepagkaq）的解釋，在狩獵季節，沒有人「爭吵——鯨魚不喜歡生氣的人，或是貪婪和吝嗇的人。牠們會遠離海岸，不想與這樣的人見面」。[35]

當史達林的革命致力於改變貪婪的定義時，獵人們正努力讓自己遠離憤怒和貪婪。猶如海象、馴鹿和狐狸一樣，鯨魚之死及其軀體組成被轉化成可量化、有用的事物，都是得以先計畫好的事，而計畫會將社會主義生產轉移到海上。一九二五年在烏倫和希倫尼基等村莊執行的第一批計畫都是起源於當地，存在於需求中：重點在於捕殺足夠的鯨魚來拯救人們。但在一九二八年，當第一個五年計畫將用數目表示的社會主義建設作為國家的任務時，布爾什維克便開始討論起楚克奇近海能有多少生產。北方委員會研究了美國過去及近期「指揮官一號」的捕獵情況後，注意到鯨魚獵物在體型上「逐年」縮水，「是過度屠殺年輕和幼小動物的自然結果」。[36]委員會建議，應該提供集體農場更好的小艇、馬達及魚叉來確保成功的捕獵。但他們也得出結論，人類得以計畫捕殺的鯨魚數量仍是有限的。每年幾百隻並不合理，必要的只有幾十隻。他們的計畫具有限制，透過計算鯨魚出生、成長到死亡前的時間，來讓人們從匱乏之中解放出來。

在第二個五年計畫中，地區性飢荒造成的威脅逐漸趨緩。覺得鯨魚數量是有限的想法也跟著消失無蹤。在整個蘇聯，社會主義的榮耀正體現於建設和生產增長的壯舉上，每條新道路和每座新工廠都加速了烏托邦的到來。鯨魚的捕殺速度開始加快，從每年五隻左右到十隻、十五隻，甚至在一九三四年到達二十隻。[37]很可能是因為天氣才讓捕殺數量增加，而不是史達林。但這種增長具有社會主義意義；隨著人們加入集體農場，一隻鯨魚變成了五隻，五隻變成了二十隻，因此今年捕殺的二十隻鯨魚，很可能會在明年變成五十隻。計畫是精確的：在一九三二年，有一千九百名工人參與獵殺和加工海洋哺乳動物的活動，但到一九三七年，將變成兩千一百五十六名工人。而兩千〇三十一隻死亡、剝了皮、經處理過的海象，也將變成三千九百四十八隻。楚克奇的電氣工人數量將從十人增加到一百五十九人。在一九三二年，沒有人會運用「當地的建材」，但五年之後就有兩百三十八人會用。[38]計畫生產的精確性具有科學的特質和確定性，因此是種邁向未來的真正指引。

推動時間走向未來的是工業，工廠能夠「提升……走上繁榮、有文化生活的進步節奏」。[39]這讓工業資本主義屠殺中的工業層面，不僅變得能夠接受，甚至令人嚮往。到了第二個五年計畫，蘇聯決策者開始考慮要超越楚克奇人和尤皮克人的沿岸捕鯨活動。從沒有遮蔽的小艇上來捕獵就能滿足當地的生產需求——如同人們過去的生活方式一樣——但是受到「狹窄的海岸基地」限制，多博福斯基（I. D. Dobrovolskii）寫道，捕鯨人無法接觸到「大多數情況下在我們領海之外」聚集的鯨魚。[40]如果蘇聯人有了現代化船隊，將會證明在海上捕鯨跟採礦一樣，容易接受化石燃料的改進。有位決策者寫道：「大量的鬚鯨和抹香鯨在北極海出沒，應該派遣一支工業船隊到那裡……來自阿納迪爾的煤炭能延長航行時間及範圍。」[41]而且鯨魚不僅僅最好是由漁業加工船來捕獲；牠們為了「技術用途」被提煉的脂肪將有助於國家製造業。[42]如果鯨魚捕獵不再是資本主義式的、如果是在社會主義管理的指揮之下，鯨魚能做到的不只有餵飽蘇聯土地邊緣的幾座村莊。鯨魚能有助於建立新世界。正如多博福斯基下的結論：「我們蘇聯的經濟需要更大的急迫性來加強在遠東發展捕鯨的力量。」[43]鯨魚如今生活在莫斯科的時間裡了。

*

蘇聯漁業加工船捕鯨開始於美國捕鯨活動的終點。一九三二年，一艘經改裝的美國貨船「阿留申」號（Aleut），伴隨著三艘名為「特魯德福朗特」號（Trudfront）、「阿萬加德」號（Avangard）和「恩圖齊亞斯特」號（Entuziast）的挪威捕鯨船，一同離開列寧格勒，開往白令海。十月二十五日，即俄國革命十五週年紀念日，船員們捕獲了蘇聯第一次的遠洋鯨魚獵物——一隻未成年的長鬚鯨。[44]同行於「阿留申」號的生物學家贊科維奇（B. A. Zenkovich）寫道：「我們深感興奮。今天開啟了一個古老漁業國家的歷史新篇章——蘇聯捕鯨。我們都是這個產業誕生的見證者及積極創造者。」[45]

一九三三年，「阿留申」號開始在堪察加半島以北的夏季浮冰邊緣工作。在這艘船上生活和工作都很艱難。「阿留申」號並不是為了長期待海上來設計，其水箱經常缺少淡水。引擎噴出的煤塵，會讓鯨魚內臟在甲板上形成黑色糊狀物。船內擁擠、蟑螂橫行而且相當悶熱；屠宰鯨魚產生的汙水，會從任何開著的舷窗滲入。船上從裡到外的船員都因為惡臭而吐了出來。[46]他們來自蘇聯各地；大多數是俄羅斯人，大多數能識字，而且大多數是男性，但船上也有女性、芬蘭人、烏克蘭人、猶太人、韃靼人、波蘭人，偶爾還有美國人。[47]有些人結婚了，有些人在海上懷孕，還有一些人帶著漁船的經驗上船。但他們一般而言都不是熟悉捕鯨的人，就跟許多第一次啟程離開新貝德福的新英格蘭水手一樣沒有經驗。

工業化撈捕就跟其風力動力的前身一樣，由相同的實際行動組成。「阿留申」號必須找到獵物，將其殺死，再將屍體肢解成若干部分。船員必須學會分辨長鬚鯨的噴氣孔形狀，比較與灰鯨或抹香鯨的差別；成群游動的磷蝦留下的痕跡；海鳥如何在座頭鯨捕食的地方聚集；當母鯨與幼鯨分開時所發出保護和奮不顧身的鳴叫。但是，跟最早在北極地區捕獵的商業船隻不同，蘇聯船隊並不局限於屠殺行動緩慢的生物。在一九三〇年代，他們殺死了長鬚鯨、抹香鯨、座頭鯨、藍鯨，有時候還有虎鯨，以及更偶爾出現的露脊鯨或弓頭鯨，最後這兩種鯨魚是如此罕見，捕殺到牠們「必須當作是一場意外」。[48]灰鯨如今在牠們遷徙路線的兩個端點都面對了漁業加工船：在下加利福尼亞是為了去銷售，在白令海則是為了從銷售中解放世界來殺死鯨魚；無論如何都是快速、工業化的死亡。

工業技術並沒有讓捕鯨變得可靠。捕鯨船的速度很快，但並非總是有足夠的機動性，可以跟上鯨魚逃跑的下潛與轉向。贊諾維奇曾經花了六個小時繞著圓圈去追逐鯨鰭，卻從來沒有足夠靠近到魚叉手能精準射擊的程度；唯一擊中的鯨魚也只噴出了點血就立刻消失。[49]工業魚叉裝上火藥並固定在電動絞盤上，但是，正如有位魚叉手的報告：「一隻被拖到非常靠近船頭的鯨魚，突然抽搐一下，就有可能掙脫（纜繩）逃走。」[50]然後是鯨魚的肢解。阿福瑞德・柏津（Alfred Berzin）回憶：「事實證明，殺死一隻鯨魚比處理牠更容易。大家沒辦法簡單辦到這些事：在剝皮時將鯨體轉向另一邊，找到關節來分開鯨頭和鯨體，再把脊椎分成好幾部分。」[51]

屍體應該怎麼處理還不清楚。當捕鯨船在楚克奇附近工作時，他們會把新鮮鯨肉帶到岸上；正如有位捕鯨者所說：「愛斯基摩人很了解『阿留申』號。」[52]但供應楚克奇的地區需求，並不是船隊的主要目標：而是應該要製造對國家有用的產品。「阿留申」號出海時配備了壓力鍋來保存鯨肉，「鯨肉罐頭的品質就跟牛肉一樣」。但鯨肉很快就會腐爛了。隨著捕鯨船學會捕殺更多的鯨魚，主船上的包裝線跟不上鯨魚屍體腐壞的速度。鯨脂在半天內就變質了，或者在加工過程中變酸。船上也並非總是有能夠煮沸骨頭來製作肥料的適當設備。[53]根據天氣、魚叉手、船隻狀況和當日捕殺鯨魚的大小，船隊可能缺乏「保存未加工產品的方法或機會」。[54]沒人認為這是理想的情形。多博福斯基寫道，「捕鯨要有效率」，就需要「充分利用這些野獸的屍體」。[55]但史達林革命並沒有給予捕鯨革命者時間，發展符合意識形態胃口的技術能力。在這個缺口中，每條從海裡粗暴拖出來的鯨魚，大多都會順著「阿留申」號的滑道滑回去，並在船上留下一條長長的血跡。

儘管魚叉錯過了鯨魚背部，而鯨魚背部在被人類屠宰之前就沉下去了，至於屠宰的速度則太慢，無法搶救鯨魚來供人類使用，但是屠宰的勞動工作確實產生了一些得以衡量的東西。每一季「阿留申」號的報告都會將捕獲結果歸入各種可能的排列組合中：不同種類鯨魚公母的數量；鯨魚的大小；跟前一年相比的鯨魚大小；鯨魚之間比較的大小；每個種類產出的脂肪、肉和膳食總量；當年產出的脂肪、肉和膳食總量，以及與前幾年的比較；未加工脂肪和肉的數量；加工後肉品和膳食的數量；按照月分、地點及每艘捕鯨船所捕殺的鯨魚總數。鯨魚被劃分的方式讓船隻在捕殺鯨魚的數量上超過計畫，但在未加工產品的總數上卻低於計畫——或者是說低於未加工產品的計畫，反而生產了過多的罐頭鯨魚肉。[56]量化既讓人無可否認，同時又具備著可塑性。

唯一不可改變的數字是總捕殺數量，以及這個數量在計畫好的捕獲中如何去分等。在一九三三年，「阿留申」號的船隊捕殺了兩百〇四隻鯨魚，遠遠超過計畫的兩倍。兩年後，這個數字躍升至四百八十七隻，遠遠超過計畫的三百隻。[57]作為捕鯨人也是成為「德佛克桑尼基」（dvukhsotniki）的好方法，意思是用百分之兩百達成率來超額完成生產配額的人。儘管像贊科維奇這樣的生物學家都警告過不要捕殺未成年的鯨魚，但眾人卻從他們的觀察中得到了充滿希望的預測：光是長鬚鯨的捕獲每年就可以增加四百隻，對鯨魚遷徙和聚集方面獲得更好的知識，就能增加捕獲量。[58]

因此，計畫持續成長。一九三六年，五百〇一隻鯨魚死亡；計畫要求的是四百九十五隻。「阿留申」號上的杜德尼克（A. Dudnik）船長能宣稱計畫已達成百分之一百〇一・四的完成率，並且因為他的勞動成果獲頒列寧勳章（Order of Lenin）。[59]但在同一年，他也警告計畫目標需要降低，否則將不可能實現，因為無冰的季節很短，而他的設備很脆弱。[60]一九三七年，杜尼克證明自己是正確的：「阿留申」號未能完成其配額。這是個讓計畫失望的可怕年分。清洗運動的勢頭從莫斯科向外急遽升溫。就像在苔原發生過的一樣，海上的生產不足是一種反抗社會主義的叛國行為。一九三八年，在海參崴召開的第八次市黨代表大會（Eighth City Party Congress）承諾要全面「清算蓄意破壞和沒有好好完成經濟計畫所造成的後果……藉著清除黨階級裡面的人民敵人來達成。」[61]幾週後，杜尼克在「阿留申」號的舷梯上被捕。他後來在監獄裡度過了六年時間。

清洗運動讓逐漸遞減的捕撈量成為政治問題，而非生物學的問題。產量不足被歸咎於肇事者和破壞者——或者是個技術問題。一九四一年的一份報告指出：「船隊在一九三七年到一九四〇年捕鯨季期間未能達成國家的計畫，只能歸因於組織和各種其他方面的缺陷」，其中包括意外事故、天氣因素、燃料與物資供應不足，以及「看似很小的事情，比如船長不能防水的不合理裝備」。[62]當航行符合計畫時，好比杜尼克的繼任者葉戈羅夫船長所說，這是因為「捕鯨船隊的史塔哈諾夫式集體農場」順利達到了「比往年高出許多的鯨魚屠殺強度」。[63]

十年前，鯨魚幾乎是以想要超越商業濫捕項目的合作夥伴身分，加入了蘇聯的計畫。北方委員會希望將灰鯨和弓頭鯨從滅絕中拯救出來，同時也從剝削中挽救尤皮克人和楚克奇人。但到了一九三〇年代末，所有非人類的因素——政治、技術、計畫好的史塔哈諾夫式勝利——都從蘇聯評估鯨魚的方法中消散了。作為有限制、活著的生物，這樣的鯨魚從官方紀錄中消失了。反而，任何死掉的鯨魚都是好鯨魚，因為在死亡之際，鯨魚提供了奉獻的證明，是一種船長和船員如何嚴格遵守計畫路線的物質計算。接近一個世紀以前，新英格蘭捕鯨人在他們的航海日誌中，估算了個人工資的可能未來，希望市場能為他們提供薪水；如今，薪水有了保障，估算也是為了有重要意義的計畫，視為是每個捕鯨人對一個共同未來的積極建設。

III

動物有很多種方法能在大洋的脾氣中生存。水母不過是一種組織。魷魚會披上周圍環境的色彩。上千隻魚類成群結隊，產下數百萬計的卵。鯨魚的生活方式有賴於巨大體型、長壽和知識。就像人類一樣，有些鯨魚物種會跨越世代和空間，匯集並分享這些知識。某個好地方、某條遷徙路線或某次行動結果都不是透過基因密碼來傳承，而是透過交流。這種傳播有些是聽覺方面的。像座頭鯨這樣的物種就便能發出複雜的旋律。[64]灰鯨不唱歌，但會用很低的音調向對方發出訊號，以避開周圍的噪音。抹香鯨會好奇地接近某個舷外馬達，發出與啪嗒作響的機械頻率相符的聲音。[65]抹香鯨會發出滴答和嘎吱響聲，牠們的幼鯨能用自己氏族的方言清楚表達意思之前，會先發出咿呀的聲音，這也是牠們與其他成千上萬隻在數千公里外的抹香鯨得以共享的詞彙。懷有身孕的抹香鯨是否能成功地度過漫長、豐沃的日子，取決於牠的氏族，而氏族也可能會用帶有敵意的不同方言對待某些鯨魚。[66]有些鯨魚所唱出的內容或許是種聲音形式，就如同人類文化會用雕刻、鍛造或繪畫來表達的事物。而其他聲音則必然是為了引誘、為了娛樂、為了愛、為了保護或吹響歡樂的號角。或者是為了警告，將戒慎恐懼送入遙遠深淵。

如果鯨魚確實唱著警告的歌曲，那麼一九三〇年代最後幾年更是提供了恐懼的理由。國際外交手段並沒有減少對牠們的商業迫害。每年有三十艘以上的漁業加工船在世界大洋上獵捕，主要是在南極水域，用「阿留申」號夢寐以求的速度捕殺著鯨魚；一九三五年，當蘇聯人慶祝他們捕殺了兩百隻長鬚鯨時，市場船隊早已捕殺了超過一萬隻。[67]外交官、科學家和捕鯨業者曾會面並進行辯論，隨著長達十年的衰弱：鯨魚到底是為了科學，還是為了工業而值得受保護？是否應該給各國分配配額？鑑於國際撈捕的管轄權議題，是否能有配額制度？鯨魚是否有活著的價值？[68]捕鯨協議給出的答案是肯定的，但捕鯨人的一九三五年的捕鯨季中殺死了三萬隻鯨魚。按照蘇聯計畫的典型成長速度，一九三八年就有超過四萬五千隻鯨魚死亡。[69]到了一九三九年，將近三十萬隻藍鯨從世界大洋中消失。牠們為了市場而死：「阿留申」號只殺死了其中的十三隻。商業捕鯨人從藍鯨轉向捕殺長鬚鯨，透過讓長鬚鯨的死亡率翻倍來保持鯨油產量的穩定。[70]沒有消費者能看到或嚐出人造奶油的成分有什麼變化，或者市場捕鯨正再度讓自己陷入險境。而再一次地，史密森學會的科學家雷明頓・凱洛格（Remington Kellogg）寫道：「（捕鯨）在商業層面似乎已經超過了生物層面。」[71]

*

一九四〇年，海洋生物學家贊科維奇寫信給史達林以示警告：他認為資本主義者和法西斯主義者正超越「阿留申」號，但此時「我們的國家需要脂肪，特別是像鯨魚那樣的脂肪，具有廣泛的食物和工業用途。」[72]贊科維奇希望能在北太平洋增加捕鯨船，在南極水域建立一支捕鯨船隊，並在千島群島（Kuril Islands）建立以岸上為基地的工作站。問題已不在於有太多鯨魚瀕臨死亡，而在於沒有足夠的蘇聯人能成為捕鯨人。他的信為國家的雄心壯志指明了方向；漁業人民委員部（People's Commissariat for Fisheries）開始研究建立一支捕鯨船隊的成本。[73]

蘇聯想建造更多船隻和捕殺更多鯨魚的計畫，都被第二次世界大戰打斷了。沒有時間或人力來建造不是紅軍直接需要的東西。商業捕鯨人也退縮了。漁業加工船加入了軍隊護航隊；捕鯨船派去當作掃雷艦。就像捕鯨船上的船員一樣，很多船都沒能在戰爭中倖存下來。[74]結果就是南極鯨魚處於相對和平的狀態。在北太平洋，「阿留申」號在一九四二年和一九四三年都沒有出海，只在一九四四年捕殺了幾隻鯨魚。從北極到南極，人類之間的工業戰鬥，同時也減少了人類和鯨魚之間的工業戰鬥。

捕鯨活動的減少並不是因為缺少了需求。鯨脂可以被提煉成硝化甘油，而抹香鯨頭骨前方空腔中的液體——鯨蠟（spermaceti）也有軍事用途。美國戰時生產委員會（U.S. War Productions Board）要求美國太平洋捕鯨公司（American Pacific Whaling Company）這家美國為數不多的商業捕鯨企業，盡可能多生產點鯨油。該公司遵照命令，在一九四二年報告：「如果我們不捕鯨，日本就會得到牠們。」[75]在英國船隊少數能去撈捕的戰時捕鯨季，他們便不顧國際協議在任何時間、地點捕殺任何種類的鯨魚，滿足國家在「脂肪和蛋白質方面的匱乏」。[76]

食物在蘇聯甚至更為缺乏。到了一九四二年，德國國防軍（German Wehrmacht）占領了蘇聯大部分最好的農業用地。而且大多數蘇聯人都在打仗，沒有在從事捕魚或耕作。這可以說是個生產危機的時刻。[77]用史達林的話來說，所有一切都要為前線服務。沒有任何物種能凌駕於供人消費的徵召之上，因為正是這種人類消費才得以「粉碎法西斯侵略者及德國占領者的戰爭機器」。[78]漁業專家開發了海豹肉香腸、白鯨魚腩、煙燻海豚香腸和鯨肉罐頭的食譜。根據紅軍太平洋地區軍需官的說法，主要問題是「鯨肉的特殊氣味」。至於他的解決方式則是「添加更多的香料」。[79]

但是，在戰爭大部分時間裡，唯一會捕殺鯨魚的蘇聯人是在楚克奇的集體農場裡。這些集體農場，就像蘇聯在戰時的任何農場一樣，大家都期望能為「國家提供更多的麵包、肉和原物料」。聽完有關消滅法西斯主義者的演講，隨後便是詳細的生產計畫，海洋哺乳動物的死亡數量一直在增加，直到獲得勝利為止。[80]在一九三〇年代被認為是原始的岸邊捕鯨行為，如今倒是發揮了作用。有位黨內專家在一九四一年報告，「有可能將海上集體農場的生產和盈利提高好幾倍」，特別是透過捕獵海豹和「發展捕鯨」。[81]沒有「阿留申」號，但透過「大幅增加德佛克桑尼基的配額數字，並帶領著社會主義式競爭及史塔哈諾夫運動」，楚克奇集體農場就能為祖國盡一份心力。[82]

根據諾坎捕鯨人安卡恩（Ankaun）的回憶，這些集體農場「在美國捕鯨設備的協助下」進行捕獵，並仰賴著裝有「巨大砲彈」的魚叉。[83]但在二十世紀初的幾十年裡，從諾姆交易來的這種裝備也被棄置了。在一九四一年，烏嘎茲克（Ungazik）村莊殺死了最後一隻弓頭鯨。九年後，諾坎的獵人們也把獵物都殺光了。[84]倒也沒有什麼汽油或彈藥能從戰鬥中挪來獵殺灰鯨了；在一九四一年至一九四四年期間，尤皮克人和楚克奇人的集體農場只殺死了十五隻灰鯨。[85]有位楚克奇的黨魁在一九四二年告誡道：「同志們，我們的成果極差，因為我們地區的海洋哺乳動物撈捕計畫並沒有達標……一九四一年只完成了百分之七十二．六」，這個百分比必須超過一百，才能「徹底打敗法西斯主義的勢力。」[86]

第二次世界大戰在蘇聯創造了難以滿足、龐大的能量需求，這種生存危機感甚至比大清洗還要嚴重：這不僅關係到要快速去創造未來，也關係到當下的生存問題。直到戰爭結束時，這個國家已經失去了兩千多萬條人命，同時還有很多倖存者處於挨餓之中。上從史達林和他在信中所承諾的大量脂肪資源，下到層層向上的官僚機構，再到握有鯨魚肉丸食譜的漁業專家，以及向東到擁有生鏽魚叉的楚克奇集體農莊，鯨魚的價值就在於牠們能對社會主義存續有所貢獻的潛力。隨著戰爭接近尾聲，用鯨魚餵養人民的官方障礙，便是技術：蘇聯需要趕上並超過資本主義工業的捕鯨人。一九四五年，紅軍占據一艘為南極航行設計的德國捕鯨加工船時，國家決策者並沒有討論到鯨魚剩餘數量的限制。即使當「阿留申」號在北太平洋重新啟航時，鯨魚的命運也沒有受到公開關注。同時，社會主義式捕鯨活動也開始面臨了超過生物負載方面的危險。

IV

一九四六年，外交官、科學家和產業代表在華盛頓特區舉行會議，就防止鯨魚滅絕相關法規進行談判協商。美國主辦了這次會議，但並不是出於國家想啟用漁業加工船的野心。美國大多數捕鯨人都是尤皮克人或伊努皮亞特人，對於美國內政部和國務院來說，他們所捕殺的鯨魚都算是地區的必需品，但這只是個聯邦政府在事後的想法：在一九四五年，美國沒有任何一艘註冊過的商業捕鯨船。[87]工業捕鯨國家是英國和挪威，戰後不久日本也加入這個行列。可是美國在二戰中產生了一個更為膨脹的國際角色，從布列敦森林（Bretton Woods）的財政外交，到占領大片荒涼歐洲及亞洲的軍隊。而且正如道格拉斯・麥克阿瑟（Douglas MacArthur）對於日本投降所發出的清楚訊息，「要不給我麵包，要不就給我子彈」，美國認為未來的和平取決於現在的福利。[88]麥克阿瑟恢復了南極漁業加工船隊，作為重建日本工程的一環。英國人希望能用鯨魚軀體來滿足「世界油脂供給方面的嚴重短缺」。在華盛頓特區召開的會議，目的便是計畫去撈捕「達到估計所需」的卡路里值，只要這樣不會對「現存鯨魚剩餘數量造成持久性傷害」。[89]對美國來說，鯨魚的價值在於能量，將會幫忙確保「人類更加和平及幸福的未來」。[90]為了保障這個未來，美國召集了戰前已有大型捕鯨計畫的國家。出乎人意料地，便是蘇聯代表團的來訪。

為了讓鯨魚來協助人類的和平和幸福，鯨魚就必須仍存在於未來。然而，在凱洛格的話裡，美國在參與一九四六年的會議時，並沒有抱持任何的幻想，也就是市場和為其服務的漁業加工船會對維護長期的「鯨魚剩餘數量延續」有任何興趣。[91]基於「人口增加對於各種自然資源的渴望」與「更有效擷取並加工這些資源的方法」兩種需求的結合，都讓產業不懂得去評估鯨魚活著的價值。[92]為了防止鯨魚走向滅絕，美國提議建立一項全球保育制度，由技術官僚和外交官來領導，他們會建立並管理合理的——意思是永續性的——人類利用辨法。為了讓英國和挪威這類擁有捕鯨業的國家，或是跟蘇聯一樣具有工業野心的國家都能夠接受這項立場，美國花了幾個星期的時間，並做出了許多協商讓步。最後，在十二月二日，蘇聯、美國、英國、挪威、日本和其他國家共同簽署了《國際捕鯨管制公約》（International Convention for the Regulation of Whaling, ICRW）。

依《國際捕鯨管制公約》所成立國際捕鯨委員會（International Whaling Commission, IWC），是科學家、外交官和產業代表組成的工作小組，任務是「在不造成廣泛經濟及營養問題的情況下，盡快讓鯨魚的數量達到最佳狀態。」。[93]國際捕鯨委員會得到的授權是去決定哪些鯨魚種類在活著的時候有價值，哪些在死亡的時候才有價值，以及誰才能進行捕撈。許多做出這些判斷的法規都源自於美國的進步時代。在地的人們可以捕殺鯨魚來吃；科學家可以捕殺鯨魚來研究；但沒有人可以捕殺灰鯨、露脊鯨，或是處於懷孕或哺乳期的鯨魚；任何被捕殺的鯨魚都必須完整利用；而所有捕鯨國家每年可以捕殺合計一萬六千個藍鯨單位（blue whale unit）的數量。一個藍鯨單位相當於一隻死去的藍鯨，或兩隻長鬚鯨，或兩隻半座頭鯨，或六隻塞鯨，以及其他商業上經批准的物種。[94] 沒有人知道一萬六千個藍鯨單位是否就是個具永續性的年度撈捕量。凱洛格懷疑並不是。但還是得要考慮到國家利益，畢竟就算是最敬業的科學家，對鯨魚的遷徙和數量也所知甚少，所以實在很難反對飢渴的國家去捕殺鯨魚。但是，不管有多少未知數，《國際捕鯨管制公約》及其衍生的多個國際捕鯨委員會轄下的委員會將主要為美國視角、功利主義，並且通常為市場導向，但仍然具有保育意識的鯨魚評估方式，轉變成全球規範的嘗試都編纂到了法規裡。

按照國際捕鯨委員會的邏輯，鯨魚從本質上來說具有互換性，要不是取決於工業的死亡——鯨魚成為漁業加工船上一具屍體來餵養國家市場——就是在地的死亡，鯨魚的屍體將會被獵殺牠的人吃掉。兩者都是熱量的價值詮釋。鯨魚首先是種能量，而這種能量正是為人類而生。

*

在華盛頓特區舉行的會議，就與大多數這類會議一樣：平淡無奇又流於外交形式，最後只是決議將鯨魚轉變成一種可靠的脂肪來源。一九四六年，在華盛頓特區的國際官僚中，鯨魚可能會重視彼此——作為歌手、父母、氏族成員、看護或教師——的想法，沒有比白令人對於鯨魚有意去主動奉獻自己的理解，來得讓人信服。在國際捕鯨委員會的條款中，鯨魚的能量並不具靈魂或國籍，除了作為人類的食物，也沒有其他更廣泛的目的了。熱量是美國和蘇聯之間的一項共識。在一九四六年的會議上，雙方似乎都致力於為這些熱量來管理一個未來。沒有太多跡象表明接下來三十年裡，美國和蘇聯會出現多麼極端的分歧，因為鯨魚只有在活著的時候，對市場有價值；但對於計畫而言，則是唯有在死亡的時刻。

第十章　啟蒙物種

鯨魚是生態系統頂點：陽光和礦物質，透過光合作用轉化為藻類，藻類轉化為大量的磷蝦，並透過消費行為，再以更具複雜性的層級向上發展。這種消費也具有生產力。在潛水進食和上升呼吸的過程中，鯨魚將深處的水翻湧到海面，植物在這裡讓營養物質進入細胞。鯨魚的消化作用將元素——鐵和磷——以大量羽流釋出；鯨魚糞便中的氮，則成為其他生物得以利用的元素，並且比從河流流入海洋或固定自大氣中的氮更多。[1]鯨魚實現了從一個物種到另一物種間的能量轉換，每次轉換都讓海洋充滿了生機。

一九四六年之後，蘇聯的漁業加工船隊也填滿了海洋，這些船隻最終掌握了市場最初掌握的東西：鯨魚的能量。這是蘇聯所承諾的海上擴張，取代市場及其在勞動和勞動生產的價值之間的異化分離。鯨魚的改造是為了要解放人們，而不是要成為一種風靡商品。但是，在將鯨魚轉換成生產配額的過程中，蘇聯捕鯨業造就了一種對計畫的盲目崇拜。與此同時，社會主義捕鯨人重蹈了商業捕鯨的主要盲點；當鯨魚把自己的生命力投入有助於能量轉換的海洋之中，鯨魚便沒有了易於識別的價值。在大洋上，社會主義的道德觀便止步於海面上，即人類與被他們剝奪走未來的動物兩者之間的界線上。

I

一九五九年，赫魯雪夫在二十一次黨代表大會（Twenty-First Party Congress）上表示，蘇聯正處於一個新歷史階段，即「全面建設共產主義的時期」。[2]關於「大力發展我國工業各部門」的代表大會七年計畫的發起人預估，「蘇聯每年的鯨脂需求量」將超過十萬噸。[3]蘇聯國家計畫委員會（Gosplan）清點了這些未來鯨魚屍體的用途：骨粉用於肥料，脂肪用於人造奶油，油脂用於工業，維生素用於強身健體，硝化甘油用於軍事。除了北太平洋的「阿留申」號和南極洲的「斯拉瓦」號（Slava）之外，還計畫了至少四支以上的新船隊。[4]從北極到南極，龐大的中央加工船會由十艘或二十艘以上的捕鯨船護送，並由數百位船員操作。

這些數百位船員來自蘇聯各地，有的來自陸軍，有的來自海軍，有的來自漁業家庭，有的則來自於工程學或海洋科學的大學計畫。他們所從事的工作有幾十種：機械技師、廚師、洗衣工、醫生、牙醫、無線電操作員、科研人員、店員、船上報紙編輯人員、蘇聯國家安全委員會（KGB）軍官、切割鯨脂的船員和受過訓練的魚叉手。尤里．謝蓋耶夫（Yuri Sergeev）從小就夢想著「成為一名水手和船長」，他在一所為期兩年的平民海軍學院接受培訓，並在捕鯨船「暴風」號（Shtorm）上得到第一份工作，並且「看到了我生平所見的第一隻鯨魚——一隻抹香鯨」。[5]其中，阿福瑞德．柏津是一位海洋生物學家。[6]他們發現了一個既不同又熟悉的漂浮世界。除了狹窄床鋪或木造船長套房，現代漁業加工船還建有明確的公共空間：一間俄羅斯蒸氣浴（banya）、一座電影院、一間圖書館等。船員們會下棋，學習演奏樂器，不斷玩著紙牌遊戲，養隻狗當作寵物，舉辦戲劇表演，正如有位水手回憶：「會去上夜校……因為對我們之中許多人來說，戰爭曾使我們失去接受中學教育的機會。」[7]

實際狀況有時候卻會讓人分心。提煉鯨魚是如此難聞。蟑螂是如此常見，以至於醫務人員到處噴灑滴滴涕殺蟲劑。甲板上和甲板下的溫度很可能時而炙熱，時而冰冷，取決於天氣和機械。繩索、火藥和刀子，和喝醉酒後使用這些物品造成的意外所在多有。[8]飲食方面，新鮮蔬菜很少，蕎麥粥很多。但船員們吃到的肉還是比大多數的蘇聯公民多，從鯨魚心臟生肉片到「味道像小牛肉的洋蔥拌炒鯨魚排都有」。[9]當然還是有不太舒服的地方，但是沒有「阿留申」號早期情況那麼多，也沒有比其他蘇聯工廠來得多。

謝蓋耶夫記得，就像工廠輪班一樣，捕鯨人很早就起來了。在他第一次指派到「阿留申」號底下捕鯨船「阿凡高」號（Avangard）去擔任船長時，有時在凌晨四點就要起床工作，而且總是「第一件事——先尋找鯨魚」。[10]阿福瑞德・柏津回憶道，「阿凡高」號比任何十九世紀的船都要快，魚叉配備了「既長又尖銳的手榴彈，並連著看不到盡頭的合成線。」「魚叉叉入鯨魚體內，手榴彈就在裡面爆炸。」要是船員們能找到鯨魚，就一定能殺得死牠們。鯨魚一旦死亡，就會被灌滿空氣，直到牠們彷彿「巨大浮橋一樣漂浮在水面上」，並用旗幟或無線電接收器來標記，這樣捕鯨船就能繼續捕鯨，不會因為洋流而遺失鯨魚屍體。[11]一艘成功的捕鯨船能連續工作二十四小時，並在一天內留下六隻、十二隻或二十隻鯨魚屍體。謝蓋耶夫就認識一位相當厲害的魚叉手，能在不到半小時的時間內捕殺三隻鯨魚。[12]

只要有一隻、三隻或六隻鯨魚被「插了旗」，捕鯨船就會把牠們拖到中央加工船上。動力絞盤會將鯨魚屍體拖上滑道，上面沾滿了血跡和油脂，工作人員會在那裡將牠們撕扯下來。他們必須動作迅速來避免鯨肉變質。有位船長便寫道：「很多時候，反而是割鯨人要比捕鯨人更努力在工作。」「鯨脂和水把甲板變成了溜冰場」，但即使在風暴期間，「他們還是得待在寬闊的甲板上，在探照燈的強力光線包圍下工作」，直到「甲板上堆積如山的鯨脂、鯨肉、鯨骨和內臟，處理得一乾二淨」。這些鯨魚部位現在都在船腹裡，在一系列的生產線上切碎、清洗、煮沸和冷凍，轉化為骨粉、鯨油、維生素、狗糧、肉罐頭等，直到所有曾經是鯨魚的東西宛如「在你眼前溶解殆盡」為止。[13]

*

在楚克奇海岸，距離謝蓋耶夫第一次擔任捕鯨船船長的地方向西數百英里處，在烏倫和洛利諾這樣的村莊裡，從一九五〇年代開始出現對於更好的鯨脂品質及數量的需求。有位楚克奇官員報告道，「我們擁有能以脂肪和肉的形式，提供十倍左右有用產量的鯨魚數量」，但是「有些集體農場捕撈的動物數量，卻是遠遠不及令人滿意的程度」。[14] 海洋生物學家娜德潔妲・蘇希金娜（Nadezhda Sushkina）描述了集體農場大隊在捕殺灰鯨的過程，「在鯨魚死亡之前……會發射至少三百到六百發子彈」。[15] 有三分之一的獵物沉入海底，消失在不斷瀰漫的殷紅血漬之下。要是大隊真的把鯨魚拖到了岸上，也很可能是體型偏小的鯨魚；獵人會避開體重超過十噸的灰鯨，因為「一旦牠們被擊中，就會開始劇烈掙扎。」[16]他們的木造小艇太舊了，沒辦法冒險挑戰憤怒的鯨尾——或是被弓頭鯨拖到更遙遠的海上。因此，最肥美的鯨魚就從「對這些巨獸感到恐懼」的人手中逃走了。[17]

面對恐懼的答案，仍然是技術性問題：「茲維杰尼」號（Zvezdnyi）及「德魯杰尼」號（Druzhnyi）這類小型加工式捕鯨船，就有能力在「每個捕鯨季捕殺至少兩百隻鯨魚」。[18]每年夏天，這些船會在深水區域捕殺灰鯨，並將屍體拖到岸上，在那裡會由集體農場接手屠宰工作。藉此就能讓楚克奇捕鯨集體農場以百分之一百〇二・四、百分之一百二十三，甚至象徵巨大勝利的百分之一百四十四的比例來超額完成計畫。鯨魚能餵養在洛利諾新設養殖場裡的狐狸，也能被提煉成動物性油脂。當集體農場「『列寧』抓了六十八隻、『紅旗』二十八隻，以及『列寧之路』十四隻」，鯨魚讓集體農場「走上了向楚克奇工人實現社會主義義務的道路」。[19]到了一九五〇年代末，死在隸屬蘇聯的海峽這一側的鯨魚，愈來愈少是由白令人所獵捕：例如彼得・納帕恩（Petr Napaun）就記得：「我們不再捕殺鯨魚了，只有捕鯨人會把牠們帶來。」[20]那些捕鯨人有時候捕殺的鯨魚，會超過兩萬隻集體農場狐狸能吃的數量；多餘的鯨魚屍體則用拖拉機拖到內陸。尤皮克人及海岸邊的楚克奇人會告訴他們的孩子，這是種對動物靈魂的侵犯，因為牠們需要大海。[21]他們必須告訴自己的孩子，關於許多在實踐中才能學到的東西：要在哪裡才能找到鯨魚、如何接近牠們、牠們尾巴有多危險等等。捕鯨是一種有形的技能，卻在戰後蘇聯日常生活中，成為另一件尤皮克及楚克奇的父母與他們的孩子之間，難以去詮釋的事物。

在集體農場負責屠宰的納帕恩，跟在加工船上工作的謝蓋耶夫之間，還是有許多的不同。謝蓋耶夫在看到鯨魚之前就已經成年了；他的家人沒有傳授他如何切掉鯨魚魚鰭的功夫，也沒有說過鯨魚曾經是人的故事。但是，這兩個人名義上來說都在為計畫工作。最初的生產目標是由莫斯科的國家計畫委員會下達，作為五年計畫的一部分。在五年計畫之間，還有年度計畫，而在年度計畫中，也有每季目標。評估鯨魚價值的時間跨度縮小到幾個月。漁業加工船在這幾個月內進行分類，每艘船應捕殺的鯨魚總數；未加工時的總重量；食品級鯨脂、藥用鯨脂、一級工業鯨脂和二級工業鯨脂的數量；食品用肉和飼料用肉的重量；鯨蠟、骨粉和冷凍肝臟的磅數；抹香鯨牙齒的數量；維生素和龍涎香的克數。集體農場將鯨魚分成人類食用肉、飼料用肉、提煉用鯨脂、研磨用鯨骨、維生素用器官。[22]在任何年分裡，任何一隻鯨魚都可以有幾十種計算方法，而新的計畫就是根據前一年鯨魚的部位如何計算來重新制定而成，通常會增加一個足夠野心勃勃來表示進步的百分比。[23]這是所有加法、乘法和除法的排列組合；然而終究要用減法來計算的數學，在最後的統計裡是看不見的：從鯨魚身上減去生命，從海洋中減去鯨魚。

II

國際捕鯨委員會的任務，便是讓鯨魚從海洋中減去的情況變得清楚可見。每年，遠洋捕鯨國——在一九六〇年為英國、挪威、日本、荷蘭和蘇聯——都會報告他們捕殺了多少藍鯨單位。蘇聯方面，根據國際捕鯨委員會的在地豁免規定，加上了「茲維杰尼」號及「德魯杰尼號」所捕殺的灰鯨。根據鯨種、大小、性別和地點的統計，國際捕鯨委員會的科學家會評估工業死亡數量的永續性程度，並建議未來的捕鯨配額，「以維持經濟需求與自然資源之間的適當平衡」。[24]

在每次國際捕鯨委員會會議上，科學家們都主張減少捕殺鯨魚。但在表決時，與本國產業結盟的代表們卻又無視於這些建議。有位美國與會者表示，「我相信這些（反對意見），都會屈服於那些必須要提供有利可圖事業的壓力」，因為沒有「任何一項考量因素是基於保育方面的理由」。[25] 但科學家們幾乎無計可施。國際捕鯨委員會無法控制需求；需求是由總體消費者所決定。就算委員會試著控制生產量，卻沒有執法的權力，當亞里斯多德・歐納西斯（Aristotle Onassis）在一九五〇年代進行非法捕鯨時，就已經很明顯地凸顯出這個問題。任何認為配額過低的國家都能逕自離去，並隨心所欲地去捕殺。因此，在國際捕鯨委員會召開會議後的前十五年間，藍鯨單位總數幾乎沒有減少，甚至長鬚鯨——已經取代了缺席的藍鯨——體型和數量也正在下滑。凱洛格擔心，國際捕鯨委員會正主導著「全球鯨魚走向滅絕邊緣」。[26]

到了一九六〇年代初，很明顯保育並不可能促使美國代表團成員重新認識鯨魚的價值。漁類和野生動物管理局的生物學家約翰・麥克修（John McHugh）認為，「為後代子孫保育這些雄偉的野獸的「純美學觀點」是不合理的。鯨魚應該依照「經濟目標」進行管理，並且像礦物一樣來捕撈，先是展開用淘金熱式「蓄意過度捕撈期」，緊接著是生物學上規定的緩衝期。[27] 麥克修正在引導一個新的、或是說修正過的資本主義理論路線。像史考特・高登（Scott Gordon）和奇利亞希—旺楚普（S. V. Ciriacy-Wantrup）這樣的經濟學家認為，保育主義者（conservationists）忽略了「人類成功發現新資源來取代舊資源的歷史」。[28]這是十九世紀的船長很熟悉的邏輯。合理利用並沒有要求鯨魚的未來就要當隻鯨魚，只期望資本的未來能暫時保留牠們將會成為商品的部分肉體。一種給予鯨魚去組成由市場所運作之世界的方式，就在於鯨魚個體或物種的清算，讓其軀體的收益在一些更有利可圖的風險中繼續生存下去。看看曾經投資在新貝德福附近毛紡廠的潤滑油就知道了。那種財富不需要鯨魚來維持。二十世紀的商業仍然會想像經濟成長與死亡彼此並沒有關係。

到了現在，鯨魚捕獵的發財理論似乎還是行得通：鯨魚愈來愈少，所以愈來愈貴。消費者將目光投向其他種類的脂肪。面對不斷下降的利潤，英國和荷蘭公司在一九六三年離開這個產業。到了一九六〇年代的尾聲，挪威只留下唯一一艘漁業加工船。在歐洲和美國，如今食用脂肪多半來自大豆、棕櫚、油菜籽、豬或牛——鯨魚人造奶油已經被取代，就像石油取代了鯨油所發出的亮光一般。到了一九六〇年代末，剩下的少數需求不過就是為了充作寵物飼料的鯨肉及抹香鯨油，後者是因為這種物質的摩擦力很低，需要用來潤滑核子潛艇和洲際彈道導彈。[29]在那個時候，五十年的工業捕鯨已經讓超過兩百萬隻的鯨魚成為商品。[30]逐漸意識到鯨魚活著的價值，或是為有必要將牠們緩慢的世代嵌入利潤的時間計算裡，都沒有因此緩解了那些僅存鯨魚的壓力，反而是再次因為死掉的鯨魚缺乏價值才獲得舒解。

*

蘇聯沒有與英國和荷蘭一起結束工業捕鯨活動：在市場捕鯨人放棄捕鯨的同一年，新的社會主義船隊進入北太平洋——一九六二年的「蘇維埃俄羅斯」號（Sovetskaia Rossiia），一年後的「海參崴」號和「遠東」號（Dalnii Vostok）。[31]這並沒有缺少來自內部的考量。來自太平洋研究和漁業中心（Pacific Research and Fisheries Center, TINRO）的科學家與蘇聯船隊同行，並且早在一九四一年就發出警告，「阿留申」號殺死的座頭鯨、抹香鯨、長鬚鯨和灰鯨正在縮水。[32]十年後，贊科維奇擔心抹香鯨總是太年輕就被捕殺，「在一種不對且不得當的方式下」。[33]一九五九年，柯魯莫夫（S. Klumov）告訴國家計畫委員會，在北太平洋的捕鯨活動「根本沒有考慮到資源情況」，造成「短視近利的政策，因為這一定只會造成一種結果——剩餘的鯨魚……迅速滅絕」[34]多羅申科（N. V. Doroshenko）報告，新的漁業加工船隊「海參崴」號和「遠東」號，都已經讓「北太平洋和白令海的座頭鯨數量瀕臨了臨界點」，並警告很快「捕鯨行為就不可能再繼續下去了」。[35]每年，生物學家都會向漁業部（Ministry of Fisheries）底下的捕鯨協調部門（Whaling Coordination Department）報告即將發生的滅絕，但他們的報告卻被用繩子捆綁起來，「蓋上『秘密文件』的印章，接著被扔到特殊儲存區的架子上」。[36]

蘇聯國家計畫委員會封存鯨魚銳減的報告，並不是因為蘇聯陷於飢餓之中——戰後的糧食危機早已得到緩解。反之，他們所提出要繼續捕獵的理由，對於一八八〇年的新英格蘭船長來說，已經很熟悉：問題不是缺少鯨魚，而是缺少「動作迅速的捕鯨人」。[37]也許鯨魚早就遠走高飛。[38]抑或是新魚叉的出現，讓人能夠去追殺鯨魚這樣難纏、狡詐的生物。[39]又或許，在未來就不再需要鯨魚了，屆時拖網漁船就會將曾經由鯨魚來承擔的工作給機械化，轉變成工業的工作，並直接收成磷蝦內含的卡路里。[40]鯨魚的價值在於透過物質的增長來充實社會主義，證明人類超越自然極限的能力正不斷提升中。想像能量轉換——某種能量形式到另一種能量形式，或某種存在方式到另一種存在方式的轉化——是自由的，能從死亡的熵稅（entropic tax）中解放出來，並且已經成為社會主義計畫自滿之處，就跟市場成長一樣。

透過改造鯨魚的勞動來改造人，也同樣有著價值。要殺死如此龐大的動物一直是一項集體事業，由魚叉手這樣關鍵的角色來支撐。這是個與蘇聯一樣古老的理想勞動組合：列寧描述過一個有天賦的個體將如何刺激集體達到更好的生產，而如此帶來的增長將會讓所有人受益，讓這種社會主義的工作，成為「世界歷史意義上的英雄」。[41]在一九六〇年代，魚叉手就被選作這種英雄，帶領他們的船員參與社會主義競爭。[42]船隊報紙將個體的成功及富有成效的團隊進行排名，並且批評了表現不佳的人。[43]「海參崴」號在一九六四年報告，「庫拉扎戈梅多夫（Kurazhagomedov）同志已經充分展示自己是一位優秀的魚叉手」，他「謙遜、嚴謹的工作表現，以及孜孜矻矻的機警態度，更為他贏得了其他捕鯨人的讚賞和尊重」。[44]割鯨人於是被要求趕上這種工作表現，不該「為了任何事離開甲板」，才能去處理更多的鯨魚。[45]謝蓋耶夫回憶道，為了支持「集體工作的方法」，他在船上為「所有人」分配「同等報酬」，這是一種「提高效率」的選項。[46]

帶領競爭就是共產黨的本質——提供獎賞、組織慶祝活動、放映電影和召開討論團體來幫助

「培養和鍛鍊人民」。[47]在一九六五年的「海參崴」號上，已經有超過百分之二十的船員是黨員，任何「執行國家計畫的問題」都可以透過黨「用社會主義的保證來動員成員去實施計畫」，以及「提高每位船員的道德和政治素質」來解決，而船員們的「日常工作和勞動考驗」則會增加黨員人數。[48]根據「遠東」號航海日誌，最終的結果便是捕鯨船都「成功地達成政府的計畫，但領先的仍然是那些精通技藝的捕鯨人」。[49]而這種專業帶來了實質的好處。謝蓋耶夫記得，我們的「薪水取決於產量」，這給捕鯨人帶來了「更多的刺激誘因」來工作：如果達成計畫，他們的基本工資就會多百分之二十五的獎金，若是能超過計畫的百分之二十，薪水就會超過兩倍之多。[50]謝蓋耶夫賺得滿載而歸。

很有錢，而且很有成就感：當船隊回港時，會由產量最多的捕鯨船領頭，海參崴和其他港口城市都會舉行宴會。[51]就如赫魯雪夫的處女地運動（Virgin Lands Campaign）和布里茲涅夫（Brezhnev）的貝加爾湖—黑龍江主幹線鐵路（Baikal-Amur Mainline railway）一樣，坐擁來自於全國各地的關注。報紙和電台描述了龍涎香和鯨脂的重要性、鯨魚人造奶油的美味，鯨魚面霜的滋潤，以及新捕鯨船意氣風發的出航。[52]《真理報》更報導了人們的勝利，例如：「魚叉手格尼揚克（Gnilyank）同志，即使在暴風雨之下也展開捕鯨行動」，或是「魚叉手圖皮科夫（Tupikov）同志，掌握極遠距離命中鯨魚的技巧」。[53]他們的英雄主義促使「國家計畫的成功實行」，同時讓蘇聯成為「世界主要捕鯨國之一」。[54]

當蘇聯捕鯨船隊在大洋上大力地拖著網時，勞動的集體願景正失去在陸地上的革命速度。列寧的存在恆久不變，但卻是生硬刻板的，他的名字出現在地鐵站、街道、圖書館、學校。史達林此人大致上已經從他過去協助打造的國家中被抹去。楚克奇的黃金地質學家跑去北方尋找浪漫的過去，而非留在驅使早期布爾什維克的光明未來。而當時的蘇聯儘管建立了全面的共產主義，但似乎又落後於資本主義世界：一九六二年之後，集體農場並沒有生產足夠的糧食供國內使用。[55]美國搶先蘇聯一步登上了月球。但在捕鯨船上，有社會主義競爭和黨的獎勵，集體制度的前景是實實在在的。英雄主義不在於以革命國家的利維坦之名來殺人或被殺，而是殺死真正的利維坦。在謝爾蓋夫退休幾十年後，當有人問及為什麼要花這麼多年的時間當一位捕鯨人，他回答道：「為什麼？——首先，在捕鯨船上，正如他們當時所說，存在著共產主義。」[56]

＊

共產主義的目的是將工人從資本主義的異化中解救出來——他們被剝奪了自己工作的價值和意義，從而變成了物品、所有物，無法自主行動。解救的方式是勞動，在船上就是將鯨魚變成所有物，把牠們拆解成經過量化的統計數字。但是，工業獵捕就跟在帆船上一樣貼近鯨魚，在一陣冉冉升起的潮濕惡臭間，涉水進入鯨魚由肋骨拱起的身體裡之前，船員們不得不緊盯著鯨魚的眼睛，「等到牠們最終的抵抗瓦解為止」。船上的報紙包含了鯨魚智力的科學報告，描述了蘇聯生物學家在「阿留申」號甲板上詳盡了解的適應交流。托米林（A. G. Tomillin）解釋了抹香鯨如何以複雜的繞圈方式來保護牠們的幼鯨，並指出座頭鯨會在受傷時，發出像鳥兒一樣聲音來求助。[57]這樣的報告證實了魚叉手對於「鯨魚愈來愈警覺小心的行為」的觀察。[58]水手們形容自己的獵物表現出對於彼此的「愛」，或是會去「協助」受傷的同伴。[59]贊諾維奇看過一隻母座頭鯨，「在危險的籠罩下，牠卻只是更加靠近小鯨魚，用自己的身體保護牠……緊靠著小鯨魚，牠們的噴水聲交融在一起」，然後經歷了長達數小時的獵捕折磨。[60]有人回憶起讓人深感同情的屠殺代價：「如果鯨魚能像人一樣發出痛苦的尖叫，我們全部人早就瘋掉了。」[61]

不過，鯨魚並沒有尖叫。在大眾眼中看來，牠們的情感是沉默無聲的：在蘇聯的計畫中，沒有任何空間去記錄勞動造就的鯨魚苦痛，因為早就被鯨油的商品價格所填滿。鯨魚透過死亡的重量充實獵人的世界，而非牠們活著的時候。而那種重量甚至包括了冷凍櫃和罐頭機發生故障時，被扔進海裡的變質鯨肉。同樣，如果鯨魚在自己死亡的溫熱中感染化膿，也會包含在內。柯魯莫夫對於這種「暴行……造成鯨脂……及其他捕鯨產品巨大損失」表示遺憾。[62]如果商業成長不需要鯨魚在成為產品之外還有未來，那麼社會主義計畫也不需要鯨魚有未來，即使是作為產品。因此，像他們過去及現在的商業捕鯨人夥伴一樣，社會主義工業捕鯨人學會了將捕鯨視為「一種狩獵工作」，用謝蓋耶夫的話來說，「而狩獵與運動有關」。[63]他們用小鯨魚作為誘餌，鯨魚屍體綁在船上當成「護舷」，防止船隻之間的碰撞。[64]因為物品不會受苦，即便嗷嗷待哺的小鯨魚跟著仍在分泌奶水灑滿甲板的母鯨屍體後面，撥著水游上滑道，仍是如此。[65]

溢出的奶水證明，計畫的快速增長和永無止盡的除法與乘法計算裡，並沒有為長成一隻鯨魚需要的時間留下一個任何欄位。海洋被榨乾了。結果，到一九六〇年代，在船上製造共產主義的唯一方法，是殺死每種及所有的鯨魚。這樣逐漸違反了國際捕鯨委員會的規定。由於主要的商業捕鯨人不再追求利潤，而且有多種鯨魚看起來逼近滅絕，國際捕鯨委員會最終降低了配額，禁止捕殺藍鯨和座頭鯨。蘇聯代表出席了國際捕鯨委員會的會議——會議上其他國家愈來愈懷疑蘇聯少報了捕殺的總數——並同意了新的配額，接著回到自己的船上，為一個更加擴大的計畫來捕鯨。他們在非捕鯨季的時候捕鯨；他們獵殺受保護的物種；他們將本應是在地糧食的灰鯨拿去當作狐狸的食物；他們殺死哺乳期的母鯨、幼鯨和青少年期的鯨魚；他們屠殺他們沒有要去屠宰的鯨魚，也屠宰了他們沒有要用到的鯨魚。

將鯨魚轉變成計畫中的路線會違反國際法規，計畫發起人及捕鯨船長都知道這點。一九六七年，「遠東」號報告道：「總而言之，非法鯨魚在數量上就占了百分之六十八・三，在重量上占百分之四十八・六。」「要是船隊嚴格遵守『法規』，就沒辦法完成年度計畫目標。」[66]謝蓋耶夫記得國際法規確實是個挑戰；不去滿足配額就有可能讓國際捕鯨委員會降低對蘇聯的限制。[67]那時候，當特別稀有的物種被殺掉時，生物學家通常會被命令要離開甲板。這種死亡也都會從交給國際捕鯨委員會的報告中刪除。國家安全委員會的探員會與每支船隊同行，將在錯誤時間殺死的錯誤大小或錯誤的鯨種，改寫成合法的捕撈。非法的露脊鯨變成了合法的座頭鯨；非法的小座頭鯨變成了藍鯨；太多的藍鯨就變成了許多抹香鯨；太多小隻的抹香鯨就變成一隻大隻的抹香鯨。[68]總共有有將近二十萬隻鯨魚從國際紀錄裡消失，即使牠們會出現在蘇聯的統計數字裡。[69]在北太平洋，有些被刪去的鯨魚——一百四十五隻弓頭鯨、一百四十九隻灰鯨——都已經因為商業捕鯨而變得相當罕見；蘇聯船隻殺死了六百九十九隻露脊鯨，讓該物種幾乎接近滅絕。[70]隨著鯨魚消失的是牠們能豐富海洋的能力；白令海和整個世界海洋的能量都跟著在減少。陽光進入細胞的速度愈來愈慢。在試著加快時間腳步的過程中，社會主義捕鯨活動卻減緩了生命的活動狀態。

*

公眾同時接受國際捕鯨的法規和體制內部的違反行為，還有一個結果。這會讓共產主義計畫去圈起海洋，或是至少大多數海裡的鯨魚能量。在北太平洋，也就是蘇聯開始捕鯨的地方，這種圈地劃界有著很長一段逃避俄羅斯掌控的歷史。十九世紀時，是美國人偷了海豹、海象和鯨魚。二十世紀初，是市場的獵人和貿易商阻撓了蘇聯的主權。在遠東，這些屈辱的記憶在索亞尼克（A. N. Solyanik）的腦中揮之不去，他是蘇聯船隊中其中一位最有影響力的船長，從小在美國掠奪太平洋的故事中長大。索亞尼克列舉了資本主義者過去屠殺海象和弓頭鯨的方式，告訴他的船員追求利潤的欲望會讓市場獵人沒有能力自制。[71]他對資本主義者表裡不一及巧取豪奪的看法，可能早就已經在一九五〇年代受到助長，當時他身為國際捕鯨委員會的代表，目睹了歐納西斯的非法捕撈，以及普遍「捕鯨公司想盡其所能收集鯨魚的欲望」。[72]或者，如同有位來自紐西蘭代表所指出，枯竭的鯨魚數量給了蘇聯人「資本主義工業無能的證據來合理化自己的行動」。[73]

這是瓦霍夫（A. A. Vakhov）的三部曲小說中舉國皆知的一個主題，從一位悲劇性的帝國船長揭開序幕，到蘇聯漁業加工船隊戰勝資本主義間諜和外交官為結局，後者有關「拯救鯨魚免於滅絕」的「長篇大論」，「沒有辦法騙過」聰明的蘇聯捕鯨人。[74]其中有些用語，例如：侵蝕性威脅、資本主義放縱，以及掩飾商業屠殺的國際捕鯨委員會保育訊息，一定在漁業部裡都是司空見慣的字眼。這種說法常見到在一份蘇聯代表團的聲明裡都顯露出來，代表團指責美國和加拿大利用法規和鯨魚科學去捏造一場在北太平洋的「土地掠奪」。[75]蘇聯代表及捕鯨船長都很懷疑國際捕鯨委員會的限制，爭論著他們給予資本主義的消費長達幾十年的特權。[76]解決方案便是「犧牲『美國』的鯨魚數量作為代價」，有位蘇聯國家計畫委員會官員寫道，「額外的八百鬚鯨單位和一千五百抹香鯨單位」，藉此才能讓社會主義存在於超過一個以上國家。[77]

這也是一種社會主義的勞動。對有些人來說，用祖國的名義過度捕鯨，修正了資本主義者在俄羅斯水域殺害過多鯨魚的歷史錯誤。這也讓蘇聯捕鯨業做到了許多蘇聯工業辦不到的事：將蘇聯的土地、水域和生物的生產後果轉嫁到國家之外。資本主義世界，特別是美國，正學習著將最嚴重的汙染和工業毒素——來自製造塑膠、染色衣物、大量砍伐樹木——送到自己的邊界之外。[78]終究取代鯨油的棕櫚油，生長在英國之外的遙遠土地。商業帳目全都在千里之外支付，而在美國國內，淨化空氣和水、保育瀕臨絕種生物等行為，並沒有減少美國人的胃口或滿足點（satiation）。在嘗試透過增加消費來欺騙死亡時，市場並沒有減少對世界的利用。但這確實將消費欲望的對象轉移到了遙遠的他方，與生產的致命脫鉤。蘇聯工業試著透過在蘇聯境內超越計畫來欺騙時間，汙染蘇聯水域、弄髒蘇聯空氣、放任毒素滲入蘇聯公民的身體。在許多工業城鎮，工業力量正面臨著誠實而可怕的細節。[79]捕鯨讓蘇聯勞動及工程的壯舉，能避免政治或環境熵的感覺。這讓計畫好的成長看起來像是沒有成本。

III

目前還沒有一部歷史能用人類的話語來訴說十九世紀和二十世紀鯨魚的經歷，那世世代代鯨魚心靈的巨大毀滅：這些心靈在牠們的海洋變得安靜時傾聽著、在牠們的氏族萎縮時注視著、在牠們的家族年復一年於腎上腺追逐、攻擊和最後的濺血中被吞噬殆盡時逃走了。也許鯨魚在牠們的歌聲和叫聲中教導了這段過去；也許牠們正告訴彼此，人類奇特而可怕的工作就是要打造一個沒有鯨魚的世界。也許牠們並未承擔起這樣的負擔。人們能夠，並且已經想像出一個透過最大化鯨魚捕獵來變得更美好的世界。殺戮是為了讓其倖存者活下來的世界仍然是人類無法企及的。

到了一九七〇年代，人類開始想像一個完全不用殺鯨魚就能變得更美好的世界。在資本主義船隊萎縮的同一時期，鯨魚文化產品正蓬勃發展。在北美洲，人們聽著皮特・西格（Pete Seeger）歌頌鯨魚，或是透過羅傑・佩恩（Roger Payne）的座頭鯨錄音，聽著鯨魚對著自己歌唱。[80]電視上的鯨魚將人類從誤入歧途中拯救出來，而在電影院螢幕上則能將人類從核子毀滅中拯救出來。[81]在蘇聯科學家開始認同鯨魚的智力和發聲範圍是事實的十多年之後，美國研究人員約翰・李利（John Lilly）在《人與海豚》（*Man and Dolphin*）和《海豚的心靈》（*The Mind of the Dolphin*）推廣普及了這個觀點——儘管強調的是物種間的交流，但最終卻被列為是因為迷幻藥誘發的猜測。[82]海岸城鎮開始提供賞鯨之旅。然後，在《白鯨記》這本將追逐鯨魚看作是人類心靈與上帝知識之間鴻溝隱喻的小說旁邊，書店出售著莫瓦特的《獻給殺戮的鯨魚》（*A Whale for the Killing*），這本書就跟他那本有關狼的書一樣，都是用捕殺鯨魚來證明人類的無神論。莫瓦特心想，為什麼有人要屠殺這樣的動物：牠們聰明、愛好和平，跟有技術成癮的人們不同，能夠「作為自然的生命成功生存下去」。[83]

在一九七〇年代，能夠回歸自然生活，逐漸成為一個美國人渴望追求的目標。從中產階級的郊區居民到大學校園的積極分子，從科學家到政治家，從獵人到健行者，人們都看到了他們周遭的世界正陷入「人類歷史上最大的災難」。[84]春天是寂靜的。人口是顆炸彈。天堂不是由水泥製成的，不是像那本描述英勇生產的同名蘇聯小說中那樣，已經被鋪成了一座停車場。[85]太空人將地球描繪成一顆孤獨的藍色彈珠，用經濟學家肯尼思．博爾丁（Kenneth Boulding）的話來說——「一艘獨一無二的太空船，任何事物都沒有無限的儲備，無論是為了去開採或是汙染，還有其本身皆然。因此人類必須在一個週期的生態系統中找到自己的位置。」[86]人類已經拒絕了這種週期性時間，正如環境神學家約翰．克萊普爾（John Claypool）所說：「人類是動物和植物支持系統的一部分，就像它們也是人類的一部分一樣。」[87]他們以進步的名義而為之，但實際上站在其對立面——生態學家保羅．埃爾利希（Paul Ehrlich）稱之為「為了經濟利益而對這顆星球施行的強姦和謀殺」。[88]汙染充斥在河流和血流裡。有鑒於現在是地質半衰期，核能威脅著災難的發生。石油溢出、河流著火、物種消失，荒野從慵懶的郊區中消退。這些「都是世界末日的事實」。[89]

世界末日的未來可以藉由回到過去來避免。在過去，大自然曾經是一片和諧。這需要去遏制成長——緬因州參議員艾德蒙・馬斯基（Edmund Muskie）稱之為「環境革命——對整個社會的承諾……一種價值觀，而非意識形態」，以及「一種平衡感」。[90]這不是為了美感享受的保護，或是為了市場效率的保育。平衡和整體性的概念是從生態學家那裡借來的想法。在流行形式中，生態學有個規範性的優勢：沒有人類的大自然會傾向生命創造的和諧，但被工業人類使用的大自然，打亂了瑞秋・卡森（Rachel Carson）所謂「人口的微妙平衡，那個大自然藉此實現更長遠目標的平衡」。[91]有各種方法來恢復自然的和諧，從立法上的——制定《空氣清潔法案》（Clean Air Act）、《淨水法案》（Clean Water Act）和《瀕臨絕種生物法案》（Endangered Species Act）——到消費上的，人們去生產有機食物。工業已經成為死亡的代名詞；而自然和諧才是生命。

革命不僅僅是物質行為。它們需要精神上的重新構築。在許多生態革命家的心目中，環境崩潰起源於將人類在概念上從大自然分離出來。從這個原罪出發，自然界屈從於工業目的，徹底摧毀了大自然和諧的花園。終止地球的惡化需要超越自然和文化之間的二元論。不同類型的環保主義者四處尋找不同的方法。他們崇拜美國原住民的想法，回到土地上，思忖著大地之母蓋亞（Gaia），呼籲立法和提倡素食主義。其他人則在鯨魚身上找到了救贖，鯨魚是一種天生非暴力、非技術性和非二元論的動物。鯨魚憑藉牠們意識的力量，解決了「大自然與物種之間關係的重大謎題」，而且能教導人類「與大自然和諧相處，而非無情地掠奪養育我們的海洋」。[92]在這批新世代的環保主義者之中，有些人不僅想拯救鯨魚，還想用鯨魚來拯救人類。

為鯨魚的超然存在（transcendence）來評估牠們的價值，與國際捕鯨委員會的實用主義經濟學，或蘇聯的價值概念相去甚遠。莫瓦特的鯨魚是通往修復大自然後的過去之指南；社會主義的鯨魚是為了一個完美人類未來的原料。但是，為了讓鯨魚在蘇聯的計畫中發揮作用，牠們需要的不只是存在，而且是在不斷增多的數字中存在。然而，二十世紀被殺死的鯨魚數量正在攀向三百萬隻；蘇聯的工業船隊，有著這個總數的五分之一或六分之一的捕鯨人在追捕倖存的鯨魚。[93]「遠東」號只找得到幾十隻長鬚鯨。他們撈捕的抹香鯨有一半是懷孕或正在哺乳的鯨魚。[94]北太平洋的鯨肉總量不到兩百年前的百分之二十。[95]透過捕殺市場的殘羹剩飯來加快時間的速度，已經沒有留給計畫任何一絲的能量。

一九七〇年，蘇聯國家計畫委員會降低了北太平洋的年度目標。兩年後，經過超過十多年的拖延，蘇聯同意允許隸屬於國際捕鯨委員會的國際觀察員到船上記錄捕獲量。[96]也許是蘇聯國家計畫委員會內部發生了一些徹底的變化；也可能是因為如此一來，漁業部的官僚就能到日本捕鯨船上當觀察員來賺取薪水；又或許是將蘇聯捕鯨速度不可避免的減緩，通通怪罪到了資本主義局外人的頭上。也許就只不過是沒有理由不這樣做：如今已經不可能用鯨魚來達成一個不斷成長的計畫。在一九七二年之後，北太平洋船隊的獵捕量或多或少都保持在國際捕鯨委員會的限制範圍內。[97]

蘇聯的捕鯨正哽咽著走向自己的終結。但是對於那些超然去評估鯨魚的人來說，這個衰減的速度又太慢了——對他們來說，國際捕鯨委員會的功利主義政策，已經無可救藥地被工業的紐帶腐蝕，並且忽略了殺害如此有靈性的生物是多麼違反基本「道德」，正如海洋生物學家維克多・謝佛（Victor Scheffer）所認為：「屬於動物在生存及延續其祖先血統方面的單純權利。」[98]鯨魚在這些權利方面有了全新和直言不諱的倡導者，從人道協會（Humane Society）這樣的著名團體，到聚焦在鯨類的約拿計畫（Project Jonah），他們努力去幫忙將大鯨魚（great whales）*列入美國的瀕臨絕種生物名單。倡導者們在一九七〇年的國際捕鯨委員會會議上，播放了座頭鯨鳴唱的歌曲，希望這種交流的證據能夠打動蘇聯人，將大鯨魚視為「人類的海洋兄弟」。[99]

*

五年後，蘇聯的捕鯨計畫面臨著另一種與眾不同的音樂。那年夏天，「遠東」號因為缺少鯨魚，放棄了在阿拉斯加海盆的獵捕活動，往南移動到加州海岸附近的水域。一九七五年六月二十七日，在甲板上肢解抹香鯨的船員聽到了細微的英語歌聲：「我們是鯨魚，活在海中／來吧，為什麼我們不能和諧相處？」很可能，船上沒有幾個人聽得懂這些話。當他們從船舷上看過去時，更是沒有幾人知道為什麼他們會被這些坐在橡皮艇裡彈著吉他、拿著相機的人所吸引。在那奇怪的幾分鐘裡，當穿著潛水服的大鬍子們唱著「我們要做愛，在海底之上」時，滿身血汙的蘇聯船員們跳起了

* 編按：根據美國海洋哺乳類動物研究所（Marine Mammal Institute），指的是那些體型較大的鯨魚，包括灰鯨、座頭鯨、露脊鯨、藍鯨、抹香鯨、弓頭鯨等鯨魚。依照不同種類的鯨魚，體長可以從八公尺到三十公尺。

舞。[100]

這些歌手是綠色和平組織（Greenpeace）的積極分子。這群人一開始先是抗議核子武器；然後，受到莫瓦特描述人類和鯨魚的毀滅是由抹香鯨油潤滑的核彈頭連結在一起所啟發，他們轉而拯救鯨魚。[101]綠色和平組織的組成很多元——攝影記者、前蘇聯囚犯、易經神祕主義者。有些人是全面的生態學家，其他人則更多是出於對鯨魚個體權利的想法。但是，當他們面對「遠東」號的那個時候，已經在「菲利斯・科馬克」號（Phyllis Cormack）上花了一個月的時間，嘗試與灰鯨交流——透過演奏音樂或冥想——他們的領導人羅伯特・亨特（Robert Hunter）回憶，這是個「會讓參與其中的所有人都『轉換』成鯨魚怪人」的體驗。

他們的轉換讓首要目標——破壞捕鯨船隊——在道德上具壓迫感。「遠東」號的氣味，以及從船舷湧出的血跡，都令人震驚。亨特寫道：「我們意識到，這裡有頭透過肛門進食的野獸，世界上最後一批鯨魚就在這個不光彩的洞裡消失了——就在我們眼前。」[102]隨著攝影機的拍攝，捕鯨人不再拍手，綠色和平組織的工作人員試著用他們的身體來掩護一批抹香鯨。在引擎轟隆作響、人類尖叫、鯨魚噴水及濺血導致的一片混亂中，「遠東」號撈捕到兩隻抹香鯨。綠色和平組織拍下了蘇聯魚叉在一隻筋疲力盡的鯨魚身上爆炸的鏡頭，炸藥衝擊幾乎沒有趕走試著庇護牠的人。保羅・華森（Paul Watson）多年後回憶，自己「赤手放在鯨魚身上，感受牠身體的溫度和我皮膚上的血。」[103]

在接下來的幾年裡，綠色和平組織持續追擊蘇聯船隊，利用五角大廈提供的座標——他們認為「遠東」號是個蘇聯偵察前線——在鯨魚和魚叉之間拋出人體，並在蘇聯和美國的對鯨魚的願景之間拋出人類攝影機。[104]綠色和平組織幫助捕鯨的道德汙染離開岸邊，讓蘇聯與美國和英國相比時，看起來就像個與歷史脫節的國家，因為英美的船隊早已退役。資本主義的過去，以及數以百萬計的殺戮，都在當下社會主義獵捕的譴責聲中消逝了。但是，這些積極分子也讓美國人意識到，他們在一段受到隔絕的距離中，還是參與了鯨魚經濟，他們在寵物食品中購買了蘇聯鯨魚肉，在汽車變速器中買了日本的抹香鯨油。反捕鯨組織開始進行杯葛抵制，努力去做到——國際捕鯨委員會從未做過的事——讓生產者還有連消費者都看得到鯨魚生命的減少，藉此來拯救鯨魚。

在生產者方面，也就是蘇聯捕鯨人，國際積極分子的責難——只會增加國際捕鯨委員會的壓力去減少配額或停止捕獵——讓捕鯨從一種超越市場的方式，變成一種顯得落後的方式。有位捕鯨人回憶道：「我們害怕來自……綠色和平組織的壓力。」海洋並不是屬於社會主義英雄的地方。這也是停止捕鯨的另一個理由。到了一九七〇年代末，蘇聯只有不到百分之五的脂肪來自於鯨魚。[105]《真理報》發現要去慶祝一支無法滿足計畫的船隊變得更加困難了。在一九七九年，早在國際捕鯨委員會通過停止國際工業捕鯨的六年之前，蘇聯就從北太平洋撤出了最後一支漁業加工船隊。

＊

啟蒙運動設想了一條從愚昧世界邁向更美好世界的普世路線。在白令海峽，資本主義者嘗試用這個主題的變體，試著建立私有財產和市場參與的體制。共產主義者試圖透過集體生產來達到救贖。這兩種願景都無法證明自己特別具有普世性。環保主義者對超然真理的主張是來自於政治之外、文化之前的自然界本身。他們眼中的救贖是人們透過生活在生態和諧裡，進步（回歸）到一個更美好世界的結果。工業捕鯨的停止看似是這種願景的勝利。世界各地的工業社會讓人們撤出大自然，藉此向環境平衡的普世真實性低頭。

這些願景並不比市場成長或生產計畫還要適合白令地區。在一九七〇年代，即使他們周圍有許多成長和計畫的產物，白令人沒有退出的本錢。鯨魚仍然維持著人們，無論是在物質上和形而上皆然。阿拉斯加的伊努皮亞特及尤皮克捕鯨人，每年都殺死十或二十隻弓頭鯨。在海峽對岸，雙桅帆船為楚克奇集體農場捕獵，在計畫制定好的最後及地方實施階段，捕殺了幾十隻灰鯨。一九七二年，希倫尼基的村莊伴隨著大型慶祝活動，殺死了一隻弓頭鯨。對於反對捕鯨的積極分子來說，白令人的捕鯨活動產生了一些問題：這種獵捕是否夠自然達到和諧的程度？還是所有弓頭鯨和灰鯨，在經過商業和公社如此摧殘之後，也遲早會被傳統給殺光？

外來者——主要是美國人——對鯨魚和人類的思考中出現了分歧。一方面，人們把鯨魚或任何其他生物視為生態整體的一部分，給予同等的重視。鯨魚在物種層面上對海洋棲息地有著貢獻，但是任何的生物個體卻又都是不重要的，只是一個包括人類捕食在內的更大平衡其中的一小部分。這是個將所有人類生命與所有其他生命聯繫在一起的立場；人們可以狩獵，因為其他動物也在狩獵。問題不過是要在生物限度內控制需求。

另一方面則是積極分子，他們認為鯨魚和人類一樣，都有著自我——甚至是靈魂——承認每個個體的權利。牠們不是歸於某個國家的生物，而是需要國家保護的生物。這是種環保主義者的願景，將所有的生命——至少是所有具足夠智慧來保障權利的生命——都歸在人類思想強加的道德秩序中，同時要求人類的身體放棄吃肉。綠色和平組織的積極分子兼鯨魚研究學者保羅・史邦（Paul Spong）的結論則是尤皮克和伊努皮亞特捕鯨人，應該停止捕殺鯨魚，並將牠們當作「鄰居及朋友，一種好奇又具情感的生物，而非食物」。[106]這是一種透過棄捕來實現敬仰的政治。可以不存在獵捕，無關乎獵人是否存在。

一九七七年，國際捕鯨委員會站在棄捕的這一邊，聲稱弓頭鯨的數量太少了，即使是自給自足的獵捕也會危及這個物種。他們的討論就跟史邦的論點一樣，批判了伊努皮亞特人及尤皮克人在技術上的使用，並駁回了伊努皮亞特人提出弓頭鯨數量逐漸成長的報告。伊努皮亞特捕鯨人老哈利・布羅爾，也就是十九世紀的船長兼貿易商查理・布羅爾的小兒子，邀請生物學家到烏特恰維克監測弓頭鯨。結果最後證實了伊努皮亞特人的觀察。阿拉斯加捕鯨人在國會和國際捕鯨委員會面前——有時候是用伊努皮亞克語，然後透過翻譯——表示鯨魚是同時是敬仰和生存所需的對象。即使歷經一個世紀的市場獵捕之後，鯨魚並不是，也從來就不是物品；牠們是從自己國度游過來並選擇死亡的生物。對於捕鯨人來說，拒絕那種禮物反而是種不尊重，並且許多世紀以來，這就代表人類將死於飢餓。

什麼是該優先考慮的：動物權利還是人類儀式？在阿拉斯加，然後最終在楚克奇，伊努皮亞特、尤皮克和楚克奇的獵人贏得了人權，制定了屬於他們版本的鯨魚價值。或者說，是一個單一的版本。捕鯨人必須用規定的設備和技術去獵捕鯨魚。每個社群都有一個年度撈捕限額。違反規定就代表著失去五年內捕鯨的權利。配額最初小於人們對食物的需求，也沒有說弓頭鯨會游得多靠近小艇，在魚叉手的對面評估這群人是否值得牠自我犧牲。[107]在白令地區，鯨魚幫忙設定了獵捕牠們自己的道德參數；牠們的行為被獵人理解為自己同意死亡的表現。但鯨魚並沒有在國際捕鯨委員會發表言論。獵捕鯨魚的規則就像《阿拉斯加原住民土地權利處理法》一樣，都是由同一群「西方人」制定，正如羅傑・希魯克所指出，他們的「貪婪」讓「鯨魚幾乎滅絕」。[108]

IV

一九八〇年代末出生的灰鯨，並沒有面臨牠的父母或祖父母一樣的風險。商業捕鯨已經停止；地方捕鯨也受到限制。白令地區的人們，每年只在每個社群殺死幾隻鯨魚。死掉的鯨魚曾經一度作為燈光而有價值；活下來的鯨魚，牠們則已經成為啟蒙的象徵。經過將近一百五十年的資本主義和共產主義在北太平洋的聯合大屠殺，無情的浩劫停止了。利維坦早就忍耐已久。

沒有在忍耐的利維坦則是蘇聯。就在自己的船隊從在世界海洋捕鯨中撤出的十多年後，這場社會主義試驗也從世界各國中退出了。顫顫巍巍地慢了下來：生產方面，不足和沒有效率；政治方面，試著以人類的面孔出現，但面對的卻是不相信其承諾的人類；工業方面，沒有創造出社會主義，但讓大自然無法飲用、無法食用、無法呼吸。最終，庫瓦耶夫筆下的地理學家英雄的現實生活版本，發現了有毒礦場逕流的水池。里特克烏不再慶祝電氣化，而是寫了一些故事，其中鯨魚就是人，殺死牠們之後，大海就「不再具有任何生命的跡象」。[109]蘇聯的計畫，就像市場成長的概念一般，認為只有人類能讓時間轉動。但是市場成長卻主張，其轉動只會產生世俗方面的進步；而宗教能為任何想要精神轉化的人，提供一種可供選擇的超然救贖。計畫應該是種透過世俗進步來實現的救贖，而且是沒有死亡的超然存在。這使得烏托邦的承諾在一個滿是空空如也、沒有什麼選擇的貨架的未來裡變得脆弱，而且這些選擇逐漸變得沒有任何意義，能夠在集體化、清洗和戰爭的嚴酷考驗中支持這些社會主義歸附者。[110]在試著讓時間走得更快，並拯救每一條生靈之際，社會主義在一個世代中就把自己給消耗殆盡了。

在白令地區，蘇聯的實驗向鯨魚和其他生物展示，社會主義和資本主義可以看起來很相似，而且用非常相似的條件去改造世界：兩者都沒有認識到鯨魚賴以為生的時間跨度，倒是學會了去理解海象的時間跨度。這也顯示了差異：蘇聯牧鹿人的經歷，就如同蘇聯的歐亞馴鹿，並非是他們在阿拉斯加的對照組的鏡像。但在美國，二十世紀的官方版本卻是個完全不同的說法。社會主義枯萎了，因為它並不自然；它之所以不自然，是因為沒有市場；而沒有市場，也就沒有什麼自由可言了。

蘇聯的解體理應帶來歷史的終結，對於找出人們應該如何分配他們的能量、他們圈地劃界的概念、他們的奉獻所付出的巨大辛勞，提供了最終解答。一九八七年，當羅納德・雷根（Ronald Reagan）呼籲米哈伊爾・戈巴契夫（Mikhail Gorbachev）「推倒這道（介在東西德之間的）牆」的時候，那個論述很清楚明瞭：「在整個世界面前，有個偉大和不可避免的結論，即自由促進繁榮；自由用謙讓與和平取代了各國間的舊有仇恨；自由才是勝利者。」資本主義民主是所有政治鬥爭的自然結局，也因此是普世皆然。這是種令人欣慰的信仰，相信從所有約束中解放出來的成長。然而，這也是種盲目的信仰。市場，既躁動不安又是全球性的，願意放棄那些成長緩慢或不具成長的地方與人，對靈魂的關切又少於對世俗欲望的安撫，而且對於死亡和創造生命所需要的時間，仍然沒有給出一個交代。

＊

在梅奇格緬灣（Mechigmen Bay）的洛利諾，獵人將他們的小艇拖向白令海。一百年前，這裡的人從未聽說過共產主義，而將近三十年前，大家必須選擇不去聽、不去學習那個國家的習慣。在一九九一年，「茲維杰尼」號已停止將鯨魚屍體運上岸。[111]狐狸養殖場關閉。政府停止支付薪水。核電廠也沒有燃料了。人們用海豹或鯨油燈來照明。[112]家家戶戶不得不從最後一批活躍的捕鯨人沿著血脈所傳下來的知識中，拼湊出如何獵捕的技巧。在一九九五年，一隻在岸邊被殺死和分享的鯨魚，就跟在一八九五年一樣重要。

到了二〇一五年，這仍然很重要；雷根所謂自由將會變成繁榮的簡潔等式，在這片海灘上，或是如今粉刷上鮮豔色彩、裝飾著海象與北極熊壁畫的老舊蘇聯公寓大樓裡，絕對從來沒有意味著現實。共產主義突然結束，因為生產和救贖的邏輯已不再有意義。但資本主義在這裡卻還沒有開始產生意義。白令地區的歷史上就能看到，資本主義從來就不具有意義。想像著無止境的增長和擺脫所有限制的自由——擺脫需要鯨魚和鯨魚怎麼理解海洋的自由——在實際意義上來說是錯誤的。生命很顯然是由海水的狀態、海冰的穩定性、頭上嵌滿藤壺的灰色鯨魚的存在所形成。是由一隻決定了自己死亡時刻的鯨魚所組成。捕鯨人發動了冒著煙、噠噠作響的山葉牌引擎，檢查繩索，並給步槍上膛。鯨魚正噴著水。

尾聲　物質轉化

所有的固體都會融化於空氣中。

——馬克思，共產黨宣言（*The Communist Manifesto*）

深秋時節，白令地區的烏鴉開始聚集。牠們在經歷了北極夏天之後，變得豐腴而有光澤，雛鳥長到了超過兩英尺高，準備與牠們的父母一起，加入其他烏鴉的飛行行列中。在牠們的翅膀之下，苔原在結霜後凍成了片片殷紅，柳樹則將每條河流和小溪流經的路線，妝點成一圈圈的金黃漣漪。沿著海岸線望去，海冰包圍著大海，滿是融冰的海水顯得笨重。前一天仍有和煦的太陽照耀其上，隔天就陷入暴風雪中，瞬間就來到了冬天。在這個季節轉換裡，黑色鳥兒聚集在一起，形成潑墨般的圖案，在空中轉瞬即逝。

烏鴉成群結隊，但並不往南方飛去。牠們通常不需要如此。一般的烏鴉，即渡鴉（Corvus corax），多是雜食又聰明，不僅在北極地區，而且在沙漠、溫帶森林、耕地和城市都能找到生存方式。在北方，牠們居住在每道峽谷的白樺樹上，每條海岸線的雲杉上能遮風避雨的樹瘤中。牠們靈活的黑眼睛總是保持著機警敏銳來觀察人類世界。這並非只是種無聊散漫的好奇心；這種鳥兒很早就學會了該如何在人類世界中探索，因為人類總會讓能量很好預測：留下一堆堆熱騰騰的腐肉、魚架、一箱箱廢棄的礦工餅乾，以及垃圾堆中的無限可能性。因此，當寒冷籠罩大地，烏鴉就會飛進城裡來。[1]當我剛到北極第一段歲月，為雪橇犬隊切著鮭魚時，烏鴉會在餵食時間前的半小時聚集在一起，嘰嘰喳喳地叫著，牠們嘹亮的嗓音，就是我該開始工作的訊號。

由於烏鴉無處不在，楚克奇人、伊努皮亞特人和尤皮克人便將烏鴉編入他們的起源敘事中。這種鳥兒既是搗蛋鬼，又是救世主，牠們用自己的智慧為溺水的人們取來泥土，驅趕折磨馴鹿的靈魂，或是殺死一隻大鯨魚來創造陸地。[2]希望岬的人們有個關於烏鴉的故事，牠覬覦著一顆皮球，這個球被夜行性的遊隼儲藏在地底下。皮球裡蘊含一整個能帶來生命力的太陽。烏鴉的陰謀就是釋放光線來為人類創造一個新世界、一個更好的世界。[3]在這個故事中，解放能量是人類轉變的原因，而且在講這個故事的人遇到金屬油燈的許久以前，故事本身就已經存在，更不用提內燃機了。

*

如何衡量白令地區的轉變、如何衡量人類創造新世界的陰謀？這段歷史並沒有結論，因為漫長二十世紀革命一直持續到二十一世紀。用楚克奇海下的東西為例：數百萬加侖的古老太陽因植物變成了肉體，因時間、熱量和壓力變成了石油，因工業變得珍貴。地質學家在二十世紀就知道，在白令海底下很可能有座跟普拉德霍灣一樣豐富的油田，但當時既沒有技術，也沒有需求來嘗試開採。

到了二〇〇五年，皇家荷蘭殼牌公司（Royal Dutch Shell）開始購買在楚克奇海和蒲福氏海進行開發的租約。十年後，一座名為「極地先鋒」（Polar Pioneer）的半潛式石油鑽井平台離開了西雅圖。殼牌公司在此次航行中看到了「新港口、新機場和永久鑽井的未來」，能夠「將北極阿拉斯加與世界其他角落團結起來」。[4]環保主義者提出抗議。用比爾・麥克奇班（Bill McKibben）的話來說：「殼牌公司加速了北極的融化，現在他們想在解凍的海域進行鑽探作業。」[5]伊努皮亞特的社群則充滿了緩解石油洩漏設備和就業的承諾。希望岬的市長史蒂芬・歐米圖克（Steven Oomittuk）告訴記者：「這種對石油的渴望，我們的祖先早就經歷過這種情況了。」[6]

這種渴望，從一八四八年的捕鯨人到一八九八年礦工的到來，從畜養馴鹿抵達阿拉斯加和布爾什維克造訪楚克奇，從一九四八年冷戰邊界的出現到一九七九年蘇聯加工船捕鯨的結束，將外來者帶來白令地區，讓這種人的心中抱持著轉化的想法。他們在工業啟蒙運動前景的激勵下來到這裡，讓能量得以預測，並且將空間圈起來。他們也讓白令地區成為線性、進步時間概念的一部分。到了二十世紀，外來者的時間想像力有兩種變體。商業將時間縮減成下一個利潤週期，並模糊地承諾總體成長是個會讓世界演化得更美好的機制。這種演化是不均等的，會遵循著消費的趨勢，有時需要狐狸和海象，有時又把整個村莊排除在市場利益之外。社會主義的時間，則想要利用資本主義的工業工具來取代資本主義的不平等，承諾透過計畫出一個集體的提升來加速烏托邦。蘇聯的計畫試著加快各地的時間，透過增加每個空間的生產來拯救每一個人。

然而，隨著外來思想前來改變白令地區，這些思想本身也受到改變。在十九世紀，鯨魚阻撓了商業獵人的技術，所以獵人學會了用不同的速度來捕殺，這種速度一個不只破壞了弓頭鯨，也瓦解了效率將帶領成長的市場期望。在海冰中，受管制的市場和受限制的社會主義計畫都意識到，海象終究還是有其限制。氣候和狼群挫敗了國家企圖把歐亞馴鹿變成得以預測的努力。人們為了黃金和錫，破壞了白令地區的地質。蘇聯的捕鯨活動是如此致力於拯救人類的靈魂，但事實證明，這並不比商業獵人更有能力將鯨類生物納入計算中，同時更因為缺少鯨魚而走向結束。因此，生活在海岸上的意義，便與生活在陸地上的意義不同；與採礦相比，從海中撈捕讓人類與地方之間的關係變得不同。市場和計畫都沒有證明哪個天生更為合理——事實上，什麼才是合理顯然視情況而定，因為狐狸比海象更需要與人建立不同的關係——或是哪個才能更好地將白令地區及其人民轉化成一個共同且單一的未來。[7]思想和物質跨越空間，結合成了多種資本主義和多種社會主義。蘇聯的願景，通常不願意讓任何生命或地方存在於計畫好的時間之外，比起資本主義不穩定的全球範圍來得更快去消耗掉自己。

這已經導致市場，以及試圖規範它的國家，成為白令海峽沿岸外來轉變模式的主流。這場革命仍然不平衡。透過花費了六十億美元和幾個月時間的鑽探試驗井，殼牌公司發現在油價下跌和北極寒冷、遙遠及波濤洶湧因素的負擔下，楚克奇海下蘊含的礦藏太少，不足以合理化工作的開銷。二〇一五年秋天，「極地先鋒」號便啟航往南方航行。

在楚克奇，捕鯨人正對著浮上水面的灰鯨扔出魚叉。
圖片出處：安德雷・沙普蘭（Andrey Shapran）提供。

＊

二〇一八年，我花了一整個下午的時間，在距離楚克奇海岸的普羅維登尼亞（Provideniya）不遠的一處海灣上，看著男人們屠宰一隻灰鯨。空氣非常清爽，在鯨魚最後斷氣處的海水呈現刺眼的藍色。海鷗和烏鴉聚在一起，形成一片吵得不可開交的黑與白，等著要去搶食鯨魚肋骨和扭曲的腸子。空氣中瀰漫著柴油廢氣和血腥味。一切都很安靜，也都不帶任何感情。其中有人拿著長刀靠在鯨魚屍體上，叼著一支煙，說這隻鯨魚已經選擇了死亡，所以游到魚叉手旁邊。當鯨肉和鯨脂都被切下來，兩輛蘇聯時代的卡車便將這具屍骸拖到鵝卵石沙嘴口，扔進其他鯨魚的骸骨中間。

一年前，人們告訴我同樣的話——死亡的選擇——關於一隻在聖勞倫斯島的弓頭鯨。用較不精確的術語來說，這就是我被教導該如何在庫欽苔原上狩獵北美馴鹿的方式。生活在這裡，就永遠不要誇口那些死去動物的數量，並且要把肉分給一無所有的人。生活在這裡，就不該冒犯那些能讓你生活下去的生命。生活在這裡，都是因為其他生命為你奉獻出自己。雖然用這種方式闡述消費行為和能量獲取並不浪漫。這是種政治的斷言。這種贈禮的政治，就像所有政治一樣，是一種對於時間的願景。一隻鯨魚或一隻北美馴鹿的自我奉獻開啟了一個未來，今天的接受者——殺害生命者——也將會被要求有所給予。這也是一種互惠的倫理，承認所有的生命都在消費和供給之間轉換。然而，商品卻沒有提出這樣的需求。

在過去兩百年裡，這些跟動物和地方有關的方式都已經改變了。但是話又說回來，改變是個長達千年的白令人傳統。[8] 在外來者造訪之前，社會就發明了新的方式來建立家園和賦予意義，並且用奧奎路克的話來說，人們是從災難中學習。在外來者到來之後，正如沙迪・尼亞寇克（Sadie Brower Neakok）的解釋，白令人接受了「一種某種程度上有著雙重性的生活方式：他們知道白人的方式，還有傳統愛斯基摩人方式，都灌輸自己身上」。[9] 外來者希望每個人都生活在同一個時間裡。反倒是很多白令人都致力於生活於一個以上的時間裡：市場的時間，還有北美馴鹿、魚、海豹，以及其他幾十種生物與地方的時間。

然而，即使是部分按照市場的條件生活，也會需要錢。在聖勞倫斯島的甘伯爾，商店、郵局、學校和診所，都有由原住民公司來付薪水的工作。在遊客前來觀看沙丘鶴及其他鳥類遷徙的短暫季節裡，男人們販賣著從自己祖先垃圾堆中挖出來的海象牙雕刻品和工藝品。但有很多家庭都沒有持續穩定的收入，而在這個村莊裡，每月的暖氣和電費可能就超過兩千美元。在商店裡，一罐蕃茄和一盒義大利麵條——當飛機有進貨的時候——要價將近二十美元。打獵需要汽油和子彈。沒有足夠的房子可住，也沒有足夠的建材來整修。二〇一七年，走在甘伯爾一排排房屋之間，這個夏天充滿了鯨脂和鮮魚，孩子們歡樂地攀在四輪車的後面，我一直記得約瑟夫・瑟努格圖克在一九七〇年代說過的話。他寫道，外來者「一次又一次地」給出承諾，「在『適當時候』，就會有帶來更加美好的變化。而我們再次地問道：差不多一個世紀了——到底什麼時候才是『適當時候』？」[10]

外來者往往會以兩種方式，來看待出現在甘伯爾或白令地區任何地方的貧窮。第一種假設，即進步是一個事實，物質的增長或許會遲來，但是必然會來：找一份工作，加入美好的生活吧！在這種願景中，白令人經常被批評改變得不夠多，或是改變得太慢。在第二種假設下，外來者則認為尤皮克人、伊努皮亞特人及楚克奇人，都是從一個完美、不變的過去，沒有戰爭、由大自然和諧來定義的過去中變得墮落。他們就因為偏離了一個從未存在過的狀態而受到外來者評斷。這兩種觀點都是根據白令人在普世歷史連續面中的位置來評估：如果他們貧窮，那是暫時的；而若是他們主張習俗上的關係，好比與弓頭鯨之間，就不可能是真正的關係，因為現代性會腐化傳統。鯨魚不可能把自己交給開著汽艇的人。

這兩種評斷都認為現代性會掩蓋其它所有東西，抹去了活著的價值之重要性，而且這些價值卻比國家和市場關係所輸入的價值觀念，出現更早、更長久，甚至有時完全背道而馳。獵捕鯨魚或採

在楚克奇，灰鯨骸骨及停著海鷗的新鮮屍骸。圖片出處：作者拍攝。

集漿果的意義，在殖民主義的異化中倖存下來。而這兩種評斷都忽略了，即便到了約瑟夫．瑟努格圖克訴諸文字的五十年後，傳教士和官僚們的保證——皈依於一個富足又自由的生活！——仍然處於不是受到壟斷，就是表裡不一的狀態。資本主義透過對他人的竊取，為某些人創造了利潤的自由。資本主義竊取了在人類的勞動中、在鯨魚的身體中、在海底石油蘊藏中的能量，以及一輩子的時間。即使是在適當時候，不是所有人都能成為小偷。因此，有著長期遭受掠奪經驗的白令人便有理由認為，外來者口中的更加美好這件事情，永遠不會到來。

在甘伯爾隔海相望六十英里處，

那種在幾乎在整個二十世紀裡一直承諾的時間也永遠不會到來。烏列利基（Ureliki）是蘇聯軍隊在某座尤皮克村莊上所建造的城鎮，大家告訴我，這裡曾是個繁榮、幸福的小鎮。現在卻沒人住在這裡了。生活進展到一半、話說一半就被拋棄的感覺無所不在：在為發電廠準備的煤堆裡；在車庫裡，大門開敞、車輛在等著維修；在公寓裡，透過破碎的窗戶，能看到壁紙和挑高天花板。在一九八八年，人們慶祝十月革命（October Revolution）並開始工作，一整個由混凝土和軍事實力構成的文明，以及社會主義勝利的壁畫，都牢牢圍繞在他們四周。三年後，這個文明就消失了。正走向解體的蘇聯，再也不需要烏列利基。在一隻北極狐的生命週期中，這個小鎮的人口就已經都搬走了。三十年後，柳蘭生長在建到一半、廢棄的建築物中，並從下陷的屋頂中綻放開來。在廢墟轉化成土壤的過程中，烏列利基顯得格外美麗、生機蓬勃。

或許比起任何事情來說，這更是種人類在白令地區轉變的衡量標準：這些轉變仍持續進行，但又顯得很是無常，同時也被其他生命所取代。歷史的本質在自然是造就歷史的一部分時，是個不和諧音：儘管不協調，但同時顯示了一個線性「烏夸路卡圖克」，以及許多週期性的「烏尼皮卡克」，兩者是交織在一起的。其實我們都生活在不止一個時間裡，即使我們被教導著要去否定這種觀念。而證據就在我們身邊，在這個具有層次的世界裡：甘伯爾一間長滿青苔、腐朽的傳教士商店，建在一處古老的屠宰鯨魚場所附近，對面是一排整齊的新房子。或者，就像我在拉夫倫提亞看到的一樣，是一棟牆壁是由蘇聯時期混凝土所造的房子，但屋頂用的是海象皮，剛剝製沒多久，還帶股味道。

*

到了秋天，烏鴉在岸上對我們鳴叫，我們則在河邊拉起鮭魚魚網。就在河邊，我的手沾滿了鮭魚血肉，而我寄宿的主人家也開始向我解釋——非常有耐心，因為我還年輕，而且不願去思考未來的結局——我很可能是最後一個世代，用這種方式來看待這條河，並捕撈這些鮭魚。鮭魚在海上被拖網大力捕撈，而牠們並不喜歡溫水。二十世紀剛剛結束，但在北極，變化卻已經迫在眉睫。那時我已經愛上了這個一不小心就會讓我喪命的地方。這裡也是個我在過著我所認為的正常生活，那個有著引擎和電燈的生活時，正協助去逐步破壞的地方。

我記得在苔原上眺望的景色。在太陽穿透雲層之際，總有束特殊的光線，會明亮地落在遠處的山上，一片綠意盎然。這就像其他無數個時刻，北方感官會直接得令人刻骨銘心。在某個寒冷清晨，雲杉木火堆的爆裂聲在帆布帳篷裡響起，所有呼吸所觸及的東西都結了霜。鯨魚巨大顎骨碎裂在海灘上，顎骨之間的空氣瀰漫著泥土的味道，有些因新近的死亡而富有各種色彩，有些則因歲月而呈現蒼白色調。北美馴鹿在槍響之前，發出驚慌失措的吐氣聲。弓頭鯨生硬的黝黑皮膚，帶著些許的爽脆口感，脂肪豐盈而富有彈性。當熊從柳樹枝條中抬起頭來時，恐懼就在胸骨之後悸動不已。在這裡生活，就要很清楚什麼是肉身之債。我在那裡，從河裡撈起魚，把牠們變成食物，用上的便是用北美馴鹿和漿果所餵養的肌肉。此後，我一直在那裡，雙手沾滿了海象脂肪，或者在某個夏天，用一個星期的時間烹煮著養活我的灰鯨。這就是存在於白令地區的矛盾之處：為了生存，有些東西，有些生命，總是在死亡。在伊努皮亞特人的傳說中，烏鴉從遊隼手中奪走了太陽，牠們打鬥起來，在土地和天空中爭奪著黑暗與光明的圖案。看著這一切，烏鴉得到了結論，不可能只有光，也不可能只有生命：這樣的世界將會陷入萬物不生的狀態。

這種矛盾是沒有出口的。人類屬於各個地方；我們深陷其中，所以不得不改變它們。活著便代表我們要在一連串的能量轉換中占有自己的一席之地。這是別無選擇的事。我們都已經在路上了。但要前往何方？在這種事情上，規模尺度變得很重要。外來者引用了新的尺度——縮短了達到下一次銷售或下一個計畫所想像的時間範圍，同時擴大了胃口的規模。一百隻鯨魚變成了一千隻、一萬隻。而短期內更多的撈捕，將會為應許之地許下未來某個時點——明年？十年後？——同時將生活和消費的行為與死亡分開。有些想像未來的方式會比其他方式需要更多的能量，而工業啟蒙運動尤其令人垂涎。化石燃料將能量的使用從人類辛苦的勞動中解放出來，讓人類歷史似乎能與時間的其他部分分開。這將對於週期性生命的關切，從大多數價值計算中寫了出來；畢竟，週期有高峰和低谷，有生育和死亡的季節。它們引發了死亡。這都涉及了生命的有限。不斷增加成長的思想也強調了生命階段，彷彿我們作為一個社會身體（social body），有著永久的青春期、處於飢渴與發育、是不朽的。很可能會促成某種關於自由的新思想，從製造我們的物質束縛中釋放出來，從存在的不穩定中釋放出來。

這種嘗試的諷刺之處在於，這已經使得身為人類——以及身為海象、海豹、馴鹿、小型軟體動物——更加的不穩定。白令人曾經歷過奧奎路克所說的四次災難，並可能正面臨第五次災難；希什馬雷夫、基瓦利納和洛利諾早就冒著被侵蝕風險，處在一片不再藉著海冰來緩解風暴的海域。二〇一三年，與災難般的一八七〇年代如出一轍，甘伯爾陷入飢餓；冰層太遠又不穩定，所以無法獵捕海象。由於援助不足，村莊曾有個 PayPal 網站供人捐款。二〇一九年二月，北極的大氣溫度高於冰點。在仲冬的黑暗中，冰層在溫暖空氣形成的氣泡之下不斷消融。迪奧米德群島之間有片開闊的水域，捕鯨人曾經在這裡待到六月才找到清楚的航行通道。在內陸，寒冷悄然離去，黑雲杉隨著其根部上的永凍土鬆動而死去。

並非所有的生物都處於痛苦掙扎之中；弓頭鯨正在生育著胖嘟嘟的幼鯨，烏鴉則擴大了自己勢力範圍，用建造來鑽探石油的設備去代替築巢的樹木。對於許多北極生物來說，未來的不確定達到了一個全新的程度。週期性的「烏尼皮卡克」正在改變。若困擾著北美馴鹿群的不是三個溫暖的季節，而是連續三十個溫暖的季節，又會發生什麼？什麼時候海象必須在海灘上出生，而非在牠們的漂浮海岸上？在無冰的海岸上，北極熊現在會遇上灰熊，牠們之間又會孕育出什麼奇特的新生物：也許適合溫暖的時代，也或許不適合任何時代。

幾年前，接待我的庫欽族男主人在某次訪談中用半開玩笑的口吻告訴我，在一個世紀之前，外來者已經給他的民族帶來了一次世界末日。然後是傳教士、痲疹和滅絕殆盡的物種，但如今氣候變遷將會把世界末日帶向南方。[11]不具有白令地區這般寒冷的星球以前也曾存在過，偉大而豐富的生命更隨之存在，但不曾存在於智人的生命經驗裡。海冰，儘管看似完全集中在某處，但卻能緩和風暴的極端，調節全球的空氣和水循環，讓氣候保持穩定。這種穩定性保障了外來者帶到此地的農業和工業理想，這些理想在白令地區易變性的幫助下，各自形成海上、岸上和陸地上的特殊表達。現在，二十世紀的意識形態，正試著讓全球家園能具有普遍成長的規律，並且使用化石燃料來達成目標，然而這已經讓世界的穩定性大幅降低。因此，白令地區很可能——假設其冰封樣貌繼續腐朽下去——就會以災難性存在的純粹力量，在二十一世紀的世界各地重塑人們的思想。

歷史學家很不願意預測未來，但有兩件事情能從白令地區的過去看出來。第一件事，便是人類欲望和物質結果之間的不一致。人只是能夠影響行動的相關因素之一部分。第二件事，則是石油巨頭（Big Oil）最終還是會回來進行鑽探，如果能得到允許，再加上我們依自己的能量需求來追求的話；畢竟，市場並非是置身於我們之外，而是種行動的集合。首先需要意識到人類選擇的局限；再者則是我們的權力：讓我們受益的能量都是由其他生命所形成的，但能量也是我們帶著勞動和思想投入世界的東西；在我們轉化物質的同時，劃分出什麼才是至關重要的。如此一來，我們無法決定所有即將發生的事情，但我們可以決定我們所重視的事情，決定我們設想生命與消費死亡的尺度。巴利・羅培茲三十年前在甘伯爾寫下這句話，「持續不懈的想像力工作」，就是「將什麼是現實與什麼是夢想中的事物給結合起來。」[12]在全球大眾當中，我們現在正夢想著什麼？想像另外一種政治，一種不那麼覬覦所有能量、不那麼執著於圈地劃界謊言的政治，一種對於我們在事物中的定位不再視而不見的政治，這很可能就是個開始。我們仍然能對自己期望去組成的世界投下賭注。

謝詞

為了學會敘述這個故事所花費的時間，一直是我覺得不配得到的禮物。白令地區同意了我的造訪；而我希望這本書能以某種方式，回報它所給予的一切。

我希望我沒有辜負史丹利・努特利（Stanley Njootli）的教導；從我在北極的第一年開始，他的機智和及聰慧便一直是我得以存活的原因。我也要感謝莫琳・維特雷克瓦（Maureen Vittrekwa）：妳從一開始就和這些想法同在。

尤里・斯列茲金（Yuri Slezkine）用既嚴肅又不失幽默的態度指導著這本書——在它成為一本書之前，他是所有指導教授中唯一不認為它是瘋狂的人。布萊恩・迪雷（Brian DeLay）豐富了我對美國歷史的理解。雷恩・瓊斯（Ryan Tucker Jones）從太平洋的各個角落送來了協助。亞列克謝・尤恰克（Alexei Yurchak）提供了我有關人類學家的視角。我特別感謝約申・赫爾貝克（Jochen Hellbeck）、凱特・布朗（Kate Brown，所有固體確實會融化！）保羅・薩賓（Paul Sabin）、霍利・凱斯（Holly Case）、羅伯特・瑟夫（Robert Self）、莎拉・貝斯基（Sarah Besky）和伊森・波洛克（Ethan Pollock），他們對於初稿的仔細閱讀。還有許多讀後給予意見的人：羅伯特・切斯特（Robert Chester）、丹尼爾・薩根（Daniel Sargent）、約瑟夫・凱勒（Joseph Kellner）、艾倫・洛伊

（Alan Roe）、克里斯・凱希（Chris Casey）、艾莉卡・李（Erica Lee）、特希拉・薩森（Tehila Sasson）、約書亞・瑞德（Joshua Reid）、亞列克謝・培里（Alexis Peri）、亞納・史科拉伯戈多福（Yana Skorabogotov）、賈奇・山恩（Jacqui Shine）、瑞貝卡・尼多史朵普（Rebecca Nedostop）、法伊茲・亞莫德（Faiz Ahmed）、艾蜜莉・歐文斯（Emily Owens）、南西・雅各布斯（Nancy Jacobs）、匿名讀者、柏克萊「庫茲胡克」（Berkeley Kruzhok）的成員、柏克萊邊境地帶寫作小組（Berkeley Borderlands Writing Group）、布朗法律史工作坊（Brown Legal History Workshop）和布朗現代歐洲工作小組（Brown Modern European Working Group）。至於任何尚存錯誤，請都歸諸於我。

這麼多的文獻檔案人員、同事和朋友讓我的研究成為可能。彼得・史懷哲（Peter Schweitzer）為我提供了在楚克奇工作的最初聯繫方式。艾杜爾・茲多（Eduard Zdor）、葛那迪・澤倫斯基（Gennady Zelensky）、安娜塔西亞・亞祖奇納（Anastasiia Yarzutkina）、佛拉迪米爾・畢奇科夫（Vladimir Bichkov）、亞歷克斯・維奇拉戈提吉金（Alex Vykvyragtyrgyrgyn）、柯利亞・艾提恩（Kolya Ettyne）及佛拉迪米爾・納札洛夫（Vladimir Nazarov），讓我感到賓至如歸，展現了處處驚奇。在馬加丹，我曾得到了馬克希姆・布羅德金（Maksim Brodkin）、奧加・格杜多夫納（Olga Gdurdovna）、柳德米拉・哈霍夫斯卡伊亞（Liudmila Khakhovskaia）和亞納托利・希羅科夫（Anatolii Shirokov）的幫助。艾琳娜・米卡洛夫納（Elena Mikaelovna）為我準備了海參崴的感恩節。感謝莫斯科俄羅斯聯邦國家檔案館（Gosudarstvennyi arkhiv Rossiiskoi Federatsii, GARF）、俄羅斯經濟國家檔案館（Rossiiskii gosudarstvennyi arkhiv ekonomiki, RGAE）和人權組織「紀念」

（Memorial）的文獻檔案人員們，在我問及某個算是許多蘇聯各地會去笑話的地方時，曾努力不笑出來。感謝新貝德福捕鯨博物館的馬克・普羅克尼克（Mark Procknik），他是一位了不起的導遊。在阿拉斯加，我欠了很多人情，其中包括老安德斯・亞帕辛奧克（Anders Apassingok Sr.）及他的家人蘇・史坦納赫（Sue Steinacher）、艾迪・昂戈特（Eddie Ungott）、伊維爾・坎培爾（Iver Campell）、安妮・韋伊烏安娜（Annie Weyiouanna）、喬治・奧蘭納（George Olanna）、波西・那約克普克（Percy Nayokpuk）和科里・寧古魯克（Corey Ningeulook）。感謝麗莎・艾蘭娜（Lis Ellanna）給了我很好的弓頭鯨肉。在指導方面，我很感謝茱莉・雷蒙德—亞庫比安（Julie Raymond-Yakoubian）、亨利・杭亭頓（Henry Huntington）和勞拉・艾克斯—梅德拉諾（Laura Eerkes-Medrano）。這些旅行全都是由布朗大學所羅門獎學金（Salomon Fellowship）、布朗大學環境與社會研究所（Institute at Brown for Environment and Society）、傅爾布萊特—海斯博士論文海外研究計畫（Fulbright-Hays DDRA）、賈維茲獎學金（Javits Fellowship）、柏克萊國際研究學院（Berkeley Institute for International Studies）和梅隆—美國學術團體協會博士論文寫作助學金（Mellon-ACLS Dissertation Completion Grant）資助。

感謝我的編輯艾倫・馬森（Alane Mason）提升了我的散文寫作水準，並收服了我最糟糕的習慣。感謝我的經紀人唐・費爾（Don Fehr），讓我在碩士期間只能夢想的書成為現實。赫穆特・史密斯（Helmut Smith）早在我之前，就看到了可能的結果。蘇菲亞・波德維索卡（Sofija Podvisocka）則以研究協助拯救了我。伊莉莎白・拉許（Elizabeth Rush）一直是我的朋友和嚮導。

感謝茉莉・羅伊（Molly Roy）依照我語無倫次的願望，完成了地圖繪製。重要段落是在一陣光榮的狗吠聲之中，東方五詩人協會講座（Chair of the Five East Poets Society）上完成的。感謝墨菲（Murphy）從未讓我獨自一人寫作。若是沒有佩姬・歐唐納（Peggy O'Donnell）橫跨數百英里的單行道（或僅僅是數百英里）的相伴而行，我無法想像自己能夠寫完初稿，並且活著完成修訂。

如果沒有我的父母教我熱愛文字，觀察充滿生命力的世界，並讓我在十八歲時離家去北極，這本書就不會出現。還有，感謝那個把我的書搬到全國各地，給我買了幾箱格那希紅酒，忍受我老是不在，並且從未讓我覺得自己的痴迷是一種負擔的人：亞歷克斯（Alex），我無法想像沒有你的日子。

資料來源

就像任何歷史一樣，這本書來自於過去留給現在的知識碎片之中。我使用了三種主要資料來源，每種都有著一段其如何形成的歷史。

第一種是白令人的歷史。其中有些是在早期的民族誌和國家記錄中所錄下的白令人聲音。其他的則來自於尤皮克人、伊努皮亞特人和楚克奇人的口述傳統；概括來說，是去區分最近的過去——比如說，五個世代以前——以及更深層、更神秘時代的歷史。因此，出生於二十世紀初的人，描述了外來者經常出現之前和之後的生活。在我來到白令地區之前，多數這個世代的人就已經去世了，但還是有很多人的話語被彙編成冊，成為我認為相當關鍵的資料，其中包括伊格爾・克魯普尼克（Igor Krupnik）在一九七〇年代和一九八〇年代在楚克奇的努力成果；小厄尼斯特・伯奇從一九六〇年代到一九九〇年代，針對伊努皮亞特民族的田野調查；以及安德斯・亞帕辛奧克在一九八〇年代所編輯的尤皮克口述歷史。識字文化長期以來都忽視了這類口述知識，認為無法準確傳遞過去。跟著口述知識的實踐者，我了解到其包含了一個關於知識本身的論述。相較於某種單一、文字形式的物件，白令人的傳統反倒是種具有多元聲音、互相合作及對生命至關重要的事物。我的方法便是受惠於這種實踐，在這裡面有許多聲音，有時候是相互矛盾的，來到聽眾（這裡是讀者）面前——

他們能在仔細審視各種變化時，成為決定並傳遞什麼是對未來有用事物的參與者。

第二，本書使用了來自俄羅斯帝國、美國及蘇聯的地方、地域和國家紀錄，藉此清楚描述國家的野心和麻煩。此外，為了要了解外來者在白令地區的生活參與，我利用了回憶錄、信件和日記。在有些主題上，我也參考了事後幾十年寫成的回憶錄，只要我能用當代的敘述去多方比對的話。例如：在寫古拉格和蘇聯捕鯨活動時，我使用了那些寫於蘇聯解體前和解體後的敘述中，兩者版本都一致的內容。

最後，本書在白令地區的部分描述是以科學材料為基礎，通常伴隨著在地口述知識和個人的觀察。因此，這是一部運用科學的歷史，而非一部科學史。但是，要講述一段歷史，當鯨魚歌聲、岩石形狀，還有介於兩者之間等種種事物——斑點鷹俯衝而過——都是組成的一部分，就需要依靠所有解釋歌聲、石頭或俯衝的方式。我在白令地區學到，無論來源為何，任何有助於生存的工具都值得去使用。抱持著那種精神，本書用上了任何能夠將一個有著多種語言的地方，訴諸於一種語言裡，並且讓不會說人類語言的事物訴諸於文字的工具。

4. McKenzie Funk, "The Wreck of the Kulluck," *NYT*, December 30, 2014.
5. 350.org, "Bill McKibben Responds to White House Decision on Arctic Drilling," press release, May 11, 2015, https://350.org/press-release/bill-mckibben-responds-to-white-house-decision-on-arctic-drilling/.
6. William Yardley and Erik Olsen, "Arctic Village Is Torn by Plan for Oil Drilling," *NYT*, October 11, 2011.
7. 這跟蘇聯歷史中一個常見主題相反，包括：Martin Malia, *The Soviet Tragedy: A History of Socialism in Russia 1917–1991* (New York: Free Press, 1994) and Stephen Kotkin, *Magnetic Mountain: Stalinism as Civilization* (Berkeley: University of California Press, 1995)，他們都認為蘇聯的實驗是因為缺少市場而註定失敗。很多蘇聯環境史都強調了這項觀點，開始自：Douglas Weiner's *Little Corner of Freedom* and Paul Josephson's *Conquest of the Russian Arctic*. 約翰・麥克尼爾（John McNeill）則認為，社會主義及資本主義兩者的發展都有類似的後果，請見：*Something New under the Sun: An Environmental History of the Twentieth Century* (New York: W. W. Norton, 2000)，同樣觀點請見：Dipesh Chakrabarty, "The Climate of History: Four Theses," *Critical Inquiry* 35, no. 2 (Winter 2009): 197–222. 凱特・布朗對這兩種體系的評論：*Plutopia: Nuclear Families, Atomic Cities, and the Great Soviet and American Plutonium Disasters* (New York: Oxford University Press, 2013).
8. B. Bodenhorn, "It's Traditional to Change: A Case Study of Strategic Decision-Making," *Cambridge Anthropology* 22, no. 1 (2001): 24–51.
9. Sadie Brower Neakok, quoted in Brower and Brewster, *The Whales, They Give Themselves*, 172.
10. Senungetuk, *Give or Take a Century*, 163.
11. 同樣請見：Kyle Powys Whyte, "Indigenous Science (Fiction) for the Anthropocene: Ancestral Dystopias and Fantasies of Climate Change Crises," *Environment and Planning E: Nature and Space* 1, no. 1–2 (March–June 2018): 224–42.
12. Barry Lopez, *Arctic Dreams* (New York: Vintage, 1986), 414.

Guardian, January 9, 2013.

104. Zelko, *Make it a Green Peace*, 285–86.

105. Viktor Serdiuk, "Poslednii kitoboi," in *Shcherbatiuk, Antarktika za kormoi*, 201–04. 引用部分請見：p. 203.

106. Paul Spong, "In Search of a Bowhead Policy," *Greenpeace Chronicles* (November 1978), 2.

107. George Noongwook et al., "Traditional Knowledge of the Bowhead Whale (Balaena mysticetus) around St. Lawrence Island, Alaska," *Arctic* 60, no. 1 (March 2007): 47–54.

108. Roger Silook, quoted in Milton Freeman, *Inuit, Whaling, and Sustainability* (London: Altamira Press, 1998), 171.

109. Yuri Rytkheu, "When the Whales Leave," *Soviet Literature* 12 (1977): 3–73.

110. 有關蘇聯解體，請見：Slezkine, *The House of Government*, chap. 33, and Joseph Kellner, "The End of History: Radical Responses to the Soviet Collapse," (PhD diss.: University of California Berkeley, 2018).

111. Nina Vovna, interviewed by Sue Steinacher, 2000, transcript in author's pos-session.

112. Sergey Vykovsyev, interviewed by Sue Steinacher, 2000, transcript in author's pos-session.

尾聲　物質轉化

1. William Boarman and Bernd Heinrich, "Corvus corax: Common Raven," in *The Birds of North America*, no. 476, ed. Alan Poole and Frank Gill (American Ornithologists' Union, 1999): 1–32，以及作者個人觀察。

2. 相關例子，請見：Kira Van Deusen, *Raven and Rock: Storytelling in Chukotka* (Seattle: University of Washington Press, 1999), 21–23 and 102–4; Hall, *Eskimo Storyteller*, 93–95, 347–48, 447–49； and Lowenstein, *Ancient Land*, 3–6; 65–66.

3. Lowenstein, *Ancient Land*, 65–70.

88. Ehrlich, "Eco-Catastrophe!" 28.

89. John Claypool quoted in Adam Rome, *Genius of Earth Day*, 178.

90. Edmund Muskie, *Congressional Record—Senate*, vol. 120, pt. 9 (April 23, 1974): 11324–27. 有別於馬斯基的不同意見，請見：Rome, *Genius of Earth Day*, 135–37, and Sabin, *The Bet*.

91. Rachel Carson, *Silent Spring* (1962; repr. New York: Houghton Mifflin, 2002), 57. 有關生態學及其普及範圍，請見：Donald Worster, *Nature's Economy: A History of Ecological Ideas* (Cambridge, UK: Cambridge University Press, 1994), and Sharon Kingsland, *Evolution of American Ecology 1890–2000* (Baltimore: Johns Hopkins University Press, 2005).

92. Peter Morgane, "The Whale Brain: The Anatomical Basis of Intelligence," in *Mind in the Waters: A Book to Celebrate the Consciousness of Whales and Dolphins*, comp. Joan McIntyre (New York: Scribner, 1974), 93.

93. Rocha, et. al, "Emptying the Oceans," 42–45.

94. Ivashchenko et al., "Scientific Reports," 20–22.

95. Bete Pfister and Douglas Demaster, "Changes in Marine Mammal Biomass in the Bering Sea/Aleutian Islands Region before and after the Period of Com-mercial Whaling," in Estes et al., *Whales, Whaling*, 116–133.

96. IWC Verbatim Record 1971, Meeting 23, pp. 25–27.

97. Ivashchenko et al., "Soviet Catches," 64–70.

98. Victor Scheffer, "The Case for a World Moratorium on Whaling," in McIntyre, *Mind in the Waters*, 230.

99. McVay, "Can Leviathan Endure?," 6–7, 9.

100. Robert Hunter, *Warriors of the Rainbow: A Chronicle of the Greenpeace Movement 1971–1979* (Amsterdam: Greenpeace International, 1979), 192.

101. Rex Weyler, *Song of the Whale* (Garden City, NY: Anchor/Doubleday 1986), 114–19.

102. Hunter, *Warriors of the Rainbow*, 177, 207.

103. Paul Watson, "What I Learned the Day a Dying Whale Spared My Life," *The*

novella Kapitan Kiribeev (Moscow: Khudozhestvennaia literatura, 1974).

75. "Minutes of the Scientific Committee Meeting, May 30 1952," SI RU 7165, Box 14, Folder 1.

76. "Statement of the Delegation of the Soviet Union," February 10, 1967. SI RU 7165 Box 28, Folder 1. 大部分有關捕鯨的政策辯論，資訊仍然不公開，或是如喬爾尼（E. I. Chernyi）所推測一般，已經全數被銷毀。

77. GARF F. A-262, Op. 5, D. 8259, L. 7.

78. 相關例子，請見：David N. Pellow, *Resisting Global Toxics: Transnational Movements for Environmental Justice* (Cambridge, MA: MIT Press, 2007).

79. 請見：Bruno, Nature of Soviet Power, chap. 5.

80. Scott McVay, "Can Leviathan Endure so Wide a Chase?" *Ecologist* 1, no. 16 (October 1971): 5–9.

81. 一九六三年的電影《飛寶》（*Flipper*）和之後的同名電視影集，以及一九七三年的電影《碧海騰蛟龍》（*The Day of the Dolphin*）。

82. Zelko, *Make it a Green Peace*, 185–89 and Burnett, *Sounding of the Whale*, chap. 6.

83. Farley Mowat, *A Whale for the Killing* (1972; repr. Vancouver: Douglas and McIntyre, 2012), 39.

84. Paul Ehrlich, "Eco-Catastrophe!" *Ramparts* (September 1969): 24–28, 28.

85. 在此我所描繪內容，分別和部分來自於：Hal Rothman, *The Greening of a Nation?: Environmental Politics in the United States Since 1945* (Fort Worth, TX: Harcourt Brace College Publishers, 1998); Adam Rome, *The Genius of Earth Day: How a 1970 Teach-in Unexpectedly Made the First Green Generation* (New York: Hill and Wang, 2010); Zelko, *Make it a Green Peace; and Paul Sabin, The Bet: Paul Ehrlich, Julian Simon, and Our Gamble over the Earth's Future* (New Haven, CT: Yale University Press, 2013).

86. Kenneth E. Boulding, "The Economics of the Coming Spaceship Earth," in *Environmental Quality in a Growing Economy: Essays from the Sixth RFF Forum*, ed. Henry Jarrett (Baltimore: Johns Hopkins University Press, 1966), 9.

87. John Claypool quoted in Adam Rome, *Genius of Earth Day*, 176.

58. G. Veinger, "Nezvanyi gost," *Dk*, May 9, 1968; 引用自：GAPK F. 666, Op. 1, D. 983, L. 10.

59. Berzin, "Truth about Soviet Whaling," 47.

60. Zenkovich, *Vokrug sveta*, 159–61; 同樣請見：Berzin, "Truth about Soviet Whaling."

61. Berdichevskaia, "Proshchai, Antarkitka, i prosti."

62. Ivashchenko et. al., "Scientific Reports," 8. 有關浪費部分，請見：Golovlev, "Ekho 'Misterii o kitakh,' " 20–21; Berzin, "Truth about Soviet Whaling," 15–25; E. I. Chernyi, "Neskolko shtrikhov k portretu sovetskogo kitoboinogo pormysla," in *Yablokov and Zemsky, Materialy sovetskogo kitoboinogo promysla*, 26; and N. V. Doroshenko, "Sovetskii promysel bliuvalov, *serykh i gladkikh* (grenlandskikh i iuzhnykh iaponskikh) kitov v Severnoi Patsifike v 1961–1979 gg," also in *Materialy sovetskogo kitoboinogo promysla*, 96–103.

63. Sergeev, "Dolgii put k mechte," 131.

64. 一個護舷鯨魚的例子：GAPK F. 1196, Op. 1, D. 9, L. 47.

65. Voronova, "Kitoboi Yuri Sergeev," 22; Berzin, "Truth about Soviet Whaling," 26.

66. Appendix to Ivashchenko, et al., "Soviet Illegal Whaling," 19.

67. Sergeev, "Dolgii put k mechte," 133.

68. Berzin, "Truth about Soviet Whaling," 54; Golovlev, "Ekho 'Misterii o kitakh,' " 15–18. E. I. Chernyi, "Neskolko shtrikhov," 28.

69. Ivashchenko et. al., "Soviet Illegal Whaling," 17.

70. Ivashchenko, et. al., "Soviet Catches," 63.

71. Golovlev, "Ekho 'Misterii o kitakh,' " 14–15.

72. IWC Verbatim Record 1959, Eleventh Meeting, Document XIV, p. 25.

73. IWC Verbatim Record 1958, Tenth Meeting, Document XIII, p. 83.

74. A. A. Vakhov, Fontany na gorizonte (Khabarovsk: Khabarovskoe knizhnoe izdatelstvo, 1963), 141. 該系列中，第一項主題為：Tragediia kapitana Ligova (Magadan: Oblastnoe knizhnoe izdatelstvo, 1955)。而第二項為Shtorm ne utikhaet (Magadan: Magadanskoe knizhnoe izdatelstvo, 1957). 同樣請見：Petr Sazhin's

408. 有關戰後勞動，請見：Donald Filtzer, *Soviet Workers and Late Stalinism: Labour and the Restoration of the Stalinist System after World War II* (New York: Cambridge University Press, 2002); 有關意識形態的消耗，請見：Alexei Yurchak, *Everything Was Forever, Until It Was No More: The Last Soviet Generation* (Princeton, NJ: Princeton University Press, 2006).

42. GAPK F. 666, Op. 1, D. 991, L. 42.
43. "V Bazovom komitete," *Dk*, January 12, 1968.
44. GAPK F. 666, Op. 1, D. 982, L. 66.
45. Solyanik, *Cruising in the Antarcti*c, 60.
46. Sergeev, "Dolgii put k mechte," 131.
47. "Krepkii splav," *Pravda*, October 24, 1964; B. Revenko and E. Maslov, "O razhdelshchikakh kitov," in *Shcherbatiuk ed, Antarktika za kormoi*, 362–364, 363.
48. GAPK F. 666, Op. 1, D. 990, L. 118.
49. GAPK F. 666, Op. 1, D. 991, L. 42.
50. Sergeev, "Dolgii put k mechte," 131. 有關薪水，請見：Ivashchenko et al., "Soviet Illegal Whaling," 4.
51. Dk, September 28, 1967; Verevkin, "Gorzhus, chto byl kitoboem."
52. "Kratkie novosti," *Pravda*, January 15, 1961; "Bagatstva okeana—Rodine," *Pravda*, October 24, 1963; "Zolotoi kashalot," *Pravda*, January 16, 1967; "Bogatye ulovy" *Pravda*, April 2, 1965.
53. "V dalekoi Antarktike," *Pravda*, May 5, 1955.
54. "Krepkii splav," *Pravda*, October 24, 1964; A. Oliv, "Antarkticheskii promysel vchera i segodnaia" in Shcherbatiuk, *Antarktika za kormoi*, 364–65.
55. Aaron Hale-Dorrell, *Corn Crusade: Khrushchev's Farming Revolution in the Post-Stalin Soviet Union* (New York: Oxford University Press, 2019).
56. Voronova, "Kitoboi Yuri Sergeev," 22.
57. Benenson, *Kitoboi i kitoboitsy*; A. G. Tomilin, "O golose kitoobraznykh i vozmozhnosti ego ispolzovaniia dlia ratsionalizatsii promysla morskikh mlekopitaiushchikh," *Rybnoe khoziaistvo* no. 6 (June 1954): 57–58.

26. Transcript of 1959 IWC meeting, SI, RU 7165, Box 32, Folder 5.
27. John McHugh to Remington Kellogg, December 10, 1962, SI RU 7165, Box 27, Folder 1.
28. Scott Gordon, "Economics and the Conservation Question," *Journal of Law and Economics* 1 (October 1958): 110–21, esp. 111. 班內特（Burnett）也將麥克修的看法與高登、奇利亞希－旺楚普串連在一起——請見：*Sounding of the Whale*, 511–12.
29. Dorsey, *Whales and Nations*, 194, 235.
30. Rocha et al., "Emptying the Oceans," 40. 我在此提出一九六九年蘇聯捕殺量的大致總數。
31. 「蘇維埃俄羅斯」號在北太平洋捕鯨，期間為一九六二年到一九六五年；「海參崴」號為一九六三年到一九七八年；「遠東」號為一九六三年到一九七三年，以及一九七八年到一九七九年；以及「斯拉瓦」號為一九六六年到一九六九年。「阿留申」號則在一九六七年退役。
32. GAPK F. 1196, Op. 1, D. 9, Ll. 55–56.
33. Y. Ivashchenko, P. Clapham, and R. Brownell, "Scientific Reports of Soviet Whaling Expeditions in the North Pacific, 1955–1978," *Publications, Agencies and Staff of the U.S. Department of Commerce*, Paper 127 (2006), 6. 阿福瑞德・柏津將這些文件從太平洋研究和漁業中心偷運出來，這些目前仍是不公開的資料。
34. GARF F. A-262, Op. 5, D. 8259, L.8.
35. Ivashchenko et al., "Scientific Reports," 10.
36. Berzin, "Truth about Soviet Whaling," 6.
37. GARF F. A-262, Op. 5, D. 8259, L. 21.
38. GAPK F. 666, Op. 1, D. 1001, L. 7, 15.
39. GAPK F. 666, Op. 1, D. 991, L. 55; GAPK F. 1196, Op. 1, D. 9, L. 269.
40. Berzin, "Truth about Soviet Whaling," 52. 蘇聯確實嘗試過在南極海域撈捕磷蝦。
41. V. I. Lenin, *How to Organize Competition* (Moscow: Progress Publishers, 1964),

鯨的描述則來自於北太平洋船隻和在南極洲工作船隻的航海日誌。

9. Zenkovich, *Vokrug sveta*, 73.

10. Sergeev, “Dolgii put k mechte,” 103.

11. Berzin, “Truth about Soviet Whaling,” 30–31. 同樣請見：Iosif Benenson, Kitoboi i kitoboitsy, no page numbers, 2011. Manuscript in author’s possession.

12. Sergeev, “Dolgii put k mechte,” 106.

13. A. Solyanik, *Cruising in the Antarctic: An Account of the Seventh Cruise of the SLAVA Whaling Flotilla* (Moscow: Foreign Languages Publishing House, 1956), 58–59, 57.

14. GAChAO F. R-23, Op. 1, D. 51, L. 178.

15. N. N. Sushkina, *Na puti vulkany, kity, ldy* (Moscow: Gosudarstvennoe izdatelstvo geograficheskoi literatury, 1962), 99.

16. Andrei Kukilgin, in Krupnik, *Pust govoriat*, 159.

17. GAChAO F. R-23, Op. 1, D. 51, L. 179.

18. GAChAO F. R-23, Op. 1, D. 23, L. 44.

19. GAChAO F. R-23, Op. 1, D. 51, L. 178（有關超額達標的計畫）, 14, 152.

20. Napaun, in Krupnik, *Pust govoriat*, 164.

21. Eduard Zdor, personal communication, May 2014; GAChAO F. R-23, Op. 1, D. 51, L. 179.

22. 相關例子，請見：“Vypolnenie plana po pererabotke syrtsa i vypuska produktsii za 1964 god (*Dalnii Vostok*),” document in author’s possession; GAPK F. 666, Op. 1, D. 1001, Ll. 38–46; “Svedeniia o vypolnenii plana po vyrabotke produktsii k/f *Vladivostok* za 1968 god,” document in author’s possession; GAPK F. 66, Op. 1, D. 1033, Ll. 9–25. 這些年度報告的清單可以一直列下去，每次航行都會多達數百頁。

23. 有關計畫，請見：Ivashchenko et al., “Soviet Illegal Whaling,” 4–6, and I. F. Golovlev, “Ekho ‘Misterii o kitakh’,” in *Yablokov and Zemsky*, 16.

24. IWC Verbatim Record 1958, Tenth Meeting Document XIII, p. 2.

25. IWC Verbatim Record 1963, 15/17, p. 68.

Press, 1982), 313–14.

第十章　啓蒙物種

1. W. K. Dewar et al., “Does the Marine Biosphere Mix the Ocean?” *Journal of Marine Research* 64 (2006): 541–51; J. Roman and J. J. McCarthy, “The Whale Pump: Marine Mammals Enhance Primary Productivity in a Coastal Basin,” *PLoS ONE* (October 11, 2010): DOI: 10.1371/journal.pone.0013255; Roman et al., “Marine Ecosystem Engineers.”
2. Khrushchev quoted in Ronald Grigor Suny, *The Soviet Experiment: Russia, the USSR, and the Successor States* (New York: Oxford University Press, 1998), 407.
3. GARF F. A-262, Op. 5, D. 8259, L. 1.
4. 有關蘇聯在南極地區的捕鯨，請見：Y. Ivashchenko, P. Clapham, and R. Brownell, “Soviet Illegal Whaling: The Devil and the Details,” *Marine Fisheries Review* 73, no. 3 (2011): 1–19, 以及 Y. Ivashchenko and P. Clapham, “A Whale of a Deception,” *Marine Fisheries Review* 71, no. 1 (2009): 44–52.
5. Y. Sergeev, “Dolgii put k mechte,” in *Antarktika za kormoi . . . o kitoboiakh dalnevostochnikakh*, ed. V. P. Shcherbatiuk (Vladivostok: Izdatelstvo Morskogo gosudarstvennogo universiteta imeni admirala G.I. Nevelskogo, 2013), 62–168, 62, 69–70.
6. Valentina Voronova, “Kitoboi Yuri Sergeev,” *Zolotoi Rog*, no. 38 (May 20, 2010), 22.
7. Anna Berdichevskaia, “Proshchai, Antarkitka, i prosti,” *Iug*, November 30, 2006.
8. GAPK F. 666, Op. 1, D. 990, Ll. 98–116; GAPK F. 666, Op. 1, D. 983, Ll. 3–14; “Skolko zhe mozhno zhdat,” *Dk*, December 1, 1967; First Mate P. Panov, “Eto kasaetsia vsekh,” *Dk*, January 12, 1968; “Poleznaia vstrecha,” *Dk*, January 26, 1968; “Sudovoi Mekhanik,” *Dk*, October 22, 1967; Berzin, “Truth about Soviet Whaling,” 3–4; Vladimir Verevkin, “Gorzhus, chto byl kitoboem,” *GV*, September 19, 2008; and Berdichevskaia, “Proshchai, Antarkitka, i prosti.” 接下來對工業捕

(Bloomington: Indiana University Press, 2015).

78. GAChAO F. R-23, Op. 1, D. 7, L. 36.
79. RGAE F. 8202, Op. 3, D. 1166, L. 35–36, quote: 104.
80. GAChAO F. R-23, Op. 1, D. 7, L. 13, 36 (quote), 37. GAMO F. P-22, Op. 1, D. 94, L. 185–187.
81. GAMO F. P-22, Op. 1, D. 94, L. 177.
82. GAChAO F. R-23, Op. 1, D. 7, L. 13.
83. Ankaun, in *Naukan i naukantsy: rasskazy naukanskikh eskimosov*, V. Leonova, ed. (Vladivostok: Dalpress, 2014), 20.
84. Krupnik "The Bowhead," 26–27.
85. GAChAO F. R-23, Op. 1, D. 7, L. 19–20.; Krupnik and Bogoslovskaya, *Ecosystem Variability*, 109–110.
86. GAMO F. P-22, Op. 1, D. 94, L. 182, 186.
87. "Leviathan's Decline and Fall," NARA MD RG 43, Entry 242.
88. 引用自：Walter LaFeber, *The Clash: U.S.-Japanese Relations Throughout History* (New York: Norton, 1997), 260.
89. "Draft Comments for US Delegation, November 9, 1945," NARA MD RG 43, Entry 242.
90. "Address of the Honorable C. Girard Davidson, November 26 1946," NARA MD RG 43, Entry 246.
91. Kellogg to Secretary of State, undated, NARA MD RG 43, Entry 242.
92. "Sanctuaries as a Conservation Measure," November 1945, NARA MD RG 43, Entry 242.
93. International Convention for the Regulation of Whaling, adopted in Washington, DC, December 2, 1946, p. 1.
94. 有關外交方面，請見：Burnett, *Sounding of the Whale*, chaps. 4 and 5, 以及 Dorsey, *Whales and Nations*, chap. 3. 藍鯨單位在國際捕鯨委員會之前就已經存在，最早用來規範燃油產量；請見：Johan N. Tonnessen and Arne Odd Johnsen, *The History of Modern Whaling* (Berkeley: The University of California

Whale Songs," *Journal of the Acoustical Society of America* 119 No. 3 (March 2006): 1849–66; Whitehead and Rendell, *Cultural Lives*, 84–97.

65. Marilyn Dahlheim, H. Dean Fisher, and James Schempp, "Sound Production by the Gray Whale and Ambient Noise Levels in Laguna San Ignacio, Baja California Sur, Mexico," in M. L. Jones, et al., *The Gray Whale*, 511–41.

66. T. M. Schultz et al., "Individual Vocal Production in a Sperm Whale (*Physeter macrocephalus*) Social Unit," *Marine Mammal Science* 27, no. 1 (January 2011): 148–66, 以及Whitehead and Rendell, *Cultural Lives*, 146–58.

67. Dorsey, Whales and Nations, 291–92.

68. 有關國際捕鯨會議的討論皆摘自：SI RU 7165, Box 3, Folder 6, "London—International Whaling Commission 1937"; SI RU 7165 Box 5, Folder 5, "London—International Whaling Conference, 1938"; and SI RU 7156, Box 5, Folder 2, "London—International Whaling Conference 1939—U.S. Delegation Correspondence."

69. Dorsey, *Whales and Nations*, 291–92. 完整的辯論，請見：Dorsey, *Whales and Nations*, chap. 2；and Burnett, *Sounding of the Whale*, 330–36.

70. 漁獲數量摘自：R. C. Rocha Jr., P. J. Clapham, and Y. V. Ivashchenko, "Emptying the Oceans: A Summary of Industrial Whaling Catches in the 20th Century," *Marine Fisheries Review* 76, no. 4 (2014): 37–48.

71. "ICW 1938 /19/fifth session," SI RU 7165 Box 5, Folder 5, p. 2.

72. GARF F. 5446, Op. 24a, D. 614, L. 3–4.

73. GARF F. 5446, Op. 24a, D. 614, L. 11.

74. Dorsey, *Whales and Nations*, 97.

75. M. A. Lagen to Chas. E. Jackson, April 13, 1942, SI RU 7165 Box 6, Folder 4. 一九四一年，美國也會利用挪威的漁業加工船偷偷地捕殺抹香鯨；請見：Dorsey, *Whales and Nations*, 97.

76. "The Future of Whaling," 1945, p. 4, NARA MD RG 43, Entry 242.

77. 有關戰時及戰後的渴望，請見：Wendy Goldman and Donald Filtzer, eds., *Hunger and War: Food Provisioning in the Soviet Union during World War II*

46. 請見：A. A. Berzin, "The Truth about Soviet Whaling," trans. Yulia Ivashchenko, *Marine Fisheries Review* 70, no. 2 (2008): 4–59, 9–10; GAPK F. 1196, Op. 1, D. 227, L. 91–92.

47. GAPK F. 1196, Op. 1, D. 227, L. 10–14.

48. GAPK F 1196, Op. 1, D. 212, L. 5. 鯨魚捕殺數量總計摘自：Y. V. Ivashchenko, P. J. Clapham, and R. L. Brownell Jr., "Soviet Catches of Whales in the North Pacific: Revised Totals," *Journal of Cetacean Research and Management* 13, no. 1 (2013): 59–71.

49. Zenkovich, *Vokrug sveta*, 130–32.

50. GAPK F. 1196, Op. 1, D. 221, L. 12.

51. Berzin, "The Truth about Soviet Whaling," 10.

52. GAPK F. 1196, Op. 1, D. 227, L. 27.

53. GAPK F. 1196, Op. 1, D. 1, L. 18, 19–20; Berzin, "Truth about Soviet Whaling," 10–12.

54. GAPK F. 1196, Op. 1, D. 212, L. 1.

55. GAPK F. 633, Op. 5, D. 43, L. 28.

56. 相關例子，請見：GAPK. F. 1196, Op. 1, D. 226, L. 12–15; GAPK F. 1196, Op. 1, D. 4, L. 2-7. 然而，這種計算在每份年度報告中都能見到，而且通常多達幾十頁。

57. 計畫的數量摘自：GAPK F. 1196, Op. 1, D. 3, L. 64b–65; 撈捕總數摘自：Ivashchenko et. al., "Soviet Catches," 63. 伊瓦申科和克拉彭姆（Ivashchenko and Clapham）完成了一件重要的工作，就是將蘇聯的漁獲量加總起來。

58. GAPK F. 1196, Op. 1, D. 207, L. 64, 32–33; GAPK F. 1196, Op. 1, D. 4, L. 116

59. GAPK F. 1196, Op. 1, D. 3, L. 65, 64b.

60. GAPK F. 1196, Op. 1, D. 1, L. 9b.

61. Ivanitskii, *Zhil otvazhnyi kapitan*, 129.

62. GAPK F. 1196, Op. 1, D. 9, L. 269.

63. RGAE F. 8202, Op. 3, D. 1132, L. 108.

64. Ryuji Suzuki, John Buck, and Peter Tyack, "Informational Entropy of Humpback

26. Convention for the Regulation of Whaling, Geneva, 1931
27. Jolles, *Faith, Food, and Family*, 314–16.
28. Estelle Oozevaseuk, quoted in Fitzhugh et al. *Gifts from the Ancestors*, 206.
29. APRCA, Otto W. Geist Collection, Series 5, Box 9, Folder 40: Paul Silook Diary 1935 (?), p. 7.
30. Oleg Einetegin, in Krupnik, *Pust govoriat*, 172.
31. ChOKM, Matlu, *Avtobiografiia (Rasskaz Matliu)*, Coll. N. 5357.
32. RGIA DV F. R-2413, Op. 4, D. 974, L. 115v.
33. Katerina Sergeeva, "V Urelikskom natssovete (Bukhta Provideniia)," *Ss* 1 (1935): 95–101, 97.
34. Andrei Kukilgin, in Krupnik, *Pust govoriat*, 266–67.
35. Petr Teregkaq, quoted in Bogoslovskaya et al., *Maritime Hunting Culture*, 104.
36. GARF F. 3977, Op. 1, D. 423, L. 79.
37. Krupnik and Bogoslovskaya, *Ecosystem Variability*, 109–10. 關於這段期間的物種層級（species-level）資料不是很清楚；申納肯伯格（N. B. Shnakenburg）估計在一九二三年到一九三二年之間，有百分之四十被捕殺的鯨魚為灰鯨——"Kitovyi promysel na Chukotke," Tikhookeanskaya zvezda 259 (1933): 3.
38. GARF F. 3977, Op. 1, D. 819, L. 70，但是這樣的計畫文件在檔案的分野都是很厚重的。。
39. GARF F. 5446, Op. 18, D. 3404, L. 3.
40. GAPK F. 633, Op. 5, D. 43, L. 27.
41. GARF F. 3977, Op. 1, D. 819, L. 37.
42. GARF F. 3977, Op. 1, D. 11, L. 40.
43. GAPK F. 633, Op. 5, D. 43, L. 28.
44. 根據儒略曆（Julian calendar）曆法，十月二十五日為俄國革命紀念日。Viacheslav Ivanitskii, *Zhil otvazhnyi kapitan* (Vladivostok: Dalnevostochnoe knizhnoe izdatelstvo, 1990), 88–94.
45. B. A. Zenkovich, *Vokrug sveta za kitami* (Moscow: Gosudarstvennoe iz-datelstvo geograficheskoi literatury, 1954), 47.

（Mamonov）這位遠東地區的漁業主管，駁回了這些報告，他相信殺死鯨魚的所需工作量太大，不可能不去利用鯨魚的屍體；L. 73.

15. RGIA DV F. R-2413, Op. 4, D. 39, L. 165.
16. RGIA DV F. R-2413, Op. 4, D. 39, L. 165; GAPK F. 633, Op. 7, D. 19, L. 54.
17. GAPK F. 633, Op. 5, D. 3, L. 72. See also GAPK F. 633, Op. 7, D. 19, L. 71–72.
18. GAPK F. 633, Op. 7, D. 19, L. 71.
19. Kurkpatrick Dorsey, *Whales and Nations: Environmental Diplomacy on the High Seas* (Seattle: University of Washington Press, 2014), 21–22.
20. Dorsey, *Whales and Nations*, 291–92.有愈來愈多有關二十世紀捕鯨的文獻，包括：Dorsey, *Whales and Nations*, D. Graham Burnett's *The Sounding of the Whale: Science and Cetaceans in the Twentieth Century* (Chicago: University of Chicago Press, 2012); Frank Zelko, *Make it a Green Peace!: The Rise of Countercultural Environmentalism* (New York: Oxford University Press, 2013), Jun Morikawa, *Whaling in Japan: Power, Politics, and Diplomacy* (New York: Columbia University Press, 2009), and Jason Colby, *Orca: How We Came to Know and Love the Ocean's Greatest Predator* (New York: Oxford University Press, 2018). 有種傾向是去讚揚（大多是）菁英的（多半是）白人男性；有個例外是：Joshua Reid's *The Sea is My Country: The Maritime World of the Makahs* (New Haven, CT: Yale University Press, 2015).
21. Undated letter, Leonard Carmichael to Robert Murphy, SI RU 7165, Box 23, Folder 6.
22. Dorsey, *Whales and Nations*, 40–45.
23. "The Value of Whales to Science," SI RU 7170, Box 10, Folder: "Information—Whale Press Releases."
24. Robert Philips to Wilbur Carr, September 19, 1930, NARA MD RG 59, Department of State Decimal File 1930–1939, File 562.8F1. 有關鯨脂經濟，請見：Mark Cioc, *The Game of Conservation: International Treaties to Protect the World's Migratory Animals* (Athens: Ohio University Press, 2009), 132–33.
25. Cioc, *Game of Conservation*, 128.

(March 2008): S77–S96; J. J. Walsh and C. P. McRoy, "Ecosystem Analysis in the Southeastern Bering Sea," *Continental Shelf Research* 5 (1986): 259–88; N. C. Stenseth et al. "Ecological Effects of Climate Fluctuations," *Science* 297, no. 5585 (August 23, 2002): 1292–96.

4. K. R. Johnson and C. H. Nelson, "Side-scan Sonar Assessment of Gray Whale Feeding in the Bering Sea," *Science* 225, no. 4667 (September 14, 1984): 1150–52.有關鯨魚在牠們的環境裡，請見：Joe Roman et al., "Whales as Marine Ecosystem Engineers"; Croll, Kudela, and Tershy, "Ecosystem Impact"; and P. Kareiva, C. Yuan-Farrell, and C. O'Connor, "Whales Are Big and It Matters," in Estes et al., *Whales, Whaling*, 202–14 and 379–87.
5. GAPK F. 633, Op. 4, D. 85, L. 35–37.
6. 有關灰鯨的兇猛，請見：Krupnik, *Pust govoriat*, 159, 168, 174–175, and Scammon, *Marine Mammals*, 29. 有關阿拉斯加及楚克奇的獵捕，請見：William M. Marquette and Howard W. Braham, "Gray Whale Distribution and Catch by Alaskan Eskimos: A Replacement for the Bowhead Whale?" *Arctic* 35, no. 3 (September 1982): 386–94; and Igor Krupnik, "The Bowhead vs. the Gray Whale in Chukotkan Aboriginal Whaling," *Arctic* 40, no. 1 (March 1987): 16–32.
7. Serge Dedina, *Saving the Gray Whale: People, Politics, and Conservation in Baja California* (Tucson, AZ: University of Arizona Press, 2000), 21.
8. RGIA DV F. R-2413, Op. 4, D. 39, L. 165. On hunger: GARF F. 3977, Op. 1, D. 811, L. 68b and RGIA DV. F R-2413, Op. 4, D. 1798, L. 12.
9. GAPK F. 633, Op. 7, D. 19, L. 53–70.
10. GARF F. 3977, Op. 1, D. 423, L. 79.
11. 這些年分的撈捕總量仍不完整；請見：Krupnik, "The Bowhead vs. the Gray Whale," 23–25.
12. GARF F. 3977, Op. 1, D. 11, L. 19.
13. GAPK F. 633, Op. 5, D. 3, L. 57–61. 同樣請見：GAPK F. 633, Op. 7, D. 19, L. 20–21; F. 633, Op. 5, D. 3, L. 39–45.
14. GARF F. 3977, Op. 1, D. 423, L. 79; GAPK F. 633, Op. 5, D. 3, L. 72. 馬蒙諾夫

100. A. A. Siderov, *Ot Dalstroia SSSR do kriminalnogo kapitalizma* (Magadan: DVO RAN, 2006).
101. Hensley, *Fifty Miles*, 174.
102. Raymond-Yakoubian and Angnabookgok, "Cosmological Changes," 107–9.
103. Ahwinona, "Reflections," 19.
104. A. Vykvyragtyrgyrgyn, personal communication, August 2018.

第五部　海洋　一九二〇年至一九九〇年

第九章　熱量價值

1. Mary Nerini, "A Review of Gray Whale Feeding Ecology," in *The Gray Whale: Eschrichtius Robustus*, ed. Mary Lou Jones, Steven L. Swartz, and Stephen Leatherwood (Orlando, FL: Academic Press, 1984), 423–50; and Mary Lou Jones and Steven L. Swartz, "Gray Whale: *Eschrichtius robustus*" in *Encyclopedia of Marine Mammals*, ed. William F. Perrin, Bernd Wursig, and J. G. M. Thewissen (London: Academic Press, 2009), 503–11.
2. T. A. Jefferson, M. A. Webber, and R. L. Pitman, eds., *Marine Mammals of the World: A Comprehensive Guide to Their Identification* (Amsterdam: Elsevier, 2008), 47–50 and 59–65; P. K. Yochem and S. Leatherwood, "Blue Whale Balaenoptera musculus (Linnaeus, 1758)" in *Handbook of Marine Mammals, Vol. 3: The Sirenians and Baleen Whales*, ed. S. H. Ridgway and R. Harrison (London: Academic Press, 1985), 193–240; Whitehead and Rendell, *Cultural Lives*, 92–95.
3. Phyllis J. Stabeno et al., "Physical Forcing of Ecosystem Dynamics on the Bering Sea Shelf," in *The Sea: Volume 14B: The Global Coastal Ocean*, ed. Allan R. Robinson and Kenneth Brink (Cambridge, MA: Harvard University Press, 2006), 1177–1212; Bodil A. Bluhm and Rolf Gradinger, "Regional Variability in Food Availability for Arctic Marine Mammals," *Ecological Applications* 18, issue sp2

92. "Alaska: Our Northern Outpost," *Armed Forces Talk* 218: 7, NARA MD RG 126, Office of Territories CF, 1907–1951, File: 9-1-22.

93. "Supporting Materials for Alaska Development Administration Legislation," p. 9, NARA MD RG 126, Office of Territories CF, 1907–1951, File: 9-1-60; "Our Last Frontiers: How Veterans and Others Can Share Them," Department of the Interior Pamphlet, NARA MD RG 126, Office of Territories CF, 1907–1951, File: 9-1-22.

94. "Northwestern Alaska: A Report on the Economic Opportunities of the Second Judicial Division, 1949," p. 2, NARA MD RG 126, Office of Territories CF, 1907–1951, File 9-1-60.

95. James Oliver Curwood, *The Alaskan: A Novel of the North* (New York: Grosset and Dunlap, 1922), 42, 12.

96. Senungetuk, *Give or Take a Century*, 106.

97. House of Representatives, "Alaska Statehood Hearings," 83rd Cong., 1st Sess. (April 1953), 80–86.

98. Hensley, *Fifty Miles*, 111, 124.

99. 有關採礦的衝擊，請見：Lorne E. Doig, Stephanie T. Schiffer, and Tarsten Liber, "Reconstructing the Ecological Impacts of Eight Decades of Mining, Metallurgical, and Municipal Activities on a Small Boreal Lake in Northern Canada," *Integrated Environmental Assessment and Management* 11, no. 3 (July 2015): 490–501; K. Kidd, M. Clayden, and T. Jardine, "Bioaccumulation and Biomagnification of Mercury through Food Webs," in *Environmental Chemistry and Toxicology of Mercury*, ed. Guanglian Liu, Yong Cai, and Nel-son O'Driscoll (Hoboken NJ: Wiley, 2011); R. Eisler, "Arsenic Hazards to Humans, Plants, and Animals from Gold Mining," Review of Environmental Contamination and Toxicology 180 (2004): 133–65; D.B. Donato et al., "A Critical Review of the Effects of Gold Cyanide-Bearing Tailing Solutions on Wildlife," *Environment International* 33, no. 7 (October 2007): 974–984; and R. Eisler, "Mercury Hazards from Gold Mining to Humans, Plants, and Animals," *Review of Environmental Contamination and Toxicology* 181 (2004): 139–98.

82. Yuri Rytkheu, *Sovremennye legendy* (Leningrad: Sovetskii pisatel, 1980), 213. 同樣請見：Semushkin, *Chukotka*; Rytkheu, *A Dream in Polar Fog*, trans. I. Yazhbin (New York: Archipelago Books, 2005).

83. Semushkin, *Alitet Goes to the Hills*, 12.

84. Oleg Kuvaev, *Territoriia*, (Moscow: Izdatelstvo Ast, 2016), 182. 有關庫瓦耶夫小說版本的討論，請見：V. V. Ivanov, *Kuvaevskaia romanistika: Romany O. Kuvaeva "Territoriia i 'Pravila begstva': Istoriia sozdaniia, dukhovnoe i khudozhestvennoe svoeobrazie* (Magadan: Kordis, 2001). Thompson (*Settlers on the Edge*, 68–70)，這本書因為庫瓦耶夫的情報來源，而討論了他的重要性。

85. 有很多有關採礦的小說，包括：G. G. Volkov, *Bilibina: Dokum. Povest o pervoi Kolymskoi ekspeditsii 1928–1929 gg.* (Magadan: Kn. izd-vo, 1978), Volkov, *Zolotaia Kolyma: Povest khudozhnik M.Cherkasov* (Magadan: Knizhnoe izd., 1984), and E. K. Ustiev, *U istokov zolotoi reki* (Moscow: Mysl, 1977). 地質學家回憶錄也增加了不少；請見：G. B. Zhilinskii, *Sledy na zemle* (Magadan, Magadanskoe kn. izdatelstvo, 1975) and N. I. Chemodanov, *V dvukh shagakh` ot Severnogo poliusa. Zapiski geologa.* (Magadan: Magadanskoe kn. izdatelstvo 1968).

86. *SCh* January 27, 1961.

87. GAChAO, F. R-130, Op. 1, D.54, L. 18. 這份檔案包含了多份減少採礦受傷的報告和措施。

88. Dikov, *Istoriia Chukotki*, 336–39; A. A. Siderov, "Zoloto Chukotkii" (1999), manuscript in author's possession。

89. Quinn Slobodian, *Globalists: The End of Empire and the Birth of Neoliberalism* (Cambridge, MA: Harvard University Press, 2018), chap. 7, and Andy Bruno, *Nature of Soviet Power*, chap. 5.

90. GAChAO, F. R-143, Op. 1, D. 4, L. 38, 2–3. 有關自然保護，請見：Weiner, *Little Corner of Freedom.*

91. Joseph Senungetuk, *Give or Take a Century: An Eskimo Chronicle* (San Francisco: Indian Historian Press, 1971), 108.

我沒有找到任何在楚克奇勞改營死亡的確切人數。

62. Raizman, "Shaman byl protiv," 101; GAMO F. R-23, Op. 1, D.5210, Ll. 12–13.

63. MSA, F. 1, Op. 2, D.2701: Petr Lisov Papers, l. 35.

64. MSA, F. 2, Op. 1, D.263: Alexandr Eremin Papers, l. 50; Dalan (V. S. Iakovlev), *Zhizn i sudba moia: Roman-esse* (Iakutsk: Bichik, 2003), 158; A. A. Zorokhovich, "Imet silu pomnit: Rasskazy tekh, kto proshel ad repressii," *Moskva rabochii* (1991): 199–219, 210. 我沒有找到任何逃亡者抵達阿拉斯加的敘述。

65. Iankovskii, *Dolgoe vozvrashchenie*, 65.

66. MSA, F. 2, Op. 1, D.263: Alexandr Eremin Papers, l. 50.

67. John Thoburn, "Increasing Developing Countries' Gains from Tin Mining," in Ingulstad et al., *Tin and Global Capitalism*, 221–39, 225.

68. Zeliak, *Piat metallov*, 291, 295.

69. MSA, F. 1, Op. 2, D.2701: Petr Lisov Papers, l. 35.

70. MSA, F. 2, Op. 1, D.263: Alexandr Eremin Papers, l. 56.

71. Tvardovskii, *Rodina i chuzhbina*, 265–66.

72. Iankovskii, *Dolgoe vozvrashchenie*, 82, 102.

73. Dikov, *Istoriia Chukotki*, 291

74. *Soviet News*, February 12, 1962.

75. GARF F. A-259, Op. 42, D.8340, L. 7, 14.

76. GARF F. A-259, Op. 42, D.8339, L. 50, 10.

77. 引用自：Thompson, *Settlers on the Edge*, 47. 有關在楚克奇的一般情況，請見：Thompson, *Settlers on the Edge*, 46–50; A. I. Ivanov, *Lgoty dlya rabotnikov severa* (Moscow: Yuridicheskaya Literature, 1991); and L. N. Popov-Cherkasov, *Lgoty i preimushchestva roabochim i sluzhshashim* (Moscow: Yuridicheskaya Literature, 1981).

78. RGAE F. 8390, Op. 1, D.2790, L. 13.

79. Thompson, *Settlers on the Edge*, 4–5.

80. 巴拉班諾夫（S. I. Balabanov）訪談斯列茲金，引用自：*Arctic Mirrors*, 339.

81. 烏克蘭採礦工程師，引用自：Thompson, *Settlers on the Edge*, 64.

45. MSA, F. 1, Op. 2, D.2701: Petr Lisov Papers, L. 33.

46. Michael Solomon, *Magadan* (New York: Vertex, 1971), 85.

47. 「丹祖馬」號的奇聞軼事在一九四〇年代普遍到進入歷史學家敘事範圍，儘管這些作者會表示這些故事無法得到證實。馬丁・波林格（Martin Bollinger）則表示，「丹祖馬」號在一九三四年的時候不可能在北極海，因為當時遠北建設管理總局還未擁有這艘船；請見：*Stalin's Slave Ships: Kolyma, the Gulag Fleet, and the Role of the West* (Westport, CT: Praeger, 2003), 65–74.

48. MSA, F. 1, Op. 2, D.2701: Petr Lisov Papers, L. 47; GARF F. 9414, Op. 1d, D.197, L. 2; and GARF F. 9414, Op. 1d, D.161, L. 4.

49. Iankovskii, *Dolgoe vozvrashchenie*, 57, 59.

50. GAMO F. R-23, Op. 1, D.1145, L. 45 (quote), 48; GARF F. 9401, Op. 2, D.235, L. 243.

51. Iankovskii, *Dolgoe vozvrashchenie*, 74, 57, 59 (quote).

52. I. I. Pavlov, *Poteriannye pokoleniia* (Moscow: SPb., 2005), 87.

53. Iankovskii, *Dolgoe vozvrashchenie*, 66.

54. Zeliak, *Piat metallov*, 213–14.

55. V. F. Grebenkin, "Raduga vo mgle," *Petlia: Vospominaniia, ocherki, dokumenty*, ed. Iu. M. Beledin (Volgograd, 1992), 242; John Lerner, *Proshchai, Rossiia!: Memuary "amerikanskogo shpiona,"* trans. I. Dashinskogo (Kfar Habad: Yad HaChamisha Press, 2006), 334–35.

56. GAMO F. R-23, Op. 1, D.5501, L. 19–22, 1.

57. GARF F. 8131, Op. 37, D.4477, L. 9.

58. MSA, F. 2, Op. 1, D.263: Alexandr Eremin Papers, L. 61.

59. MSA, F. 1, Op. 2, D.2701: Petr Lisov Papers, L. 33. 勞改營裡營養不良的情況，隨著地點和時間而有所不同；到了一九五〇年代，物資補給的情況才逐漸好轉。

60. Iankovskii, *Dolgoe vozvrashchenie*, 56, 64.

61. I. T. Tvardovskii, *Rodina i chuzhbina: Kniga zhizni* (Smolensk: Posokh: Rusich, 1996), 265. 同樣請見：MSA, F. 2, Op. 1, D.263: Alexandr Eremin Papers, l. 54.

Shirokov, *Gosudarstvennaia politika*, 203–4, 326; I. D. Batsaev and A. G. Kozlov, *Dalstroi i Sevvostlag* OGPU-NKVD CCCR *v tsifrakh I dokumentakh* (Magadan: RAN DVO, 2002), 1:6, 1:15; V. G. Zeliak, *Piat metallov Dalstroia: Istoriia gornodobyvaiushchei promyshlennosti Severo-Vostoka v 30-kh–50-kh gg. XX v.* (Magadan: Ministerstvo obrazovaniia i nauki RF, 2004), 293; and Nordlander, "Capital of the Gulag," 312–13.

36. 計算科力馬勞改營中的死亡人數是很困難的；請見：Khlevniuk, *History of the Gulag*, 320–23. 巴特薩耶夫和柯茲洛夫（Batsaev and Kozlov, *Dalstroi i Sevvostlag* 1: 6）估計在一九五一年以前，已經有十三萬人死於科力馬勞改營。這個數字尚未算入在集體大屠殺時期，即一九三七年到一九三九年間遭射殺身亡的一萬多條人命——請見：Khlevniuk, *History of the Gulag*, 170–71.

37. Sergei Larkov and Fedor Romanenko, *"Vragi naroda" za poliarnym krugom* (Moscow: Paulson, 2010), 21–162. 有關政治清洗期間的集中營，請見：Shirokov, *Gosudarstvennaia politika*, 190–200.

38. I. D. Batsaev, *Ocherki istorii magadanskoi oblasti nachalo 20kh—seredina 60kh gg XX* (Magadan: RAN DVO, 2007), 59, and Shirokov, *Gosudarstvennaia politika*, chap. 3.

39. RGAE F. 9570, Op. 2, D. 3483, L. 6.

40. 黃金產量成長速度確實減緩了；請見：Batsaev, *Ocherki istorii magadanskoi oblasti*, 64.

41. 引用自：Alexandr Kozlov, "Pervyi director," *Politicheskaia agitatsiia*, nos. 17–18 (September 1988): 27–32.

42. Chaunskii Raisovet, 11 January 1942, in *Sovety severo-vostoka SSSR (1941–1961 gg.): sbornik dokumentov i materialov*, chast 2, ed. A. I. Krushanov (Magadan: Magadanskoe knizhnoe izdatelstvo, 1982), 55–56. 有關在楚克奇的早期採礦，請見：Shirokov, *Gosudarstvennaia politika*, 243, and Zeliak, *Piat metallov,* 81.

43. V. Iu. Iankovskii, *Dolgoe vozvrashchenie: Avtobiograficheskaia povest* (Iaroslavl: Verkhne-Volzh. kn. izd-vo, 1991), 55.

44. Iankovskii, *Dolgoe vozvrashchenie*, 4–5.

Bulletin No. 662 (Washington, DC: Government Printing Office, 1918), 451, and APRCA, Reed Family Papers, Series: Irving Mckenny, Subseries: Land and Mineral Survey Records, Box 11, File: Correspondence—B. D. Stewart, 1929–1938 and Box 13, File: Seward Peninsula—General.

28. APRCA, Oscar Brown Papers, Box 1, pp. 39–40.
29. *Nome Daily Nugget*, December 1, 1936.
30. 遠北建設管理總局是古拉格系統中最大實體；請見：David Nordlander, "Capital of the Gulag: Magadan in the Early Stalin Era, 1929–1941," (PhD diss., University of North Carolina, 1997), 136.
31. 史蒂芬・巴恩斯（Steven Barnes）認為在勞改營的救贖理想，必須受到認真看待——請見：*Death and Redemption: The Gulag and the Shaping of Soviet Society* (Princeton, NJ: Princeton University Press, 2011), 57–68. 他具有相同立場如：Oleg Khlevniuk, *The History of the Gulag: From Collectivization to the Great Terror*, trans. Vadim A Staklo, ed. David Nordlander (New Haven, CT: Yale University Press, 2004) and Lynne Viola, *The Unknown Gulag: The Lost World of Stalin's Special Settlements* (New York: Oxford University Press, 2007). 傑佛瑞・哈迪（Jeffery Hardy）則認為再教育和社會救贖是更大全球趨勢的一部分：*The Gulag after Stalin: Redefining Punishment in Khrushchev's Soviet Union, 1953–1964* (Ithaca, NY: Cornell University Press, 2016). 在強調純粹的政治壓迫或經濟需求方面，我傾向於巴恩斯的研究方式。相關例子，請見：Galina Ivanova, Istoriia GULAGa, 1918–1958: *sotsialno-ekonomicheskii ipolitico-pravovoi aspekty* (Moscow: Nauka, 2006) 及 Anne Applebaum, *Gulag: A History* (New York: Doubleday, 2003).
32. *Belomor* 是一本宣揚使用強迫勞動的書，引用自：Barnes, *Death and Redemption*, 14.
33. GAMO F. R-23, Op. 1, D.1, L. 168.
34. Nordlander, "Capital of the Gulag," 72–73；有關蘇聯政策的經濟大蕭條時期，請見：Sanchez-Sibony, *Red Globalization*, chapter 1.
35. 一九三二年到一九五三年期間，有將近一百萬人到過科力馬。請見：A. I.

16. Fearing, "Alaska Tin," 155. 更多有關礦脈開採的危險，這次是指黃金，布朗的描述請見：Oscar Brown: APRCA, Oscar Brown Papers, Box 1, pp. 40–41.
17. "Threatened Tin Famine," *Wall Street Journal*, June 2, 1917.
18. Fearing, "Alaska Tin," 158.
19. APRCA, Reed Family Papers, Series: Irving Mckenny, Subseries: Land and Mineral Survey Records, Box 13, File: Seward Peninsula – General, "Report on Conditions on the Seward Peninsula in 1929," no page numbers.
20. David Kennedy, *Freedom from Fear: The American People in Depression and Fear, 1929–1945* (New York: Oxford University Press, 1999), 164. 本節內容摘自：Kennedy, chaps. 1, 2, and 6.
21. Rex Beach, Cosmopolitan magazine, 1936, quoted in Kim Heacox, *John Muir and the Ice that Started a Fire: How a Visionary and the Glaciers of Alaska Changed America* (Guilford, CT: Lyons Press, 2014), 198–99.
22. J. A. Nadeau to Roosevelt, May 29, 1935, NARA MD RG 126, CCF 1907–1951, File: 9-1-16. 許多一九三〇年代的信件參考自雷克斯・比奇的文章，請見：*Cosmopolitan*.
23. Harry Slattery to Mr. Bachelder, August 3, 1936, NARA MD RG 48, CCF 1907–1936, File: 9-1-4 General.
24. Letter to Harold Ickes, January 25, 1934, NARA MD RG 48, CCF 1907–1936, File 1-270, Alaska General 1933.
25. Henry Anderson, "The Little Landers' Land Colonies: A Unique Agricultural Experiment in California," *Agricultural History* 5, no. 4 (October 1931): 142. 同樣請見：Willis, *Alaska's Place in the West*, 48–70.
26. "Alaska Reviving Placer Mining," *WP*, December 14, 1930. 同樣請見："Alaska Missed by Depression," *Los Angeles Times*, December 14, 1933; "Boom Sighted for Alaska," *Los Angeles Times*, October 8, 1936.
27. Charlotte Cameron, *A Cheechako in Alaska and Yukon* (London: T. Fisher Un-win, 1920), 264. 同樣請見：Alfred Brooks et al., "Mineral Resources of Alaska, Report on Progress of Investigations in 1916," United States Geological Survey

第八章　救贖元素

1. Bogoras, *The Chukchee*, 285, 14.
2. 相關回顧，請見：Mats Ingulstad, Espen Storli, and Andrew Perchard, "The Path of Civilization Is Paved with Tin Cans," in *Tin and Global Capitalism, 1850–2000: A History of the "Devil's Metal,"* ed. Mats Ingulstad, Espen Storli and Andrew Perchard (New York: Routledge, 2014), 1–21and Ernest Hedges, *Tin and Its Alloys* (London: Royal Society of Chemistry, 1985).
3. John McCannon, *Red Arctic: Polar Exploration and the Myth of the North in the Soviet Union 1932–1939* (New York: Oxford University Press, 1998), 61–70, 119–127.
4. 史密特的前言收錄在：Lazar Brontman, *On the Top of the World: The Soviet Expedition to the North Pole, 1937* (London: Victor Gollancz, 1938), xi–xiii.
5. Ivan Papanin, *Life on an Ice Floe*, trans. Helen Black (New York: Messner, 1939), 36. 有關新的新聞報導，請見：Karen Petrone, *Life Has Become More Joyous, Comrades: Celebrations in the Time of Stalin* (Bloomington: University of Indiana Press, 2000), chap. 3.
6. 引用自：McCannon, *Red Arctic*, 84.
7. M. I. Rokhlin, *Chukotskoe olovo* (Magadan: Magadanskoe knizhnoe izdatelstvo, 1959), quoted in 59, 20, 21, and 51.
8. 演講引用自：N. N. Dikov, *Istoriia Chukotki*, 199.
9. RGAE F. 9570, Op. 2, D. 3483, L. 6.
10. Rokhlin, *Chukotskoe olovo*, 58.
11. Volkov and Sidorov, *Unikalnye zolotorudnye*, 7.
12. McCannon, *Red Arctic*, 57–59.
13. RGAE F. 9570, Op. 2, D.3483, L. 59.
14. Frederick C. Fearing, "Alaska Tin Deposits," *Engineering and Mining Journal* 110, no. 4 (July 24, 1920): 154–58, 154.
15. Brooks et al., "Mineral Resources of Alaska . . . 1914," 88 (quote), 373.

v 1920–1950-kh gg.: Opyt i uroki istorii (Tomsk: Izd-vo Tom., 2009), chap. 2. 在這個時期，國家會給予當地探勘者特許權，但所有黃金都必須上繳給國家——RGIA DV F. R-2333, Op. 1, D. 256, L.1–2.

122. RGIA DV F. R-2333, Op. 1, D. 128, L. 376.
123. "All Nome Attends Yuba Launching," *NN*, June 2, 1923.
124. P. Jones, *Empire's Edge*, 95.
125. Alfred Brooks et al., "Mineral Resources of Alaska, Report on Progress of Investigations in 1914," United States Geological Survey Bulletin No. 622 (Washington, DC: Government Printing Office, 1915), 69; Alfred Brooks et al., "Mineral Resources of Alaska, Report on Progress of Investigations in 1919," United States Geological Survey Bulletin No. 714-A (Washington, DC: Government Printing Office, 1921), 10.
126. APRCA, Janet Virginia Lee Papers, Box 4: Photographs, and APRCA, Smith, "History of Dredges," no page numbers.
127. J. B. Mertie, Jr., "Placer Mining on Seward Peninsula," United States Geologi-cal Survey Bulletin No. 662 (Washington, DC: Government Printing Office, 1917): 455.
128. 關於生態系統影響，請見：Erwin E. Van Nieuwenhuyse and Jacqueline D. LaPerriere, "Effects of Placer Gold Mining on Primary Production in Subarctic Streams of Alaska," *Journal of the American Water Resources Council* 22, no. 1 (February 1986): 91–99; A. M. Miller and R. J. Piorkowski, "Macroinvertebrate Assemblages in Streams of Interior Alaska Following Alluvial Gold Mining," *River Research and Applications* 20, no. 6 (November 2004): 719–31; James B. Reynolds, Rodney C. Simmons, and Alan R. Burkholder, "Effects of Placer Mining Discharge on Health and Food of Arctic Grayling," *Journal of the American Water Resources Association* 25, no. 3 (June 1989): 625–35; and David M. Bjerklie and Jacqueline D. LaPerriere, "Gold-Mining Effects on Stream Hydrology and Water Quality, Circle Quadrangle, Alaska," *Journal of the American Water Resources Association* 21, no. 2 (April 1985): 235–42.

美國各地社會主義者相似的命運；請見：Eric Foner, "Why Is There No Socialism in the United States?" *History Workshop*, no. 17 (Spring 1984): 59–80.

112. UAA, Wilson W. Brine Papers, Box 1, File: letters 1923, Letter of June 28, 1923. 同樣請見：*NN*, June 19, 1920.

113. V. Lenin quoted in Siegfried G. Schoppe and Michel Vale, "Changes in the Function of Gold within the Soviet Foreign Trade System Since 1945–46," *Soviet and Eastern European Foreign Trade* 15, no. 3 (Fall 1979): 60–95, esp. 61.

114. RGAE, F. 2324, Op. 16, D. 43, L. 74. 關於蘇聯在貿易與貨幣方面的討論，請見：Oscar Sanchez-Sivony, *Red Globalization: The Political Economy of the Soviet Cold War from Stalin to Khrushchev* (New York: Cambridge University Press, 2014), 33–37; Alec Nove, *An Economic History of the U.S.S.R.* (London: Penguin, 1989), 147–53; R. A. Belousov, *Ekonomicheskaia istoriia Rossii XX vek* (Moscow: Izdat, 2000), 2: 371–77.

115. 史達林聲明全文翻譯：Michal Reiman's *The Birth of Stalinism: The U.S.S.R. on the Eve of the "Second Revolution"* (Bloomington: Indiana University Press, 1987), 128–33.

116. I. L. Iamzin and V. P. Voshchinin, *Uchenie o kolonizatsii i pereseleniiakh* (Moscow: Gosizdat, 1926), 222.

117. RGIA DV F. R-2333, Op. 1, D. 128, L. 375.

118. S. Sukhovii, "Kamchatskie bogatstva i ovladenie imi gosudarstvom," *Ekonomicheskaia zhizn Dalnego Vostoka*, no. 1 (1923): 15–17.

119. A. I. Kaltan, "Otchet po obsledovaniiu Chukotskogo poluostrova 1930/1931 g.," reprinted in Bogoslovskaya et al., *Tropoiu Bogoraza*, 330, and V. T. Pereladov, "Otkrytie pervoi promyshlennoi rossypi zolota na Chukotke," in Bogoslovskaya et al., *Tropoiu Bogoraza*, 283.

120. Niobe Thompson, *Settlers on the Edge: Identity and Modernization on Russia's Arctic Frontier* (Vancouver: University of British Columbia Press, 2008), 4–5.

121. RGIA DV F. R-2350, Op. 1, D. 26, L. 23. 這種私人採礦行為似乎在遠東地區曾經很普遍——A. I. Shirokov, *Gosudarstvennaia politika na Severo-Vostoke Rossii*

America Corporate, 1870–1920 (Chicago: University of Chicago Press, 1990).

103. Alfred Brooks, "The Development of the Mining Industry," United States Geological Survey Bulletin No. 328 (Washington, DC: Government Printing Office, 1909), 31. 同樣請見：Theodore Chapin, "Placer Mining on the Seward Peninsula," United States Geological Survey Bulletin No. 592 (Washington, DC: Government Printing Office, 1914), 385.

104. APRCA, June Metcalfe Northwest Alaska Collection, Box 1, Series 1, Folder 17: Arthur Olsen Diary, 1906–1907, p. 10–13, 31.

105. *Report of the Mine Inspector for the Territory of Alaska to the Secretary of the Interior for the Fiscal Year Ended June 30, 1914* (Washington: Government Printing Office, 1914), 10–12.

106. 礦工世界聯盟曾是世界國際工人工會（International Workers of the World）一個官方聯合組織，也是最激進的工會。有關罷工，請見：P. Jones, *Empire's Edge*, 58, 72–74, 82.

107. "Labor Ticket Will Be in the Field," NTWN, March 8, 1906; "Radical Change Is Wanted By People," NTWN, March 20, 1906; NTWN, April 4, 1906; and NN November 5, 1908.

108. Joseph Sullivan, "Sourdough Radicalism: Labor and Socialism in Alaska, 1905–1920," in Haycox and Mangusso, *Alaska Anthology*, 222–37. 關於衍伸內容，請見：Thomas Andrews, *Killing for Coal: America's Deadliest Labor War* (Cambridge, MA: Harvard University Press 2010) and Mark T. Wyman, *Hard Rock Epic: Western Miners and the Industrial Revolution, 1860–1910* (Berkeley: University of California Press, 1979).

109. "Preamble and Platform, Socialist Party of Alaska, 1914," quoted in Sullivan, "Sourdough Radicalism," 224.

110. Reports of John Creighton, reproduced in James Thomas Gay, "Some Observations of Eastern Siberia, 1922," *Slavonic and East European Review* 54, no. 2 (April 1976): 248–61, 251.

111. *Nome Industrial Worker*, December 13, 1915. 阿拉斯加的社會主義者遇到了跟

87. RGIA DV F. 1005, Op. 1, D. 220, L. 114, 84. 一俄里大概為三分之二英里。

88. RGIA DV F. 702, Op. 3, D. 563, L. 147–148.

89. RGIA DV F. 1005, Op. 1, D. 220, L. 84 (quote), 8, 7.

90. RGIA DV F. 1008, Op. 1, D. 16, L. 117. 有些地方官員很明顯相當同情礦工們；l. 31.

91. APRCA, Reed Family Collection, Subseries 3, Box 14, Leonard Smith, "History of Dredges in Nome Placer Fields," no page numbers.

92. Alfred H. Brooks, "Placer Mining in Alaska," in *Contributions to Economic Geology 1903*, ed. S. F. Emmons and C. W. Hayes (Washington, DC: Government Printing Office, 1904), 43–59; Halla, "Story of the Nome Gold Fields," 116.

93. E. S. Harrison, *Nome and the Seward Peninsula*, 69.

94. Brooks, "Placer Mining in Alaska," 53.

95. E. S. Harrison, *Nome and the Seward Peninsula*, 271.

96. Cole, *Nome*, 99.

97. McKee, *Land of Nome*, 28.

98. S. Hall Young, *Alaska Days with John Muir* (New York: Fleming H. Revell, 1915), 210–11; John Muir, *Our National Parks* (1902; repr. Madison: Univer-sity of Wisconsin Press, 1981), 12.

99. McKee, *Land of Nome*, 105.

100. Leighton and Leighton, "Eskimo Recollections," 58.

101. Ellanna and Sherrod, *From Hunters to Herders*, 55–57. 同樣請見：Senate Subcommittee to Committee on Territories, *Conditions in Alaska*, 107, 203; Mikkelsen, *Conquering the Arctic Ice*, 377; DeWindt, *Through the Gold Fields*, 32–33.

102. APRCA, Smith, "History of Dredges," no page numbers. 公司合併的趨勢是個全國風潮；請見：Richard White, *Railroaded: The Transcontinentals and the Making of Modern America* (W. W. Norton & Company, 2011); Charles Perrow, *Organizing America: Wealth, Power, and the Origins of Corporate Capitalism* (Princeton, NJ: Princeton University Press, 2002); and Olivier Zunz, *Making*

the Puget Sound Maritime Historical Society 10 (March 1977): 107–21, 114. 露西兒・麥可唐納（Lucile McDonald）的文章逐字逐句引用了羅森遺失的回憶錄。

75. Swenson, *Northwest of the World*, 8, 13.

76. Lucile McDonald, "John Rosene's Alaska Activities, Part II," *The Sea Chest: Journal of the Puget Sound Maritime Historical Society* 10 (June 1977): 131–41, 138. See also RGIA DV F. 1370, Op. 1, D. 4, L. 119.

77. McDonald, "John Rosene's . . . Part II," 138; Swenson, *Northwest of the World*, 17–18.

78. Konstantin N. Tulchinskii, "Iz puteshestviia k Beringovomu prolivu," *Izvestiia Imperatorskogo Russkogo geografi cheskogo obshchestva* 42, vypusk 2–3 (1906): 521–79. 他的報告被分析，請見：RGIA DV F. 1370, Op. 1, D. 4, L. 131–144.

79. N. Tulchinskii, quoted in Vdovin, *Ocherki istorii*, 261.

80. RGIA DV F. 702, Op. 2, D. 324, L. 8.

81. RGIA DV F. 1005, Op. 1, D. 220, L. 7.

82. RGIA DV F. 1008, Op. 1, D. 16, L. 31. 大多數礦工是農民莊園的成員，即俄語中的「薩斯拉維伊」(soslovie)。少數人則是「拉茲諾奇欽」(raznochintsy，字面意思是來自各種階級的人們)。關於他們的出身，並沒有太多其他資訊。

83. RGIA DV F. 1008, Op. 1, D. 16, L. 117.

84. RGIA DV F. 1008, Op. 1, D. 16, L. 27–28. 關於逮捕的數字很難找得到，因為有些楚克奇紀錄已經被燒毀。

85. Preston Jones, Empire's Edge: American Society in Nome, Alaska 1898–1934 (Fairbanks: University of Alaska Press, 2007), 87. 露絲瑪麗・麥克道爾（Ruthmary McDowell）記得她父親的朋友在一九〇六年到一九一三年間，組織了一支楚克奇勘探隊，結果卻被流放——APRCA, Ruthmary McDowell Papers, Box 1, Folder 32, p. 1.

86. RGIA DV F. 702, Op. 2, D. 324, L. 34–36. 同樣請見：RGIA DV F. 702, Op. 2, D.285, L. 9–15.

60. Grinnell, *Gold Hunting*, 88.

61. APRCA, William J. Woleben Papers, Transcript of Diary 1900, p. 21.

62. Otto Halla, "The Story of the Nome Gold Fields," Mining and Scientific Press, March 1, 1902, p. 116.

63. K. I. Bogdanovich, *Ocherki Chukotskogo poluostrova* (St. Petersburg: A. S. Suvorin, 1901), 19.

64. 這是第二手資料，來自：Jane Woodworth Bruner, "The Czar's Concessionaires: The East Siberian Syndicate of London; A History of Russian Treachery and Brutality," *Overland Monthly* 44, no. 4 (October 1904): 411–22, 414–15.

65. Bogdanovich, *Ocherki Chukotskogo*, 34.

66. Ivan Korzukhin, *Chto nam delat s Chukotskim poluostrovom?* (St. Petersburg: A. S. Suvorin, 1909), 27–28.

67. 有關沙皇採礦法律的回顧，請見：Michael Melancon, *The Lena Goldfields: Massacre and the Crisis of the Late Tsarist State* (College Station, TX: Texas A&M University Press, 2006), 28–32, 40–46.

68. V. Vonliarliarskii, *Chukotskii poluostrov: ekspeditsiia* V. M. *Vonliarliarskogo i otkrytie novogo zolotonosnogo raiona bliz ust'ia r. Anadyria, 1900–1912 gg*. (St. Petersburg: K. I. Lingard, 1913), 21–26.

69. Anonymous, *Zabytaia okraina* (St. Petersburg: A. S. Suvorin, 1902): 60–62 (Thomas Owen identifies—correctly, I think—Ivanov as the author); "Chukchi Gold: American Enterprise and Russian Xenophobia in the Northeastern Siberia Company," *Pacific Historical Review* 77, no. 1 (February 2008): 49–85.

70. Korzukhin, *Chto nam delat*, 27–28.

71. RGIA DV F.702, Op. 7, D. 85, L. 141.

72. Vonliarliarskii, *Chukotskii poluostrov*, 14.

73. Owen, "Chukchi Gold," 60–65.

74. Ivan A. Korzukhin, *Chukotskii poluostrov* (St. Petersburg: Yakor, 1907), 3–4. 這些旅行其他版本皆在：W. B. Jones, *Argonauts of Siberia*, 70–71, and Lucile McDonald, "John Rosene's Alaska Activities, Part I," *The Sea Chest: Journal of*

的。 請 見：Senate Subcommittee of Committee on Territories, *Conditions in Alaska*, pt. 2, p. 159; E. S. Harrison, *Nome and the Seward Peninsula*, 31.

43. APRCA, Ernest S. Burch Jr. Papers, Series 3, Box 74, file "California Yearly Meeting of Friends," Martha Hadley Report.
44. *Nome Daily News*, August 2, 1900.
45. Kunkel, *Two Eskimo Boys*, 17, 22–25.
46. 引用自：Mitchell, *Sold American*, 144.
47. *NN*, November 12, 1904. 關於石英溪的歷史，請見：Mitchell, *Sold American*, 146–48.
48. *NN*, August 12 1903.
49. Ellanna and Sherrod, *From Hunters to Herders*, 54.
50. APRCA, Memoirs and Reminiscences Collection, Box 3, Folder 53: Manuscript by Daniel Libby, p. 4.
51. Ahwinona, "Reflections," 18. 同樣請見：Kunkel, *Two Eskimo Boys*, 19–20.
52. Cole, *Nome*, 79–90.
53. Case 102, NARA AK RG 21, M-1969, Roll 4.
54. Ed Wilson to President Theodore Roosevelt, October 4, 1901, NARA MD RG 126, Office of Territories Classified Files 1907–1951, File 9-120. 這封陳情信有將近五十位礦工簽署聯名。
55. Senate Subcommittee of Committee on Territories, *Conditions in Alaska*, pt. 2, 176.
56. M. Clark, *Roadhouse Tales*, 13.
57. Grinnell, *Gold Hunting*, 12.
58. 請見：Sherzer, *Nome Gold*, 42–43；同樣請見：APRCA, William J. Woleben Papers, Transcript of Diary 1900, p. 4, and Grinnell, Gold Hunting, 96. 在諾姆的性別動態就跟其它淘金城鎮類似——請見：Susan Lee Johnson, *Roaring Camp: The Social World of the California Gold Rush* (New York: W. W. Norton, 2000), chaps. 2 and 3.
59. Sherzer, *Nome Gold*, 37.

Society, 1997), 87.

29. APRCA, Memoirs and Reminiscences Collection, Box 3, Daniel Libby to H. R. Mac Iver, October 25, 1899, p. 4.
30. "More Rosy Tales of the Golden Sands on Beaches at Cape Nome," SFC, September 12, 1899.
31. James H. Ducker, "Gold Rushers North: A Census Study of the Yukon and Alaska Gold Rushes, 1896–1900," in Haycox and Mangusso, *Alaska Anthology,* 206–21.
32. Sherzer, *Nome Gold*, 25.
33. L. H. French, *Nome Nuggets: Some of the Experiences of a Party of Gold Seekers in Northwestern Alaska in 1900* (New York: Montross, Clarke and Emmons, 1901), 34.
34. Edward S. Harrison, *Nome and the Seward Peninsula: History, Description, Biographies* (Seattle: Metropolitan Press, 1905), 58.
35. Kunkel, *Alaska Gold*, 141.
36. Captain of the Steamer *Perry* to the Secretary of the Treasury, June 23, 1900, NARA AK RG 26, M-641, Roll 8. 同樣請見：Lieutenant Jarvis to the Secretary of the Treasury, September 5, 1899, NARA AK RG 26, M-641, Roll 8.
37. E. S. Harrison, *Nome and the Seward Peninsula*, 53.
38. Sherzer, *Nome Gold*, 45; M. Clark, *Roadhouse Tales*, 36; Lanier McKee, *The Land of Nome: A Narrative Sketch of the Rush to Our Bering Sea Gold-Fields, the Country, Its Mines and Its People, and the History of a Great Conspiracy 1900–1901* (New York: Grafton Press, 1902), 32.
39. 礦工注意到蘇厄德半島上仍然幾乎看不到北美馴鹿的蹤跡——McKee, *Land of Nome*, 97; M. Clark, *Roadhouse Tales*, 155.
40. M. Clark, *Roadhouse Tales*, 89.
41. "Chloroformed and Robbed of $1,300," *Nome Chronicle*, November 17, 1900; "Knock Out Drop Was Employed," *Nome Chronicle*, September 29, 1900; "Stole Muther's Safe," *Nome Gold Digger*, November 1, 1899.
42. Sherzer, *Nome Gold*, 38; 有些人誤以為留在過冬據點的食物是免費自由取用

(New York: Oxford University Press, 2017), 831–54; 有關資本主義，請見：David Montgomery, *Citizen Worker: The Experience of Workers in the United States with Democracy and the Free Market during the Nineteenth Century* (Cambridge, MA: Harvard University Press, 1993).

17. Edwin B. Sherzer, *Nome Gold: Two Years of the Last Great Gold Rush in American History, 1900–1902*, ed. Kenneth Kutz (Darien, CT: Gold Fever Pub, 1991), 27. 同樣請見：M. Clark, *Roadhouse Tales*, 95; London, "In a Far Country," 24.
18. 我在這裡的分析皆取自於：White, *Republic for Which*, 237–39.
19. Sherzer, *Nome Gold*, 27.
20. M. Clark, *Roadhouse Tales,* 95. 在政治光譜上，許多淘金者都相當支持民粹主義者——請見：Charles Postel, *The Populist Vision* (New York: Oxford University Press, 2007); Robert Johnston, *The Radical Middle Class: Populist Democracy and the Question of Capitalism in Progressive-Era Portland, Oregon* (Princeton, NJ: Princeton University Press, 2003).
21. Joseph Grinnell, *Gold Hunting in Alaska, ed. Elizabeth Grinnell* (Elgin, IL: David C. Cook, 1901), 90, 13. 有關自由的觀念，請見：Paula Mitchell Marks, *Precious Dust: The American Gold Rush Era, 1848–1900* (New York: William Morrow, 1994), 372–73 and Morse, *Nature of Gold*, 117–25.
22. M. Clark, *Roadhouse Tales*, 95.
23. M. Clark, *Roadhouse Tales*, 95.
24. 24. NN, January 1, 1900. 因為沒辦法決定誰先發現黃金，所以報紙便刊登了這則故事各式各樣的版本。
25. Rex Beach, "The Looting of Alaska," *Appleton's Booklovers' Magazine*, January-May 1906: 7.
26. Grinnell, *Gold Hunting*, 89.
27. "At Least $400,000," *Nome News*, October 9, 1899.
28. Jeff Kunkel, ed., *Alaska Gold: Life on the New Frontier, 1989–1906, Letters and Photographs of the McDaniel Brothers* (San Francisco: California Historical

Agency in the Global North (New York: Routledge, 2017), 106–7.

7. APRCA, Hazel Lindberg Collection, Box 3, Series 1, Folder 52: Jafet Lindeberg, p. 7. 在一八六六年到一八六七年，丹尼爾・利比發現了蘊含黃金的證據；一八九七年，在奧米拉克山脈（Omilak Mountains）經營小型銀礦場的約翰・德克斯特建議下，開始在梅爾辛溪（Melsing Creek）進行勘探。利比召開了蘇厄德半島上的第一個礦工委員會。請見：Terrence Cole, *Nome: City of the Golden Beaches* (Anchorage: Alaska Geographic Society, 1984), 11–24.
8. Jeff Kunkel, with assistance from Irene Anderson, *The Two Eskimo Boys Meet the Three Lucky Swedes*, commissioned by the elders and board of the Sitnasuak Native Corporation (Anchorage: Glacier House, 2002), 11. 另一個故事版本，則為瑪莉・安提沙路克（Mary Antisarlook）給林德柏格看了黃金——Charles Forselles, *Count of Alaska: A Stirring Saga of the Great Alaskan Gold Rush: A Biography* (Anchorage: Alaskakrafts, 1993), 13.
9. APRCA, Hazel Lindberg Collection, Box 3, Series 1, Folder 52: Jafet Lindeberg, p. 7–8.
10. Ahwinona, "Reflections," 17–18.
11. APRCA, Hazel Lindberg Collection, Box 3, Series 1, Folder 52: Jafet Lindeberg, p. 7–8.
12. Kunkel, *Two Eskimo Boys*, 13.
13. M. Clark, *Roadhouse Tales, or, Nome in 1900* (Girard, KS: Appeal Publishing, 1902), 14.
14. 請見：Katherine Morse, *The Nature of Gold: An Environmental History of the Klondike Gold Rush* (Seattle: University of Washington Press, 2010), 16–39. 有關金本位，請見：Catherine R. Schenk, "The Global Gold Market and the International Monetary System," in *The Global Gold Market and the International Monetary System from the Late 19th Century to the Present: Actors, Networks, Power, ed. Sandra Bott* (New York: Palgrave Macmillan, 2013), 17–38.
15. Andrew Carnegie, *The Gospel of Wealth* (New York: The Century Co., 1901), 94.
16. 有關這段時期的回顧，請見：Richard White, *The Republic for Which It Stands*

94. Gray, "Chukotkan Reindeer Husbandry," 143.
95. Igor Krupnik, "Reindeer Pastoralism." 這句札多林（Zadorin）的引文出現在第五十頁。
96. Kyle Joly et. al., "Linkages between Large-scale Climate Patterns and the Dynamics of Arctic Caribou Populations," *Ecography* 34, no. 2 (April 2011): 345–52; D. E. Russell, A. Gunn, S. Kutz, "Migratory Tundra Caribou and Wild Reindeer," *Arctic Report Card 2018*, http://www.arctic.noaa.gov/Report-Card.

第四部　地下　一九〇〇年至一九八〇年

第七章　喧囂大地

1. Pielou, *Naturalist's Guide*, 47–61.
2. R. W. Boyle, *Gold: History and Genesis of Deposits* (New York: Van Nostrand Reinhold, 1987). 關於蘇厄德半島，請見：C. L. Sainsbury, Geology, *Ore Deposits and Mineral Potential of the Seward Peninsula, Alaska*, (p.367)U.S. Bureau of Mines Open-File Report 73-75, 1975. 關於楚克奇，請見：A. V. Volkov and A. A. Sidorov, *Unikalnyi zolotorudnyi raion Chukotki* (Magadan: DVO RAN 2001).
3. Jack London, "In a Far Country," in *Klondike Tales* (New York: Modern Library, 2001), 24.
4. 關於這個對河流的理解，我受惠於：Richard White's *Organic Machine*。
5. Jacob Ahwinona, "Reflections on My Life," in *Communities of Memory: Personal Histories and Reflections on the History, Culture, and Life in Nome and the Surrounding Area* (Nome, AK: George Sabo, 1997), 17–18.
6. Julie Raymond-Yakoubian and Vernae Angnaboogok, "Cosmological Changes: Shifts in Human-Fish Relationships in Alaska's Bering Strait Region," in *Tuomas Räsänen and Tania Syrjämaa, Shared Lives of Humans and Animals: Animal*

見：APRCA, Ernest S. Burch Jr. Papers, Series 3, Box 75, File 1965B, p. 106.

85. Clifford Weyiouanna, UAFOHP, Project Jukebox, Tape H2000-102-22, Section 6.
86. V. N. Andreev, *Dikii severnyi olen v SSSR* (Moscow: Sovetskaia Rossiia, 1975), 71.
87. Sdobnikov, "Borba s khishchnikamiin," 361.
88. Olaus Murie quoted in Ross, *Pioneering Conservation*, 287. 同樣請見：Adolph Murie, *The Wolves of Mount McKinley* (Washington, DC: National Park Service, 1944).
89. Graves, *Wolves in Russia*, 59; Marvin, *Wolf*, 144–46; Ken Ross, *Environmental Conflict in Alaska* (Boulder: University of Colorado Press, 2000), 49–75.
90. K. P. Filonov, *Dinamika chislennosti kopytnykh zhivotnykh i zapovednost. Okhotovedenie.* (Moscow: TsNIL Glavokhota RSFSR and Lesnaia promyshlennost, 1977), 88–89. 同樣請見：Wiener, *A Little Corner of Freedom*, 374–97. 有關蘇聯針對選擇性捕殺狼的範例，請見：O. Gusev, "Protiv idealizatsii prirody," Ook 11 (1978): 25–27; S. S. Shvarts, Dialog o prirode (Sverdlovsk: Sredne-uralskoe knizhnoe izdatelstvo, 1977); A. Borodin, "Usilit borbu s volkami," Ook 7 (1979): 4–5; G. S. Priklonskii, "Rezko sokratit chislennost" Ook 8 (1978): 6; A. S. Rykovskii, "Volk – vrag seroznyi," Ook 7 (1978): 8–9; Y. Rysnov, "Ne boites polnostiu unichtozhit volkov," Ook 9 (1978): 10; and V. Khramova, "Borba s volkami v viatskikh lesakh," Ook 12 (1974): 44.
91. McKnight, *History of Predator Control*, 8; Ross, *Environmental Conflict*, 49–77; D. I. Bibikov, *Volk: Proiskhozhdenie, sistematika, morfologiia, ekologiia* (Moscow: Akademia nauk, 1985), 562–71; Coleman, Vicious, chap. 9.
92. Monte Hummel and Justina Ray, *Caribou and the North: A Shared Future* (Toronto: Dundurn Press, 2008), 85.
93. Jim Dau, "Managing Reindeer and Wildlife on Alaska's Seward Peninsula," *Polar Research* 19, no. 1 (2000): 75–82; C. Healy, ed., *Caribou Management Report of Survey-Inventory Activities 1 July 1998–30 June 2000* (Juneau: Alaska Department of Fish and Game Project 3.0, 2001).

Away—But Karl Stayed Behind (Ann Arbor: University of Michigan Press, 1998), 93.

69. GAChAO F. R-20, Op. 1, D. 43, L. 6.

70. Zhigunov, *Reindeer Husbandry*, 82; V. Kozlov, "Khoziaistvo idet v goru," in *30 let Chukoskogo natsionalnogo okruga* (Magadan: Magadanskoe Knizhnoe Izdatelstvo, 1960), 65–69.

71. GAChAO F. R-23, Op. 1, D. 51, L. 35.

72. GARF F. A-310, Op. 18, D. 682, L. 30.

73. Zhigunov, *Reindeer Husbandry*, 85.

74. Gulchak, *Reindeer Breeding*, 260–61.

75. GAChAO F. R-2, Op. 1, D. 37, L. 88–90.

76. GARF F. A-310, Op. 18, D. 682, L. 28. 關於專家，請見：Slezkine, Arctic *Mirrors*, 350–52.

77. Baskin, "Reindeer Husbandry," 27; Igor Krupnik, "Reindeer Pastoralism in Modern Siberia: Research and Survival during the Time of the Crash," Polar Research 19, no. 1 (2000): 49–56.

78. Gulchak, *Reindeer Breeding*, 191.

79. V. Ustinov, *Olenevodstvo na Chukotke* (Magadan: Magadanskoe Knizhnoe Izdatelstvo, 1956), 18, 93.

80. APRCA, Ernest S. Burch Jr. Papers, Series 5, Box 228, File: NANA, Selawik, p. 25; Gubser, *Nunamiut Eskimos*, 151.

81. Stern et al., *Eskimos, Reindeer and Land*, 64–68.

82. Gray, "Chukotkan Reindeer Husbandry," 143.

83. David R. Klein and Vladimir Kuzyakin, "Distribution and Status of Wild Reindeer in the Soviet Union," *Journal of Wildlife Management* 46, no. 3 (July 1982): 728–33; David R. Klein, "Conflicts between Domestic Reindeer and their Wild Counterparts: A Review of Eurasian and North American Experience," *Arctic* 33, no. 4 (December 1980): 739–56.

84. Tom Gray, UAFOHP, Project Jukebox, Tape H2000-102-17, Section 11. 同樣請

56. Omrytkheut, "Ekho Berezovskogo," 91–94; Vladislav Nuvano, "Tragediia v selakh Berezovo i Vaegi 1940 i 1949gg," in Bogoslovskaya et al., *Tropoiu Bogoraza*, 85-90; Nuvano, personal communication May 2014.
57. B. M. Andronov, "Kollektivizatsiia po-Chukotski" in Bogoslovskaya et al., *Tropoiu Bogoraza*, 103 (quote), 106. 安卓諾夫是俄羅斯國家安全部（MGB，另一種國內警察）的資深保安官，並暗示魯提庫為安全部門的一位線人。
58. 楚克奇黨員人數持續占楚克奇總人口百分之二十以下。請見：Patty Gray, *The Predicament of Chukotka's Indigenous Movement: Post-Soviet Activism in the Russian Far North* (Cambridge, UK: Cambridge University Press, 2005), 97.
59. Victor Keul'kut, *Pust stoit moroz* (Moscow: Molodaia gvadiia, 1958), 44.
60. Tikhon Semushkin, *Alitet Goes to the Hills* (Moscow: Foreign Language Publishing House, 1952), 12, 13.
61. V. G. Kuznetsova, quoted in E. A. Davydova, " 'Dobrovolnaia smert' i 'novaia zhizn' v amguemenskoi tundre (Chukotka): Stremlenie ukhoda v mir mertvykh Tymenenentyna," *Vestnik arkheologii, antrpologii i enografii* 4, no. 31 (2015):131–32.有關完整案例請見這篇文章。
62. GARF F. A-310, Op. 18, D. 682, L. 25.
63. RGAE F. 8390, Op. 1, D. 2385, L. 36.
64. Zhigunov, *Reindeer Husbandry*, 187.
65. 相關例子，請見：Zhigunov, *Reindeer Husbandry*; Gulchak, *Reindeer Breeding*; Druri, *Olenevodstvo*; E. K. Borozdin and V. A. Zabrodin, *Severnoe olenevodstvo* (Moscow: Kolos, 1979). 同樣請見：RGAE F. 8390, Op. 1, Del, 2385, L. 35–39.
66. GARF F. A-310, Op. 18, D. 682, L. 48.
67. Zhigunov, *Reindeer Husbandry*, 324. 同樣請見：V. M. Sdobnikov, "Borba s khishchnikamiin," in *Severnoe olenevodstvo*, ed. P. S. Zhigunov (Moscow: Ogiz-Selhozgiz, 1948), 361.
68. Gray, "Chukotkan Reindeer Husbandry," 143. 格雷（Gray）指出楚克奇是個從集體農場走向國營農場的實驗地區。卡洛琳・胡佛瑞（Caroline Humphrey）認為國營農場被視為是更先進的社會主義生產模式；請見：*Marx Went*

Alaska Reindeer Service Decimal Correspondence, File: Reindeer by-products, misc. 1951.

43. Krupnik, *Arctic Adaptations*, 157–58.

44. Clifford Weyiouanna, UAFOHP Project Jukebox, Tape H2000-102-22, Section 2.

45. 狼群和生態系統規律之間的關係，仍有爭論；相關回顧，請見：Emma Marris, "Rethinking Predators: Legend of the Wolf," *Nature* 507 (March 13, 2014): 158–60.

46. Bogoras, *The Chukchee*, 323.

47. Mukhachev, *Borba za vlast*, 64–65.

48. GARF F. A-310, Op. 18, D. 88, L. 86. 狼群滅絕在俄羅斯有一個相當悠久的傳統，牠們對人類的攻擊現象也明顯比在北美洲更為頻仍；請見：Will N. Graves's idiosyncratic *Wolves in Russia: Anxiety through the Ages* (Calgary, AB: Detselig, 2007) and Ian Helfant, *That Savage Gaze: Wolves in the Nineteenth-Century Russian Imagination* (New York: Academic Studies Press, 2018). 帕夫洛夫（M. P. Pavlov）認為俄羅斯欲滅絕狼群至少可以追溯到十九世紀中期——*Volk* (Moscow: Agropomizdat, 1990), 9–10.

49. Druri, "Kak byl sozdan," 7; P. S. Zhigunov, ed., *Reindeer Husbandry*, trans. Israel Program for Scientific Translations (Springfield, VA: U.S. Department of Commerce, 1968), 177. 巴斯金（Baskin, "Reindeer Husbandry," 25）認為整個北方的蘇聯科學家在發展歐亞馴鹿科學期間，都是仰賴當地的知識。

50. F. Ia. Gulchak, *Reindeer Breeding*, trans. Canadian Wildlife Service (Ottawa: Department of the Secretary of State, Bureau for Translations, 1967), 26.

51. 德魯里的手冊《馴鹿養殖》（*Olenevodstvo*）在一九五五年和一九六三年出版 (Moskva: Izdatelstvo selkhoz literatury, zhurnalov i plakatov, 1963), 39. 同樣請見：Baskin, *Severnyi olen*.

52. GARF F. A-310, Op. 18, D. 369, L. 10.

53. SCh, February 5, 1944.

54. GARF F. A-310, Op. 18, D. 369, L. 3.

55. GAMO F. P-22, Op. 1, D. 180, L. 1, 2.

1945.

31. 關於外來者對狼群的看法，請見：K. S. Robisch, *Wolves and the Wolf Myth in American Literature* (Reno, NV: University of Nevada Press, 2009), and Jon Coleman, *Vicious: Wolves and Men in America* (New Haven, CT: Yale University Press, 2006).
32. Report from Wainwright, AK, July 9, 1936, NARA AK RG 75, Reindeer Service Decimal Correspondence, File: Predators, 1936–1937.
33. G. Collins to S. Rood, March 24, 1937, NARA AK RG 75, Reindeer Service Decimal Correspondence, File: Predators, 1936–1937.
34. Jennifer McLerran, *A New Deal for Native Art: Indian Arts and Federal Policy, 1933–1943* (Tuscon, AZ: University of Arizona Press, 2009), 107.
35. Russell Annabel, "Reindeer Round-Up," NARA AK RG 75, Reindeer Service Decimal Correspondence, File: General Correspondence 1901–1945.
36. Noatak Teacher to Mr. Glenn Briggs, January 25, 1937, NARA AK RG 75, Reindeer Service Decimal Correspondence, File: Predators, 1936–1937.
37. Ross, *Pioneering Conservation*; Donald McKnight, *The History of Predator Control in Alaska* (Juneau: Alaska Department of Fish and Game, 1970), 3, 6–8. 這些數字是以整個阿拉斯加為範圍。
38. Press Release, Fish and Wildlife Service, December 1, 1941, NARA MD RG 126, CCF 1907–1951; Sidney Rood to Major Dale Gaffney, January 21, 1941, NARA AK RG 75, Reindeer Service Decimal Correspondence, File: Predators, 1940–1941.
39. APRCA, Ernest S. Burch Jr. Papers, Series 5, Box 220, File: Kivalina, Jimmy and Hannah Hawley interview, p. 35; 同樣請見：Hall, Eskimo Storyteller, 167–68, 296–98.
40. Paneak, *In a Hungry Country*, 88, 89.
41. Gubser, *Nunamiut Eskimos*, 266–67.
42. Dan Karmun, UAFOHP Project Jukebox, Tape H2000-102-05, Section 4. 同樣請見：NARA AK RG 75, Hollingsworth to Area Director Juneau, January 12, 1951,

GAChAO F. R-2, Op. 1, D. 2, L. 19.

23. 傳統是個大衛・麥奇（L. David Mech）和魯夫・彼得森（Rolf O. Peterson）用來描述狼群如何狩獵的詞彙；請見："Wolf-Prey Relations" in *Wolves: Behavior, Ecology, and Conservation*, ed. L. David Mech and Luigi Boitani (Chicago: University of Chicago Press, 2003), 131–57. 有關狼的心智歷程（mental process），請見：L. David Mech, "Possible Use of Foresight, Understanding, and Planning by Wolves Hunting Muskoxen," Arctic 60, no. 2 (June 2007): 145–49. 本段剩下部分摘自：Mech and Boitani, ed., *Wolves: Behavior, Ecology, and Conservation*, 1–34, 66–103, 161–92; Marco Musiani et al., "Differentiation of Tundra/Taiga and Boreal Coniferous Forest Wolves: Genetics, Coat Color, and Association with Migratory Caribou," *Molecular Ecology* 16, no. 19 (October 2007): 4149-70; and Gary Marvin, *Wolf* (London: Reaktion Books, 2012), 11–34.
24. A. T. Bergerud, Stuart N. Luttich, and Lodewijk Camps, *The Return of the Caribou to Ungava* (Montreal: McGill-Queens University Press, 2008), 10; Layne G. Adams et al, "Population Dynamics and Harvest Characteristics of Wolves in the Central Brooks Range, Alaska," *Wildlife Monographs* 170, no. 1 (2008): 1–18.
25. Burch, *Caribou Herds*, 53.
26. APRCA, Fosma and Sidney Rood Papers, Box 1, J. Sidney Rood, "Alaska Reindeer Notes," p. 1.
27. Reindeer Supervisor, May 1925, NARA AK RG 75, Alaska Reindeer Service Historical Files, File: History-general, 1933–1945. 在一九〇九年就有零星關於狼群的報告，但相關擔憂在一九二五年後才開始增加。
28. Brief Statement Regarding the Wolf Problem on Reindeer Ranges, May 18, 1940, NARA DC RG 75, BIA CCF 1940–1957, File: 43179.
29. National Research Council, *Wolves, Bears and Their Prey in Alaska* (Washington, DC: National Academy Press, 1997), 49.
30. Sidney Rood, Message to Association of Bering Unit Herds, April 8, 1943, NARA AK RG 75, Alaska Reindeer Service Historical Files, File: History-general, 1933–

6. Katarina Clark, *The Soviet Novel: History as Ritual* (Bloomington: University of Indiana Press, 1981), 10–17; Jochen Hellbeck, *Revolution on My Mind: Writing a Diary under Stalin* (Cambridge, MA: Harvard University Press, 2006), introduction.「長征」一詞取自：Slezkine, *Arctic Mirrors*, 292.
7. RGIA DV F. R-2413, Op. 4, D. 974, L. 66.
8. RGIA DV F. R-2413, Op. 4, D. 629, L. 93.
9. Dikov, *Istoriia Chukotki*, 211; Garusov, *Sotsialisticheskoe*, 130–32. 這種屠殺情況在蘇聯全國各地很常見；請見：Bruno, *The Nature of Soviet Power*, chap. 4.
10. TsKhSDMO F. 22, Op. 1, D. 2, L. 35.
11. Stalin, quoted in Viktor Grigorevich Vasilev, M. T. Kiriushina and N. A. Menshikov, *Dva goda v tundre* (Leningrad: Izd-vo Glavsevmorputi, 1935), 3.
12. Dikov, *Istoriia*, 212–13.
13. RGAE F. 9570, Op. 2, D. 3483, L. 31.
14. Iatgyrgin interview in Z. G. Omrytkheut, "Ekho Berezovskogo vosstaniia: Ochevidtsy o sobytiiakh 1940 i 1949 gg," in Bogoslovskaya et al., *Tropoiu Bogoraza*, 91–92. 瓦拉迪斯拉夫・努瓦諾（Vladislav Nuvano）認為兇手是一名在楚克奇的科里亞克人難民——personal communication, May 2014.
15. Iatgyrgin in Omrytkheut, "Ekho Berezovskogo," 91.
16. Garusov, *Sotsialisticheskoe*, 131. 以上敘述皆摘自：Garusov.
17. RGAE F. 9570, Op. 2, D. 3483, L. 17, 14, 15, 64.
18. GAChAO. F. R-16, Op. 1, D. 13, L. 34–41.
19. Raizman, "Shaman byl protiv," 95–96, quote from 100.
20. 楚克奇畜養馴鹿的每十年平均統計，皆來自：Patty Gray, "Chukotkan Reindeer Husbandry in the Twentieth Century," in *Cultivating Arctic Landscapes: Knowing and Managing Animals in the Circumpolar North*, ed. David Anderson and Mark Nutall (New York: Berghahn Books, 2004), 143.
21. K. R. Wood and J. E. Overland, "Early 20th Century Arctic Warming in Retrospect," *International Journal of Climatology* 30, no. 9 (July 2010): 1269–79.
22. 狼群的增長或許更早就發生；在一九二八年，蘇聯人祭出了賞金。請見：

112. J. Sidney Rood, *Narrative Re: Alaska Reindeer Herds for Calendar Year 1942, with Supplementary Data* (Nome: U.S. Bureau of Indian Affairs Alaska, 1943), 151.
113. Gideon Barr, quoted in Ellanna and Sherrod, *From Hunters to Herders*, 48.
114. Rood, *Narrative Re: Alaska Reindeer*, 151.

第六章　氣候變遷

1. J. Olofsson, S. Stark and L. Oksanen, "Reindeer Influence on Ecosystem Process in the Tundra," Oikos 105, no. 2 (May 2004): 386–96; Johan Olofsson et al., "Effects of Summer Grazing by Reindeer on Composition of Vegetation, Productivity, and Nitrogen Cycling," *Ecography* 24, no. 1 (February 2001): 13–24; Heidi Kitti, B. C. Forbes and Jari Oksanen, "Long-and Short-term Effects of Reindeer Grazing on Tundra Wetland Vegetation," *Polar Biology* 32, no. 2 (February 2009): 253–61; Forbes and Kumpula, "The Ecological Role and Geography of Reindeer," 1356–80.
2. Krupnik, *Arctic Adaptations*, 143–47; Anne Gunn, "Voles, Lemmings and Caribou—Population Cycles Revisited?" *Rangifer* 23, Special Issue no. 14 (2003): 105–11; J. Putkonen and G. Roe, "Rain-on-snow Events Impact Soil Temperatures and Affect Ungulate Survival," *Geophysical Research Letters* 30, no. 4 (February 2003), DOI: 10.1029/2002GL016326; Baskin, "Reindeer Husbandry," 23–29. The classic work on Arctic population cycles is Christian Vibe, "Arctic Animals in Relation to Climatic Fluctuations," *Meddelelser om Grønland* 170, no. 5 (1967).
3. Liv Solveig Vors and Mark Stephen Boyce, "Global Declines of Caribou and Reindeer," *Global Change Biology* 15, no. 11 (November 2009): 2626–33.
4. Vibe, "Arctic Animals," 163–79; Krupnik, *Arctic Adaptations*, 143–48.
5. 關於集體化，請見：Yuri Slezkine, *The House of Government: A Saga of the Russian Revolution* (Princeton: Princeton University Press, 2017), chap. 12 and Stephen Kotkin, *Stalin: Waiting for Hitler* (New York: Penguin, 2017) chap. 2.

94. GARF F. A-310, Op. 18, D. 88, L. 44; RGIA DV F. R-4315, Op. 1, D. 32, L. 3, 10.

95. GARF F. 3977, Op. 1, D. 225, L. 5.

96. Semushkin, *Chukotka*, 299.

97. D. I. Raizman, "Shaman byl protiv," in Bogoslovskaya et al., *Tropoiu Bogoraza*, 95–101, 100.

98. GARF F. A-310, Op. 18, D. 88, L. 43.

99. 引用自：L.N. Khakhovskaia, "Shamany i sovetskaia vlast na Chukotke" *Voprosy Istorii* 4 (2013): 112–127, 117.

100. Isaac Andre Seymour Hadwen and Lawrence Palmer, *Reindeer in Alaska* (Washington DC: Government Printing Office, 1922), 69.

101. Lawrence Palmer, *Raising Reindeer in Alaska* (Washington, DC: USDA Miscellaneous Publication No. 207, 1934), 23–31.

102. Hadwen and Palmer, Reindeer in Alaska, 4.

103. NARA AK RG 75, Alaska Reindeer Service Historical Files, File: History-general, 1933–1945, "Quotations," p. 13.

104. Stern et al., *Eskimos, Reindeer and Land*, 26.

105. Carl Lomen, 1931 testimony in *The Eskimo* 11, no. 4 (October 1994), 1.

106. Reindeer Committee Report of 1931, in *United States v. Lomen & Co.*, April 17, 1931, NARA DC RG 75, CCF 1907–1939.

107. Ellanna and Sherrod, *From Hunters to Herders*, 60–61.

108. Survey of the Alaska Reindeer Service, 1931–1933, p.2, NARA AK RG 75, Alaska Reindeer Service Historical Files, File: Reports 1933.

109. C. L. Andrews, Protest against Action of Investigators in Reindeer Survey, p. 7, NARA MD RG 126, CCF 1907–1951, File 9-1-33.

110. Kenneth R. Philip, "The New Deal and Alaskan Natives, 1936–1945," in *An Alaska Anthology: Interpreting the Past*, ed. Stephen W. Haycox and Mary Childer Mangusso (Seattle: University of Washington Press, 1996), 267–86.

111. House of Representatives, "Alaska Legislation: Hearing before the Committee on the Territories," 75th Cong., 1st. Sess. (June 15 and 22, 1937), 2.

on Work of the Bureau of Education for the Natives of Alaska 1913–1914 (Washington, DC: Government Printing Office, 1917), 7.

78. Bureau of Education, *Report on the Work of the Bureau . . . 1914–1915*, 8.
79. Carl Lomen, *Fifty Years in Alaska* (New York: D. McKay Co, 1954), 148.
80. Ellanna and Sherrod, *From Hunters to Herders*, 54–55.
81. Bureau of Education, *Report on the Work of the Bureau . . . 1914–1915*, 52.
82. NARA AK RG 75, Alaska Reindeer Service Historical Files, File: History-general, 1933–1945, "Quotations," p. 32.
83. APRCA, Fosma and Sidney Rood Papers, Box 2, Erik Nylin Annual Report from Wales 1922–1923.
84. Hunt, *Arctic Passage*, 219; "Reindeer to Help the Meat Supply," Newspaper clipping, June 15, 1914, NARA MD RG 48, CCF 1907–1936, file: 6-2/6-4; Lewis Laylin to Hon. James Wickersham, March 12, 1913, NARA AK RG 75, Alaska Reindeer Service Historical Files, File: History-general, 1933–1945.
85. Report of the Governor of Alaska, *Reports of the Department of the Interior*, vol. 2 (Washington DC: Government Printing Office, 1918), 519.
86. NARA AK RG 75, Alaska Reindeer Service Historical Files, File: History-general, 1933–1945, "Quotations," p. 32.
87. Unalakleet Teacher Wellman, Annual Report 1922–1923, NARA AK RG 75, Alaska Reindeer Service Historical Files, File: History-general, 1933–1945.
88. Olson, *Alaska Reindeer Herdsmen*, 14.
89. John B. Burnham, *The Rim of Mystery: A Hunter's Wanderings in Unknown Siberian Asia* (New York: Putnam, 1929), 281.
90. I. Druri, "Kak byl sozdan pervyi olenesovkhoz na Chukotke," *Kraevedcheskie zapiski XVI* (Magadan, 1989), 9.
91. RGIA DV F R-2413, Op.4, D. 967, L. 13.
92. A. Skachko, "Ocherednye zadachi sovetskoi raboy sredi malykh narodov Severa," *Ss*, no. 2 (1931) 5–29, 20.
93. Kan, " 'My Old Friend,' "; Slezkine, *Arctic Mirrors*, 189.

dokumentov i materialov (Magadan: Magadansokoe knizhnoe izdatelstovo, 1973), 196.

62. GARF F. A-310, Op. 18, D. 88, L. 42.
63. Galkin, *V zemle polunochnogo*, 160.
64. RGIA DV F. R-4315, Op. 1, D. 32, L. 11.
65. RGIA DV F. R-623, Op. 1, D. 36, L. 8.
66. Slezkine, *Arctic Mirrors*, 239.
67. Semushkin, *Chukotka*, 36.
68. Flerov, ed. *Revkomy Severo-vostoka*, 196–97.
69. 馴鹿數量的計算有一定的差異，而且都是估計數字。加魯索夫（I. S. Garusov）所提供的一九二六年到一九二七年共有五十五萬六千隻畜養馴鹿的總計大概就是平均值——請見：*Sotsialisticheskoe pereustroistvo selskogo i promyslovogo khoziaistva Chukotki 1917–1952* (Magadan: Magadanskoe knizhnoe izdatelstvo, 1981), 81.
70. GARF F. 3977, Op. 1, D. 716, L. 24.
71. GAMO F. 91, Op. 1, D. 2, L. 94.
72. "Herders of Reindeer," WP, July 1, 1894. 同樣請見：Willis, *Alaska's Place in the West*, 31.
73. Stern et al., *Eskimos, Reindeer and Land*, 25–26.
74. Frank Churchill, *Reports on the Condition of Education and School Service and the Management of Reindeer Service in the District of Alaska* (Washington, DC: Government Printing Office, 1906), 37, 36, 39.
75. Walter Shields, Report Superintendent N.W. District, June 30, 1915, p.10–11, NARA DC RG 75, General Correspondence 1915–1916, Entry 806.
76. Churchill, *Condition of Education*, 46.
77. 有關馬凱克塔克，請見：Department of the Interior, *Report on the Work of the Bureau of Education for the Natives of Alaska, 1914–1915* (Washington, DC: Government Printing Office, 1917), 72–85; Ellanna and Sherrod, *From Hunters to Herders*, chap. 3. 有關原住民所有權，請見：U.S. Bureau of Education, *Report*

Akademie der wissenschaften, 1893–96); Bogoras, The Chukchee, 73, 706–708.

48. RGIA DV F. 702, Op. 3, D. 414, L. 87.

49. RGIA DV F. 702, Op. 1, D. 682, L. 3, 4, 5a; RGIA DV F. 702, Op. 3, D. 414, L. 89.

50. RGIA DV F. 702, Op. 1, D. 682, L. 93. 自從一九一一年起，在沿海或是阿納迪爾和馬科夫行政與貿易中心以外，只有一所很多學生是哥薩克人的學校有在運作。

51. RGIA DV F. 702, Op. 3, D. 160, L. 13–14, quote: 40.

52. RGIA DV F. 702, Op. 1, D. 682, L. 45, 62; RGIA DV F. 702, Op. 3, D. 160, L. 33.

53. RGIA DV F. 702, Op. 1, D. 682, L. 25. 腐蹄病是一種鹿蹄的細菌感染，是歐亞大陸東北部馴鹿最常見的疾病，在溫暖潮濕的條件下，細菌容易繁殖。同時，受到損傷的鹿蹄也更容易受到感染。請見：K. Handeland, M. Moye, B. Borgsjo, H. Bondal, K. Isaksen, and J.S. Agerholm, "Digital Necro-basillosis in Norwegian Wild Tundra Reindeer *(Rangifer tarandus tarandus)*" *Journal of Comparative Pathology* 143, no. 1 (July 2010): 29–38. 有關數量縮減，請見：RGIA DV F. 702, Op. 3, D. 563, L. 147–148; Krupnik, *Arctic Adaptations*, 173–175.

54. Bogoras, *The Chukchee*, 347.

55. Vladimir Bogoraz, quoted in Yuri Slezkine, *Arctic Mirrors*, 148. 有關博戈拉茲一生的回顧，請見：Sergei Kan, " 'My Old Friend in a Deadend of Empiricism and Skepticism': Bogoras, Boas, and the Politics of Soviet Anthropology of the Late 1920s–Early 1930s," *Histories of Anthropology Annual* 2, no. 1 (2006): 33–68.

56. RGIA DV F. R-2411, Op. 1, D. 66, L. 195.

57. GARF F. 3977, Op. 1, D. 225, L. 188.

58. T. Semushkin, *Chukotka*, in *Izbrannye proizvedeniia v dvukh tomakh, t. 2* (Moscow: Khudozhestvennaia literatura moskva 1970), 210.

59. Semushkin, *Chukotka*, 144.

60. Semushkin, *Chukotka*, 37, 36.

61. V. S. Flerov, ed., *Revkomy Severo-vostoka SSSR (1922–1928 gg.) Sbornik*

36. 有關謝爾頓・傑克森，請見：Roxanne Willis, *Alaska's Place in the West: From the Last Frontier to the Last Great Wilderness* (Lawrence, KS: University Press of Kansas, 2010), 24–25 and Stephen W. Haycox, "Sheldon Jackson in Historical Perspective: Alaska Native Schools and Mission Contracts, 1885–1894," *Pacific Historian* 26 (1984): 18–28.
37. Sheldon Jackson, "Education in Alaska," S. Exec. Doc. No. 85, 49th Cong., 1st Sess. (1886), p. 30.
38. S. Jackson, *Introduction of Domestic Reindeer*, 9.
39. S. Jackson, *Introduction of Domestic Reindeer*, 7.
40. Townsend, "Notes on the Natural History," 88.
41. Helen Hunt Jackson, *A Century of Dishonor* (Boston: Roberts Brothers, 1881), 1.
42. Sheldon Jackson, *Preliminary Report of the General Agent for Alaska* (Washington: Government Printing Office, 1890), 10.
43. Townsend in S. Jackson, *Report on Introduction of Domestic Reindeer into Alaska with Maps and Illustrations*, Sen. Doc. No. 22, 52nd Cong., 2d Sess. (1893), 34.
44. 有些人類學家認為蘇厄德半島上的北美馴鹿群並未縮減到造成生活困難或人口外移的地步；請見：Dean Olson, *Alaska Reindeer Herdsmen: A Study of Native Management in Transition* (Fairbanks: University of Alaska, Institute of Social Economic and Government Research, 1969), 20, and Dorothy Jean Ray, *The Eskimos of Bering Strait*, 1650–1898 (Seattle: University of Washington Press, 1975), 112–13.
45. Sheldon Jackson, *Report on Introduction of Domestic Reindeer into Alaska 1894* (Washington, DC: Government Printing Office, 1895), 58.
46. RGIA DV F. 702, Op. 1, D. 682, L. 13; S. A. Buturlin, *Otchet upolnomochennago Ministerstva vnutrennykh del po snabzheniiu prodovolstvem v 1905 godu, Kolymskago i Okhotskago kraia* (St. Petersburg: Tipografaia Ministerstva vnutrennikh del, 1907), 70–72; RGIA DV F. 702, Op. 3, D. 160, L. 13.
47. Baron Gerhard Maydell, *Reisen und forschungen im Jakutskischen gebiet Ostsibiriens in den jahren 1861–1871* (St. Petersburg: Buchdruckerei der K.

30. 這是霍勒斯·格里利（Horace Greeley）的意見，說得比其他大多數人還要嚴重（*New York Daily Tribune*, April 11, 1867）。甚至對於阿拉斯加的支持者，缺乏農業潛力也是個問題；請見：Charles Sumner, *Speech of Hon. Charles Sumner of Massachusetts on the Cession of Russian America to the United States* (Washington, DC: Congressional Globe Office, 1867), 33.

31. M. A. Healy, "Destitution among the Alaska Eskimo," *Report of the Federal Security Agency: Office of Education* (Washington, DC: Government Printing Office, 1906), 1: 1097.

32. W. E. Nelson, *Report upon Natural History Collections Made in Alaska between the Years 1877 and 1881* (Washington, DC: U.S. Army Signal Service, 1887), 285.

33. Paul Niedieck, *Cruises in the Bering Sea, trans. R. A. Ploetz* (New York: Scribner, 1909), 115. 在北美馴鹿數量減少方面，原住民的狩獵所造成的影響幅度到底有多少，目前還沒有定論，同時也是環繞「生態上的印第安人」這個課題的長期爭論議題之一。理查·史騰（Richard Stern）等人反對過度捕獵，請見：*Eskimos, Reindeer and Land*, Bulletin 59, December 1980 (Fairbanks: Agricultural and Forestry Experiment Station, School of Agriculture and Land Resources Management, University of Alaska Fairbanks, 1980), 14. 柏奇（Burch）則認為，使用步槍的過度狩獵才是導致馴鹿數量崩潰的主要原因。有鑑於十九世紀晚期北極周圍的馴鹿數量減少，在我看來，狩獵加重了氣候的壓力。依照這個脈絡，儘管沒有棲息地的破壞、殖民者和靠近工業市場，北美馴鹿的情況仍與北美大平原上的野牛相呼應；請見：Andrew C. Isenberg, *The Destruction of the Bison: An Environmental History, 1750–1920* (New York: Cambridge University Press, 2000) and Theodore Binnema, *Common and Contested Ground: A Human and Environmental History of the Northwestern Plains* (Toronto: University of Toronto Press, 2004), chaps. 1 and 2.

34. Healy, "Destitution," 1097.

35. Sheldon Jackson, *Introduction of Domestic Reindeer into Alaska: Preliminary Report of the General Agent of Education for Alaska to the Commissioner of Education* (Washington, DC: Government Printing Office, 1891), 4–5.

電報探險隊（Western Union Tele-graph Expedition），以及一八八〇年代的國際極地年（International Polar Year）工作人員也同樣購買了北美馴鹿。請見：Bockstoce, *Furs and Frontiers*, 144–46 and Burch, *Caribou Herds*, 120–21.

22. Burch, *Iñupiaq Eskimo Nations*, 107.

23. Henry Dall, *Alaska and Its Resources* (Boston: Lee and Shepard, 1897), 147; Nelson, *The Eskimo about Bering Strait*, 229; Charles Townsend, "Notes on the Natural History and Ethnology of Northern Alaska," in M. A. Healy, *Report of the Cruise of the Revenue Marine Steamer Corwin in the Arctic Ocean in the Year 1885* (Washington, DC: Government Printing Office, 1887), 87; and John Murdoch, *Ethnological Results of the Point Barrow Expedition* (1892; repr. Washington, DC: Smithsonian Institution Press, 1988), 267–68.

24. Burch, *Caribou Herds*, chaps. 4 and 5; Burch, *Iñupiaq Eskimo Nations*, 47, 374. 有關動物數量的動態及生態壓力，如何促成對歐洲商品和思想的依賴，這方面的研究有著豐富的研究文獻；相關例子，請見：Richard White's classic *The Roots of Dependency: Subsistence, Environment and Social Change among the Choctaws, Pawnees, and Navajos* (Lincoln: University of Nebraska Press, 1988); Marsha Weisiger's *Dreaming of Sheep in Navajo Country* (Seattle: University of Washington Press, 2011), and Hackel's *Children of Coyote*.

25. APRCA, Ernest S. Burch Jr. Papers, Series 3, Box 97, Serial File on Caribou Data, Entry 105, 79, 14; and File: Seward Peninsula, Interview with Gideon Barr, p. 1.

26. Linda Ellanna and George Sherrod, *From Hunters to Herders: The Transformation of Earth, Society and Heaven among the Iñupiat of Beringia* (Anchor-age: National Park Service, 2004), 45.

27. 摘要自：Oquilluk, *People of Kauwerak*. 第三次災難或許是坦博拉火山（Mount Tambora）爆發的結果；Lisa Navraq Ellanna, *personal communication*, July 2017.

28. APRCA, Ernest S. Burch Jr. Papers, Series 3, Box 124, "Northeast Coast: Caribou, Informant: Simon Paneak," no page numbers.

29. W. N. Burns, *Year with a Whaler*, 149.

Ocherki istorii, 15–22; and Bogoras, *The Chukchee*, 73–90. 一六〇〇年的人口數量大概是兩千人左右，而到了一八〇〇年代末，當成長穩定的時候，人口達到將近九千人左右。

11. L. M. Baskin, *Severnyi olen: Upravlenie povedeniem i populiatsiiami olenevodstvo okhota* (Moscow: KMK, 2009), 182–88.
12. Bogoras, *The Chukchee*, 44–45.
13. Bogoras, *The Chukchee*, 371 (quote), 322–23, 643.
14. Eigil Reimers, "Wild Reindeer in Norway—Population Ecology, Management, and Harvest," *Rangifer Report*, no. 11 (2006): 39.
15. APRCA, Ernest S. Burch Jr. Papers, Series 3, Box 124, File "Western Arctic Herd Sequence," no page numbers.
16. 有關伊努皮亞特人狩獵的描述皆摘錄自：APRCA, Charles V. Lucier Collection, Box 3, Folder: Buckland Ethnographic Notes, 3–4; and Burch, *Iñupiaq Eskimo Nations*.有關北美馴鹿遷徙的參考資料來自：Burch's *Caribou Herds*, 67–91.
17. APRCA, Ernest S. Burch Jr. Papers, Series 3, Box 75, File: 1965 A-Series, Regina Walton Interview, pp. 50–51; Burch, *Iñupiaq Eskimo Nations*, 45.
18. Burch, *Caribou Herds*, 119.
19. APRCA, Charles V. Lucier Collection, Box 3, Folder: Buckland Ethnographic Notes 3–4 and APRCA, Ernest S. Burch Jr. Papers, Series 5, Box 227, Folder H88-2B-9, p. 23.
20. Edwin S. Hall Jr., *The Eskimo Storyteller: Folktales from Noatak, Alaska* (Knoxville: University of Tennessee Press, 1975), 78–79, 211; APRCA, Charles V. Lucier Collection, Box 3, Folder: Deering Ethnography 3-9; Nicholas J. Gubser, *The Nunamiut Eskimos: Hunters of Caribou* (New Haven, CT: Yale University Press, 1965), 200.
21. Christopher Tingook, in APRCA, Ernest S. Burch Jr. Papers, Series 3, Box 124, "Western Arctic Herd Sequence," no page numbers. 一八五年代，尋找約翰・富蘭克林（John Franklin）的探險隊購買了北美馴鹿，一八六〇年代末的西聯

"The Ecological Role and Geography of Reindeer (*Rangifer tarandus*) in Northern Eurasia," *Geography Compass* no. 3 (2009): 1356–80. 夢遊的北美馴鹿則是個人觀察。

3. Valerius Geist, "Of Reindeer and Man, Human and Neanderthal," *Rangifer* 23, Special Issue no. 14 (2003): 57–63. Vladimir Pitulko, "Ancient Humans in Eurasian Arctic Ecosystems: Environmental Dynamics and Changing Subsistence," *World Archeology* 30, no. 3 (1999): 421–36.
4. Ernest Burch Jr., *Caribou Herds of Northwest Alaska, 1850–2000* (Fairbanks: University of Alaska Press, 2012), 148.
5. Leonid Baskin, "Reindeer Husbandry / Hunting in Russia in the Past, Present and Future," *Polar Research* 19, no. 1 (2000): 23–29. Igor Krupnik, *Arctic Adaptations: Native Whalers and Reindeer Herders of Northern Eurasia*, trans. Marcia Levenson (Hanover, NH: University Press of New England, 1993), 166–68.
6. Marcy Norton, "The Chicken or the Iegue: Human-Animal Relationships and the Columbian Exchange," *American Historical Review* 120, no. 1 (February 2015): 28–60; and Tim Ingold, "From Trust to Domination: An Alternative History of Human-Animal Relations," in *Animals and Human Society: Changing Perspectives,* ed. Aubrey Manning and James Serpell (London: Routledge, 2002), 1–22.
7. Krupnik, *Arctic Adaptations*, 161.
8. Bogoras, *The Chukchee*, 71–73, 84.
9. 有關牧民的改變，請見：I. Gurvich, "Sosedskaia obshchina i proizvodstvennye obedineniia malykh narodov Severa," in *Obshchestvennyi stroi u narodov Severnoi Sibiri*, ed. I. Gurvich and B. Dolgikh (Moscow: Nauka, 1970), 384–417 and I. S. Vdovin, "Istoricheskie osobennosti formirovaniia obshchestvennogo razdeleniia truda u narodov Severo-Vostoka Sibiri," in *Sotsialnaia istoriia narodov Azii* (Leningrad: Nauka, 1975), 143–57.
10. 這個段落引用自：Krupnik, *Arctic Adaptations*, chaps. 4 and 5; I. S. Vdovin,

Little Corner of Freedom: Russian Nature Protection from Stalin to Gorbachev (Berkeley: University of California Press, 1999), 261–82.

131. Kleinenberg, "Ob okrane," 5.

132. Kleinenberg, "Ob okrane," 5.

133. Krupnik and Bogoslovskaya, *Ecosystem Variability*, 109.

134. 這項論點與許多早期環境史相違背，後者強調共產主義比起資本主義更具破壞性；相關例子，請見：Murray Feshbach, *Ecological Disaster: Cleaning Up the Hidden Legacy of the Soviet Regime* (New York: Twentieth Century Fund Press, 1995); Paul Josephson, *The Conquest of the Russian Arctic* (Cambridge, MA: Harvard University Press, 2014). 有關更為細微的計算，請見：Andy Bruno, *The Nature of Soviet Power: An Arctic Environmental History* (New York: Cambridge University Press, 2016); Stephen Brain, *Song of the Forest: Russian Forestry and Stalinist Environmentalism 1905–1953* (Pittsburgh: University of Pittsburgh Press, 2011), and Alan Roe, "Into Soviet Nature: Tourism, Environmental Protection, and the Formation of Soviet National Parks, 1950s–1990s" (PhD diss., Georgetown University, 2016).

135. Anonymous, quoted in Anna Kerttula, *Antler on the Sea: The Yupik and Chukchi of the Russian Far East* (Ithaca, NY: Cornell University Press, 2000), 139; Fay and Bowlby, *Harvest of Pacific Walrus*, 3.

136. Fay, Kelly, and Stease, "Managing the Exploitation," 5.

第三部　陸地　一八八〇年至一九七〇年

第五章　移動苔原

1. Pielou, *Naturalist's Guide*, 86–98.

2. Valerius Geist, *Deer of the World: Their Evolution, Behavior, and Ecology* (Mechanicsburg, PA: Stackpole, 1998), 315–36; B. C. Forbes and T. Kumpula,

114. E. E. Selitrennik, "Nekotorye voprosy kolkhoznogo stroitelstva v Chukot-skom natsionalnom okruge," *Sovetskaia etnografiia* no. 1 (1965): 13–27, 16.
115. Krupnik and Chlenov, *Yupik Transitions*, 282–83.
116. GAChAO R-23, Op. 1, D. 51, L.61.
117. GARF F. A-310, Op. 18, D. 191, L. 10.
118. GAMO F. P-12, Op. 1, D. 84, L. 107.
119. Rytkheu, From Nomad Tent, 20.
120. Mikhail M. Bronshtein, "Uelen Hunters and Artists," *Études/Inuit/Studies* 31, No. 1–2 (2007): 83–101.
121. Francis H. Fay, *Pacific Walrus Investigations on St. Lawrence Island, Alaska* (Anchorage: Alaska Cooperative Wildlife Unit, 1958), 4.
122. Albert Reed to General Commissioner for Indian Affairs, August 12, 1947, NARA AK RG 75, Juneau Area Office 1933–1963, File 920.
123. Bogoslovskaya et al, *Maritime Hunting Culture*, 87.
124. Francis H. Fay, "Ecology and Biology of the Pacific Walrus, Odobenus Rosmarus Divergens Illiger," *North American Fauna LXXIV* (1982): 171–72; G. C. Ray, J. McCormick-Ray, P. Berg, and H. E. Epstein, "Pacific Walrus: Benthic Bioturbator of Beringia," *Journal of Experimental Marine Biology and Ecology* no. 330 (2006): 403–19.
125. S. E. Kleinenberg, "Ob okrane morzha," Priroda no. 7 (July 1957), trans. D. E. Sergeant, *Fisheries Research Board of Canada Translation Series No. 199* (Montreal: Fisheries Research Board, 1959), 5.
126. RGAE F. 544, Op. 1, D. 32, L. 13.
127. RGAE F. 544, Op. 1, D. 32, L. 13.
128. RGAE F. 544, Op. 1, D. 60. L. 3.「保育」(conservation)是美國方面的術語；蘇聯一般會使用「自然保護」(natural protection)一詞。
129. 該組織在一九五六年更名為國際自然保育聯盟(International Union for the Conservation of Nature)。
130. RGAE F. 544, Op. 1, D. 32, L. 1. 有關國際紐帶，請見：Douglas Weiner, *A*

Bering Strait," in *Anthropology of the North Pacific Rim, ed. William W. Fitzhugh and Valerie Chaussonnet* (Washington, DC: Smithsonian Institution Press, 1994), 365–79.

100. A. Day to Office of Indian Affairs, November 30, 1944, NARA DC RG 75, CCF 1940–1957.
101. C. Sullivan to Claude Hirst, September 17, 1936, NARA AK RG 75, Alaska Reindeer Service Administrative Correspondence 1934–1953.
102. B. Lafortune to Claude Hirst, August 18, 1939, NARA AK RG 75, Alaska Reindeer Service Administrative Correspondence 1934–1953. 同樣請見：F. A. Zeusler to Claude Hirst, August 19, 1936.
103. John Buckles to Durward Allen, December 1, 1953, NARA MD RG 22, Entry P-285; Untitled Report, no author or page numbers, 1946; NARA MD RG 22, Entry 246.
104. Hensley, Fifty Miles, 76, 78, 72–73.
105. Joan Naviyuk Kane, *A Few Lines in the Manifest* (Philadelphia: Albion Books, 2018), 20.
106. Senungetuk and Tiulana, *Place for Winter*, 38–40.
107. Yuri Rytkheu, *Liudi nashego berega* (Leningrad: Molodaia gvardiia, 1953), 2.
108. GAMO F. P-22, Op. 1, D. 659, L. 9. 有關失敗的建設，以及國家，請見：Nicolai Ssorin-Chaikov, *The Social Life of the State in Subarctic Siberia* (Stanford, CA: Stanford University Press, 2003).
109. Yuri Rytkheu, *From Nomad Tent to University* (Moscow: Novosti Press, 1981), 26.
110. Krupnik and Chlenov, Yupik Transitions, 271; Tobias Holzlehner, "Engineering Socialism: A History of Village Relocations in Chukotka, Russia," in *Engineering Earth: The Impacts of Megaengineering Projects*, ed. S. D. Brunn (Dordrecht, Netherlands: Springer, 2011), 1957–73.
111. Rytkheu, *Reborn*, 70.
112. Nina Akuken, quoted in Krupnik and Chlenov, *Yupik Transitions*, 274–75.
113. Krupnik, *Pust govoriat*, 218.

85. *Smoke Signals* quoted in Dorothy Jean Ray, *Eskimo Art: Tradition and Innovation in North Alaska* (Seattle: University of Washington Press, 1977), 55; Don Foster to Peter Mayne, June 23, 1949, NARA AK RG 75, Decimal File 997.4.

86. John L. Buckley, *The Pacific Walrus: A Review of Current Knowledge and Suggested Management Needs* (Washington, DC: Government Printing Office, 1958), 2. 有關第二次世界大戰的花費，請見：Stephen Haycox, *Alaska: An American Colony* (Seattle: University of Washington Press, 2002), 257–72.

87. Albert Heinrich to Clifford Presnall, March 20, 1945, NARA MD RG 22, Entry P-285; J. Murie to FWS Director, January 28, 1945, NARA MD RG 22, Entry P-285.

88. "Protection of Walruses in Alaska," H. Report No. 883, 77th Cong., 1st Sess. (June 28, 1941), p. 2.

89. Brooks, "Pacific Walrus and Its Importance," 506.

90. Clifford Presnall to Norman Wittaker, January 4, 1945. NARA MD RG 22, Entry P-285.

91. GARF F. R-5664, Op. 46, D. 1137, L. 2.

92. GAMO F. P-22, Op. 1, D. 122, L. 4, 81.

93. GAMO F. P-22, Op. 1, D. 213, L. 71.

94. Copies of the permissions are in NARA AK RG 75, Mission Correspondence 1935–1968.

95. Krupnik and Chlenov, *Yupik Transitions*, 250.

96. Krupnik, *Pust govoriat*, 499.

97. "Alaska: America's Greatest Wealth of Untapped Resources," 1947, NARA MD RG 48, CCF 1937–1953, p. 10. 有關第二次世界大戰的原住民參與，請見：Holly Guise, "World War Two and the First Peoples of the Last Frontier: Alaska Native Voices, Indigenous Equilibrium Theory, and Wartime Alaska 1942–1945" (PhD diss., Yale University, 2018).

98. APRCA, Ernest S. Burch Jr. Papers, Series 3, Box 74, File: Henry Geist, p. 9.

99. Michael Krauss, "Crossroads? A Twentieth-Century History of Contacts across the

raza: Nauchnye i literaturnye materialy (Moscow: Russian Heritage Institute-GEOS, 2008), photo 1-41.

70. Anders Apassingok, personal communication, July 2017.
71. Krupnik and Chlenov, *Yupik Transitions*, 113–14.
72. Peter Schweitzer and Evgeniy Golovko, "The 'Priests' of East Cape: A Religious Movement on the Chukchi Peninsula during the 1920s and 1930s," *Etudes/Inuit/Studies* 31, no. 1–2 (2007): 39–58.
73. ChOKM, Tikhon Semushkin Collection, "Predvaritelnye materialy," 34. 克魯皮尼克及克勒諾夫（Chlenov）也描述了這起事件，請見：*Yupik Transitions*, 233–34.
74. 海象獵捕統計數字參考自：Igor Krupnik and Ludmila Bogoslovskaya, *Ecosystem Variability and Anthropogenic Hunting Pressure in the Bering Strait Area* (Washington, DC: Smithsonian Institution, 1998), 109. 同樣請見：Francis H. Fay and C. Edward Bowlby, *The Harvest of Pacific Walrus*, 1931–1989 (Anchorage: U.S. Fish and Wildlife Technical Report, 1994), 20. 本節所有狐狸數量，參考自：GARF F. 3977, Op. 1, D. 819, L. 15–17.
75. GARF F. 3977, Op. 1, D. 11, L. 40.
76. RGIA DV F. R-2413, Op. 4, D. 974, L. 115v.
77. RGIA DV F. R-2413, Op. 4, D. 974, L. 108, 115b.
78. GARF F. A-310, Op. 18, D. 329, L. 51; GAMO F. P-12, Op. 1, D. 14, L. 8; GARF F. 3977, Op. 1, D. 423, L. 13; RGIA DV F. R-2413, Op. 4, D. 974, L. 128.
79. Yuri Rytkheu, *Reborn to a Full Life* (Moscow: Novosti Press, 1977), 52.
80. Norman Whittaker to Clifford C. Presnall, January 22, 1945, NARA MD RG 22, Entry P-285.
81. Vladimir Tiyato in Krupnik, *Pust govoriat*, 143–44.
82. William Ig˙g˙iag˙ruk Hensley, *Fifty Miles from Tomorrow: A Memoir of Alaska and the Real People* (New York: Farrar, Straus and Giroux, 2009), 67.
83. Rytkheu, *Reborn,* 55.
84. Margaret Seeganna, in Kaplan and Yocom, *Ugiuvangmiut Quliapyuit*, 25.

48. Frank Dufresne, quoted in Mitchell, *Sold American*, 187.
49. Chief of Bureau to Frank Dufresne, February 7, 1923, NARA MD RG 22, Entry 162.
50. H. Liebes & Co. to Department of Fisheries, September 22, 1923, NARA MD RG 22, Entry 162.
51. Apassingok et al., *Savoonga*, 175.
52. F. G. Ashbrook, *Blue Fox Farming in Alaska* (Washington, DC: Department of Agriculture, 1925), 16.
53. Ashbrook, *Blue Fox Farming*, 1. 多數養殖場都在阿拉斯加的島嶼上；請見：Sarah Isto, *The Fur Farms of Alaska: Two Centuries of History and a Forgotten Stampede* (Fairbanks: University of Alaska Press, 2014).
54. Wilfred Osgood, *Silver Fox Farming* (Washington, DC: Government Printing Office, 1908), 45.
55. Adam Leavitt Qapqan, UAFOHP, Project Jukebox, IHLC Tape 00058, Section 5.
56. Isto, *Fur Farms of Alaska*, 70.
57. Bockstoce, *White Fox*, 212–13.
58. Bogoslovskaya et al., *Maritime Hunting Culture*, 27.
59. GARF F. 3977, Op. 1, D. 809, L. 17.
60. ChOKM, Matlu, *Avtobiografiia* (Rasskaz Matliu), Coll. N. 5357.
61. Anatolii Skachko, "Problemy severa," Ss no. 1 (1930): 15–37, 33.
62. RGIA DV F. R-2413, Op. 4, D. 974, L. 109.
63. RGIA DV F. R-2413, Op. 4, D. 629, L. 107.
64. GARF F. 3977, Op. 1, D. 11, L. 40.
65. Krupnik and Chlenov, *Yupik Transitions*, 230–32.
66. Krupnik, *Pust govoriat*, 267.
67. B. M. Lapin, *Tikhookeanskii dnevnik* (Moscow: Federatsiia, 1929), 36.
68. L. N. Khakhovskaia, "Shamany i sovetskaia vlast na Chukotke," *Voprosy istrorii* no. 4 (2013): 113–28, 121.
69. L. S. Bogoslovskaya, V. S. Krivoshchekov, and I. Krupnik, eds., *Tropoiu Bogo-*

University Press, 2009), 217.

32. Simon Paneak, *In a Hungry Country: Essays by Simon Paneak*, ed. J. M. Campbell (Fairbanks: University of Alaska Press, 2004), 34.
33. Leighton and Leighton, "Eskimo Recollections," 252.
34. Leighton and Leighton, "Eskimo Recollections," 80–81.
35. 娜帕克，又稱佛羅倫斯‧努波克（Florence Nupok），是一位天賦異稟的藝術家。請見：Suzi Jones, ed., *Eskimo Drawings* (Anchorage: Anchorage Museum of Art, 2003), 137–156.
36. Leighton and Leighton, "Eskimo Recollections," 165. 引用來自另一位甘伯爾居民柯尼克（Koneak）。
37. APRCA Charles Lucier Collection, Box 3, File 3-18, Jack Tiepelman, p. 1.
38. Leighton and Leighton, "Eskimo Recollections," 158.
39. Oquilluk, *People of Kauwerak*, 131; Brevig, *Apaurak in Alaska*, 158. 我曾聽過這個人們傳遍北極地區的思想。
40. Oquilluk, *People of Kauwerak,* 128.
41. Asatchaq and Lowenstein, *Things That Were Said*, 193–95.
42. *Report of the Commissioner of Education*, 1925 (Washington, DC: Government Printing Office, 1925), 28.
43. 甘伯爾教師引用自：Charles C. Hughes, *An Eskimo Village in the Modern World* (Ithaca, NY: Cornell University Press, 1962), 190.
44. Riggs to the Secretary of Agriculture, November 11, 1919, p. 11; NARA MD RG 126, CCF 1907–1951, File 9-1-33.
45. Memo to Education Department Employees, August 25, 1920, NARA MD RG 48, CCF 1907–1936, File 6-13. 有關這個主題的經典之作是：Louis Warren, *The Hunter's Game: Poachers and Conservationists in Twentieth-century America* (New Haven, CT: Yale University Press, 1997).
46. Bockstoce, *White Fox*, 19.
47. Frank Williams to E. W. Nelson, December 21, 1921, NARA MD RG 22, Entry 162.

見：*Arctic Mirrors*, chaps. 5 and 6.

11. Vladimir Bogoraz, "Podgotovitelnye mery k organizatsii malykh narodnostei," *Sovetskaia Aziia* 3 (1925): 48.
12. V. Lenin, *Polnoe sobranie sochinenii* (Moscow: Politizdat, 1958–65), 41: 245–46.
13. *KPSS v rezoliutsiiakh i resheniiakh s"ezdov, konferentsii I plenumov TsK, vol. 2, 1917–1922* (Moscow: Izdat.pol. lit., 1983), 367.
14. B. I. Mukhachev, *Borba za vlast sovetov na Chukotke (1919–1923): Sbornik dokumentov i materialov* (Magadan: Magadanskoe Knizhnoe Izdatelstvo, 1967), 124.
15. Mukhachev, *Borba za vlast*, 133.
16. RGIA DV F. R-2413, Op. 4, D. 1798, L. 52.
17. APRCA, Oscar Brown Papers, Box 1, p. 20–24.
18. P. G. Smidovich, introduction to N. Galkin, *V zemle polunochnogo solntsa* (Moscow: Molodaia gvardiia, 1929), 6.
19. RGIA DV F. R-2333, Op. 1, D. 128, L.372. 同樣請見：RGIA DV F. R-623, Op. 1, D. 36, L. 1.
20. Mukhachev, *Borba za vlast*, 104.
21. GARF F. 3977, Op. 1, D. 881, L. 126.
22. RGIA DV F. R-4559, Op. 1, D. 1, L. 117 and 118.
23. GARF F. 3977, Op. 1, D. 11, L. 19.
24. GARF F. 3977, Op. 1, D. 811, L. 129b.
25. GAPK F. 633, Op. 5, D. 43, L. 6, 6.
26. RGIA DV F. R-2413, Op. 4, D. 629, L. 5.
27. RGIA DV F. R-2413, Op. 4, D. 629, L. 5.
28. Leighton and Leighton, "Eskimo Recollections," 59.
29. Swenson, *Northwest*, 172–74.
30. GARF F. 3977, Op. 1, D. 11, L. 17.
31. Roger Silook, in *Gifts from the Ancestors: Ancient Ivories of Bering Strait, ed. William W. Fitzhugh, Julia Hollowell and Aron L. Crowell* (Princeton: Princeton

129. Swenson, *Northwest of the World*, 9–11.

130. ChOKM, Tikhon Semushkin Collection, "Predvaritelnye materialy po administrativno-upravlencheskoi strukture na Chukotke, sovremennomu sovetskomu stroitelstvu i perspektivam," p. 34.

第四章　甦醒之冰

1. The Macaulay Collection, Cornell University Library, recordings no. ML120323, ML120370, and ML129690.
2. Vivian Senungetuk and Paul Tiulana, *A Place for Winter: Paul Tiulana's Story* (Anchorage: Ciri Foundation, 1987), 21; Macaulay Library recordings no. ML128122 and ML128121.
3. Senungetuk and Tiulana, *Place for Winter*, 21.
4. Hajo Eicken, "From the Microscopic, to the Macroscopic, to the Regional Scale: Growth, Microstructure and Properties of Sea Ice," in *Sea Ice: An Introduction to its Physics, Chemistry, Biology and Geology*, ed. David Thomas and Gerhard Dieckmann (Oxford, UK: Blackwell Science, 2003), 22–81.
5. Senungetuk and Tiulana, *Place for Winter*, 15.
6. Gerhard Dieckmann and Hartmut Hellmer, "The Importance of Sea Ice: An Overview," in Thomas and Dieckmann, *Sea Ice*, 1–21.
7. N. A. Zhikharev, ed., *Pervyi revkom Chukotki 1919–1920: Sbornik dokumentov i materialov* (Magadanskoe knizhnoe izdatelstvo 1957), 38, 20.
8. Zhikharev, ed. *Pervyi revkom*, 33.
9. RGIA DV F. R-2336, Op. 1, D. 17, L. 11; Zhikharev, *Pervyi revkom*, 24. 有關在楚克奇的革命，請見：N. N. Dikov, *Ocherki istorii Chukotki s drevneishikh vremen do nashikh dnei* (Novosibirsk: Nauka, Sib. Otd-nie, 1974), 146–64 and N. A. Zhikharev, *Ocherki istorii Severo-Vostoka RSFSR, 1917–1953* (Magadan: Magadanskoe knizhnoe izdatelstvo, 1961), 37–69.
10. Tenth Party Congress, quoted in Slezkine, *Arctic Mirrors*, 144. 有關委員會，請

Traders in the Settlements of Chukotka Native Inhabitants," *Terra Sebus: Acta Musei Sabasiensis*, Special Issue: Russian Studies from Early Middle Ages to the Present Day (2014): 361–84.

116. Madsen, *Arctic Trader*, 188.

117. Olaf Swenson, *Northwest of the World: Forty Years Trading and Hunting in Northern Siberia* (New York: Dodd, Mead, 1944), 95; "Walrus Catch Largest Known," *Los Angeles Times*, October 1, 1915.

118. Madsen, *Arctic Trader*, 215.

119. Igor Krupnik, *Pust govoriat*, 24. 這個時期的紀錄並不完整；尤皮克人回憶，海象數量持續下降到大約一九二〇年。James Brooks, "The Pacific Walrus and Its Importance to the Eskimo Economy," *Transactions of the North American Wildlife Conference* 18 (1953): 503–10. 俄羅斯則報導美國捕殺了上千隻。RGIA DV F. 702, Op. 2, D. 229, L. 278.

120. RGIA DV F. 702, Op. 7, D. 85, L. 141.

121. RGIA DV F. 702, Op. 1, D. 1401, L.61.

122. RGIA DV F. 702, Op. 7, D. 85, L. 141.

123. GARF F. 3977, Op. 1, D. 811, L. 125; GAPK F. 633, Op. 4, D. 85, L. 41.

124. E. Jones to Secretary of Commerce, January 16, 1914; S. Hall Young to the New York Zoological Society, January 12 1914; and A. W. Evans to Secretary of the Interior, July 30, 1913; all in NARA MD RG 22: Wildlife Service Reports 1869–1937, Entry 91.

125. RGIA DV F. 702, Op. 1, D. 275, L. 16; RGIA DV F. 702, Op. 2, D. 229, L. 282; Madsen, *Arctic Trader*, 97.

126. GAPK F. 633, Op. 4, D. 85, L. 42.

127. GARF F. 3977, Op. 1, D. 811, L. 125; Joseph Bernard, "Local Walrus Protection in Northeast Siberia," *Journal of Mammalogy* 4, no. 4 (November 1923): 224–27, 227.

128. James Ashton, *Ice-Bound: A Traveler's Adventures in the Siberian Arctic* (New York: Putnam, 1928), 127–28.

Press, 2015). 保育主義者與當地人之間的衝突相當常見；請見：Karl Jacoby, *Crimes against Nature: Squatters, Poachers, Thieves and the Hidden History of American Conservation* (Berkeley: University of California Press, 2001) and Theodore Catton, *Inhabited Wilderness: Indians, Eskimos, and National Parks in Alaska* (Albuquerque: University of New Mexico Press, 1997).

100. 35 Cong. Rec., H3840–47 (April 8, 1902). 有關狩獵法律，請見：Ken Ross, *Pioneering Conservation in Alaska* (Boulder: University Press of Colorado, 2006), 116–34，以及Donald Craig Mitchell, *Sold American: The Story of Alaska Natives and their Land, 1867–1959* (Hanover, NH: University Press of New England, 1997), 150–92.
101. *Eskimo Bulletin* V (May 1902), 3.
102. "Alaska Indians Starving," *NYT*, October 8, 1903.
103. Senate Subcommittee of Committee on Territories, *Conditions in Alaska*, S. Rep. No. 282, 58th Cong., 2d Sess. (1904), pt. 2, p. 149 and pt. 1, p. 29.
104. John Backland October 9, 1914, NARA MD RG 22, Reports 1869–1937, Entry 91.
105. Report of the Bear, 1911, NARA MD RG 48, CCF 1907–1936, File 6-12.
106. RGIA DV F. 702, Op.1, D. 127, L. 2.
107. RGIA DV F. 702, Op.1, D. 275, L. 24.
108. RGIA DV F. 702, Op.1, D. 127, L. 2.
109. John Bockstoce, *White Fox and Icy Seas in the Western Arctic: The Fur Trade, Transportation, and Change in the Early Twentieth Century* (New Haven, CT: Yale University Press, 2018), 110–11.
110. Krupnik and Chlenov, *Yupik Transitions*, 94–103, quoted in 96.
111. William R. Hunt, *Arctic Passage* (New York: Scribner, 1975), 267.
112. RGIA DV F. 702, Op. 1, D. 313, L. 69.
113. RGIA DV F. 702, Op. 2, D. 206, L. 344.
114. RGIA DV F. 702, Op. 2, D. 229, L. 300–301.
115. Anastasia Yarzutkina, "Trade on the Icy Coasts: The Management of American

89. Smith and Smith, *Ice Window*, 215.

90. Hadley, *Alaskan Diary*, 87.

91. Miners to Secretary of the Interior, July 11, 1899, NARA CA RG 48, M-430, Roll 6.

92. Sheldon Jackson to W. T. Harris, December 6, 1899, NARA CA RG 48, M-430, Roll 6.

93. Alfred Brooks, *Blazing Alaska's Trails* (Fairbanks: University of Alaska Press, 1953), 74.

94. George Bird Grinnell, *A Brief History of the Boone and Crockett Club* (New York: Forest and Stream, 1910), 4.

95. Henry Fairfield Osborn, "Preservation of the Wild Animals of North America," in *American Big Game in its Haunts: The Book of the Boone and Crockett Club*, ed. George Bird Grinnell (New York: Forest and Stream, 1904), 349–73, 356–57.

96. Theodore Roosevelt, "Opening Address by the President," in *Major Problems in American Environmental History*, ed. Carolyn Merchant (Boston: Houghton Mifflin, 2005), 321. 有關效率，請見：Samuel Hays, *Conservation and the Gospel of Efficiency: The Progressive Conservation Movement, 1890–1920* (Cambridge, MA: Harvard University Press, 1959).

97. Osborne, "Preservation," 352.

98. M. Grant, "The Vanished Game of Yesterday," in *Hunting Trails on Three Continents: A Book of the Boone and Crockett Club*, ed. George Bird Grinnell, Kermit Roosevelt, W. Redmond Cross, and Prentiss N. Gray (New York: Windward House, 1933), 2.

99. Madison Grant to Andrew J. Stone, March 11, 1902, quoted in James Trefethen, *Crusade for Wildlife: Highlights of Conservation in Progress* (Harrisburg, PA: Stackpole, 1961), 139. 有關進步保育，請見：Douglas Brinkley, *The Wilderness Warrior: Theodore Roosevelt and the Crusade for America* (New York: HarperCollins, 2009) and Ian Tyrrell, *Crisis of the Wasteful Nation: Empire and Conservation in Theodore Roosevelt's America* (Chicago: University of Chicago

Meeting of Friends," Journal of Friends Mission Journal, November 27, 1899.

75. APRCA, Ernest S. Burch Jr. Papers, Series 3, Box 74, file "California Yearly Meeting of Friends," Journal of Friends Mission, March 23, 1901; March 24, 1901, and Summary of Traditions Broken in 1900–1901.
76. Martha Hadley, *The Alaskan Diary of a Pioneer Quaker Missionary* (Mount Dora, FL: Self-published, 1969), 183.
77. Sheldon Jackson to W. Harris, January 11, 1904, NARA CA RG 48, M-430, Roll 10.
78. George Thornton Emmons, *Condition and Needs of the Natives of Alaska*, S. Doc. No. 106, 58th Cong., 3d Sess. (1905), p. 8.
79. William Oquilluk, *People of Kauwerak: Legends of the Northern Eskimo*, 2nd ed. (Anchorage: Alaska Pacific University Press, 1981), 125–27.
80. Sheldon Jackson, quoted in Lowenstein, *Ultimate Americans*, 37. 謝爾頓・傑克森所看到的，與奧奎路克敘述的為同一起事件，這部分是我個人有依據的推測。
81. APRCA, Ernest S. Burch Jr. Papers, Series 3, Box 74, file "California Yearly Meeting of Friends," Journal of Carrie Samms, October 13, 1897. 同樣請見：T. L. Brevig, *Apaurak in Alaska: Social Pioneering among the Eskimos*, trans. and ed. J. Walter Johnshoy (Philadelphia: Dorrance, 1944).
82. RGIA DV F. 702, Op. 1, D. 313, L. 3.
83. RGIA DV F. 702, Op. 1, D. 1401, L. 1.
84. Smith and Smith, *Ice Window*, 152.
85. Lowenstein, *Ultimate Americans*, 120.
86. RGIA DV F. 702, Op. 1., D. 720, L. 9; NN, July 5, 1905.
87. RGIA DV F. 702, Op. 2, D. 229, L. 300; Bogoras, The *Chukchee*, 62–63.
88. E. C. Pielou, *A Naturalist's Guide to the Arctic* (Chicago: University of Chicago Press, 1994), 272, 284–86; A. Angerbjorn, M. Tannerfeldt, and S. Erlinge, "Predator–prey Relationships: Arctic Foxes and Lemmings," *Journal of Animal Ecology* 68 (1999): 34–49.

26.

58. M. V. Nechkina, ed., *"Russkaia Pravda" P.I. Pestelia i sochineniia, ei predshestvviushchie* (Moscow: Gosudarstvennoe izdatelstvo politicheskoi literatury, 1958), 142. 有關西伯利亞印象，請見：Mark Bassin, "Inventing Siberia: Visions of the Russian East in the Early Nineteenth Century," *American Historical Review* 96, no. 3 (1991): 763–94.

59. RGIA DV F. 702, Op. 1, D. 313, L. 3.

60. RGIA DV F. 702, Op. 1, D. 1401, L. 68; RGIA DV F. 702, Op. 1, D. 275, L. 20; Slezkine, *Arctic Mirrors*, 107.

61. RGIA DV F. 702, Op. 1, D. 313, L. 3.

62. A. A. Resin, *Ocherki inorodtsev russkago poberezhia Tikhago Okeana* (St. Petersburg: A. C. Suvorovna, 1888), 68.

63. RGIA DV F. 702, Op. 1, D. 1401, L. 1.

64. K. P. Pobedenotsev, *Pisma Pobedonostseva k Aleksandru III*, tom I (Moscow: Novaia Moskva, 1925), 84.

65. RGIA DV F. 702, Op. 1, D. 127, L. 2; RGIA DV F. 702, Op. 1, D. 275, L. 1.

66. *Papers Relating to the Bering Sea Fisheries* (Washington, DC: U.S. Government Printing Office, 1887), 103.

67. Harrison Thornton, *Among the Eskimos of Wales*, Alaska 1890–93 (Baltimore: Johns Hopkins Press, 1931), 3, 232.

68. "Treaty with Russia (To Accompany Bill H. R. No. 1096)" H. Report No. 37, 40th Cong., 2nd Sess. (May 18, 1868), pp. 1:12–13.

69. G. W. Bailey, quoted in Bockstoce, *Furs and Frontiers*, 327.

70. Otis, "Report of Special-Agent Otis," 46.

71. Kathleen Lopp Smith and Verbeck Smith, eds., *Ice Window: Letters from a Bering Strait Village, 1892–1902* (Fairbanks: University of Alaska Press, 2001), 139.

72. Smith and Smith, *Ice Window*, 55.

73. APRCA, Saint Lawrence Island Journals Microfilm, Vol 1: William Doty, p. 25.

74. APRCA, Ernest S. Burch Jr. Papers, Series 3, Box 74, file "California Yearly

University Press, 1986)，and Cronon, *Nature's Metropolis*, chap. 4.

44. *WSL*, February 6, 1849.

45. Bogoras, *The Chukchee*, 535, 581; Aldrich, *Arctic Alaska*, 50; Krupnik and Chlenov, *Yupik Transitions*, 86–87. 庫瓦倫的名字有很多種拼音方式，除了Quwaaren，還有Kuwar、Kuva'r、Kohar、Kohorra、Goharren，以及Quarry。

46. RGIA DV F. 702, Op. 1, D. 313, L. 3.

47. A. H. Leighton and D. C. Leighton, "Eskimo Recollections of Their Life Experiences," *Northwest Anthropological Research Notes* 17, nos. 1/3 (1983), 159.

48. Bockstoce, *Furs and Frontiers*, 322.

49. APRCA, Ernest S. Burch Jr. Papers, Series 5, Box 227, File H88-2D-1, Robert Cleveland interview, April 9, 1965, p. 6.

50. Lowenstein, *Ultimate Americans*, 94.

51. Bogoras, *The Chukchee*, 23.

52. Asatchaq and Lowenstein, *Things that Were Said*, 169.

53. Bogoras, *The Chukchee*, 62.

54. Bockstoce, *Furs and Frontiers*, 342; William Benjamin Jones, *Argonauts of Siberia: A Diary of a Prospector* (Philadelphia: Dorrance, 1927), 113–14, 119.

55. 在彼得大帝（Peter the Great）之前的擴張，請見：Yuri Slezkine, *Arctic Mirrors: Russia and the Small Peoples of the North* (Ithaca, NY: Cornell University Press, 1994), 11–41，之後的擴張：80–129. 有關毛皮，請見：Janet Martin, *Treasure of the Land of Darkness: The Fur Trade and Its Significance for Medieval Russia* (Cambridge, UK: Cambridge University Press, 1986).

56. Waldemar Jochelson, *The Koryak* (New York: American Museum of Natural History, 1913), 802, 803.

57. Veniamin, Arkhiepiskop Irkutskii i Nerchinskii, *Zhiznennye voprosy pravoslavnoi missii v Sibiri* (St. Petersburg: Kotomka, 1885), 7. 有關毛皮政策，請見：RGIA DV F. 702, Op. 1, D. 1401, L. 80. 有關狩獵法律，請見：N. F. Reimers and F. R. Shtilmark, *Osobo okhraniaemye prirodnye territorii* (Moscow: Mysl, 1978), 24–

27. H. A. Clark, "Pacific Walrus Fishery," 315.

28. John R. Bockstoce and Daniel B. Botkin, "The Harvest of Pacific Walruses by the Pelagic Whaling Industry, 1848–1914," *Arctic and Alpine Research* 14, no. 3 (August 1982): 183–88, and Francis Fay, Brendan P. Kelly, and John L. Sease, "Managing the Exploitation of Pacific Walruses: A Tragedy of Delayed Response and Poor Communication," *Marine Mammal Science* 5, no. 1 (January 1989): 1–16.

29. APRCA, Dorothea C. Leighton Collection, Box 1, Folder 3, p. 37.

30. Harry DeWindt, *Through the Gold Fields of Alaska to Bering Strait* (London: Chatto and Windus, 1899), 191; Aurel Krause and Arthur Krause, *To the Chukchi Peninsula and to the Tlingit Indians 1881/1882: Journals and Letters by Aurel and Arthur Krause* (Fairbanks: University of Alaska Press 1993), 58.

31. Krupnik and Chlenov, *Yupik Transitions*, 24–25.

32. 楚克奇的人口在一八〇〇年到一八九〇年間銳減了將近百分之五十的比例；在阿拉斯加西北部，同一時期人口數量也從五千人降到大約一千人左右；請見：Krupnik and Chlenov, *Yupik Transitions*, 36–37; Burch, *Iñupiaq Eskimo Nations*, 325.

33. Bogoras, "Eskimo of Siberia," 433–34.

34. APRCA, Dorothea C. Leighton Collection, Box 1, Folder 3, pp. 35–36.

35. Crowell and Oozevaseuk, "St. Lawrence Island Famine," 11–12.

36. Bogoras, *The Chukchee*, 492, 731.

37. Patrick Henry Ray, *Report of the International Polar Expedition to Point Barrow, Alaska* (Washington, DC: Government Printing Office, 1885), 48.

38. Bogoras, *The Chukchee*, 731.

39. *WSL*, April 9, 1872.

40. John Murdoch, "Natural History," in P. H. Ray, *Report of the International*, 98.

41. Ebenezer Nye, *Republican Standard* (New Bedford, MA), August 2, 1879.

42. "The Poor Whalers," *SFC*, November 24, 1883.

43. 有關這種動態，請見：Arthur McElvoy, *The Fisherman's Problem: Ecology and Law in the California Fisheries, 1850–1980* (Cambridge, UK: Cambridge

Siberia," in *Crossroads of Continents: Cultures of Siberia and Alaska*, ed. William Fitzhugh and Aron Crowell (Washington, DC: Smithsonian Institution Press, 1988), 245.

11. Aron L. Crowell and Estelle Oozevaseuk, "The St. Lawrence Island Famine and Epidemic, 1878–80: A Yupik Narrative in Cultural and Historical Context," *Arctic Anthropology* 43, no. 1 (2006): 1–19.
12. Nikolay Galgawyi, quoted in Bogoslovskaya et al., *Maritime Hunting Culture*, 24.
13. W. N. Burns, *Year with a Whaler*, 193.
14. NBWM, Logbook of the *Trident* (Bark), KWM 192, p. 56.
15. Charles Madsen, *Arctic Trader* (New York: Dodd, Mead, 1957), 205–06.
16. PPL, Nicholson Whaling Log Collection 181, *Cornelius Howland*, p. 270, and William Fish Williams, "The Destruction of the Whaling Fleet in the Arctic Ocean 1871," in H. Williams, ed., *One Whaling Family*, 226.
17. Scammon, *Marine Mammals*, 178–79. 同樣請見：Madsen, *Arctic Trader*, 198, and W. F. Williams, "Destruction of the Whaling Fleet," 227.
18. Wilkinson, *Whaling in Many Seas*, 94.
19. Hooper, *Report of the Cruise*, 46.
20. Bodfish, *Chasing the Bowhead*, 21; W. F. Williams, "Destruction of the Whaling Fleet," 226; PPL, Nicholson Whaling Log Collection 181, *Cornelius Howland*, p. 295.
21. Hooper, *Report of the Cruise*, 46, and W. F. Williams, "Destruction of the Whaling Fleet," 226–27.
22. Howard A. Clark, "The Pacific Walrus Fishery," in George Brown Goode ed. *The Fisheries and Fishery Industries of the United States, vol. 2, sec. 5*, ed. George Brown Goode (Washington, DC: Government Printing Office, 1887), 316.
23. H. A. Clark, "Pacific Walrus Fishery," 316.
24. John Muir, *The Cruise of the Corwin* (Boston: Houghton Mifflin, 1917), 142–43.
25. PPL, Nicholson Whaling Log Collection 599, *Sea Breeze*, p. 77.
26. PPL, Nicholson Whaling Log Collection 181, *Cornelius Howland*, p. 297.

Krupnik, eds., *Nashi ldy, snega i vetry: Narodnye i nauchnye znaniia o ledovykh landshaftakhi klimate Vostochnoi Chukotki* (Moscow: Russian Heritage Institute, 2013); E. Sakshaug, "Primary and Secondary Production in the Arctic Seas," in *The Organic Carbon Cycle in the Arctic Ocean, ed. Rüdiger Stein and Robie Macdonald* (Berlin: Sperger, 2004), 57–81; Alan M. Springer, C. Peter McRoy, and Mikhail V. Flint, "The Bering Sea Green Belt: Shelf-Edge Processes and Ecosystem Production," *Fisheries Oceanography* 4, no. 3–4 (September 1996): 205–23; Christopher A. North et al., "Deposit-feeder Diet in the Bering Sea: Potential Effects of Climatic Loss of Sea Ice-related Microalgeal Blooms," *Ecological Applications* 24, no. 6 (September 2014): 1525–42; Clara Deal et al., "Large-scale Modeling of Primary Production and Ice Algal Biomass within Arctic Sea Ice in 1992," *Journal of Geophysical Research* 116 (July 2011): doi: 10.1029/2010JC006409.

2. APRCA, Dorothea C. Leighton Collection, Box 3, Folder: Paul Silook, pp. 72–73.
3. Bogoras, *The Chukchee*, 492.
4. Ekaterina Rubtsova, *Materialy po yazyku i folkloru eskimosov (Chaplinskii dialect) Pt. 1* (Moscow: Izd-vo AN SSSR, 1954), 290–91.
5. Lyudmila Bogoslovskaya et al., *Maritime Hunting Culture of Chukotka: Traditions and Modern Practices* (Anchorage: National Park Service, 2016), 30.
6. Apassingok et al., *Gambell*, 133.
7. Bogoras, *The Chukchee*, 387, 405–6.
8. Waldemar Bogoras [Vladimir Bogoraz], "The Eskimo of Siberia," in *Memoirs of the American Museum of Natural History: The Jesup North Pacific Expedition, vol. 8, pt. III, The Eskimo of Siberia, ed. Franz Boaz* (New York: Leiden, 1913), 446.
9. Magdaline Omiak, in *Ugiuvangmiut Quliapyuit / King Island Tales: Eskimo History and Legends from Bering Strait*, Lawrence D. Kaplan and Margaret Yocom, eds. (Fairbanks: University of Alaska Press, 1988), 51.
10. Bogoras, The Chukchee, 315–16; S. Ia. Serov, "Guardians and Spirit Masters of

Roll 1.

101. W. N. Burns, *Year with a Whaler*, 165; Calvin Leighton Hooper, *Report of the Cruise of the U.S. Revenue Steamer Thomas Corwin in the Arctic Ocean, 1881* (Washington, DC: Government Printing Office, 1884), 41.

102. Harrison G. Otis, "Report of Special-Agent Otis upon the Illicit Traffic in Rum and Fire-arms," in "Letter from the Secretary of the Treasury," S. Exec. Doc. No. 132, 46th Cong., 2d Sess. (March 30, 1880), p. 46.

103. Doroshenko, "Gladkie," 33.

104. *Seal and Salmon Fisheries and General Resources of Alaska*, (Washington, DC: U.S. Government Printing Office, 1898), III: 565.

105. Lonny Lundsten et al., "Time-Series Analysis of Six Whale-Fall Communities in Monterey Canyon, California, USA," *Deep-Sea Research Part I: Oceanographic Research Papers* 57, no. 12 (December 2010): 1573–84; A. J. Pershing et al., "The Impact of Whaling on the Ocean Carbon Cycle: Why Bigger Was Better," *PLoS ONE*, August 26, 2010, doi: 10.1371/journal.pone.0012444.

106. "Editorial," *SFC*, August 15, 1899.

107. Charles Brower, *Fifty Years Below Zero: A Lifetime of Adventure in the Far North.* (New York: Dodd, Mead, 1942), 242–243.

108. Harry Brower Sr. and Karen Brewster, eds., *The Whales, They Give Themselves* (Fairbanks: University of Alaska Press, 2005), 136, 160.

第二部　沿岸　一八七〇年至一九六〇年

第三章　漂浮海岸

1. 白令海生態系統及冰層的描述，皆取材自：Shari Fox Gearheard et al., *The Meaning of Ice: People and Sea Ice in Three Arctic Communities* (Hanover, NH: University Press of New England, 2013); Lyudmila S. Bogoslovskaya and Igor

81. "Scarcity of Whalebone," *San Francisco Ca*ll, April 25, 1892.

82. PPL, Nicholson Whaling Log Collection, no. 674, Logbook of the *William Baylies*, 1887, p. 48; Logbook of the *William Baylies*, 1892, p. 362. 約翰・庫克（John A. Cook）表示，到一九○○年，至少有三十艘捕鯨小艇在楚克奇海岸被使用——請見：*Thar She Blows* (Boston: Chapman and Grimes, 1937), 147.

83. APRCA, Ernest S. Burch Jr. Papers, Series 5, Box 226, Files H88-2A-36, Harold Downey interview, p. 1.

84. Lowenstein, *Ultimate Americans*, 135–136, 110.

85. Bockstoce, *Furs and Frontier*s, 333.

86. Bockstoce, *Whales, Ice, and Men*, 201.

87. APRCA, Ernest S. Burch Jr. Papers, Series 5, Box 220, File: Kivalina, Clinton Swan interview, p. 42. 有關這項勞動，請見：Mark S. Cassell, "Iñupiat Labor and Commercial Shore Whaling in Northern Alaska," *The Pacific Northwest Quarterly* 91, no. 3 (2000): 115–23.

88. J. G. Ballinger Report 191, NARA MD RG 48, Central Classified File 1907–1936, File 6-6.

89. Lowenstein, *Ultimate Americans*, 83–84.

90. Edward Nelson, quoted in Lowenstein, *Ultimate Americans*, 108.

91. RGIA DV F. 702, Op. 1, D. 313, L. 13, 69.

92. M. Vedenski, "O neobkhodimosti okhrany kitovogo i drugikh morskikh promyslov v nashikh severo-vostochnykh vodakh," Priamurskie vedomosti 11 (1894): 11.

93. RGIA DV F. 702, Op. 1, D. 275, L. 1.

94. RGIA DV F. 702, Op. 1 D. 1401, L. 61.

95. RGIA DV F. 702, Op. 1, D. 275, L. 1.

96. RGIA DV F. 702, Op. 1, D. 313, L. 32.

97. RGIA DV F. 702, Op. 1, D. 275, L. 1.

98. Reynolds, *Address, on the Subject*, 67.

99. NBWM, Logbook of the *Eliza F. Mason* (Ship), ODHS 995, p. 51.

100. C. L. Hooper to the Secretary of the Interior, 1880; NARA CA RG 26, M-641,

2005).

67. RGIA DV F. 702, Op. 1, D. 127, L. 6. 同樣請見：RGIA DV F. 702, Op. 1, D. 1401, L. 68.

68. Bogoras, *The Chukchee*, 297, 460.

69. Krupnik and Chlenov, *Yupik Transitions*, 25.

70. Burch Jr., *Iñupiaq Eskimo Nations*, 48–49. 詳細有關這個時期的飢荒在社群層級的影響，針對楚克奇及其附近島嶼，請見：Krupnik and Chlenov, *Yupik Transitions*，而阿拉斯加海岸線大致範圍裡，請見：Burch Jr.'s *Iñupiaq Eskimo Nations*。

71. APRCA, Dorothea Leighton Collection, Box 2, Folder 45, p. 6. 哈洛德・拿破崙（Harold Napoleon, *Yuuyaraq: The Way of the Human Being* (Fairbanks: Alaska Native Knowledge Network, 1996）則認為酒精是一種面對流行疾病創傷後遺症的處理方式。

72. APRCA, Ernest S. Burch Jr. Papers, Series 5, Box 226, Folder H88-2B-7, Tommy Lee (Ambler) interview, p. 15.

73. Mikkelsen, *Conquering the Arctic Ice*, 373.

74. *WSL*, April 8 1872. See also "Shipmaster," TF, March 1, 1872.

75. Patrick Henry Ray, "Ethnographic Sketch of the Natives of Point Barrow," *Report of the International Polar Expedition to Point Barrow, Alaska, in Response to the Resolution of the House of Representatives of December 11, 1884*, pt. III (Washington, DC: Government Printing Office, 1885), 37–60.

76. W. N. Burns, *Year with a Whaler*, 174.

77. *Hawaiian Star*, January 31, 1902. 阿格西茲是夏威夷的常客，他在一八八〇年代中期某一次公開演講中，一定曾談到過鯨類動物的命運。

78. "Scarcity of Whalebone," *Hawaiian Star*, April 25, 1892.

79. "The Whaling Fleet: Interesting Statistics on the Trade," *SFC*, November 10, 1889.

80. "For the Honorable Secretary of the Interior in Behalf of the Northern Alaska Eskimos," Conrad Seim, p. 19, NARA CA RG 48, M430, Roll 9.

54. W. N. Burns, *Year with a Whaler,* 151. 有關捕鯨人之間的酒精貿易政治，請見：Lowenstein, *Ultimate Americans*, chap. 6.

55. APRCA, Ernest S. Burch Jr. Papers, Series 5, Box 226, File H88-2A-1, Mamie Mary Beaver interview, p. 2.

56. Ernest Burch Jr, *Social Life in Northwest Alaska* (Fairbanks: University of Alaska Press, 2006), 113–14; Igor Krupnik, *Pust govoriat nashi stariki: rasskazy aziatskikh eskimosoviupik, 1975–1987* (Moscow: Institut Naslediia, 2000), 361; and Peter Schweitzer, "Spouse-exchange in North-eastern Siberia: On Kinship and Sexual Relations and Their Transformations," in Andre Gingrich, Siegfried Haas, Sylvia Haas, and Gabriele Paleczek, eds., *Kinship, Social Change and Evolution: Proceedings of a Symposium Held in Honour of Walter Dostal*, Wiener Beiträge zur Ethnologie und Anthropologie 5 (Horn, Austria: Berger, 1989): 17–38.

57. *Ultimate Americans* 這本書的第九章中，陸文史坦（Lowenstein）清楚說明了強暴和交換配偶是相當不同的範疇。

58. Ejnar Mikkelsen, *Conquering the Arctic Ice* (London: Heinemann, 1909), 310.

59. Bogoras, *The Chukchee*, 610.

60. Robert Strout, "Sketch of the Performance," GWBWL, Collection 210, vol. 2, p. 109.

61. 節錄自：the Report of the Cruise of the Revenue Cutter *Bear*, December 4, 1913, NARA MD RG 48 CCF 1907–1936, File 6-6, p. 2.

62. Bockstoce, *Whales, Ice, and Men*, 277.

63. Druett, *Sister Sailor*, 186.

64. "Massacred Whalers," *SFC*, October 27, 1891.

65. Bogoras, *The Chukchee*, 41.

66. John W. Kelly, *English-Eskimo and Eskimo-English Vocabularies* (Washington, DC: U.S. Bureau of Education, 1890), 21. 這個時期梅毒完整的影響，是難以推斷的，但其動態似乎類似史蒂芬‧哈克爾（Stephan Hackel）所描述的：*Children of Coyote, Missionaries of Saint Francis: Indian-Spanish Relations in Colonial California, 1769–1850* (Chapel Hill: University of North Carolina Press,

盡完美的翻譯——這個詞既代表著文化上的「外來」，卻也代表著地理上的「在地」。

37. O. V. Kotzebue, *A Voyage of Discovery into the South Sea and Beering's Straits, for the Purpose of Exploring a North-East Passage, Undertaken in the Years 1815–1818*, (London: Longman, Hurst, Reese, Orme, and Brown, 1821), 1: 262.
38. Bockstoce, *Furs and Frontiers,* 16.
39. Bogoras, *The Chukchee*, 19.
40. Apassingok et al., *Gambell*, 213.
41. 在一八五〇年代初期，有些來自夏威夷的私人船隻貿易；請見：Bockstoce, *Furs and Frontiers*, 267–73.
42. APRCA, Dorothea Leighton Collection, Box 1, Folder 3: Koyoyak, p. 17.
43. PPL, Captain B. F. Hohman Collection, Journal of the *Cornelius Howland* (Ship), 1868–1870, pp. 83–84. 有關這些事件的完整討論內容，請見：Bockstoce, *Furs and Frontiers*, 277–280.
44. Edward William Nelson, *The Eskimo about Bering Strait: Extract from the Eighteenth Annual Report of the Bureau of American Ethnology* (Washington, DC: Government Printing Office, 1900), 299.
45. NBWM, Logbook of the *John Howland*, KWM 969, p. 268.
46. "Letter about the Arctic," *WSL*, July 4, 1853, and NBWM, Logbook of the *Frances*, ODHS 994, p. 52.
47. Bockstoce, *Furs and Frontiers*, 312–15.
48. Bogoras, *The Chukchee*, 711–12.
49. Wilkinson, *Whaling in Many Seas*, 279.
50. 有關估計過去弓頭鯨的數量方面，請見：Bockstoce, *Whales, Ice, and Men*, 346–47，and Woodby and Botkin, "Stock Sizes," 390–91 and 402–4.
51. *WSL*, December 31, 1872.
52. *WSL*, January 10, 1865.
53. APRCA, Dorothea Leighton Collection, Box 1, Folder 3.2: Koyoyak, pp. 100–102.

politiki Rossii, 2000), 32.

16. Aldrich, *Arctic Alaska,* 22–23.
17. Bodfish, *Chasing the Bowhead,* 33.
18. "We Left Not One Minute Too Soon," *PCA*, November 18, 1871.
19. "The Reasons Why the Arctic Fleet Was Abandoned," *WSL*, November 14, 1871.
20. Bodfish, *Chasing the Bowhead*, 90.
21. *WSL*, December 22, 1863.
22. NBWM, Logbook of the *Nimrod* (Ship), ODHS 946, p. 230–31.
23. 請　見：Christopher Jones, *Routes of Power: Energy in Modern America* (Cambridge, MA: Harvard University Press, 2014), 109–15.
24. Pease and Hough, *New Bedford*, 25–26.
25. Starbuck, *A History*, 109–10.
26. Bockstoce, *Whales, Ice, and Men*, 205.
27. *Vanity Fair*, April 20, 1861, p. 186.
28. *WSL*, July 2, 1861.
29. *WSL*, January 14, 1879.
30. Pease and Hough, *New Bedford*, 32–35.
31. Classified ad, "Corsets and Skirts," New York Daily News, June 7, 1856; Valerie Steele, *The Corset: A Cultural History* (New Haven, CT: Yale University Press, 2001).
32. Pease and Hough, *New Bedford*, 32.
33. Waldemar Bogoras [Vladimir Bogoraz], *The Chukchee* (1904–09; repr., New York: Johnson Reprint Corp., 1971), 651.
34. Bogoras, *The Chukchee*, 651.
35. 俄羅斯—楚克奇戰爭中，包括了俄羅斯人、尤卡吉爾人（Yukagir）和科里亞克人（Koryak）之間的聯盟，來對抗尤皮克人和楚克奇人的聯盟。請見：I. S. Vdovin, *Ocherki istorii i etnografii Chukchei* (Moscow and Leningrad: Nauka, 1965), 106–35, and Bogoras, *The Chukchee*, 682–97.
36. RGIA DV F. 702, Op. 1, D. 275, L. 1.「外國人」（Aliens）一詞是inorodtsy不

105. Holmes, *Arctic Whalemen*, 46.

106. Holmes, *Arctic Whalemen*, 137, 115.

107. Douglas A. Woodby and Daniel B. Botkin, "Stock Sizes Prior to Commercial Whaling," in J. J. Burns et al., *The Bowhead Whale*, 390–93.

第二章 鯨魚殞落

1. Spencer Apollonio, *Hierarchical Perspectives in Marine Complexities: Searching for Systems in the Gulf of Maine* (New York: Columbia University Press, 2002).
2. Bockstoce, *Whales, Ice, and Men*, 346.
3. NBWM, Logbook of the *Nassau* (Ship), ODHS 614, p. 81.
4. NBWM, Logbook of the *Saratoga* (Ship), KWM 180, p. 11.
5. Aldrich, *Arctic Alaska*, 49; "The Commerce in the Products of the Sea," S. Misc. Doc. No. 33, 42nd Cong., 2nd Sess. (1872), 33.
6. NBWM, Logbook of the *Nimrod* (Ship), ODHS 946, p. 105.
7. *PCA*, December 15, 1859.
8. M. E. Bowles, "Some Account of the Whale-Fishery of the N. West Coast and Kamschatka," *TP*, October 2, 1845.
9. Scammon, *Marine Mammals*, 215.
10. *TF*, October 15, 1850.
11. 正如萊恩・瓊斯（Ryan Jones, *Empire of Extinction: Russians and the North Pacific's Strange Beasts of the Sea*, 1741–1867 [New York: Oxford University Press, 2014]）的討論，北太平洋是現代去理解滅絕的發源地。
12. W. N. Burns, *Year with a Whaler*, 70.
13. Melville, *Moby-Dick*, 433–34.
14. "Letter from the Arctic by a Foremast Hand," *PCA*, October 28, 1858.
15. N. V. Doroshenko, "Gladkie kity Okhotskogo moria (istoriia promysla, sovermennoe sostoianie)" in A.B. Yablokov and V.A. Zemsky, *Materilay sovetskogo kitoboinogo promysla* (1949–1979) (Moscow: Tsentr ekologicheskoi

部分阿拉斯加皆有。有關十九世紀的貿易，請見：John R. Bockstoce, *Furs and Frontiers in the Far North: The Contest among Native and Foreign Nations for the Bering Strait Fur Trade* (New Haven, CT: Yale University Press, 2009). 有關楚克奇半島的早期接觸階段，請見：N. N. Dikov, *Istoriia chukotki s drevneishikh vremen do nashikh dnei* (Moscow: Mysl, 1989), pt. 1.

89. Frederick Beechey, *Narrative of a Voyage to the Pacific and Bering's Strait, to Cooperate with the Polar Expeditions; Performed by His Majesty's Ship "Blossom," . . . . in the Years 1825, 26, 27, 28,* (London: Colburn and Bentley, 1831), 2: 284. *TP*, November 4, 1848，這本書裡便直接提到了畢奇。
90. Druett, *Sister Sailor*, 379.
91. Druett, *Sister Sailor*, 382.
92. "Letters About the Arctic No. VIII, At Sea Dec. 15 1852," *WSL*, June 28, 1853.
93. Druett, *Sister Sailor*, 380.
94. Druett, *Sister Sailor*, 373, 378.
95. Journal of Eliza Brock, May 25, 1854, voyage of the *Lexington* (Ship), NHA PMB #378.
96. WSL, December 24, 1850.
97. "Speech of Mr. Seward," *New York Daily Times*, July 31, 1852.
98. GWBWL, Logbook of the *Hibernia* (Ship), Log 82a, 1868–1869, pp. 55, 57, 58, 60. 博克斯托斯（Bockstoce, *Whales, Ice, and Men*, 101–2）率先證實此種鯨魚躲避模式會導致商業獲益的減少。
99. NBWM, Logbook of the *William Baylies* (Steam bark), ODHS 955, p. 81.
100. *WSL*, November 25, 1851.
101. Wilkinson, *Whaling in Many Seas*, 106. 同樣請見：Bodfish, *Chasing the Bowhead*, 126, 94.
102. Arthur James Allen, *A Whaler and Trader in the Arctic: My Life with the Bowhead, 1895–1944* (Anchorage: Alaska Northwest Publishing Company, 1978), 98.
103. NBWM, Logbook of the *Saratoga* (Ship), KWM 180, pp. 192–93.
104. Frank, *Jolly Sailors Bold*, 339.

72. Eliza Azelia Williams, "The Voyage of the *Florida*, 1858–1861," in H. Williams, *One Whaling Family*, 77.
73. E. A. Williams, "Voyage of the *Florida*," 194.
74. West, *Captain's Papers*, 13.
75. Scammon, *Marine Mammals*, 42, 54; Charles H. Stevenson, "Fish Oils, Fats and Waxes," in *U.S. Fish Commission Report for 1902* (Washington, DC: Government Printing Office, 1903), 177–279, 189.
76. NBWM, Logbook of the *Saratoga*, KWM 180, p. 225.
77. Scammon, *Marine Mammals*, 294.
78. W. N. Burns, *Year with a Whaler*, 147.
79. West, *Captain's Papers*, 14.
80. H. Williams, *One Whaling Family*, 196.
81. NBWM, Logbook of the *Frances*, ODHS 994, p. 45.
82. W. N. Burns, *Year with a Whaler*, 203; W. F. Scoresby quoted in Dick Russell, *Eye of the Whale: Epic Passage from Baja to Siberia* (New York: Simon & Schuster, 2001), 602.
83. Herbert L. Aldrich, *Arctic Alaska and Siberia, or, Eight Months with the Arctic Whalemen* (Chicago: Rand, McNally, 1889), 33. 同樣請見：Wilkinson, *Whaling in Many Seas*, 113. 有關十九世紀動物的苦痛；請見：Harriet Ritvo, *The Animal Estate: The English and Other Creatures in Victorian England* (Cambridge, MA: Harvard University Press, 1987); Janet M. Davis, *The Gospel of Kindness: Animal Welfare and the Making of Modern America* (New York: Oxford University Press, 2016).
84. 相關例子，請見：Scammon, *Marine Mammals*, 25, 78; Henry Cheever, *The Whale and His Captors* (New York: Harper and Brothers, 1853), 135.
85. Scoresby, quoted in Russell, *Eye of the Whale*, 602.
86. Jones in Frank, *Meditations from Steerage*, 24.
87. Lowenstein, *Ultimate Americans*, 23.
88. 與外來者接觸的日期各有不同，從十七世紀在部分楚克奇到十九世紀中葉的

Printing, 1929), 49.

58. 平均產油量會因計算方式而有所不同。在此數量皆取自：Harston H. Bodfish, *Chasing the Bowhead: As Told by Captain Harston H. Bodfish and Recorded for Him by Joseph C. Allen* (Cambridge, MA: Harvard University Press, 1936), 95; Charles M. Scammon, *The Marine Mammals of the North-Western Coast of North America* (San Francisco: John H. Carmany, 1874), 52; and Bockstoce, *Whales, Ice, and Men*, 95.

59. *WSL*, July 12, 1853; William Fish Williams, "The Voyage of the Florence, 1873–1874," in *One Whaling Family*, ed. Harold Williams (Boston: Houghton Mifflin, 1963), 370.

60. Davoll, *Captain's Specific Orders*, 8.

61. NBWM, Logbook of the *Saratoga* (Ship), KWM 181, p. 124.

62. W. N. Burns, *Year with a Whaler*, 60.

63. NBWM, Logbook of the *Saratoga* (Ship), KWM 181, p. 87.

64. PPL, B. F. Hohman Collection, *Cornelius Howland* (Ship) 1867–1870, folder 1.

65. NBWM, Logbook of the *Frances*, ODHS 994, p. 99.

66. David Wilkinson, *Whaling in Many Seas, and Cast Adrift in Siberia: With a Description of the Manners, Customs and Heathen Ceremonies of Various (Tchuktches) Tribes of North-Eastern Siberia* (London: Henry J. Drane, 1906), 113.

67. James F. Munger, *Two Years in the Pacific and Arctic Oceans and China* (Fairfield, WA: Ye Galleon Press, 1967), 66.

68. NBWM, Logbook of the *Frances*, ODHS 994, p. 97.

69. NBWM, Logbook of the *Roman 2nd* (Ship), KWM 176, p. 170.

70. Scammon, *Marine Mammals*, 58. 航海日誌、捕鯨人回憶錄和捕鯨人新聞（如《捕鯨人海運清單》和《商業紀事》〔*Merchant's Transcript*〕）一律以鯨魚產出的鯨油桶數和／或鯨鬚磅數來表示。

71. Ellsworth West, *Captain's Papers: A Log of Whaling and Other Sea Experiences* (Barre, MA: Barre Publishers, 1965), 13.

Hawai'i: Native Labor in the Pacific World (Berkeley: University of California Press, 2018), chap. 3.

42. Walter Nobel Burns, *A Year with a Whaler* (New York: Outing Publishing, 1913), 12, 13.
43. John Jones diary, in Stuart Frank, *Meditations from Steerage: Two Whaling Journal Fragments* (Sharon, MA: Kendall Whaling Museum, 1991), 23–24.
44. NBWM, Logbook of *the Eliza F. Mason* (Ship), ODHS 995, p. 25.
45. Stuart M. Frank, *Jolly Sailors Bold: Ballads and Songs of the American Sailor* (East Windsor, NJ: Camsco Music, 2010), 340, 338.
46. Quoted in Druett, *Sister Sailor,* 344.
47. Stuart M. Frank, *Ingenious Contrivances, Curiously Carved: Scrimshaw in the New Bedford Whaling Museum* (Boston: David Godine, 2012).
48. NBWM, Logbook of the *Lydia*, KWM 132, p. 59.
49. Holmes, *Arctic Whalemen*, 271–72.
50. NBWM, Logbook of the *Nimrod* (Ship), ODHS 946, p. 112.
51. *WSL*, January 9, 1849.
52. BL, Charles Melville Scammon Papers, P-K 206, vol. 1, pp. 102–3 and *WSL*, February 6, 1849.
53. *TP*, November 4, 1848. 一八四九年，有關羅伊斯大發現的新聞曾出現在全世界的航海期刊上；請見：John Bockstoce, *Whales, Ice, and Men* (Seattle: University of Washington Press, 1986), 24.
54. Lowenstein, *Ancient Land*, xix–xx; Hal Whitehead and Luke Rendell, *The Cultural Lives of Whales and Dolphins* (Chicago: University of Chicago Press: 2015), 83–84, 184–85.
55. Druett, *Sister Sailor,* 372.
56. Druett, *Sister Sailor*, 385–87. 有關一八四九年的捕鯨季，請見：Bockstoce, *Whales, Ice, and Men*, 94–95.
57. Logbook of the *Ocmulgee*, July 25, 1849, quoted in Arthur C. Watson, *The Long Harpoon: A Collection of Whaling Anecdotes* (New Bedford, MA: Reyn-olds

30. Herman Melville, *Moby-Dick* (Boston: C. H. Simonds, 1922), 36–37.

31. Jeremiah Reynolds, *Address, on the Subject of a Surveying and Exploring Expedition* (New York: Harper and Brothers, 1836), 264.

32. John Quincy Adams, "President's Message," *Niles' Register, Baltimore,* MD, December 10, 1825.

33. Reynolds, *Address, on the Subject*, 196.

34. "On the Expediency of Authorizing an Exploring Expedition, by Vessels of the Navy, to the Pacific Ocean and South Seas," March 21, 1836, *American State Papers: Naval Affairs*, 4:868.

35. Starbuck, *A History*, 3.

36. "On the Expediency," 867.

37. 關於鯨魚的生物分類學，請見：D. Graham Burnett, *Trying Leviathan: The Nineteenth-Century New York Court Case That Put the Whale on Trial and Challenged the Order of Nature* (Princeton, NJ: Princeton University Press, 2007).

38. Edward S. Davoll, *The Captain's Specific Orders on the Commencement of a Whale Voyage to His Officers and Crew* (New Bedford, MA: Old Dartmouth Historical Sketch Number 81, 1981), 7.

39. NBWM, Logbook of the *Nimrod* (Ship), ODHS 946, p. 96.

40. 儘管新貝德福的《海員登記冊》（*Seaman's Register*）提供了一些關於船員們出身的敘述，但是大多數的日誌都不會按照他們的種族來羅列。欲了解更多資訊：Margaret S. Creighton, *Rites and Passages: The Experience of American Whaling, 1830–1870* (New York: Cambridge University Press, 1995), 121–23; Nancy Shoemaker, *Native American Whalemen and the World: Indigenous Encounters and the Contingency of Race* (Chapel Hill: University of North Carolina Press, 2015), and W. Jeffery Bolster, *Black Jacks: African American Seamen in the Age of Sail* (Cambridge, MA: Harvard University Press, 1998).

41. Joan Druett, ed., *"She Was a Sister Sailor": Mary Brewster's Whaling Journals 1845–1851* (Mystic, CT: Mystic Seaport Museum, 1992), 337.「卡那卡」意指原生太平洋島民，關於他們的一段歷史，請見：Gregory Rosenthal, *Beyond*

Nations of Northwest Alaska (Fairbanks: University of Alaska Press, 1998).

17. Peter Whitridge, "The Prehistory of Inuit and Yupik Whale Use," *Revista de Arqueologia Americana* 16 (1999): 108.
18. Lowenstein, *Ancient Land*, 160–61.
19. Apassingok et al., *Gambell*, 237.
20. Tom Lowenstein, *Ultimate Americans: Point Hope, Alaska, 1826–1909* (Fairbanks: University of Alaska Press, 2008), 3.
21. Semen Iena, quoted in Igor Krupnik and Michael Chlenov, *Yupik Transitions: Change and Survival at the Bering Strait, 1900–1960* (Fairbanks: University of Alaska Press, 2013), 211. 同樣請見：Apassingok et al., *Savoonga*, 125.
22. John Kelly, quoted in Lowenstein, *Ultimate Americans*, 3.
23. Lowenstein, *Ancient Land*, 84.
24. Sue E. Moore and Randall R. Reeves, "Distribution and Movement," in J. J. Burns et al., *The Bowhead Whale*, 313–86.
25. Stoker and Krupnik, "Subsistence Whaling," 592–94.
26. Alexander Starbuck, *A History of the American Whale Fishery from Its Earliest Inception until the Year 1876* (Waltham, MA: Self-published, 1878), 155–56n. 關於食用鯨魚：Nancy Shoemaker, "Whale Meat in American History," *Environmental History* 10, no. 2 (April 2005): 269–94.
27. "Plant Watering and Sulphering," *Evening Bulletin* (San Francisco), May 20, 1886; untitled article, *Atchison (KS) Daily Globe*, January 12, 1898; 其他用途概括自：Zephaniah Pease and George Hough, *New Bedford, Massachusetts: Its History, Industry, Institutions and Attractions* (New Bedford, MA: New Bedford Board of Trade, 1889).
28. David Moment, "The Business of Whaling in America in the 1850s," *Business History Review* 31, no. 3 (Autumn 1957): 263–64.
29. Lance E. Davis, Robert E. Gallman, and Karin Gleiter, *In Pursuit of Leviathan: Technology, Institutions, Productivity, and Profits in American Whaling, 1816–1906* (Chicago: University of Chicago Press, 1997), 521.

Climate Change Among the Iñupiat of Arctic Alaska," *Annals of the Association of American Geographers* 100, no. 4 (2010): 1003–12.

10. Edith Turner, "American Eskimos Celebrate the Whale: Structural Dichotomies and Spirit Identities among the Iñupiat of Alaska," *TDR* 37, no. 1 (Spring 1993): 100.
11. Charles Campbell Hughes, "Translation of I. K. Voblov's 'Eskimo Ceremonies,' " *Anthropological Papers of the University of Alaska* 7, no. 2 (1959): 78; and Anders Apassingok, Willis Walunga, and Edward Tennant, eds., *Sivuqam Nangaghnegha: Siivanllemta Ungipaqellghat / Lore of St. Lawrence Island: Echoes of Our Eskimo Elders*, vol. 1, *Gambell* (Unalakleet, AK: Bering Strait School District, 1985), 205–7, 223.
12. Asatchaq and Lowenstein, *Things That Were Said*, 116.
13. Anders Apassingok et al., eds., *Sivuqam Nangaghnegha: Siivanllemta Ungipaqellghat / Lore of St. Lawrence Island: Echoes of Our Eskimo Elders*, vol. 3, *Southwest Cape* (Unalakleet, AK: Bering Strait School District, 1989), 157.
14. Anders Apassingok et al., eds., *Sivuqam Nangaghnegha: Siivanllemta Ungipaqellghat / Lore of St. Lawrence Island: Echoes of Our Eskimo Elders*, vol. 2, *Savoonga* (Unalakleet, AK: Bering Strait School District, 1987), 145.
15. SI, Henry Bascom Collins Collection, Unprocessed Box 3, File: Collins 1930.00A, pp. 4–5. 儀式各有不同，而且部分是秘密舉行，所以任何描述多半片面又不完整。
16. Apassingok et al., *Southwest Cape*, 15. 同樣請見：Igor Krupnik and Sergei Kan, "Prehistoric Eskimo Whaling in the Arctic: Slaughter of Calves or Fortuitous Ecology?" *Arctic Anthropology* 30, no. 1 (January 1993): 1–12. 此處捕鯨過程的描述皆彙整自：Stoker and Krupnik, "Subsistence Whaling," in J. J. Burns et al., *The Bowhead Whale*, 579–629; James W. VanStone, *Point Hope: An Eskimo Village in Transition* (Seattle: University of Washington Press, 1962); Carol Zane Jolles, *Faith, Food, and Family in a Yupik Whaling Community* (Seattle: University of Washington Press, 2002); Ernest S. Burch, Jr., *The Iñupiaq Eskimo*

Niebauer and D. M. Schell, “Physical Environment of the Bering Sea Population,” in J. J. Burns et al., *The Bowhead Whale*, 23–43; Committee on the Bering Sea Ecosystem, *The Bering Sea Ecosystem* (Washington, DC: National Academy Press, 1996), 28–71. 關於這隻鯨魚所具有的特性，請見：Bennett, *Vibrant Matter*, 119–21.

2. Lowry, “Foods and Feeding Ecology,” 222–23.
3. D. A. Croll, R. Kudela, and B. R. Tershy, “Ecosystem Impact of the Decline of Large Whales in the North Pacific,” in Estes et al., *Whales, Whaling*, 202–14.
4. A. M. Springer et al., “Sequential Megafaunal Collapse in the North Pacific Ocean: An Ongoing Legacy of Industrial Whaling?” *Proceedings of the National Academy of Sciences of the United States of America* 100, no. 21 (October 14, 2003): 12223–28 and A. Sinclair, S. Mduma, and J. S. Brashares, “Patterns of Predation in a Diverse Predator-Prey System,” *Nature* 425 (September 18, 2003): 288–90.
5. 以鑑定鯨魚年齡的技術，得出其年齡介在一百七十七至兩百四十五歲之間；而我所採取的是平均值。John Craighead George et al., “Age and Growth Estimates of Bowhead Whales (*Balaena mysticetus*) via Aspartic Acid Racemization,” *Canadian Journal of Zoology* 77 (1999): 571–80, and Amanda Leigh Haag, “Patented Harpoon Pins Down Whale Age,” *Nature* 488 (June 19, 2007): doi:10.1038/news070618-6.
6. Lewis Holmes, *The Arctic Whalemen, or Winter in the Arctic Ocean* (Boston: Thayer and Eldridge, 1861), 84. 諾頓船長向路易斯・霍姆斯（Lewis Holmes）說明了「公民號」的失事經過，因為該船的航海日誌已經遺失了。
7. Holmes, *Arctic Whalemen*, 119.
8. Tom Lowenstein, *Ancient Land, Sacred Whale: The Inuit Hunt and Its Rituals* (New York: Farrar, Straus, and Giroux, 1993), 116.
9. 請見：Ann Fienup-Riordan, *Eskimo Essays: Yup’ik Lives and How We See Them* (New Brunswick, NJ: Rutgers University Press, 1990), 66–67, and Chie Sakakibara, “*Kiavallakkikput Agviq* (Into the Whaling Cycle): Cetaceousness and

on the Ontological Turn: 'Ontology' Is Just Another Word for Colonialism," *Journal of Historical Sociology* 29, no. 1 (March 2016): 4–22. 至於較具學術性的文章，我的看法更趨近於：Timothy Mitchell in *Rule of Experts: Egypt, Techno-Politics, Modernity* (Berkeley: University of California Press, 2002), 19–53; 目的方面，則是：Linda Nash, "The Agency of Nature or the Nature of Agency," *Environmental History* 10, no. 1 (January 2005): 67–69; 人類的鑲嵌（embeddedness），則是來自：Tim Ingold, *The Perception of the Environment: Essays in Livelihood, Dwelling, and Skill* (London: Routledge, 2000); 以及大量的本體論於：Jane Bennett, *Vibrant Matter: A Political Ecology of Things* (Durham, NC: Duke University Press, 2010).

6. 關於「平衡」，請見：Emma Marris, *Rambunctious Garden: Saving Nature in a Post-Wild World* (New York: Bloomsbury, 2011)，以及相關討論於：*Conservation Biology* 28, no. 3 (June 2014).
7. 引用自：*The Earth Is Faster Now: Indigenous Observations of Arctic Environmental Change*, ed. Igor Krupnik and Dyanna Jolly (Fairbanks: ARCUS, 2002), 7.

第一部　外海　一八四八年至一九〇〇年

第一章　鯨魚國度

1. Lloyd F. Lowry, "Foods and Feeding Ecology," in *The Bowhead Whale*, ed. John J. Burns, J. Jerome Montague, and Cleveland J. Cowles (Lawrence, KS: Society for Marine Mammology, 1993), 203–38; Joe Roman et al., "Whales as Marine Ecosystem Engineers," *Frontiers in Ecology and the Environment* 12, no. 7 (September 2014): 377–85; Craig R. Smith, "Bigger Is Better: The Role of Whales as Detritus in Marine Ecosystems," in James A Estes et al., *Whales, Whaling, and Ocean Ecosystems* (Berkeley: University of California Press, 2006), 286–302; N. J.

註釋

序幕　移居北方

1. 為了正確拼字得以簡化，我省略了楚克奇和聖勞倫斯島的西伯利亞尤皮克人，以及阿拉斯加大陸的尤皮克人之間在語言上的區別，並使用Yupik（而非分別用Yupiik和Yupiget）一字來表示其複數。
2. G. E. Fogg, *The Biology of Polar Habitats* (Oxford: Oxford University Press, 1998), 27–29. 我在此處對於能量的看法，主要來自於：William Cronon, *Nature's Metropolis: Chicago and the Great West* (New York: W. W. Norton, 1991), chap. 4; Richard White, *The Organic Machine* (New York: Hill and Wang, 1995); and Ryan Tucker Jones, "The Environment," in *Pacific Histories: Ocean, Land, People,* ed. David Armitage and Alison Bashford (New York: Palgrave Macmillan, 2014), 121–42.
3. 沙漠則是例外；有關生物質（biomass）的差異，請見：F. Stuart Chapin III, Pamela A. Matson, and Peter Vitousek, *Principles of Terrestrial Ecosystem Ecology* (New York: Springer, 2011), 175–80.
4. 直到十九世紀，這些歷史傳統才開始有書面紀錄。關於故事的本質，請見：Asatchaq and Tom Lowenstein, *The Things That Were Said of Them: Shaman Stories and Oral Histories of the Tiki aq People* (Berkeley: University of California Press, 1992), introduction, and B. Bodenhorn, " 'People Who Are Like Our Books': Reading and Teaching on the North Slope of Alaska," *Arctic Anthropology* 34, no. 1 (January 1997): 117–34.
5. 我要把這些想法歸諸於北極圈當地的導師們，其開始於史丹利・恩朱特利（Stanley Njootli），以及他所教給我有關這片土地的經驗。我想把這些視為是我主要的知識資產；以下請見：Zoe Todd, "An Indigenous Feminist's Take

國家圖書館出版品預行編目(CIP)資料

白令海峽的輓歌：漂浮在自然與文明之間的海岸,現代人類殖民萬物的野心與潰敗／芭絲榭芭・德穆思（Bathsheba Demuth）著；鼎玉鉉譯. -- 初版. -- 新北市：臺灣商務印書館股份有限公司，2022.12
面；　公分. --（歷史・世界史）
譯自：Floating coast : an environmental history of the Bering Strait
ISBN 978-957-05-3453-5（平裝）
1. CST：極地圈　2. CST：歷史地理　3. CST：自然資源
4. CST：人類生態學　5. CST：北極
778　　111015064

歷史・世界史

白令海峽的輓歌

漂浮在自然與文明之間的海岸，現代人類殖民萬物的野心與潰敗

Floating Coast: An Environmental History of the Bering Strait

作　　者—芭絲榭芭・德穆思（Bathsheba Demuth）
譯　　者—鼎玉鉉
發 行 人—王春申
審書顧問—林桶法、陳建守
總 編 輯—張曉蕊
責任編輯—徐　鉞
版　　權—翁靜如
封面設計—許晉維
版型設計—菩薩蠻
營 業 部—王建棠、張家舜、謝宜華
出版發行—臺灣商務印書館股份有限公司
231023 新北市新店區民權路 108-3 號 5 樓（同門市地址）
電話：（02）8667-3712　傳真：（02）8667-3709
讀者服務專線：0800056196
郵撥：0000165-1
E-mail：ecptw@cptw.com.tw
網路書店網址：www.cptw.com.tw
Facebook：facebook.com.tw/ecptw

This edition is published by arrangement with Bathsheba Demuth, c/o Trident Media Group through Andrew Nurnberg Associates International Limited.

局版北市業字第 993 號
初版一刷：2022 年 12 月
印刷廠：鴻霖印刷傳媒股份有限公司
定價：新台幣 630 元
法律顧問—何一芃律師事務所